# *Ricardo Piglia:*
## *una poética sin límites*

Adriana Rodríguez Pérsico
(Compiladora)

ISBN: 1-930744-19-6

© Serie *Antonio Cornejo Polar*, 2004
Instituto Internacional de Literatura Iberoamericana
Universidad de Pittsburgh
1312 Cathedral of Learning
Pittsburgh, PA 15260
(412) 624-5246 • (412) 624-0829 FAX
iili@pitt.edu

---

*Colaboraron en la preparación de este libro:*

Diseño de carátula: Randy Oest
Composición y diseño gráfico: Erika Braga
Correctores: Cornelio Delgado, María Florencia Ferre y Susana Rosano

# *Ricardo Piglia:*
# *una poética sin límites*

Adriana Rodríguez Pérsico
(Compiladora)

en colaboración con Jorge Fornet

# Ricardo Piglia:
## una poética sin límites

Prólogo
*Adriana Rodríguez Pérsico* ........................................................... 9

Pequeño proyecto de una ciudad futura
*Ricardo Piglia* ............................................................................. 19

## *Primera Parte*
## *Crítica literaria y literatura crítica*

Autobiografía, crítica y ficción: Juan José Saer y Ricardo Piglia
*Graciela Speranza* ...................................................................... 29
Autobiografía de un estilo
*Marcelo Gobbo* ........................................................................... 41
Máquinas creadoras, sitios de resistencia: Ricardo Piglia y la traducción
*Sergio Waisman* .......................................................................... 55
*La prolijidad de lo real*: el lugar del intelectual y de la crítica
*Laura Demaría* ............................................................................ 65

## *Segunda parte*
## *Narrar en/contra el género*

Inversión del tópico del *beatus ille* en *La ciudad ausente*
*Ana María Barrenechea* .............................................................. 85

Crimen y castigo: las reglas del juego. Notas sobre
*La ciudad ausente*
Cristina Iglesia ................................................................... 101
*Plata quemada* o un mito para el policial argentino
Adriana Rodríguez Pérsico ................................................ 113
Los espejos y la cópula son abominables
Julio Premat ....................................................................... 123
Cómo habla la plata
Michelle Clayton ................................................................ 135

## *Tercera parte*
## *Experiencia, historia y relato*

Traducir la historia
*Francine Masiello* ............................................................... 147
Experiencia, historia y literatura en *Respiración artificial*
*Isabel Alicia Quintana* ....................................................... 161
Máquina apócrifa, alegoría del duelo y poética de la traducción
*Idelber Avelar* .................................................................... 177
Ficção virtual
*Wander Melo Miranda* ....................................................... 201

## *Cuarta parte*
## *Tradiciones y genealogías dispersas*

Fuera de la ley
*Edgardo H. Berg* ................................................................ 213
O laboratório do escritor Ricardo Piglia
*Maria Antonieta Pereira* ................................................... 221
Los "usos" de Arlt
*Rose Corral* ....................................................................... 247
Respiración profunda: una reflexión faulkneriana
*Joseph Urgo* ...................................................................... 257

## *Quinta parte*
## *Lecturas y relecturas*

Historia y novela, política y policía
*Juan José Saer* ................................................................... 271

*Respiración artificial* veinte años después
Rita De Grandis .................................................................... 275

Lecturas repetidas
*Daniel Balderston* ................................................................ 293

La eterna ironía de la comunidad
*Germán García* .................................................................... 299

Conversación imaginaria con Ricardo Piglia
*Jorge Fornet* ........................................................................ 307

Sobre los autores ................................................................. 333

# Prólogo

*Adriana Rodríguez-Pérsico*

¿Hay una historia? Si hay una historia de este libro, comienza en noviembre de 2000, en La Habana, cuando Jorge Fornet organizó un coloquio sobre la obra de Ricardo Piglia. El encuentro tuvo las felicidades y las perturbaciones de la participación del escritor, que habló en tres oportunidades ante un público atento y ávido. La idea primera de editar un dossier se transformó en libro. La intención fue recoger, de modo bastante azaroso y siguiendo nuestro gusto, algunos trabajos ya publicados y otros inéditos.

A la hora de las presentaciones, no es fácil lidiar con escritores consagrados. Porque pertenezco a una generación que practicó una política que involucraba, al mismo tiempo, la impugnación del mercado y la apología del margen, hablar sobre éxitos aún resulta incómodo. Hoy en día, los textos de Piglia integran programas académicos y figuran en las listas de best-sellers. ¿Se trata, en rigor, del aura que otorga el ingreso en el canon? Me inclino por otra explicación. Aunque dudo de que Piglia comparta mis asociaciones, cuando pienso en su narrativa, resuenan las palabras de Italo Calvino en *Por qué leer los clásicos;* si bien casi todas las propuestas de definición encajan de manera aceitada, puesta a escoger, transcribo: "un clásico es una obra que suscita un incesante polvillo de discursos críticos, pero que la obra se sacude continuamente de encima", "un clásico es un libro que nunca termina de decir lo que tiene que decir", "es clásico lo que persiste como ruido de fondo incluso allí donde la actualidad más incompatible se impone".[1]

---

[1] Italo Calvino. *Por qué leer los clásicos.* (Traducción de Aurora Bernárdez.) Barcelona, Tusquets, 1999.

Más allá de puntuales querellas por definiciones o valores, hay que coincidir en la coherencia y la fidelidad de un proyecto literario, que, rechazando imposiciones genéricas, fusiona el pensamiento crítico con la trama ficcional, desconoce jerarquías literarias y junta tradiciones muy diversas. De estas singularidades dan cuenta los artículos que componen el volumen. Como si fueran variaciones de temas musicales, cada una de las cinco secciones se organiza de acuerdo con un eje que resume algún aspecto del universo conceptual e imaginario de Piglia.

La primera parte, *Crítica literaria y literatura crítica*, examina una poética que es como la cinta de Moebius, de superficies continuas expresada, tal vez, en la idea de que la crítica es una forma de la autobiografía. Con este pretexto, Graciela Speranza y Marcelo Gobbo acuerdan en la imposibilidad de separar al narrador, del crítico y del autobiógrafo. Speranza confronta las poéticas de Saer y Piglia –sus acuerdos y disidencias, Borges, entre ellas– desplegando los argumentos de ambos. ¿Cómo lee un escritor cuando escribe sobre los libros de otros? En torno a *La narración-objeto* de Saer, y *Formas breves*, y *Crítica y ficción* de Piglia, Speranza detecta dos principios estéticos dominantes, que, además, están contenidos en los títulos de los ensayos: la noción de objeto es a la poética de Saer lo que la forma a la de Piglia. A partir del lugar común que dictamina que el estilo es el hombre, Gobbo persigue un estilo con el propósito de construir la autobiografía de una voz ya que -como ha señalado el mismo narrador- la biografía de un escritor es la historia de las transformaciones de su estilo. Así, el crítico se convierte en detective y halla numerosas pistas en "La loca y el relato del crimen", un cuento que, según su perspectiva, funciona como un aleph.

Sergio Waisman –traductor al inglés de *La ciudad ausente* y *Nombre falso*– constata una paradoja que revela la complejidad de la tarea en la medida en que los propios relatos se presentan como traducción, saturados de citas, atribuciones y personajes escapados de otras ficciones. Waisman le otorga a la traducción el poder de resistir a la opresión política y a los relatos autoritarios: "funciona como metáfora perfecta del proceso de restablecer una memoria colectiva perdida". Las transformaciones y deformaciones de la máquina de traducir consolidan estrategias para la reconstrucción de la comunidad perdida.

Laura Demaría compara dos momentos –1971, 2000– y dos ensayos – "Intelectuales y revolución: ¿conciencia crítica o conciencia culpable?" y "Tres propuestas para el próximo milenio (y cinco dificultades)"– con el fin de establecer continuidades y rupturas en torno a la pregunta por el lugar del intelectual y la articulación entre la ficción y la política. En consonancia con los cambios políticos y culturales, las respuestas podrían encarnar en el nombre de intelectual que permanece, Rodolfo Walsh, y en los textos elegidos. La distancia es la que media entre *¿Quién mató a Rosendo?* y "Esa mujer": de la investigación y el relato testimonial al cuento que tiene por protagonista innominada a Eva Perón. También va de la primacía de las referencias directas a la oblicuidad de la escritura macedoniana que explora las ficciones estatales y sus estrategias de control colectivo.

La segunda parte, *Narrar en/contra el género*, bucea en el tema leyendo a contrapelo las convenciones delineadas por las ficciones. Ana María Barrenechea, una de las mayores especialistas en Sarmiento, retoma la célebre oposición del siglo XIX, ciudad/campo, con vistas a detectar las "presencias reales" –como diría George Steiner– del género gauchesco en *La ciudad ausente*. La novela invierte el tópico clásico del *beatus ille*; lejos de ser espacio de armonías, el campo reedita el infierno de Dante. Pero la ciudad no ocupa el extremo positivo de la dicotomía; por el contrario, las argumentaciones críticas, al desplazarse por los espacios, confirman la ubicuidad del horror.

El artículo de Cristina Iglesia y el mío –con diferentes aproximaciones– ahondan en el uso del género policial que hacen *La ciudad ausente* y *Plata quemada*. La frase con la que Raymond Chandler sintetiza el meollo del policial –el relato cuenta la aventura de un hombre en busca de una verdad oculta– opera como matriz del ensayo de Iglesia. Con los patrones y los matices que definen el género, la autora analiza *La ciudad ausente*. Chandler está en el origen; Brecht acompaña el desarrollo de las hipótesis. Como en las tradiciones inglesas, Junior es un periodista, investigador –hijo de inglés, además– y viajero por el interior del país. "Junior es la conciencia del presente que se niega a esperar el relato de la historia: en la inmediatez de la ciudad iluminada y semivacía busca las causas de las ausencias, busca la manera de entender lo que sucede". Si las reglas del género prescriben el castigo del criminal, en Piglia, la narración significa condena o salvación, según los personajes se dividan en culpables o inocentes.

Sabemos que la eficacia del policial reside, en gran parte, en el hecho de que es un género altamente codificado. *Plata quemada* acepta las convenciones para complejizarlas o aun sortearlas. Julio Premat deshace la aparente transparencia de la prosa. La afirmación inicial de que la novela se construye alrededor de una escena final de fuerte contenido dramático va siendo demolida a lo largo de las páginas. El crítico confronta el cuerpo del relato con la historia del texto que despliega el Epílogo. Contra las declaraciones del autor Ricardo Piglia, que insiste en la veracidad de los hechos, Premat –él también un pesquisa avezado– observa los procedimientos y las técnicas, los modos de narrar, el cruce de voces y las relaciones temporales o indaga la polisemia del significante *inversión* que detona las representaciones. Con este arsenal, Premat concluye: "Leamos, se nos dice susurrando, a la literatura como si fuera real".

La escena de la quema del dinero constituye el clímax de *Plata quemada* y exhibe, de modo nítido, la violación a las reglas burguesas. El título del artículo de Michelle Clayton, "Cómo habla la plata", apunta al mismo referente; el fetiche –antropomorfizado como en el poema de Quevedo– manifiesta la lógica del mundo capitalista. Clayton desconfía de la voluntad explícita del texto que pide ser leído dentro de la tradición del género de no-ficción y, por lo tanto, acumula "pruebas" que verifican el alejamiento de cualquier tipo de objetividad; analiza el tono legendario de la intriga, las microhistorias que luchan para imponer sentidos y la dispersión de voces contradictorias: "[...] el espesor de *Plata quemada* deriva precisamente de la superposición de voces y versiones coexistentes, del entretejido de lo marginal con lo central, de lo no cuantificable y oral con lo autoral y la escritura. El escritor está, a su vez, recogiendo voces para reconstruir su historia".

En 1984, cuando le preguntaron si existía una disyuntiva entre vivir y escribir, Piglia respondió: "Se vive para escribir, diría yo. La escritura es una de las experiencias más intensas que conozco. La más intensa, pienso a veces. Es una experiencia con la pasión y por lo tanto tiene la misma estructura de la vida." Amante del pensamiento benjamiano, opina que el relato da forma a la experiencia individual y grupal. De los cruces de esos términos, muchas veces conflictivos, da cuenta la tercera sección, *Experiencia, historia y relato*. Francine Masiello plantea una cuestión que, como lo reprimido, vuelve: ¿qué significa ser un intelectual en los noventa? ¿Puede, acaso, la cultura cortar el flujo del libre mercado? Masiello halla, en *La ciudad ausente*, la puesta en escena de un proyecto literario que enjuicia la hegemonía neoliberal. Ciertos núcleos cohesionan las argumentaciones tales como las tensiones que estallan entre experiencia y narración, los vínculos que tejen las culturas locales y la cultura global, la función de la traducción para sostener diferentes versiones de lo real y las políticas de resistencia contenidas en los relatos que enuncian voces femeninas y que burlan la vigilancia policial. Merecen destacarse los pasajes en que la autora eslabona *La ciudad ausente* y *Finnegans Wake*. Los personajes de Joyce –al igual que los de Piglia– anudan la memoria y la experiencia como antídoto eficaz contra el olvido. En esta línea, el capítulo del *Wake* "Quién es quién cuando cada uno es alguien más" sirve a modo de brújula para orientarse en *La ciudad ausente*.

Isabel Quintana aprieta la producción de Piglia en las palabras de Barthes: una "red organizada de obsesiones". Algunas de ellas constituyen el corazón del artículo, como el agotamiento de la experiencia en la modernidad que afecta los modos de narrar y las formas de la subjetividad. Con *Respiración artificial*, Piglia recaptura la figura benjaminiana del storyteller y le otorga una tarea particular porque la única historia que puede narrar es la imposibilidad de la experiencia. Entender la estructura de la experiencia y leer los signos de la historia: he aquí los hilos que enhebran las argumentaciones. Quintana afirma que la novela se arma en torno al vacío discursivo; la segunda parte, titulada significativamente "Descartes", interroga sobre la herencia racionalista. Como contrapartida del silencio al que Adorno reduce a la poesía después de Auschwitz, Piglia se atreve a poner en palabras lo indecible.

Idelber Avelar concuerda en varios puntos con Quintana: "[...] la llegada de textos como *Respiración artificial* y *La ciudad ausente* nos condena al orden del metafantasma: disertar infinita, neuróticamente, acerca de la imposibilidad de narrarnos, así como de la imposibilidad de no narrar esta imposibilidad". Una de las hipótesis más fuertes sostiene que la novela alegoriza distintas posiciones respecto de la actividad de narrar. A partir de la teoría de Piglia de que toda narración se construye sobre dos relatos, el ensayo recorre dos historias. Cada una de ellas funciona como marco de la otra y señala lo que puede contar. Para explicar la relación alegórica que mantienen ambas, Avelar apunta la primacía de la ruina y el fragmento, las conexiones entre la narrativa y la muerte y la centralidad de la pérdida. Ossorio y Maggi son los protagonistas de uno de los relatos; Renzi y Tardewski, los del otro. Si el primero explora dos presentes que rememoran viejos fracasos, el segundo hurga en el presente una cantidad de formas – un repertorio narrativo, dice Avelar– para contar la derrota. El destino del narrador encarna en la imagen del equilibrista que camina sobre un alambre de púas. En otra coyuntura, *La ciudad ausente* trabaja los restos que no habían entrado en *Respiración artificial*: "en la posdictadura, las narrativas responden a la necesidad del duelo". Hacer el duelo por los desaparecidos o por la muerte de Elena; la máquina narrativa procura anular la muerte.

Wander Melo Miranda detecta en la cultura actual ciertas operaciones de escritura –tales como almacenar, reprocesar y diseminar– que tienen que ver con el retroceso de la palabra escrita y el auge de la imagen y la informática. A partir de esta hipótesis, el autor interpreta la máquina de *La ciudad ausente* como un archivo que genera una red de ficciones virtuales para asegurar la supervivencia del relato. Melo Miranda piensa el texto literario con la noción cibernética de hipertexto que admite pliegues y despliegues, infinitas multiplicaciones, cortes y montajes diversos. De acuerdo con esta perspectiva, los sentidos adquieren una provisoriedad absoluta. Si la lectura de la novela decimonónica está vinculada con la expansión del ferrocarril –y por eso, observa Piglia, muchos relatos suceden en un viaje de tren–, a finales del siglo XX, la lectura guarda relación con los modos de navegar por la red informática.

*Tradiciones y genealogías dispersas* investiga una poética a través de los libros que se encuentran en la biblioteca imaginaria de un autor. El interés de Edgardo Berg está puesto en desmenuzar permanencias y cambios en la producción de Piglia. Contra posiciones críticas que marcan la distancia entre *Plata quemada* y otros textos, Berg ubica a la novela en el contexto de una única estética. Los antecesores que reivindica son Brecht y Marx y con ellos elabora la figura del criminal. El ensayo pone la novela en la cadena de una tradición y, al mismo tiempo, la liga con relatos anteriores del escritor cuando confecciona una galería de personajes infames y marginales que circulan por *La invasión, Nombre falso, Prisión perpetua* o *Respiración artificial*: "[...] las voces de los fracasados, inventores, locos o criminales socavan y minan las reglas de la *buena sociedad* y articulan un discurso alternativo y contrahegemónico".

María Antonieta Pereira homologa al escritor con el hombre de laboratorio en la medida en que ambos construyen miniaturas de mundo. El laboratorio es metáfora tanto de la máquina cuanto del museo, "a fantasia multicultural do escritor: um local que acolhe imagens mágicas, múltiplas, mínimas –um *aleph* onde o autor pode projetar sua imaginação". La autora analiza los términos que entran en la metáfora mientras califica de neobarroca a la estética de *La ciudad ausente*, por la valorización de lo menor, la preeminencia de la parte sobre el todo, las discontinuidades y desplazamientos, las citas tergiversadas o la creación de replicantes y autómatas. Otras tradiciones culturales se suman en la argamasa de la escritura: la tradición gauchesca de la oralidad, algunos libros europeos y, en especial, la literatura norteamericana. La mezcla de materiales y de procedencias contribuye a soldar una literatura que postula la resistencia no como cuestión temática sino formal.

En "Un cadáver sobre la ciudad", incluido en *Formas breves*, Piglia describe una foto que muestra un ataúd suspendido en el espacio. Como no pasaba por la puerta, el cajón que contenía el cuerpo de Roberto Arlt tuvo que ser descolgado por la ventana: "Ese féretro suspendido sobre Buenos Aires es una buena imagen del lugar de Arlt en la literatura argentina. Murió a los cuarenta y dos años y siempre será joven y siempre estaremos sacando su cadáver por la ventana. El mayor riesgo que corre hoy su obra es el de la canonización. Hasta ahora su estilo lo ha salvado de ir a parar al museo; es difícil neutralizar esa escritura, se opone frontalmente a la norma de hipercorrección que define el estilo medio de nuestra literatura". Lejos de angustiarse por las influencias, Piglia inventa genealogías en las que se siente cómodo. En esa estructura de parentescos, Arlt tiene una gran visibilidad, tal como demuestra Rose Corral al seguir la historia de esa presencia. Corral recuerda que es Piglia quien opone *uso* a *influencia* mientras asocia el uso con la apropiación y la transformación y subsume la influencia en la mera mímesis. El escritor ha conseguido un lugar destacado para Arlt y termina, definitivamente, con el prejuicio del mal estilo al ubicar sus narraciones en el linaje nacional de libros extraños, híbridos que mezclan géneros y materiales y cuyo representante mayor es el *Facundo*. El ensayo hace un recorrido cronológico y genérico que abarca textos de ficción y crítica, entrevistas y fragmentos del diario personal. Si bien *La ciudad ausente* emerge como el punto culminante de la historia (su estructura conspirativa la filia con *Los siete locos*), parte de los primeros cuentos, sigue con "Homenaje a Roberto Arlt", analiza muchas páginas de *Respiración artificial*, bucea en artículos y evalúa su tarea de editor.

Joseph Urgo juega con el significante *respiración* mientras rastrea las huellas de Faulkner: "La respiración artificial en la novela es también faulkneriana. Esto se pone de manifiesto a través de una serie de conexiones con el escritor del Mississipi, cuya obra, testimonio de su práctica literaria, constituyó una amenaza a la ortodoxia estatal y espiritual". Ambos escritores dan testimonio de una práctica destinada a los que intentan respirar bajo condiciones opresivas. Las argumentaciones se cohesionan en un movimiento de ida y vuelta de Faulkner a Piglia y viceversa. El crítico entiende el término *cita* también en su acepción de coincidencia de voces. A modo de ilustración: Renzi quiere escribir una novela hecha enteramente con citas, repitiendo el deseo de Benjamin. La alusión quita importancia al problema de la originalidad. Urgo esboza paralelos entre el norteamericano y el argentino; contempla la relación entre el habla (o su imposibilidad) y la represión y detalla similitudes entre dos políticas estéticas que atacan las reglas del buen decir. Al igual que Piglia admira la prosa ilegible de Arlt porque transgrede todo código, Urgo subraya que "la ambición de Faulkner – 'poner todo en una oración' – es una enunciación contra el estilo literario, contra todo los que nos enseñaron sobre una escritura correcta."

*Lecturas y relecturas* revisa interpretaciones propias o ajenas, propósito que cumple Juan José Saer cuando ratifica la vigencia de *Respiración artificial* a veinte años de su publicación. Luego de armar ingeniosos pasajes y deslizamientos entre diferentes términos –historia y novela, política y policía– y convertir en sinónimos el primer par, conjetura sobre la persistencia de ciertos textos: "[...] la novela de Piglia se nutre en la reflexión, en la confrontación de ideas, que durante largo tiempo estuvieron desterradas de la academia narrativa, e inventa, para una época en la que la Argentina estaba prohibido argumentar, la *novela-ensayo*". Después de explayarse en su rechazo por la *novela histórica*, tal como se ha cultivado en estos últimos años, el ensayista afirma que la posición del libro en el campo cultural ha cambiado puesto que, una vez que las referencias más directas se han desvanecido, "*sólo* queda la novela".

Rita de Grandis resalta las novedades que produjo *Respiración artificial* en el sistema literario argentino de los años 80, al dejar atrás posiciones estéticas e ideológicas que interpretaban la literatura en clave "parricida". Al focalizar las figuras de Borges y Arlt, Piglia quiebra una línea de lectura cristalizada. La vigencia de la novela reside, para de Grandis, en el carácter nacional que lleva inscripto. Como novela fundacional, recupera la alianza de la ficción con la política que impregna las narraciones mayores de la literatura argentina: "*Respiración artificial* pone en funcionamiento el macrotexto cultural y político del siglo XIX: sus textos canónicos, literarios, políticos y filosóficos y establece un nuevo diálogo entre ese pasado y el presente. A través del siglo XIX se restituye el papel central de la relación entre literatura y política, que en este caso debe ser leída como una interrogación constante y como la operación contra el lenguaje autoritario, contra la lengua monológica del estado".

Daniel Balderston compara la recepción de las obras de Piglia con un campo de batalla donde abundan las lecturas reduccionistas, que oscilan entre el elogio fácil y el exabrupto crítico. El autor verifica la repetición de argumentos que buscan una minuciosa referencialidad y nos recuerda que toda interpretación nace en un contexto preciso. Después de corregir sus propios argumentos de 1987 y señalar algunos trabajos que zafan del círculo, Balderston propone "leer la producción de esos años con los ojos de ahora –menos apasionados, tal vez, y más escépticos".

El bello título "La eterna ironía de la comunidad" de Germán García es una metáfora con la que Hegel alude a la identidad femenina. Diez años después de la publicación de *La ciudad ausente*, y al volver a ella, García percibe lo que había descuidado: las mujeres e hijas ausentes causan los desplazamientos de los personajes masculinos. Las mujeres son sustituidas por voces que cuentan historias atemporales. El ensayo opone la lógica masculina del estado con la femenina que conecta con el discurso adivinatorio: "Así como la ciudad ausente es el reverso de la presencia del Museo, la ausencia de las mujeres retorna en los relatos de la máquina cuyos desvaríos arrasan la verdad 'policial' que intentaría reducir el sentido (Sinn) a la referencia (Bedeutung). Esta pasión policial, como sabemos, llegado el caso fabrica la referencia que le falta para fortalecer su evidencia". En diversas figuras femeninas, la novela representa la dialéctica entre lo universal y lo particular. Lo singular toma las dimensiones de las marcas lingüísticas que sólo las mujeres pueden descifrar.

En el texto que abre este libro, Piglia imagina una réplica perfecta de una ciudad. La ciudad es Buenos Aires. Como Borges, crea su propio aleph y lo sitúa en el barrio porteño de Flores. "Pequeño proyecto de una ciudad futura" encierra la fantasía espacializada del escritor: construir una novela como si fuera una ciudad. En una entrevista de 1985, Piglia explicó en estos términos la novela ideal: "Habría que poder escribir una novela que se leyera como un tratado científico y como la descripción de una batalla pero que fuera también un relato criminal y una historia política". La utopía, esta vez, se pliega en anhelo de totalidad, que se agrega a la empecinada pasión por el fragmento.

Buenos Aires, agosto de 2003

# Pequeño proyecto de una ciudad futura*

*Ricardo Piglia*

VARIAS VECES ME HABLARON DEL HOMBRE QUE EN UNA CASA DEL BARRIO DE Flores esconde la réplica de una ciudad en la que trabaja desde hace años. La ha construido con materiales mínimos y en una escala tan reducida que podemos verla de una sola vez, próxima y múltiple y como distante en la suave claridad del alba.

Siempre está lejos la ciudad y esa sensación de lejanía desde tan cerca es inolvidable. Se ven los edificios y las plazas y las avenidas y se ve el suburbio que declina hacia el oeste hasta perderse en el campo.

No es un mapa, ni una maqueta, es una "máquina" sinóptica; toda la ciudad está ahí, concentrada en sí misma, reducida a su esencia. La ciudad es Buenos Aires pero modificada y alterada por la locura y la visión microscópica del constructor.

El hombre dice llamarse Russell y es fotógrafo, o se gana la vida como fotógrafo, y tiene su laboratorio en la calle Bacacay y pasa meses sin salir de su casa reconstruyendo periódicamente los barrios del sur que la crecida del río arrasa y hunde cada vez que llega el otoño.

Russell cree que la ciudad real depende de su réplica y por eso está loco. Mejor, por eso no es un simple fotógrafo. Ha alterado las relaciones

---

* Publicado en *El final del eclipse. El arte de América Latina en la transición al siglo XXI*, José Jimenes (comp.), Madrid: Edición Fundación Telefónica, 2001.

de representación, de modo que la ciudad real es la que esconde en su casa y la otra sólo un espejismo o un recuerdo.

La planta sigue el trazado de la ciudad geométrica imaginada por Juan de Garay con las ampliaciones y las modificaciones que la historia le ha impuesto a la remota estructura rectangular. Entre las barrancas que se ven desde el río y los altos edificios que forman una muralla en la frontera norte persisten los rastros del viejo Buenos Aires con sus tranquilos barrios arbolados y sus potreros de pasto seco.

El hombre ha imaginado una ciudad perdida en la memoria y la ha repetido tal como la recuerda. Lo real no es el objeto de la representación sino el espacio donde un mundo fantástico tiene lugar.

La construcción sólo puede ser visitada por un espectador por vez. Esa actitud incomprensible para todos es, sin embargo, clara para mí: el fotógrafo reproduce en la contemplación de la ciudad, el acto de leer. El que la contempla es un lector y por lo tanto debe estar solo. Esa aspiración a la intimidad y al aislamiento explica el secreto que ha rodeado su proyecto hasta hoy.

Siempre pensé que el plan oculto del fotógrafo de Flores era el diagrama de una ciudad futura. Es fácil imaginar al fotógrafo iluminado por la luz roja de su laboratorio que en la noche vacía piensa que su máquina sinóptica es una cifra secreta del destino; y lo que él altera en su ciudad se reproduce luego en los barrios y en las calles de Buenos Aires pero amplificado y siniestro.

Las modificaciones y los desgastes que sufre la réplica –los pequeños derrumbes y las lluvias que anegan los barrios bajos– se hacen reales en Buenos Aires bajo la forma de breves catástrofes y de accidentes inexplicables.

El fotógrafo actúa como un arqueólogo que desentierra restos de una civilización olvidada. No descubre o fija lo real sino cuando es un conjunto de ruinas (y en este sentido, por supuesto, ha hecho de un modo elusivo y sutil, arte político). Está emparentado con esos inventores obstinados que mantienen con vida lo que ha dejado de existir. Sabemos que la denominación egipcia del escultor era precisamente "El-que-mantiene-vivo".

La ciudad trata entonces sobre réplicas y representaciones, sobre la percepción solitaria, sobre la presencia de lo que se ha perdido. En definitiva trata sobre el modo de hacer visible lo invisible y fijar las imágenes nítidas que ya no vemos pero que insisten todavía como fantasmas y viven entre nosotros.

Esta obra privada y clandestina, construida pacientemente en un altillo de una casa en Buenos Aires se vincula, en secreto, con ciertas tradiciones del arte en el Río de la Plata: para el fotógrafo de Flores, como para Xul Solar o para Torres García, la tensión entre objeto real y objeto imaginario no existe: todo es real, todo está ahí y uno se mueve entre los parques y las calles, deslumbrado por una presencia siempre distante.

La diminuta ciudad es como una moneda griega hundida en el lecho de un río que brilla bajo la última luz de la tarde. No representa nada, salvo lo que se ha perdido. Está ahí, fechada pero fuera del tiempo, y posee la condición del arte, se desgasta, no envejece, ha sido hecha como un objeto inútil que existe para sí misma.

He recordado en estos días las páginas que Claude Lévi-Strauss escribió en *La pensée sauvage* sobre la obra de arte como modelo reducido. La realidad trabaja a escala real, "tandis que l'art travaille à l'échelle réduite". El arte es un forma sintética del universo, un microcosmos que reproduce la especificidad del mundo sin pasar por la mímesis. La moneda griega es un modelo en escala de toda una economía y de toda una civilización y a la vez es sólo un objeto extraviado que brilla al atardecer en la transparencia del agua.

Hace unos días me decidí por fin a visitar el estudio del fotógrafo de Flores. Era una tarde clara de primavera y las magnolias empezaban a florecer. Me detuve frente a la alta puerta cancel y toqué el timbre que sonó a lo lejos, en el fondo del pasillo que se adivinaba del otro lado.

Al rato un hombre enjuto y tranquilo, de ojos grises y barba gris, vestido con un delantal de cuero, abrió la puerta. Con extrema amabilidad y en voz baja, casi en un susurro donde se percibía el tono áspero de una lengua extranjera, me saludó y me hizo entrar.

La casa tenía un zaguán que daba a un patio y al final del patio estaba el estudio. Era un amplio galpón con un techo a dos aguas y en su interior se amontonaban mesas, mapas, máquinas y extrañas herramientas de metal y de vidrio. Fotografías de la ciudad y dibujos de formas inciertas abundaban en las paredes. Russell encendió las luces y me invitó a sentar. En sus ojos de cejas tupidas ardía un destello malicioso. Sonrió y yo le di la vieja moneda que había traído para él.

La miró de cerca con atención y luego la alejó de su vista y movió la mano para sentir el peso leve del metal.

–Un *dracma* –dijo. –Para los griegos era un objeto a la vez trivial y mágico... La *ousía*, la palabra que designaba el ser, la sustancia, significaba igualmente la riqueza, el dinero. –Hizo una pausa–. Una moneda era un mínimo oráculo privado y en las encrucijadas de la vida se la arrojaba al aire para saber qué decidir. –La lanzó al aire y la atrapó y la cubrió con la palma de la mano. La miró. –El destino está en la esfinge de una moneda –dijo. –Todo irá bien. Se levantó y señaló a un costado. El plano de una ciudad se destacaba entre los dibujos y las máquinas. –Un mapa, –dijo–, es una sinopsis de la realidad, un espejo que nos guía en la confusión de la vida. Hay que saber leer entre líneas para encontrar el camino. Fíjese. Si uno estudia el mapa del lugar donde vive, primero tiene que encontrar el sitio donde está al mirar el mapa. Aquí, por ejemplo, –dijo–, está mi casa. Esta es la calle Puán, ésta es la avenida Rivadavia. Usted ahora está aquí. –Hizo una cruz. –Este es usted –sonrió–. Hay representaciones que se unen con las cosas de las que son signos por una relación visible. Pero en esa visibilidad hacen desvanecer al original. Cuando se mira un objeto como si fuera la imagen de otro se produce lo que yo he decidido llamar la sustitución sinóptica. Así es la realidad. Vivimos en un mundo de mapas y de réplicas.

Esa era –dijo– la idea que animaba a los asesinos seriales, matar réplicas, serie de réplicas que se repiten y a las que es preciso eliminar, una tras otra, porque vuelven a aparecer inesperadas, perfectas, en una calle oscura, en el centro de una plaza abandonada, como espejismos nocturnos. Por ejemplo, Jack the Ripper buscaba descubrir en el interior de las víctimas el elemento mecánico de la construcción. Esas muchachas inglesas, bellas y frágiles, eran muñecas mecánicas, sustitutos.

Él en cambio –a diferencia de Jack the Ripper– había querido dejar de lado a los seres humanos y sólo construir reproducciones del espacio donde habitan las réplicas.

Hablaba cada vez más rápido, en voz baja, y yo sólo podía captar el murmullo de sus palabras que resonaban como alucinaciones quietas.

–La idea de una cosa que deviene otra cosa que es ella misma y se sustituye en su doble, nos atrae, y por eso producimos imágenes. Pero mientras que el desdoblamiento representativo remite al despliegue de una relación articulada sobre un relevo, la sustitución sinóptica –lo que yo llamo la sustitución sinóptica– significa la supresión del relevo intermediato. La réplica es el objeto convertido en la idea pura del objeto ausente.

Después dijo que su nombre verdadero era un secreto sobre el que se sostenía la ciudad. Ese era el centro íntimo de la construcción.

—La cruz del sur... —agregó, con una sonrisa.

Hubo un silencio. Por la ventana llegó hasta nosotros el lejano grito de un pájaro.

Russell pareció despertar y recordó que yo le había traído la moneda griega y la sostuvo otra vez en la palma de la mano abierta.

—¿La hizo usted? —Me miró con un gesto de complicidad. —Si es falsa, entonces es perfecta— dijo, y luego con la lupa estudió las líneas sutiles y las nervaduras del metal. —No es falsa, ¿ve? —Se veían leves marcas hechas con un cuchillo o con un piedra. Una mujer tal vez, por el perfil del trazo. —Y ve, —me dijo—, alguien aquí ha mordido la moneda para probar que era legítima. Un campesino, quizá, o un esclavo.

Puso la moneda sobre una placa de vidrio y la observó bajo la luz cruda de una lámpara azul y después instaló una cámara antigua sobre un trípode y empezó a fotografiarla. Cambió varias veces la lente y el tiempo de exposición para reproducir con mayor nitidez las imágenes grabadas en la moneda.

Mientras trabajaba se olvidó de mí.

Anduve por la sala observando los dibujos y las máquinas y las galerías que se abrían a un costado hasta que en el fondo vi la escalera que daba al altillo. Era circular y era de fierro y ascendía hasta perderse en lo alto. Subí tanteando en la penumbra, sin mirar abajo. Me sostuve de la oscura baranda y sentí que los escalones eran irregulares e inciertos.

Cuando llegué arriba me cegó la luz. El altillo era circular y el techo era de vidrio. Una claridad nítida inundaba el lugar.

Vi una puerta y un catre, vi un Cristo en la pared del fondo, y en el centro del cuarto, distante y cercana, vi la ciudad y lo que vi era más real que la realidad, más indefinido y más puro.

La construcción estaba ahí, como fuera del tiempo. Tenía un centro pero no tenía fin. En ciertas zonas de las afueras, casi en el borde, empezaban las ruinas. En los confines, del otro lado, fluía el río que llevaba al delta y a las islas. En una de esas islas, una tarde, alguien había imaginado un islote infectado de ciénagas donde las mareas ponían periódicamente en marcha el mecanismo del recuerdo. Al este, cerca de las avenidas centrales, se alzaba el hospital, con las paredes de azulejos blancos, en el que una mujer iba a morir. En el oeste, cerca del Parque Rivadavia, se extendía, calmo, el barrio de Flores, con sus jardines y sus paredes encristaladas y al fondo de una calle con adoquines desparejos, nítida en la quietud del suburbio, se veía la casa de la calle Bacacay y en lo alto, visible apenas en la visibilidad extrema del mundo, la luz roja del laboratorio del fotógrafo titilando en la noche.

Estuve ahí durante un tiempo que no puedo recordar. Observé, como alucinado o dormido, el movimiento imperceptible que latía en la diminuta ciudad. Al fin, la miré por última vez. Era una imagen remota y única que reproducía la forma incierta real de una obsesión. Recuerdo que bajé tanteando por la escalera circular hacia la oscuridad de la sala.

Russell, desde la mesa donde manipulaba sus instrumentos, me vio entrar como si no me esperara y luego de una leve vacilación, se acercó y me puso una mano en el hombro.

—¿Ha visto? —preguntó.

Asentí, sin hablar.

—Ahora, entonces —dijo— puede irse y puede decir lo que ha visto.

En la penumbra del atardecer, Russell me acompañó hasta el zaguán que daba a la calle.

Cuando abrió la puerta, el aire suave de la primavera llegó desde los cercos quietos y los jazmines de las casas vecinas.

—Tome —dijo, y me dio la moneda griega.

Eso fue todo.

Caminé por las veredas arboladas hasta llegar a la avenida Rivadavia y después entré en el subterráneo y viajé atontado por el rumor sordo del tren mirando la indecisa imagen de mi cara reflejada en el cristal de la ventana. De a poco, la microscópica ciudad circular se perfiló en la penumbra del túnel con la fijeza y la intensidad de un recuerdo inolvidable.

Entonces comprendí lo que ya sabía: lo que podemos imaginar siempre existe, en otra escala, en otro tiempo, nítido y lejano, igual que en un sueño.

*Posdata.* Reproduzco el testimonio anterior tal como apareció, en noviembre de 2000, en el catálogo de la exposición *El fin del milenio* sin otros cambios que la elisión de algunas metáforas y de una hipótesis final que ahora resulta innecesaria. Entre los comienzos de la construcción (que se remonta según podemos sospechar a 1970) y su destrucción hace tres meses, el prestigio y el conocimiento de la ciudad creció y se expandió.

Russell se negó siempre a que su obra fuera divulgada y esa decisión convirtió a su trabajo en la manía de un inventor extravagante. Y algo de eso había en él. Pero yo sé (y otros saben) que ese trabajo maniático, llevado adelante durante décadas es un ejemplo de la revolución que sostiene al arte desde su origen.

Russell forma parte de ese linaje de inventores obstinados, soñadores de mundos imposibles, filósofos secretos y conspiradores que se han mantenido alejados del dinero y del lenguaje común y que terminaron por inventar su propia economía y su propia realidad. "Normalmente (escribió Ossip Mandelstam) cuando un hombre tiene algo que decir, va hacia la gente, busca quien lo atienda. Pero con el artista sucede lo contrario. El escapa, se esconde, huye hacia el borde del mar donde la tierra termina o va hacia el vasto rumor de los espacios vacíos donde sólo la tierra resquebrajada del desierto le permite esconderse. ¿Su andar no es acaso evidentemente anormal? La sospecha de demencia siempre recae sobre el artista".

Hasta el final Russell mantuvo vivo ese espíritu de inventor de barrio y de amateur: pasaba los días en su laboratorio del barrio de Flores experimentando con el porvenir y con el rumor quieto de la ciudad. Su obra parecía el mensaje de un viajero que ha llegado a una ciudad perdida: que esa ciudad sea la ciudad donde todos vivimos y que esa sensación de extrañeza haya sido lograda con la mayor simplicidad es otro ejemplo de la originalidad y del lirismo que caracterizaron su trabajo.

El proyecto fue visitado en el taller del artista durante veinte años individualmente por ochenta y siete personas, en su mayoría mujeres. Algunos han dejado testimonios grabados de su visión y desde hace un tiempo pueden consultarse esos relatos y esas descripciones en el libro *La ciudad mínima* editado por Margo Ligetti en marzo del 2001 con una serie de doce fotografías originales del artista.

Muchas obras argentinas son secretos homenajes a esa ciudad secreta y reproducen su espíritu sin nombrarla nunca porque respetan los deseos de anonimato y de sencillez del hombre que dedicó su vida a esa infinita construcción imposible.

El arte vive de la memoria y del porvenir. Pero también del olvido y de la destrucción.

La ciudad –como sabemos– se incendió en febrero de este año y adquirió inmediata notoriedad porque sólo las catástrofes y los escándalos interesan a los dueños de la información.

El fotógrafo había muerto dos años antes en la oscuridad y en la pobreza.

De la ciudad ahora sólo sobreviven sus restos calcinados, el esqueleto de algunos edificios y varias casas del barrio sur que han resistido en medio de la destrucción. La cineasta Luisa Marker filmó las ruinas y los últimos incendios y las imágenes que vemos hacen pensar en un documental que registra y recorre una ciudad que arde en medio de un eclipse nuclear.

En la penumbra rojiza, persiste la construcción en ruinas, espectral, anegada por el agua y semi hundida en el barro. Ciertos indicios de vida han empezado a insinuarse entre los restos calcinados (casas donde las luces aún brillan, sombras vivas entre los escombros, música en los bares automáticos, la sirena de una fábrica abandonada que suena en el amanecer). Parecen las imágenes nerviosas de un noticiario sobre Buenos Aires en el remoto porvenir y lo que vemos es el destello de la catástrofe que todos esperamos y que seguro se avecina.

*Primera parte*
*Crítica literaria y literatura crítica*

# Autobiografía, crítica y ficción: Juan José Saer y Ricardo Piglia*

*Graciela Speranza*

AUNQUE EN TÉRMINOS PRÁCTICOS LA TAREA PARECE SENCILLA, NUNCA terminaremos de precisar los límites entre la lectura y la escritura. Como prueba de la dificultad de la empresa puede leerse una anotación sorprendente en un prólogo inédito a *El sonido y la furia*. "Escribí este libro y aprendí a leer", confiesa William Faulkner, y en esa inversión sutil del orden lógico de la frase define la naturaleza de un arte que reúne de manera inescindible al lector y al escritor. Leer y luego escribir, escribir para volver a leer; de un deseo a otro va toda la literatura y en algún lugar incierto, entre los movimientos sucesivos de esa respiración continua que anima al libro, asoma la figura del crítico.

W. H. Auden, que era un gran poeta y un gran crítico, describió ese vaivén del deseo frente a la literatura con cierta justicia distributiva. A modo de prólogo a su colección de ensayos *La mano del teñidor*, escribió dos textos memorables: "Leer" y "Escribir". En el primero, adelantando ya algunos argumentos del segundo, intenta precisar las diferencias entre la lectura del crítico y la del escritor. Al crítico, dice, podrá pedírsele una lectura que nos muestre relaciones entre obras de diferentes épocas históricas, que ahonde nuestra comprensión, que ilumine la forma artística o las relaciones del arte con la vida, la ciencia, la ética, la religión. Para

---

* Este trabajo ha sido publicado en el *Boletín 9* del Centro de Estudios de Teoría y Crítica Literaria de Rosario, en diciembre de 2001.

cumplir esa función debe poseer cierta erudición y una intuición superior; aunque podamos discrepar con las respuestas, un buen crítico es capaz de formular buenas preguntas. Las opiniones críticas de un escritor, en cambio, advierte Auden, deben ser tomadas "con una pizca de sal"; derivan por lo general de un debate que el escritor lleva consigo mismo sobre lo que debe hacer a continuación y lo que debe evitar: "Un poeta no puede leer a otro poeta ni un novelista a otro novelista sin comparar su obra con la suya. A medida que va leyendo, sus opiniones se presentan así: ¡Mi Dios! ¡Mi Bisabuelo! ¡Mi Tío! ¡Mi Enemigo! ¡Mi Hermano! ¡Mi imbécil Hermano!" (11).

Con sinceridad infrecuente, Auden describe así la lectura en el espejo típica del escritor: un debate constante con otros escritores que paraliza a los talentos más débiles y estimula a los más potentes, y que, siguiendo esta vez a un crítico, podríamos llamar "la angustia de las influencias". La lectura de un escritor tiene siempre una doble orientación; cuando habla sobre los libros de otros no puede sino hablar al mismo tiempo de los propios.

Dos colecciones recientes de ensayos críticos invitan a volver a las distinciones de Auden: *La narración-objeto* de Juan José Saer y *Formas breves* de Ricardo Piglia. Se trata de dos figuras centrales de la literatura argentina contemporánea y ya desde el título es posible reconocer la marca del escritor que, enmascarado en las lecturas, señala una forma que define la propia escritura. No sorprende entonces que Saer, creador de un territorio autónomo y una saga virtualmente infinita que parece avanzar y sin embargo se disuelve a medida que se narra, se ocupe de *la narración-objeto*, aquella que, "apartándose de la rutina asfixiante de los géneros" y "adentrándose en las aguas pantanosas y turbias de lo particular", llega a obtener el estatuto de objeto autosuficiente, único (29). Tampoco sorprende que Piglia, dedicado desde sus primeros relatos a elaborar una forma condensada de autobiografía, crítica y ficción, atienda a las *formas breves*, "pequeños experimentos narrativos y relatos personales" que funcionan como modelos "microscópicos" de mundos posibles (138). Para ilustrar su argumento central, Saer elige tres novelas contemporáneas a sus propios comienzos (*Los adioses* de Juan Carlos Onetti, *Pedro Páramo* de Juan Rulfo y *El silenciero* de Antonio Di Benedetto) y en otros ensayos relee a Miguel de Cervantes, a William Faulkner, a Katherine Ann Porter, a Jorge Luis Borges. Piglia, a su vez, relee a Macedonio Fernández, a Roberto Arlt y a Borges, pero también vuelve a Anton Chejov, a Franz Kafka, a James Joyce, a Ernest Hemingway.

Basta elegir alguna de esas lecturas para coincidir con Borges: cada escritor *crea* a sus precursores. Faulkner, pero también Cervantes, resultan precursores de Saer; Macedonio Fernández, pero también Joyce, de Ricardo Piglia. La lectura *desviada* no sólo muestra las relaciones de la obra en cuestión con otras obras, como esperaba Auden de los críticos, sino que *corrige* el rumbo de esas relaciones hacia la propia obra. La *mala lectura* del escritor no afecta el valor de la obra leída sino que abre un espacio para el desvío y hace avanzar la literatura. Así, por ejemplo, el *Quijote* no es para Saer una epopeya como más de una lectura crítica propone, sino el desmantelamiento progresivo de la epopeya. La progresión difícil, la imposibilidad que acecha cada uno de sus actos, la conciencia de la inevitabilidad del fracaso para las empresas humanas, se opone a la moral de la epopeya y deriva en moral del fracaso (Saer 1999: 47). Incertidumbre, melancolía y fracaso remiten directamente al mundo narrativo de Saer sin nombrarlo. También Piglia señala en Macedonio aquello que bien podría definir por extensión su propia obra: una relación peculiar entre pensar y narrar, el estilo oral que nunca es lexical sino que se juega en la sintaxis y en el ritmo de la frase, un movimiento típico de la vanguardia que promueve la ruptura con el mercado pero no elude las fantasías de entrar en los medios masivos (Piglia 1999: 21-40).

Frente a sus contemporáneos –Walter Benjamin lo percibió con claridad–, el escritor en tanto crítico es un estratega en el combate literario: renueva el canon, cuestiona las jerarquías establecidas y las verdades aceptadas, reorganizando de ese modo el mapa de la literatura de su tiempo. Puede entenderse así la prepotencia de Saer en su defensa del mendocino Antonio Di Benedetto: "Las tres principales novelas de Antonio Di Benedetto [...] digámoslo ya para que quede claro de una vez por todas, constituyen uno de los momentos culminantes de la narrativa en lengua castellana de nuestro tiempo" (Saer 1999: 65). O el menosprecio de la literatura norteamericana después de Faulkner: "Cuando vemos el lamentable estado de la literatura estadounidense hoy en día, chapaleando entre el mercantilismo y la indigencia conceptual y formal, percibimos con mayor nitidez todavía el silencio que sucedió a ese inusitado esplendor verbal" (76). O el descrédito de Borges como novelista impotente: "Aunque ya me he ocupado desde otro punto de vista de este problema debo recordar que según sus propias declaraciones, que probablemente eran sinceras, la novela no lo atraía demasiado, pero es de hacer notar que en medio de todas sus actividades debieron faltarle el tiempo y la paciencia para escribir una" (119). Convendría detenerse un momento sobre afirmaciones tan contundentes. En principio, porque la justa valoración de Antonio Di Benedetto es sin duda necesaria, pero tal vez se deba al propio Saer la atención casi exclusiva a *Zama*, objeto de uno de sus ensayos más memorables de 1973, en detrimento del resto de su obra, olvidada durante muchos años hasta las reediciones recientes, prologadas ahora con un ensayo suyo –igualmente lúcido pero más abarcador– incluido en la colección. El "silencio" y "la indigencia conceptual y formal" en la literatura norteamericana, en cambio, sólo pueden entenderse como sordera deliberada si se piensa que después de Faulkner escribieron William Burroughs, Thomas Pynchon o Don DeLillo. Sus nuevos argumentos sobre la incompatibilidad borgeana con el género novelístico, por fin, son decididamente aventurados y más vale volver a sus reflexiones más consistentes en "Borges novelista" de 1981. Instalado merecidamente en el centro, se diría, Saer se mira más confiado en el espejo de la gran literatura argentina e incluso, de la gran literatura universal.

En la misma dirección pero con estrategia más sutil, Piglia toma distancia y cifra en el pasado los debates del presente o busca en el presente los efectos perdurables del pasado. De ahí que descubra las dos tradiciones de la novela argentina en la polémica implícita entre Macedonio y Manuel Gálvez –el escritor de vanguardia frente al escritor "mediocre, con éxito, que se apoya en el sentido común literario" (Piglia 1999: 32)– o asegure que Arlt es el más contemporáneo de nuestros escritores porque intentó captar el núcleo paranoico del mundo moderno: "la manipulación de la creencia, la invención de los hechos, la lógica del complot" (51). ¿Qué mejor definición de su propia ficción?

Dando un paso más, es posible reconstruir en *La narración-objeto* y en *Formas breves* un diálogo velado en el que, más allá de la armoniosa convivencia en el centro del canon argentino contemporáneo, Saer y Piglia dirimen sus diferencias y afirman su propia poética. Si el género es tiranía alienante para Saer, es en cambio un desafío para la innovación formal en Piglia. De ahí que a la aspiración saeriana de la "obra única" que consigue liberarse de la rutina asfixiante de los géneros, podría oponerse la consideración irónica de Piglia de la forma "obra maestra" en la novela posterior a Joyce, como un género con convenciones, fórmulas y líneas temáticas tan definidas y estereotipadas como las de la novela policial. La dedicatoria a Piglia de *La pesquisa* –una novela policial en la que Saer adapta el género a su "propia manera narrativa"– podría leerse entonces como una tregua amistosa, una demarcación del territorio pactada de común acuerdo. Del mismo modo, a la displicencia saeriana respecto de la literatura norteamericana después de Faulkner, podría oponerse la referencia de Piglia a un cuento de Hemingway en el final de la breve autobiografía "Hotel Almagro" (un homenaje casi filial) o su reconocimiento de Burroughs, Pynchon, William Gibson y Philip Dick, colocados "en el centro de la narrativa contemporánea".

Previsiblemente, también Borges es motivo de controversia. Si para evitar "los abusos de la crítica", Saer se propone "delimitar, describir y definir" su obra "válida" y la enmarca entre 1930 y 1960 (Saer 1999: 123), Piglia elige releerlo entero a partir de su último cuento "La memoria de Shakespeare", escrito a los ochenta años. Contrariando los argumentos de Saer, subraya la importancia del gusto borgeano por la oralidad y deriva de allí su francofobia y su desinterés por la novela (Piglia 1999: 111).

Pero es en la forma misma que Saer y Piglia eligen para componer sus argumentos críticos, donde más se distancian y definen mejor. Dueño de una prosa cuya perfección y precisión conceptual alumbran la progresión difícil del pensamiento y los mecanismos complejos de la percepción, Saer modula los motivos, los temas, los argumentos de sus ensayos siguiendo un patrón de composición lírica, musical. El texto breve que cierra el volumen, "El colibrí de Hudson", podría servir de ejemplo de su gracia verbal, su inventiva, su deliberada arbitrariedad. En experimentos narrativos breves, fragmentarios, Piglia investiga en cambio nuevas amalgamas posibles de crítica y ficción: una narración que esconde un argumento crítico, un argumento crítico que se ilustra con un "caso falso", un relato personal –autobiográfico– que expone una hipótesis crítica, una escena de un libro leído que se recupera como un recuerdo privado. Volviendo una y otra vez sobre sus lecturas, perfeccionando el enunciado o avanzando imperceptiblemente sobre sus tesis anteriores, opera por condensación, no en el sentido figurativo de compendiar sino en el sentido literal de concentrar lo disperso y aumentar la densidad. Como una sucesión de haikus brillantes, produce el deslumbramiento inmediato. Basta leer sus "Nuevas tesis sobre el cuento", un ejemplo claro de su sensiblidad privilegiada para percibir e iluminar la forma artística.

En el final del prólogo de *La narración-objeto*, Saer escribe: "La crítica es una forma superior de la lectura, más alerta, más activa, y que, en sus grandes momentos, es capaz de dar páginas magistrales de literatura" (12). "Los textos de este volumen", escribe Piglia en el epílogo de *Formas breves*, "no requieren mayor elucidación. Pueden ser leídos como páginas perdidas en el diario de un escritor, y también como primeros ensayos y tentativas de una autobiografía futura" (137). Cada uno a su modo, no hace más que señalar un límite nebuloso entre lectura y escritura que obliga a reunir las páginas críticas y la obra de ficción en un cuerpo único e inseparable, desdeñoso de la virtual autonomía de la crítica institucional. No sorprende entonces que, desde los comienzos, Saer y Piglia hayan buscado formas y espacios más personales de intervención crítica, capaces de amalgamar la lectura y la escritura en un continuo autosuficiente que, a pesar de los rodeos, nunca se aleja demasiado de la propia obra de ficción. Ya en el prólogo a *El concepto de ficción* –su primera colección sistemática de textos críticos escritos entre 1965 y 1996– Saer rehuía las nominaciones convencionales ("ensayos me parece demasiado pretencioso y artículos inapropiado por la connotación periodística que tiene esa palabra" [7]) y definía el conjunto como: "normas personales para ayudarme a escribir alguna narración", "simples notas de lectura", o incluso "pretextos para discutir conmigo mismo ciertos aspectos de un oficio de lo más solitario" (8). Escritos por encargo o por propia voluntad, pueden leerse retrospectivamente como un episódico ajuste de cuentas con los precursores y una confrontación polémica con los contemporáneos, propios del proceso de afirmación y legitimación de todo comienzo literario. Así, en las "notas de lectura", Saer no sólo reconoce las deudas estéticas más inocultables– Faulkner ("He pasado diez años de mi vida tratando de escapar al influjo de Faulkner" [156]), Juan L. Ortiz ("su obra como la de Girondo o la de Macedonio Fernández, se vuelve síntoma, pero también faro y emblema" [87]), Chandler ("Todo escritor tiene un escritor para el uso privado de su imaginación, un escritor cuyos textos le vuelven como recuerdos personales" [259])– sino que deja entrever el peso más insidioso de otros legados –Borges, el *Nouveau roman*–, corrigiendo al mismo tiempo, con orgullo de heredero legítimo, otras lecturas críticas. Los juicios sobre el presente –contra el latinoamericanismo, contra el uso "indebido" de la cultura de masas– son todavía más categóricos y virulentos, y tampoco escapan al juego de espejos. Como se desprende de "Borges francófobo", la ironía beligerante en los comentarios críticos sobre los contemporáneos es una marca innegable de la herencia borgeana.

La única entrevista incluida en la colección, por último, propicia a su modo la mezcla deliberada de autobiografía, teoría y ficción. Interrogado sobre la relación entre el cuerpo y lo escrito, Saer cierra la conversación con una reconstrucción minuciosa (deliberadamente *escrita*) de la escena de la escritura, en la que la imagen frente al espejo se traduce en los trazos únicos, "perfectamente individualizados", que conforman el estilo personal (Saer 1997: 297). En un último juego especular, describe la relación entre mano, cuerpo y escritura, (ficcionalizada en muchos de sus relatos) con la música inconfundible de sus mejores páginas de ficción.

Se dirá que la voluntad de intervención crítica de Ricardo Piglia ha sido desde sus comienzos más decidida y más consustancial a la propia poética. Sus lecturas de escritores centrales del canon argentino en los setenta y los ochenta –Sarmiento, Arlt, Borges, Cortázar– de la literatura norteamericana de género y de las primeras ficciones de algunos de sus contemporáneos –Manuel Puig, Rodolfo Walsh, Luis Gusmán– ya forman parte de la mejor tradición crítica argentina (véase, entre otros, Piglia 1973a y b; 1979a y b; 1969; 1980). Alimentan, al mismo tiempo, muchas de sus novelas y relatos, en una mezcla indiscernible de crítica y ficción que es quizás la marca más personal de su literatura. Por algún motivo, sin embargo, Piglia nunca ha reunido sus ensayos críticos y las hipótesis perseveran dispersas, divididas con aparente deliberación entre las páginas críticas y los textos de ficción. De ahí quizás que para la única serie más sistemática de textos críticos, haya elegido el espacio anómalo de una revista de historietas, *Fierro*, en donde prologa adaptaciones gráficas de relatos clásicos argentinos en brevísimos textos introductorios de prodigiosa concisión e iluminación crítica. De ahí también que el cuerpo más abarcador de su pensamiento estético, social y político se encuentre en un conjunto de entrevistas, reunidas por primera vez en 1986, en las que Piglia ha convertido el reportaje en una forma personal de la práctica crítica. Conviene detenerse a analizar en detalle esta conversión, una de las empresas más originales de la lectura de escritor en la literatura argentina.

Hacia el final de una entrevista de 1987, incluida en *Crítica y ficción*, Raquel Angel le pregunta a Ricardo Piglia si hay alguna imagen que condense para él el tiempo de la dictadura. Piglia parece no dudar y responde que hay una imagen, sí, pero primero hay un viaje: "A fines de 1976 me fui a enseñar a la Universidad de California, un semestre en La Jolla, el pueblo donde vivió Chandler. Y decidí volver" (115). La entrevistadora lo interrumpe y retoma la última frase: "No exiliarse", acota. Pero Piglia declina el énfasis político de la paráfrasis ("Volver, repite, pero ésa es otra historia"), y sigue, ahora en presente, con el relato: "En junio del '77 vuelvo, salgo a caminar por la ciudad. Con esa mirada única que tiene uno cuando vuelve a un lugar después de mucho tiempo. Lo primero que me llama la atención es que los militares cambiaron el sistema de señales. En lugar de los viejos postes pintados de blanco que indicaban las paradas de colectivos han puesto unos carteles que dicen *Zona de detención*". Las buenas entrevistas, más deudoras del cine que del teatro, no abundan en acotaciones escénicas ni en precisiones gestuales, pero se intuye que Piglia hace una breve pausa y continúa, volviendo al imperfecto: "Tuve la impresión de que todo se había vuelto explícito, que esos carteles decían la verdad. La amenaza parecía insinuada y dispersa por la ciudad. Como si se hiciera ver que Buenos Aires era una ciudad ocupada y que las tropas de ocupación habían empezado a organizar los traslados y el asesinato de la población sometida. La ciudad se vuelve alegoría de sí misma. Por de pronto ahí estaba el terror nocturno que invadía todo y a la vez seguía la normalidad, la vida cotidiana, la gente que iba y venía por la calle. El efecto siniestro de esa doble realidad que era la clave de la dictadura. La amenaza explícita pero invisible que fue uno de los objetivos de la represión". Finalmente, como una coda, un epítome del relato, dice: "*Zona de detención,* en ese cartel se condensa la historia de la dictadura".

Si cito casi completo este fragmento de una de las dieciséis entrevistas compiladas en *Crítica y ficción* es porque reúne ejemplarmente lo que el título del libro aparenta separar; la respuesta define bien el modo personal en que Piglia ha hecho de la literatura una forma condensada de autobiografía, crítica y ficción. Aunque quizás, en este caso, habría que invertir el orden. Es la pericia del narrador lo primero que aparece en el relato: la selección de una escena que condense la experiencia, el tono confesional, las precisiones temporales ("fines de 1976", "junio del '77"), la causalidad deliberada ("pero antes hay un viaje"), la reconstrucción precisa del recuerdo ("los viejos postes pintados de blanco"), el cambio de tiempos verbales para acercar el pasado, la transparencia del lenguaje que no se deja tentar por las trampas del *estilo* y se concentra en lo esencial. En seguida, con un imperceptible cambio de tono, la perspicacia del crítico que encuentra en una escena menor la trama política oculta de una sociedad, la realidad doble de la dictadura inscripta en la amenaza explícita pero invisible de un cartel de señalización pública. Como al pasar también, sin énfasis inoportunos, un par de indicios certeros como claves autobiográficas ocultas. El escritor argentino, cultor de la serie negra, señala una coincidencia con reverencia casi filial: allí mismo, en La Jolla, donde enseña literatura, vivió el padre de Philip Marlowe, el norteamericano Raymond Chandler.

En muchas otras respuestas, es cierto, el crítico se adelanta al narrador. Piglia resume sus argumentos sobre Sarmiento, Arlt, Cortázar, Borges, pero también sobre Poe, Kafka, Faulkner, Joyce, la narración en el cine o el género policial. Afiliándose a la tradición de los grandes críticos marxistas que leen buscando una forma capaz de mostrar la trama invisible que reúne lo estético y lo social ("el texto de Tinianov sobre la evolución literaria es el *Discurso del método* de la crítica literaria" [Piglia 2000: 195]), sus lecturas microscópicas van detrás de nuevas formulaciones breves que alumbren la tensión del mundo social, concentren lo disperso y aumenten la intensidad del argumento. Hay allí un despliegue de ideas personales sobre la literatura y el arte que por su densidad y originalidad ya forman parte de la historia de la crítica argentina. Pero hay también una música del pensamiento que alguna vez habría que analizar, una sonoridad de ideas-frases que llevan a una influencia prosódica y acercan el razonamiento al goce más inefable de la ficción. La crítica avanza en la paradoja de una racionalidad apasionada y, aunque Piglia no lo nombre, hay ecos de Roland Barthes. El *panorama*, escribió Barthes –y Piglia podría suscribirlo–, es un objeto a la vez intelectivo y feliz; libera al cuerpo en el preciso momento en que le da la ilusión de "comprender" el campo que abarca la mirada (113). Contra el prejuicio antintelectualista, la abstracción no contradice en absoluto la sensualidad.

Extremando el esfuerzo de concentración y la voluntad de intervención, el argumento se condensa a veces en una especie de máxima, un aforismo provocador: "El Aleph, por ejemplo, es una especie de *Adán Buenosayres*, anticipado y microscópico" (Piglia 2000: 83); "El viejo vizcacha, de todos modos, es uno de los grandes narradores del siglo XIX, una especie de Huckleberry Finn escéptico y envejecido, que está de vuelta" (127); "Murena [...] una mezcla de Heidegger con Cioran" (163). Barthes, otra vez, podría explicarlo: "Escribo máximas para reconfortarme: cuando sobreviene una turbación, la atenúo poniéndome en manos de una fijeza que me sobrepasa; la máxima es una suerte de *frase nombre* y nombrar es aplacar" (195) ¿Pero es Piglia el aforista, o es más bien Emilio Renzi, el personaje de ficción? (Borges, dijo Renzi en uno de los aforismos más recordados de *Respiración artificial*, es el mejor escritor argentino del siglo XIX). El propio Piglia reconoce en el personaje una nueva mezcla deliberada de autobiografía y crítica, atemperada por la ficción: "En el fondo a Renzi sólo le interesa la literatura, vive y mira todo desde la literatura y en este sentido ironizo también sobre mí mismo" (Piglia 2000: 101).

Llegado el caso, sin embargo, la convivencia pacífica se crispa. A veces, compiten en protagonismo el crítico y el narrador, y es difícil saber, por ejemplo, quién disputa acaloradamente la posesión de Borges en la entrevista de *Variaciones Borges*, ¿el crítico o el escritor? A veces el autobiógrafo parece anteponerse a los otros dos. Piglia vuelve al pasado con indicios biográficos precisos –la iniciación, las primeras lecturas, los hábitos de escritura– y se diría que entonces la primera persona lo distancia del crítico y del narrador. Se descubre en seguida que es ilusorio; la verdad de la historia personal se confunde otra vez con la fabulación y la autobiografía es sólo un relato estratégico destinado a indicar cómo leer la obra del narrador. Porque ¿quién es, por ejemplo, Steve Ratliff, invocado como padre literario? ¿Existe o es una ficción del precursor? La pregunta, en todo caso, es improcedente en el sistema de Piglia, que se ampara en la coartada de la indecidibilidad: ¿la autobiografía, finalmente, no es también un relato ficcional? Y la lectura, ¿no es también una forma de definir la identidad? "Uno escribe su vida cuando cree escribir sus lecturas. ¿No es a la inversa del Quijote? El crítico es aquel que encuentra su vida en el interior de los textos que lee" (Piglia 1999: 137).

La mezcla deliberada de autobiografía, crítica y ficción es, si se quiere, una forma de ocultar al otro Piglia en una reescritura ingeniosa y expandida de "Borges y yo". El crítico, que ha estudiado como nadie las tácticas de Borges y los mitos de escritor, crea un espacio de lectura para las ficciones del escritor y perfecciona la estrategia borgeana de desorientar. Menos espectacular que la desaparición de J. D. Salinger o de Thomas Pynchon, la desaparición de Piglia simula una visibilidad y una civilidad. No evita el reportaje, pero desalienta cualquier intención sesgada de conocer la alquimia secreta del escritor. La pregunta sobre las condiciones ideales para escribir, por ejemplo, abre paso a una reflexión sobre el mito de la isla desierta o la torre de marfil; la pregunta sobre el placer o la angustia de la escritura lo lleva a recorrer una galería de rituales tradicionales para garantizar "la entrada" (la droga, el alcohol, la ficcionalización del tránsito en Bernhard, el amor en Hemingway, el encierro en Kafka). No hay dato preciso de la vida privada que el crítico no fiscalice y devuelva transformado. Cuando se le pregunta por las lecturas, por ejemplo, responde: "Acabo de terminar la biografía de Oscar Wilde que escribió Richard Ellman, gran historia sobre las leyes inglesas y el heroísmo privado" (Piglia 2000: 147).

El relato personal se desvía en una reflexión crítica y se aviene a la economía y al ritmo de la conversación. La nota final de *Crítica y ficción*, así, es casi una preceptiva de la entrevista como género crítico. Los entrevistadores, explica Piglia, definen el tono de los diálogos, marcan el sentido de las respuestas y son por lo tanto tan autores de las entrevistas como el entrevistado. Y aunque la aclaración podría entenderse como simple cortesía, basta recorrer los nombres de los autores para comprobar que el diálogo como forma ("una forma platónica, como si hubiera un saber que está más allá de los que hablan, algo que se debe recordar o reconstruir" [243]) es parte de la empresa crítica. Es natural entonces que con Andrés Di Tella se hable de la narración en el cine y que con Jorge Lafforgue y Jorge Rivera en *Crisis*, del género policial; que en el primer número de *Lecturas críticas* de 1980 se hable con Mónica Tamborenea y

Alan Pauls de parodia y propiedad, y con Horacio González y Víctor Pesce, en *Unidos*, de Borges y la política en 1986; que con Eduardo Paz Leston se hable de *Sur* y con Carlos Dámaso Martínez, crítico y escritor, de novela y utopía, o que en la conversación con la uruguaya Ana Inés Larre Borges, de *Brecha*, abunden las referencias a Onetti y en el número XI del *Faulkner Journal*, el único tema sea William Faulkner. Críticos y escritores "han inventado deliberadamente la escena de un diálogo para poder decir algo sobre la literatura" (Piglia 2000: 245). Se dice también en la nota que los originales de las entrevistas han sido corregidos: "En general he trabajado sobre la transcripción de las grabaciones y he reescrito las respuestas tratando de mantener el orden de las preguntas y el ritmo de la conversación oral" (245). La corrección trabaja contra el fetiche periodístico de la espontaneidad y redime a la entrevista de los riesgos de la ligereza, la imprecisión y la banalidad. Las respuestas no son ya el trofeo de un cazador furtivo, sino el resto perfeccionado de un hallazgo compartido que la corrección viene a realzar. El respeto por la palabra escrita y el deseo de ampliación del espacio de circulación de la crítica convierten al conjunto de entrevistas en un modelo para el periodismo cultural.

Editado por primera vez en 1986, expandido en 1990, y completado en el 2000 con seis nuevos textos en una "versión definitiva", *Crítica y ficción* es un libro central en la obra de Ricardo Piglia. Avanza en las sucesivas reediciones y actualizaciones como una versión dialogada, fragmentaria y personal de muchos libros no escritos: un protocolo de lectura para las ficciones de Piglia, una autobiografía intelectual, una historia crítica de la literatura argentina, un ensayo de interpretación histórica y política.

En la fidelidad a sí mismo que todo escritor se impone cuando lee al otro, se miden los méritos y los límites de su tarea como crítico. A pesar de su tono objetivo, escribe Saer en el prólogo a *La narración-objeto*, los textos críticos de un escritor "no reflejan más que sus hábitos, e incluso sus prejuicios disfrazados de conceptos" (11). Piglia, en el epílogo de *Formas breves*, escribe: "La crítica es la forma moderna de la autobiografía" (137). Si se acepta esa mirada al sesgo de la lectura que se debate entre el límite que impone la imagen en el espejo y la invención del desvío necesario, se entenderá por qué reclamaba Auden una "pizca de sal" para considerar las opiniones críticas de un escritor.

OBRAS CITADAS

Auden, W.H. *La mano del teñidor*. Barcelona: Barral, 1974.
Barthes, Roland. *Roland Barthes por Roland Barthes*. Barcelona: Kairós, 1978.
Piglia, Ricardo. *Formas breves*. Buenos Aires: Temas Grupo Editorial, 1999.
\_\_\_\_\_ *Crítica y ficción*. Buenos Aires: Seix Barral, 2000.
\_\_\_\_\_ "Clase media: cuerpo y destino (Una lectura de *La traición de Rita Hayworth* de Manuel Puig)". *Revista de Problemas del Tercer Mundo* I/1 (agosto 1969): 350-62.
\_\_\_\_\_ (a). "Roberto Arlt: una crítica de la economía literaria". *Los libros* 29 (marzo-abril 1973): 22-27.
\_\_\_\_\_ (b). "El relato fuera de la ley". Gusmán, Luis. *El frasquito*. Buenos Aires: Ediciones Noé, 1973. 7-23.
\_\_\_\_\_ (a). "Ideología y ficción en Borges". *Punto de vista* II/5 (marzo 1979): 3-6.
\_\_\_\_\_ (b). "Prólogo". *Cuentos de la serie negra*. Buenos Aires: CEAL, 1979. 7-14.
\_\_\_\_\_ "Notas sobre el Facundo". *Punto de vista* III/8 (marzo, junio 1980): 15-18.
Saer, Juan José. *La narración-objeto*. Buenos Aires: Seix Barral, 1999.
\_\_\_\_\_ *El concepto de ficción*. Buenos Aires: Ariel, 1997.

# Autobiografía de un estilo

*Marcelo Gobbo*

> La crítica busca el contenido de verdad de una obra de arte...
> Walter Benjamin, "Las afinidades selectivas" de Goethe
> La crítica es la forma moderna de la autobiografía.
> *Ricardo Piglia*, Formas breves

I

Este texto podría haberse iniciado con una introducción sobre el género autobiográfico, remontándose a las *Confesiones* de San Agustín y a la poesía de Gregorio de Nacianzo, para luego repasar diferentes autores que trabajaron lo que podría denominarse "autobiografía novelada" –esa parienta desinhibida del *roman-à-clef*–, y de ese modo de mostrar la invención, con la aparición de esos libros, del autor-personaje, es decir, del autor que escribe sobre sí mismo como un personaje o que escribe sobre un personaje que es él mismo y que puede llevar su mismo nombre, para sólo entonces arremeter con Piglia.

También podría comenzar de la siguiente manera: "En algunas entrevistas, Ricardo Piglia se ocupó de informar a sus lectores que lleva años escribiendo un diario íntimo (o un *diario*, como él lo llama); según dijo, las páginas de este diario han sido y seguirán siendo entregadas a la custodia de una universidad norteamericana".

Visto lo que quiere exponerse, el párrafo podría continuar con una frase del tipo: "Piglia podría estar mintiendo sobre ese diario, porque su obra *es* ese diario", lo cual es una vaguedad o una frase que sólo tendría sentido en un relato policial o fantástico. Además, para explicar cuál podría haber sido la intención de Piglia para informarnos acerca de la existencia de ese diario, sería necesario presentar prematuramente en el texto la idea del "Piglia-personaje". El texto continuaría: "Ricardo Piglia ha escrito algunas de las páginas más inteligentes y provocativas de las últimas décadas y uno de los libros más importantes de nuestra literatura: *Respiración artificial*. En esta novela,[1] Piglia combina, a modo de *puzzle*, un diario escrito en Estados Unidos con cartas escritas desde Entre Ríos, varias tramas, variadas voces, ensayos sobre arte, política e historia.

En una crítica literaria, Bioy Casares escribió: 'Garnett observa en sus memorias que la obra de una vida muy personal raramente es considerable. La mayor parte de nosotros, incapaces de emular a las enérgicas individualidades del Renacimiento, nos enfrentamos con el dilema de la obra o la vida (¿quién no oyó la frase?). Los escritores suelen hallar una solución [...] en la composición de diarios íntimos; de este modo se convierte al enemigo en colaborador, ya que las experiencias cotidianas constituyen el asunto de tal literatura' (Bioy Casares 1983: 139). Y en el mismo libro, nos recordaba el comentario de Oscar Wilde: cada cual debería llevar el diario de algún otro.

Ricardo Piglia ha sabido solucionar el dilema al que alude Bioy Casares siguiendo el consejo de Oscar Wilde.

Pero así como una vida puede convertirse en literatura o como un ser humano puede transformarse en personaje, ese texto posible acabó siendo una ficción dentro de este ensayo que comienza con dos citas y una frase que nos recuerda la probabilidad de su existencia autónoma.

---

[1] ¿Es *Respiración artificial* una novela? Leopoldo Marechal relata una charla en la que Macedonio Fernández le dice: "Novela es la historia de un destino completo". "Le admití la definición", escribe Marechal, "siempre que la condicionáramos al hecho de que una vida humana suele comportar, no un solo destino, sino varios que se dan en sucesión cronológica y a la vez lógica, y se traducirían por una cadena de muertes y resurrecciones obradas en la posibilidad del mismo individuo" (Marechal 170).

## II

"*I don't express myself in my painting. I express my not-self*". Con esta cita, Piglia abre *Prisión perpetua*. En la reedición de ese libro magistral han desaparecido los relatos breves para dejar sólo las dos *nouvelles*. En ambas, la autobiografía y la ficción se mezclan de tal manera que es imposible distinguir (al menos para quienes, como yo, no conozcan al autor en su intimidad) los límites entre ambas.

El protagonista del primer relato, como Piglia, abandona su ciudad natal para viajar a Mar del Plata. El personaje eje de ese relato es Steve Ratliff, alguien que tiene todas las características de Steve *Rattlif*, un neoyorquino que, según Piglia comenta en "El laboratorio de la escritura" (Piglia 2000: 60-1), fue fundamental en su formación como lector, y por ende, como escritor. Una nota al pie de la página 15 anuncia: "Este relato es una versión del texto leído en abril de 1987 en el ciclo *Writers talk about themselves*" (Piglia 1998). La "Nota", al final del volumen (163-64), da a entender que "Encuentro en Saint-Nazaire" es el relato de un hecho real. Podría seguir enumerando el juego de velos y desvelos durante varios párrafos más, pero me limitaré a señalar dos fragmentos del relato que da su nombre al libro: "En esos días, [...] empecé a escribir un diario. ¿Qué buscaba? Negar la realidad, rechazar lo que venía. La literatura es una forma privada de la utopía" (16) y "todavía hoy sigo escribiendo ese diario. Muchas cosas cambiaron desde entonces, pero me mantuve fiel a esa manía. Por supuesto, no hay nada más ridículo que la pretensión de registrar la propia vida. Uno se convierte en un *clown*. Sin embargo, estoy convencido de que si no hubiera empezado esa tarde a escribirlo jamás habría escrito otra cosa. Publiqué tres o cuatro libros y publicaré quizás algunos más, sólo para justificar ese diario. Todo lo que soy está ahí pero no hay más que palabras. Cambios en mi letra manuscrita" (17).

Transcribo unos fragmentos de *Respiración artificial*. Escribe Renzi: "¿Qué mejor modelo de autobiografía se puede concebir que el conjunto de cartas que uno ha enviado a destinatarios diversos [...] en situaciones y estados de ánimo distintos? Pero de todos modos, se podría pensar, ¿qué encontraría uno en todas esas cartas? O al menos ¿qué podría encontrar yo? Cambios en mi letra manuscrita, antes que nada; pero también cambios en mi estilo, la historia de ciertos cambios en el estilo y en la manera de usar el lenguaje escrito. ¿Y qué es en definitiva la biografía de un escritor sino la historia de las transformaciones de su estilo? ¿Qué otra cosa, salvo esas modulaciones, se podría encontrar en el final de ese trayecto? No creo, por ejemplo, que se pudieran encontrar en esas cartas experiencias que valgan la pena. [...] en el fondo no puede pasarnos nada extraordinario, nada que valga la pena contar. Quiero decir, en realidad, es cierto que nunca nos pasa nada. Todos los acontecimientos que uno puede contar sobre sí mismo no son más que manías. Porque a lo sumo, ¿qué es lo que uno puede llegar a *tener* en su vida salvo dos o tres experiencias? Dos o tres experiencias, no más (a veces, incluso, ni eso). Ya no hay experiencias (¿las había en el siglo XIX?) sólo hay ilusiones" (Piglia 1988: 41-2).

Del diario: "Releo mis papeles del pasado para escribir mi romance del porvenir. Nada entre el pasado y el futuro: este presente (este vacío, esta *terra incognita*) es también la utopía. 15.7.1850" (97).

"La utopía de un soñador moderno debe diferenciarse de las reglas clásicas del género en un punto esencial: negarse a reconstruir un espacio inexistente. Entonces: *diferencia clave:* no situar la utopía en un lugar imaginario, desconocido (el caso más común: una isla)" (97). ¿La isla de *La ciudad ausente*? ¿La de *La invención de Morel*? ¿La del lenguaje?

No hace falta subrayar las similitudes entre los fragmentos de un libro y otro. Tampoco creo necesario recalcar las repeticiones. Transcribiré, eso sí, a continuación, unos pasajes del "Epílogo" de *Formas breves*: "Los textos de este volumen no requieren mayor elucidación. Pueden ser leídos como páginas perdidas en el diario de un escritor y también como los primeros ensayos y tentativas de una autobiografía. [...] La crítica es la forma moderna de la autobiografía. Uno escribe su vida cuando cree escribir sus lecturas. ¿No es a la inversa del Quijote? El crítico es aquel que encuentra su vida en el interior de los textos que lee. [...] En este libro he trabajado sobre relatos reales y también sobre variantes y versiones imaginarias de argumentos existentes. [...] La literatura permite pensar lo que existe pero también lo que se anuncia y todavía no es" (Piglia 1999: 137-38).

III

Uno de los temas centrales en la obra de Piglia es la tensión aparente entre el "mundo real" (el "mundo periodístico", por usar una expresión que nos recuerde que no en vano su seudo *alter ego*, Emilio Renzi, trabaja en un periódico, y para evitar utilizar "el mundo de la experiencia") y el "mundo del lenguaje o de la literatura". Ese juego de tensiones entre un mundo material y otro imaginario, entre la experiencia y la lectura de la experiencia, es, en realidad, un juego de dobles.

Repaso el párrafo anterior y reescribo: este juego de tensiones entre el mundo donde se desarrolla la aventura y el mundo en que se la sueña, entre el anhelo de experiencia mundana y la reconstrucción de la experiencia ajena en el pensamiento, es, en apariencia, un juego de dobles. Y digo *en apariencia* porque el mismo Piglia se encarga de conducirnos, adrede, por la ambigüedad, incluso por la paradoja.

Aunque sea habitual que sus argumentos culminen en fracasos, la tensión a la que me refería siempre se unifica triunfalmente en la experiencia del lenguaje, donde las múltiples voces respiran, aun artificialmente, en un universo de citas –sus personajes son capaces de enunciar una apenas disimulada cita a Borges en medio de un comentario coloquial y supuestamente banal–, donde cada una de las modulaciones que conjugan, y conjuran, esas citas y expresiones son la vida del personaje[2] y donde cada registro de la lengua y su correlato activo en la memoria se constituyen en el verdadero argumento.

Y si dije *en verdad* es porque se establece, de algún modo, un juego especular entre la anécdota narrada y ese argumento del lenguaje. Hay una línea que une "Mata-Hari 55" o "Las actas del juicio" con *Plata quemada*: la ficcionalización de un hecho real, en la tradición de Rodolfo Walsh, a través del registro de una voz, de un lenguaje que, se sabe, sólo puede ser *real* –en el sentido periodístico– si es la transcripción textual de una confesión o de una conversación. Pero ese registro, al cotejar su encuentro con el papel y tomar forma física en la palabra escrita –en el transcurso entre la voz y la [su] estructura–, esa línea de ruta juega en forma constante, adhiriéndose u oponiéndose, con las distintas convenciones del lenguaje, a través de los estilos e, incluso, las distintas vertientes del género policial y de la historia.

Todo Piglia está poblado de diarios, cartas, conversaciones telefónicas (el "estilo epistolar" según Hemingway, como dice Renzi), grabaciones. Siempre alguien tiene que resolver el misterio que se encuentra en esas manifestaciones del lenguaje, en las variaciones de una lengua, en el temblor de la falsificación de una voz. Sus relatos serían, en síntesis, *policiales lingüísticos o literarios*, donde el enfrentamiento entre la historia –del país, del lenguaje, de la literatura, de la filosofía, la propia historia– y el registro de la misma, reemplazan al careo con el principal sospechoso.

---

[2] Lo cual me recuerda esa anécdota de Howard Hawks cuando, al preguntársele por qué renegaba de su filme *Tierra de faraones*, contestó: "Nunca pude imaginarme cómo hablaba un egipcio de esa época, y si yo no puedo imaginarme cómo habla un personaje no logro imaginarme al personaje; y entonces no puedo *ver* la película".

Se podría decir que la obra de Piglia se encuentra ya condensada en el formidable cuento "La loca y el relato del crimen". Allí, Emilio Renzi logra resolver un crimen mediante un método lingüístico, pero su jefe no le deja publicar el artículo en el periódico. En el final, en vez de escribir su renuncia, Renzi escribe lo que es el idéntico comienzo del relato.

Es obvio que Piglia hizo a Renzi "cronista de policiales" porque en esa profesión alguien debe traducir al lenguaje escrito (es más, a un lenguaje vulgar) un hecho real. Con esto, la problemática de cómo "revelar un misterio al vulgo" –de qué forma, y si esa revelación está legitimada por los superiores, y en qué se fundamenta la superioridad o, incluso, la legitimidad de tal revelación– se convierte en un problema tanto de lenguaje como de postura en el mundo; en síntesis, de experiencia lingüística y de experiencia biológico-económica y política. Por otra parte, la elección de este oficio para Renzi obedece además a que en esa rama del periodismo se desarrolla un género literario que Piglia se ha dedicado a analizar y a hacer valorar en gran parte de su trabajo (y también, sospecho, para homenajear a Arlt y a Walsh). Pero creo que, fundamentalmente, lo hizo así porque la historia política argentina –y quizá la historia política a secas– se ha construido sobre un cementerio bastante oscuro y está llena de crímenes sin resolver, de modo que los crímenes en los relatos de Piglia siempre son –siquiera de manera metafórica– *políticos*, y en ellos el periodista se convierte en un historiador, un investigador supuestamente marginado a los confines del pasado; mejor, en un investigador que podrá resolver el misterio pero que nunca podrá hacer público su logro salvo mediante la literatura (tal como aquel trineo en llamas al final de *Citizen Kane* revela el enigma sólo al espectador), porque el poder y los acontecimientos que hilvanaron la historia periférica al mismo tiempo ya urdieron un entramado de sentidos del cual es imposible desprenderse.

Al mismo tiempo, la pesquisa policial, que sólo podrá desarrollarse por medio de la pesquisa lingüística, se convierte en el detective mismo... o en el sospechoso. En sus relatos, cada personaje parece el *arquetipo de un estilo* y, en su vasta capacidad de registros, Piglia los convierte en voz pura: la última parte de *Respiración artificial* y, ya en un grado casi de paroxismo, toda *La ciudad ausente* son claros ejemplos de esto. En la confrontación de sus discursos o dentro del mismo discurso, esto es, entre el discurrir de sus pensamientos y lo que muestran de los mismos, a la manera del iceberg hemingwayano, el lenguaje se torna más real que aquella realidad que, vista desde esa nueva óptica o desde esa nueva *audición*, muestra su falsedad.

Ahora bien, hay en "La loca y el relato del crimen" más elementos que son característicos de la escritura de Piglia: la relación locura-lenguaje, el lenguaje de la narración elaborado a la manera del lenguaje de la psicótica del relato, la repetición (¿un *doble lingüístico*?) como estilo y el hallazgo de las pistas narrado como un miniensayo, por sólo recordar los que, a mi juicio, son más importantes.

La idea del discurso de un loco como misterio lingüístico a resolver se encuentra otra vez en *Prisión perpetua* y *La ciudad ausente* y, de un modo más atenuado, en *Respiración artificial*. Lucía Nietzche/Joyce es el arquetipo que Piglia inventa para desarrollar esta idea del *lenguaje paralelo* como mundo paralelo que se vuelve anhelado y temido a la vez y que se presenta tan paradisíaco en lo ideal como, aparentemente, imposible en lo concreto o condenado al fracaso. Los protagonistas de Piglia desean, si no habitar, al menos poseer la llave para entrar a ese mundo y salir de él cuando quieran, aun cuando hayan visto a otros fracasar en el intento. Que a esta posibilidad del lenguaje se la presente a menudo como una mujer deseada pero fatal –o querida pero en cuyo cariño uno puede perderse– es prueba suficiente de esta ambivalencia. La pérdida de esa mujer, aun tratándose de una hija, y el dolor que esa pérdida le ocasiona como "requisitos" –el término es de Piglia– para que el héroe alcance un grado de lucidez que hasta entonces no tenía, es un procedimiento que el mismo autor explica, en otro juego de repeticiones, en su ensayo "El tango y la tradición de la traición" (publicado por primera vez en la desaparecida revista *Fierro*) y en "Notas sobre Macedonio en un Diario" (en *Formas breves*). A su vez, la presencia peligrosa –de ese mundo, de esa mujer– otorga a los protagonistas la posibilidad de una "memoria" que sólo en apariencia difiere de la memoria de una lectura (anotar en el margen: *leer* también puede ser peligroso).

Esta cuestión de la capacidad de la loca o el loco, la facultad de manejar esa locura o no como problemática intrínseca al lenguaje, no terminaría de ser útil a los fines de la narrativa pigliana si no fuera porque ese don/maldición obliga al que lo padece a ocupar un lugar *marginal*, desde la reclusión en un manicomio hasta la imposibilidad de pertenecer a un sitio o al amor de una persona. Esta preponderancia de la marginalidad, de la reclusión, a menudo representada por alguna enfermedad o falencia física,[3]

---

[3] En este mismo sentido podría leerse "lo entrerriano" en Piglia, aun considerando (y quizá por eso mismo) que él dice usar "Entre Ríos" como el Sur estadounidense (relación: Entre Ríos con Urquiza-Sur en la Guerra de

es coherente con la elección de modelos literarios marginales sobre los que Piglia trabaja de manera casi constante (Borges sería una gran excepción, si no fuera porque Piglia se adentra en su obra marginalmente, cuando no lo "margina" de manera precisa, como al decir, Renzi mediante, que es el "mejor escritor argentino del siglo XIX" [Piglia 1988: 161]). Si de la literatura norteamericana Piglia suele tomar autores populares –desde Chandler a Melville, desde Flannery O'Connor hasta Goodis–, con la literatura argentina opta por autores poco populares a quienes ayudó a dar cierta popularidad con la publicación de sus trabajos, tal como había sabido hacerlo con autores extranjeros cuando dirigió *Serie Negra* (citemos al polaco Gombrowicz o a Macedonio Fernández). Así, lo marginal presenta un *secreto a ser desentrañado* y la clave para alcanzar el "otro sitio" que es, en realidad, la posibilidad o imposibilidad de otra forma de narrar.[4] En ese *suspense* que crea la fragilidad de esa *otra forma* reside gran parte del encanto del estilo de Piglia. Pero esta otredad también implica la experiencia de *otro mundo*; y para poder habitarlo hay que abandonar primero aquel donde se vive. Esta posibilidad de viaje se presenta en Piglia como exilio y también como traición. Sus páginas están signadas por viajes de todo tipo y habitadas por numerosos exiliados y/o traidores, algunos cercanos a la locura, varios de ellos –Ratliff, por ejemplo– amargamente queribles.[5]

Renzi, en "La loca y el relato del crimen", publicado en *Prisión perpetua* (123-32) combina ambos gestos, la traición y el exilio, en uno, al pasar de la escritura de la renuncia a la escritura del relato en sí. De este modo, Piglia –el autor del relato cuyo autor, descubrimos en el final, es Renzi– nos prepara para acostumbrarnos a los exilios y traiciones que su propio estilo nos ofrece y va a ofrecer, como si estuviera diciéndonos que el escritor argentino contemporáneo necesariamente debe exiliarse, bien en la

---

Secesión). Menciono esto al pasar, ya que la cantidad de referencias históricas necesarias para explicar esto abarcarían espacio suficiente como para otro ensayo.

[4] Cabe acotar que el "otro país" es el título con el que abre *Prisión perpetua*; y es, además, el título de un relato de Hemingway que Piglia tradujo para un libro que editó Librerías Fausto en 1977.

[5] No puedo dejar de señalar que las palabras *exilio* y *traición* tienen una gravedad concreta en nuestra historia política. Pero si no me detengo a estudiarlas dentro de su carácter netamente político es porque considero que cualquier lector de *Respiración artificial*, *La ciudad ausente* o *Plata quemada* que tenga un mínimo de conocimiento de la historia argentina no habrá podido ignorar, al leerlas, cuanto se decía al respecto en esas novelas, incluso con toda la gama de contradicciones que la historia misma nos ha deparado.

literatura, en determinado lugar de la literatura, dejando la *patria de la experiencia* o abandonando, siquiera temporalmente, mientras "la literatura suceda", el lugar de la biografía meramente biológica; o bien en la experiencia, que sólo es concebible en el universo de Piglia como una necesidad de investigar en acción, condenada al fracaso tanto o más que por la vía intelectual, pero, en cierto modo, inevitable. Del mismo modo debe traicionar un sueño, una esperanza, un grado de inocencia e ingenuidad –¿un estilo? ¿una tradición?– para enfrentar una verdad que hasta entonces apenas podía intuir o ser traicionado por aquello que admiraba o anhelaba y que, en el fondo, lo hacía prisionero de una suerte de ceguera.

En última instancia, todas las traiciones en los personajes de Piglia suceden entre dobles e incluso las patrias viejas y nuevas se presentan como espejos. En esos reflejos es inevitable que se teja el juego de reflexiones que los protagonistas-narradores utilizan para desentrañar en el otro el misterio que les es propio y que custodia un secreto mayor: el del porvenir. ¿Comprender el pasado para vaticinar el futuro? ¿Un historiador-profeta?

Pero este juego especular se parece a la escena de los espejos de *La dama de Shangai* cuando nos situamos en el centro del taller de la narrativa pigliana. Esto queda claro cuando, en *La ciudad ausente*, leemos: "Cuando transformó *William Wilson* en la historia de Stephen Stevensen, Macedonio tuvo elementos para construir una ficción virtual" (Piglia 1992: 49). Recordemos que Stevensen había aparecido antes en "Encuentro en Saint-Nazaire", relato al que Piglia otorga carácter de "verídico" y que, a su vez, se puede hallar en dos formatos distintos: como relato breve en *Cuentos morales* y como *nouvelle* –junto con el "Diario de un loco", que anuncia algo del estilo de *La ciudad ausente*– en *Prisión perpetua*. En ese relato, Stevensen anticipa o predice, mediante un misterioso sistema de análisis literario –releyendo papeles del pasado "para escribir el romance del porvenir", "lo que se anuncia y todavía no es"– las acciones que el narrador va a padecer.

Eso de repetir relatos en libros distintos forma parte de un engranaje de reiteraciones no accidentales. Tal vez esas similitudes pretendan que el lector fiel se sumerja en la ardua tarea de rastrear, como Renzi con el relato de la loca, lo diferente en la repetición, y que de esa diferencia surja una nueva verdad. Podemos hallar desde textos (el mencionado "Encuentro en Saint-Nazaire", "Tesis sobre el cuento", las narraciones de "la máquina" de *La ciudad ausente*) hasta párrafos enteros incluidos en libros distintos y de distinto género. Acaso la repetición de la estructura sustantivo más adjetivo de sus títulos –quebrada por un artículo– con la excepción de su primer libro de relatos y de *Crítica y ficción*, esté armada sobre la misma idea.

Ahora bien, en aquel enunciado de *La ciudad ausente*, los espejos se multiplican con una sencillez asombrosa. El doble de Poe se transforma en el doble de Piglia, quien, a su vez, se transforma en Macedonio (y *La ciudad ausente* juega constantemente con esta última transformación) para transformarse, a su vez, en Stevensen. No es sencillo lograr tal grado de complejidad de una manera aparentemente tan simple y menos aún que todo eso no sea gratuito. Si entendemos que William Wilson y su doble –o que Jekyll y Hyde– son, en esencia, una sola persona, comprendemos por qué la dualidad *mundo material/mundo de la imaginación* representa, en realidad, un dualismo sobre la experiencia que es, en última instancia, aparente.

Es evidente que Piglia ha trabajado en forma metódica con la "reconstrucción", que puede ser tanto de un hecho "periodístico-biográfico" como de un estilo o de materiales literarios concretos, como determinadas obras de Gombrowicz, Macedonio o Scott Fitzgerald. Lo que para muchos es menos evidente o, por lo que parece, menos importante, es cómo trabaja con su vida personal, con sus propios materiales y con sus aparentes obsesiones en esas reconstrucciones, convirtiéndolos y convirtiéndose en personaje también de sus críticas y ensayos.[6]

## IV

> Ensayo es: en un terreno en que se puede trabajar con precisión, hacer algo con descuido... O bien: el máximo rigor accesible en un terreno en el que no se puede trabajar con precisión.
>
> *Robert Musil*, Sobre el ensayo

Muchos autores intercalan ensayos –a veces, potenciales– en sus narraciones; otros recurren a poner en boca de algún protagonista el

---

[6] Con respecto a Piglia como Piglia-personaje, si pensamos lo de narrador-personaje no tanto como recurso ("relato narrado en primera persona"), sino como irrupción o "actuación" del autor dentro del mismo texto, podría decirse que resulta de la combinación de Borges con Marechal. Para entender lo de Borges basta con leer la "Nueva tesis sobre el cuento" y "El último cuento de Borges" en *Formas breves*. Para lo de Marechal, leer su *Cuaderno de navegación*.

aforismo que, a causa de su extrema precisión, pueda prescindir del ensayo. Hay quienes utilizan el recurso del diálogo, tomado de los diálogos filosóficos clásicos, para aproximarse al ensayo (Isherwood estructuró de este modo un brevísimo pero sustancioso ensayo sobre lo *camp* en *El mundo al atardecer*). Otros, en cambio, como Marechal, pueden dedicar páginas completas a desarrollar un ensayo en mitad de una narración. Jünger, por otra parte, es capaz de desarrollar toda una novela en la densidad de un poema-en-prosa-ensayo.

En sus relatos, Piglia mezcla las posibilidades mencionadas en la cita de Musil, según lo requieran sus personajes; más aún, la postura que adopta el personaje, o el narrador-personaje, permite que el lector se haga una idea acerca de la "seriedad" o la "profundidad intelectual" del mismo. Es decir que la toma de posición ante una u otra definición se vuelve, a su vez, una herramienta narrativa. Este procedimiento alcanza alturas desmesuradas cuando, como en algunos pasajes de *Respiración artificial*, se incluyen tres o cuatro "microensayos" en una misma página.

Existe una pregunta que siempre surge cuando los personajes toman a cargo las reflexiones ensayísticas, en cualquiera de los autores citados: ¿el autor está de acuerdo con lo que dice el personaje o ese razonamiento refleja sólo la "psicología" que el autor quiere imprimirle? En algunos casos, la respuesta es sencilla. Es más fácil responderla cuanto más sabemos sobre el autor. Y más sencillo aún cuando nos encontramos ante un claro caso de autor-personaje. Si nos queda alguna duda, siempre tenemos la posibilidad de recurrir a los trabajos de crítica existentes.

Nada de todo esto sirve a la hora de responder la pregunta aplicándola a Piglia, a menos que nos hayamos aventurado en el itinerario que las citas y los títulos mencionados a lo largo de sus textos han trazado como un mapa o como las pistas para resolver el crimen que el lenguaje mismo ha cometido. Porque Piglia, con generosidad, lejos del gesto del erudito mezquino que le escamotea información al lector, entrega las "huellas dactilares" con las que su inspiración detectivesca se ha armado y nos invita a volvernos "emilios renzis", a ser protagonistas de esa "otra gran aventura que son los libros" y a reedificar los puentes entre el lenguaje y la historia.

Pero esa generosidad no forma parte de un mero gesto altruista o pedagógico. Piglia es un autor que exige complicidad de parte del lector. Si el lector no participa de ese juego, las mercuriales digresiones se convierten en laberintos de enunciaciones (y esto dicho sin olvidar que "la vida entra en los escritos por las digresiones").[7] Y este laberinto puede tener carteles en un idioma desconocido si ese lector perezoso se zambulle en *Formas breves*.

Cabe una acotación: *Crítica y ficción* es un libro de ensayos de tono muy diferente al resto de la obra de Piglia. Allí, la inclusión de entrevistas vuelve "transparente" la personalidad del autor, quien, por otra parte –y más allá del éxito de *Respiración artificial*– todavía no había tenido mucho contacto con un público masivo cuando el libro se editó por primera vez. Esto aconteció más tarde, después de *La ciudad ausente* y, en particular, después de una serie de entrevistas que concedió a los medios y en las que se le preguntaba más sobre su vida que sobre su obra; pero hasta entonces, no había terminado de elaborar eso que podríamos llamar *la estrategia Piglia-personaje*. Por lo tanto, el lector menos aventurero o más perezoso puede adentrarse en *Crítica y ficción* con la seguridad de hallar algo del personaje-Piglia o deberá esperar a que se publique póstumamente su *Diario*. Es cierto que el vínculo Piglia-Renzi simula definirse, por ejemplo en "Sobre Borges", pero el mismo escritor se encargará de devolverle a ese vínculo su viscosidad en los trabajos posteriores.

Es en *Formas breves* donde Piglia termina de crear una nueva formulación del autor-personaje, negando, por un lado, la postura rousseauniana del individualista confesional –la postura "tradicional" de la autobiografía– y, por el otro, el relato como vía única para narrar una autobiografía. Si en *Prisión perpetua* el escritor dio a luz al Piglia-personaje, y en *La ciudad ausente* ensayó una puesta en escena del mismo, en *Formas breves* nos lo muestra en pleno uso de sus facultades para sorprender por su alto grado de coherencia con la obra.

Ante *Formas breves* no tiene sentido elaborar hipótesis alguna acerca de la *veracidad*, en el sentido periodístico o policíaco, de los textos que lo componen, ya que tanto aquellos que están próximos al relato, como los Diarios y las críticas o ensayos que componen el volumen, reflejan las variaciones del personaje ya analizado y conforman datos, detalles de su existencia autónoma.

Tres textos del libro trabajan como clave de lo antedicho: "Hotel Almagro" constituiría la puesta en fábula del mundo imaginario al cual

---

[7] La ocurrencia es de Bioy Casares y puede hallarse, escrita con una leve variación, tanto en el texto antes mencionado como en *Guirnalda con amores* o en *La invención y la trama*, donde se incluyen las misceláneas de este último libro.

me referí, en el cruce de unas cartas que narran lo que sería el esbozo de la punta del iceberg de un relato. En "Notas sobre Macedonio en un Diario", Piglia encuentra un libro anotado por Macedonio Fernández, discute con amigos y con Emilio Renzi sobre (y con) Macedonio y logra edificar su utopía de manera ejemplar en ese cruce de varias ficciones y varias realidades mientras analiza aspectos puntuales de su obra, la de Fernández y la propia. Y con "El último cuento de Borges", Piglia vuelve a mezclar crítica y ficción —en este caso sin ocultarlo— para lograr un texto donde Borges *realmente* vive y donde, además, da las claves de la construcción de su "personaje" (otra vez, el de ambos) en torno al aprovechamiento de la memoria personal para hacer literatura.

Pero es en el epílogo donde un párrafo parece revelarnos el secreto de la obra pigliana. Ese párrafo, mencionado parcialmente más arriba, dice: "En este libro he trabajado sobre relatos reales y también sobre variantes y versiones imaginarias de argumentos existentes. Pequeños experimentos narrativos y relatos personales me han servido como modelos microscópicos de un mundo posible o como fragmentos del mapa de un remoto territorio desconocido. La literatura permite pensar lo que existe pero también lo que se anuncia y todavía no es" (Piglia 1999: 138).

En estas tres oraciones, en las que Piglia se muestra como (su) Stevensen y como (su) Macedonio y, no obstante, también se muestra a sí mismo, se condensan todos los descubrimientos y las sospechas de su escritura, con ese gesto tan suyo de revelar algo para que el misterio, aquello que es fundamental para la literatura, se perpetúe.

V

Ricardo Piglia, fiel a su convicción de que un autor es su estilo, de que un autor es sólo ese lenguaje que se construye en sus textos, o mejor, que un autor es el vínculo entre él y su lenguaje, y fiel al rol protagónico del lenguaje en sus libros, creó un personaje que, como en sus historias, sólo existe en y por el lenguaje y que, por la imposibilidad de existir fuera de la letra escrita y por la misma fijación a una serie de tramas que se reformulan entre sí y se niegan a ser aprehendidas, sólo admite ser conocido en la brevedad de la forma que adopta la polifonía de sí misma. De ese modo, como sucede en sus relatos, es difícil, si no imposible, descifrar si el Piglia-personaje existe en el mundo real o si existe en el mundo del lenguaje, a menos que recordemos que para Piglia (¿o para Piglia-personaje?) el mundo del lenguaje *es un mundo real*. Si la literatura es un mundo posible, la utopía es el hogar donde mora Piglia-personaje. Entonces ya es imposible diferenciar lo real de la ficción. Pero, como si Piglia-personaje fuera una de sus Lucías con la capacidad de transformar el lenguaje a su gusto y, por ende, de no hundirse en él y en la locura, esa imposibilidad para reconocer los límites no nos arroja –ni a Piglia ni al yo-lector– a una isla, sino que nos instala, con certeza casi física, en la experiencia de una ilusión armada con cajas chinas. Si uno se atreve a abrirlas, se convierten en una espiral ascendente, ofreciéndonos la visión de un caleidoscopio construido a partir de voces y nos invita a participar en una de esas dos o tres experiencias que vale la pena recordar. Y, como si esto fuera poco, puede lograr que ese lugar, el de esa experiencia, sea habitable y narrable.

Es gracias a esa autoconciencia de lo que existe y de lo que se anuncia que, incluso en los textos donde se sospecha un entramado de ficción, puede hallarse el contenido de verdad que habita en la autobiografía de un estilo para vivir la utopía de un lenguaje que respira por sí mismo. Porque, en última instancia, en toda crítica se cifran las obsesiones, las vacilaciones y las señas, no tanto presentes como futuras, de quien la escribe.

### Obras citadas

Bioy Casares, Adolfo. "David Garnett y el amor". *La otra aventura*. Buenos Aires: Emecé, 1983.
\_\_\_\_\_ *La invención y la trama*. México: Fondo de Cultura Económica, 1988.
\_\_\_\_\_ *Guirnalda con amores*. Buenos Aires: Emecé, 1959.
Marechal, Leopoldo. "Claves de Adán Buenosayres". *Cuaderno de navegación*. Buenos Aires: Emecé, 1997. 168-69.
Piglia, Ricardo. *Crítica y ficción*. Buenos Aires: Planeta, 2000.
\_\_\_\_\_ *Formas breves*. Buenos Aires: Temas Grupo Editorial, 1999.
\_\_\_\_\_ *Prisión perpetua*. Buenos Aires: Seix Barral, 1998.
\_\_\_\_\_ *Plata Quemada*. Buenos Aires: Planeta, 1997.
\_\_\_\_\_ *La ciudad ausente*. Buenos Aires: Sudamericana, 1992.
\_\_\_\_\_ *Respiración artificial*. Buenos Aires: Sudamericana, 1988.

# Máquinas creadoras, sitios de resistencia: Ricardo Piglia y la traducción*

*Sergio Waisman*

> Ningún problema tan consustancial con las letras y con su modesto misterio como el que propone una traducción.
>
> *Jorge Luis Borges, "Las versiones homéricas"*

I

ESTE TRABAJO SURGE DE UN DESCUBRIMIENTO QUE HICE MIENTRAS traducía dos libros de Ricardo Piglia, *Nombre falso* y *La ciudad ausente*. A medida que progresaba el trabajo, tomé conciencia de una aparente paradoja: los textos que estaba traduciendo eran en sí un tipo de traducción, ya que estaban repletos de citas, referencias, atribuciones y personajes tomados de otros autores. Sin embargo, también eran indudablemente originales. Al pensarlo más, me di cuenta de que esta contradicción es un excelente punto de partida para considerar los aspectos más importantes de la obra de Piglia: la rearticulación de la tradición literaria argentina y la relación entre literatura y política en la Argentina.

A lo largo de su obra, el escritor destaca la importancia de la relectura y la reescritura en la literatura argentina; en el proceso, señala la sorprendente función renovadora que ha tenido la traducción en la

---

* Este trabajo es una reescritura de la ponencia leída en el encuentro realizado por Jorge Fornet "El escritor y sus fantasmas", en La Habana, entre el 27 y el 30 de noviembre de 2000.

fundación y el desarrollo de esa literatura. En particular, pone al día ciertas técnicas irreverentes de apropiación y desplazamiento de Jorge Luis Borges y Roberto Arlt y las aplica al contencioso mapa sociopolítico de la Argentina de principios de la década de 1970 en adelante. Al poner en tela de juicio genealogías literarias durante períodos de gran incertidumbre política y estética, los textos sugieren cómo la traducción puede servir como acto de resistencia en un país periférico.

El trabajo con la herencia de Borges y Arlt, lo ha llevado, entre otras cosas, a las adaptaciones innovadoras de las diferentes formas de relectura y reescritura propuestas por sus precursores. Un ejemplo de esto se encuentra en la epónima novela corta *Nombre falso*.[1] En la primera parte, "Homenaje a Roberto Arlt", Piglia actúa como un narrador-detective-crítico literario en busca de un manuscrito inédito de Roberto Arlt. Cuando finalmente lo encuentra, publica el manuscrito, "Luba", en un "Apéndice" colocado después de su propio relato.

"Luba" resulta ser una adaptación de "Las tinieblas", relato de Leonid Andreiev, uno de los rusos que Arlt admiraba y leía. Piglia reescribe el relato de Andreiev en un lenguaje y estilo "arltiano", se lo atribuye a Arlt, y lo incluye en su propio libro de ficciones. Pero su versión se desvía sustancialmente de "Las tinieblas", ya que ejecuta múltiples cambios, incluyendo la total reescritura del final de la historia. En un "Homenaje a Roberto Arlt" que resulta sorprendentemente fiel, Piglia practica un tipo de plagio y reescritura que evoca al escritor homenajeado.

Cuando *Nombre falso* fue publicado en 1975, Mirta Arlt, la hija de Roberto Arlt, telefoneó a Ricardo Piglia para decirle que no tenía derecho a publicar un relato de su padre sin el permiso de ella. Las bibliotecas

---

[1] La forma de "Nombre falso" –la combinación de un ensayo literario ficticio y un cuento policial– nos recuerda el uso que hace Borges de estos géneros, o, más bien, la borradura borgeana de las distinciones entre géneros. Pero el objeto del ensayo y de la intriga es un manuscrito inédito de Roberto Arlt. Esta combinación es uno de los cruces que hace Piglia entre Borges y Arlt. Piglia mismo ha comentado tal cruce entre estos dos escritores paradigmáticos, podríamos decir, de la literatura argentina del siglo XX: "Cruzar a Arlt con Borges, para usar una metáfora positivista, es una de las grandes utopías de la literatura argentina. Creo que esa tentación, más o menos consciente, está en Onetti, en Cortázar y en Marechal. Arlt y Borges son los dos grandes escritores argentinos, y en algún sentido a partir de ellos se arman todas la genealogías, los parentescos y las intrigas de la literatura argentina contemporánea" (Costa 1986: 42).

catalogaron el texto como si fuera de Arlt (este error todavía persiste en el catálogo de la Biblioteca del Congreso de los Estados Unidos). Y los críticos también se confundieron: se analizó "Luba" como si fuera de Arlt o se dijo que la cuestión de su autoría era problemática. Estas equivocaciones continuaron hasta que, en 1991, Ellen McCracken ayudó a revelar (por lo menos para algunos lectores en los Estados Unidos) lo que ella llamó el "metaplagio" de Piglia. La cuestión fue luego ampliada y aclarada por Jorge Fornet en 1994.[2] Estas lecturas equívocas reflejan muy bien el mismo tipo de errores y confusiones que abundan en *Nombre falso*. La confusión de los lectores entre crítica y ficción llegó a tal punto que la realidad parecía imitar al arte.

La combinación del robo y el plagio en "Nombre falso" nos hace pensar en la economía literaria de Roberto Arlt. El acceso a la literatura está siempre acompañado por implicaciones monetarias y sociales. Piglia ha observado que: "El robo es la metáfora misma de la lectura arltiana. Se roba como se lee, mejor: robar es como leer" (Piglia 1973: 24).[3] Pero la intriga de la búsqueda de un manuscrito que no existe, que luego se encuentra en las páginas de un escritor, quien se lo atribuye al autor equivocado, nos recuerda también los juegos borgeanos que aparecen en "El acercamiento a Almotásim", "Examinación de la obra de Herbert Quain" y "Pierre Menard: autor del *Quijote*", entre otros. El cruce que realiza Piglia demuestra que la práctica del robo y del plagio –que en la literatura argentina se asocia generalmente con Arlt– no está limitada a este escritor. Borges también propone, en sus textos, una relación altamente irreverente con el centro y sus cánones y pone de manifiesto en numerosas ocasiones lo productivo que puede ser para escritores latinoamericanos la práctica de apropiarse de textos del centro y recontextualizarlos lingüística y culturalmente (cf. Waisman 2000). Una implicación del cruce que hace Piglia es que la formulación "robar es como leer" puede aplicarse

---

[2] El crítico que lee a "Luba" como si fuera de Arlt es Aden W. Hayes (1987). Naomi Lindstrom (1987) y Rita Gnutzmann (1984) aluden a la incertidumbre, pero no profundizan sobre esta cuestión. Véase también McCracken (1991). Toda esta problemática fue explorada en más detalle y elucidada por Fornet (1994).
[3] Como Piglia sugiere en este artículo, el método arltiano de la apropiación y el plagio literario se ve bien dramatizado en el robo de la biblioteca en *El juguete rabioso*. En esta escena, lo hermoso –la estética– equivale al dinero y la cita, al robo. Aquí, como en sus otros textos, vemos que el acceso principal de Arlt a la biblioteca cerrada de la burguesía y la clase alta es a través de acciones transgresoras.

no sólo a la lectura arltiana sino también a la lectura borgeana y a todas las otras lecturas que surgen de este tipo de cruce, incluyendo, por supuesto, la lectura pigliana.

En su "creación" de "Luba", el escritor recupera y expande las posibilidades de la irreverencia y el desplazamiento sugeridas por Borges, y revela las consecuencias del robo en Arlt, en relación con la propiedad y la literatura. La serie de traducciones equívocas —del cuento ruso de Andreiev a cierto castellano rioplatense (de Piglia, a través de Borges y Arlt), y luego al inglés (en mi traducción, en la cual intento imaginarme a Arlt, a través de Piglia, en un inglés estadounidense de fines del siglo veinte)— es como una sala de espejos rotos o como una versión perversa del juego de niños del teléfono descompuesto.[4] Sin embargo, a pesar del nivel de confusión entre las conexiones, la línea nunca se interrumpe; nunca caemos en un rumor incomprensible. Puede ser que nos revele nuestra condición posbabélica, pero —o quizás precisamente gracias a tal revelación— también ilumina el meollo mismo de la creación literaria.

II

Debo admitir que cuando empecé a traducir la obra de Ricardo Piglia en 1993, no advertí del todo la complejidad de la empresa en la que me embarcaba. En cierto momento, mientras traducía *Nombre falso*, le mandé un fax a Ricardo Piglia a Buenos Aires para preguntarle cómo manejar las numerosas citas que se encuentran en el texto. Parte de lo que le estaba pidiendo era una aclaración sobre la veracidad de ciertas referencias y atribuciones. En otros casos, lo que le preguntaba era si me recomendaba que buscara los "originales" de las citas para copiarlas directamente a mi traducción. Ahora, pensándolo retrospectivamente, me doy cuenta de la ingenuidad de mis preguntas al suponer que existiera algo que realmente pudiéramos llamar una fuente "original".

La respuesta de Piglia es aguda con respecto a lo que ocurre cuando un fragmento de un texto es citado e interpolado en otro texto. La carta sostiene que el texto debe traducirse sin buscar originales: "Las citas debés

---

[4] Utilizo el concepto de la "traducción equívoca" en este estudio para denominar no necesariamente una traducción equivocada, sino más bien una traducción que, a modo de una reescritura libre, utiliza las distancias entre el texto "original" y el texto "meta" para introducir importantes variantes que distorsionan al texto, sin dejar, paradójicamente, de reproducir los elementos esenciales de éste. Utilizo este mismo concepto, de un modo más amplio, en mi estudio sobre Borges y la traducción (cf. Waisman 2000).

traducirlas directamente [...] Pienso las citas como si fueran personajes (el señor Freud, el señor Melville, el señor Lenin), por lo tanto no importa si son apócrifas o verdaderas [...] Cuando el personaje es conocido [...] su nombre funciona de manera distinta a cuando es desconocido y produce cierto efecto enigmático (¿quién será? ¿será real o inventado?). No te olvides que el libro se llama 'Nombre falso' y que en realidad cuenta esa incertidumbre sobre la identidad, la atribución, la propiedad, etc." (Carta de Piglia a Waisman).

Con el tiempo me di cuenta de que el juego de "nombres falsos", del cual ahora yo formaba parte, tenía derivaciones más amplias que las que había podido ver. Más allá de los desafíos que la escritura de Piglia presenta para un traductor en los Estados Unidos, con sus atribuciones falsas, sus autorías inciertas, sus relecturas y recontextualizaciones, la obra plantea consideraciones importantes en torno de la ética y la estética.[5] En primera instancia, surge la cuestión sobre la relación entre literatura e identidad, entre ficción y propiedad. Por otro lado, la práctica de la traducción equívoca –utilizando este término en lugar de palabras como "plagio" o "copia" para evitar, de un modo consciente, juicios peyorativos– toma un significado especial para un escritor argentino en su relación con las metrópolis políticas y económicas europeas y estadounidenses. Como en el caso de Arlt y Borges, la irreverencia y el desplazamiento, el robo y la falsificación, se convierten en un procedimiento decisivo para problematizar la dicotomía centro-periferia (o norte-sur), a la vez que legitiman ciertas tradiciones literarias latinoamericanas.

Además, toda esta cuestión se intensifica cuando la obra de Piglia se traduce al inglés. La responsabilidad del traductor en los Estados Unidos –la cuestión ética, si se quiere– es determinar a qué se puede ser infiel y a qué debe mantenerse absolutamente fiel. O, más aún, cómo se puede articular un problema de la fidelidad, desde el norte, que no borre la "diferencia" del texto que se traduce, pero que logre reproducir los desafíos a la fidelidad y la originalidad que se plantean, en este caso, desde el sur.

---

[5] En su análisis de *Nombre falso*, Ellen McCracken declara: "The [...] crime of plagiarism is not a moral or literary problem but an economic one because it violates the laws of private property" (McCracken 1991: 1077). Aunque es fundamental la problemática de la propiedad que surge con el plagio, no deja de estar en juego, también, al contrario de lo que dice McCracken, los elementos literarios que se ponen en tela de juicio con el plagio. Destacar la ética sin la estética, o viceversa, sería olvidarnos del cruce clave y paradigmático que ejecuta Piglia de estos dos campos conflictivos.

## III

Los textos de Piglia siempre contienen comentarios específicos sobre el momento sociopolítico y cultural en el cual son escritos. En una de las cartas de *Respiración artificial*, un personaje, Roque, escribe: "Vivo encerrado todo el día traduciendo" (76) (cf. Bratosevich 1997: 216). El censor que lee esto, a medida que busca mensajes secretos, no se da cuenta de que en este caso el mensaje es literal, ya que la frase se refiere tanto a él como al autor de la carta. De hecho, la frase sirve para entender gran parte de *Respiración artificial*: la experiencia de estar "encerrado" en la historia, en cartas, en genealogías; "encerrado" dentro de un sistema rígido, con el que todos los escritores y lectores de la novela deben lidiar para interpretar y descifrar lo "indecible", como lo llama Tardewski hacia el final de la novela (209-210). El vínculo aquí es que el trabajo de desplazamientos, sustituciones y traducciones, que se encuentra tanto en *Nombre falso* como en *Respiración artificial*, responde al objetivo de Piglia de cuestionar la totalidad de la historia argentina, cuestionamiento que comienza con la pregunta "¿Hay una historia?" que abre *Respiración artificial*. A través de una reconsideración histórica que empieza con la fundación de la nación en el siglo XIX, finalmente se llega a lo "indecible" en 1980, cuando *Respiración artificial* fue publicada: dictadura, represión, desaparecidos.

## IV

En 1992, cuando se publica *La ciudad ausente*, ya en democracia, los escritores argentinos se encuentran en una situación completamente diferente.[6] La cuestión principal deja de ser el lugar de la literatura dentro de un contexto dictatorial. Más bien, las problemáticas que surgen están relacionadas con la herencia de la violencia y las cuestiones sobre los modos de reconstruir la memoria. Esto explica, en parte, la importancia del debate en *La ciudad ausente* sobre la forma y la representación cuando uno se ve obligado a confrontarse con un mercado neoliberal en expansión que pretende oponerse a la expresión del aislamiento y la pérdida individual.

La máquina de *La ciudad ausente* recuerda y produce historias a partir del material incierto de la memoria propia y ajena. A lo largo de la novela, varios agentes gubernamentales –la policía, un doctor de una clínica

---

[6] Si bien en 1992 la Argentina se encuentra oficialmente en democracia, dado las conocidas faltas y fallas de ésta, desde un punto de vista social y cultural se puede decir que la Argentina estaba todavía en un periodo de transición inconclusa. Mi análisis aquí sigue la lectura al respecto que hace Francine Masiello en *El arte de la transición* (2001).

psiquiátrica que también funciona como una cárcel para disidentes políticos– tratan de controlar la máquina. Primero la ponen en un museo –por un lado, el museo de Macedonio Fernández; por otro, un sitio donde se puede captar y controlar la historia y el pasado– y luego intentan desconectarla. Pero los esfuerzos fallan cuando los relatos de la máquina comienzan a circular en forma clandestina y a ser difundidos por toda la ciudad. A través de una serie de reproducciones, imitaciones y simulacros, la narrativa en sí se convierte en un sitio privilegiado de resistencia política y estética.

Como ha observado Francine Masiello: "La mediación y el proceso de creación son más importantes que el texto que los origina. A partir de esta experiencia, nos enteramos de que los [personajes] de [*La ciudad ausente*]están comprometidos con el aspecto cíclico de la traducción, mientras pretenden conferir sentido a sus propias historias nacionales y a las historias de los otros a través de las máquinas del lenguaje [...] *La ciudad ausente* propone problemas de representación en un mundo en el que ya no es posible acceder a una verdad absoluta y fundante[...] Nos incita a considerar, en cambio, si la "diferencia" puede ser analizada en forma más productiva, de modo que sirva de base, finalmente, para una cadena de significantes, variaciones temáticas en torno al destierro, el asilamiento y la pérdida" (264-65).

Los múltiples relatos que están presentes en la novela, impulsados por la poderosa fuerza de la traducción, constantemente desafían discursos hegemónicos, en los cuales los esfuerzos del gobierno por desconectar la máquina pueden ser interpretados como una manera de imponer una versión oficial para acallar lo inquietante de la historia argentina.

Lo que está en juego es la representación de la memoria en el período posterior a la dictadura. Personajes clandestinos –inventores, periodistas, detectives, refugiados, exiliados, drogadictos, informantes– hacen circular los textos que sirven para minar el discurso oficial. El Estado, por lo tanto, resulta incapaz de llegar a la raíz o al origen de la máquina narradora para censurarla. Variaciones de la práctica de la traducción equívoca multiplican y confunden los significados y posibilitan que las historias de personajes silenciados encuentren una voz.

El significado enigmático de los relatos evade tanto al lector como a Junior, el periodista-investigador que intenta descifrar las historias a medida que las transita. De a poco, Junior se da cuenta de que éstas se originan en la máquina. En la última parte de la novela, Junior se desvanece gradualmente y en su lugar escuchamos el monólogo de la máquina misma.

Pero éste también está compuesto de múltiples apropiaciones literarias e históricas: "Yo soy Amalia, si me apuran digo soy Molly, yo soy ella encerrada en la casona, desesperada, la mazorca, soy irlandesa, digo, entonces, soy ella y también soy las otras, fui las otras, soy Hipólita, la renga, la cojita, tenía un bamboleo suave al caminar, Hipólita, le digo, y él sonríe..., soy Temple Drake y después, ah viles, me hicieron vivir con un juez de paz..." (Piglia 1992: 173-74).

A medida que la máquina transmite esta combinación irreverente de referencias, la identidad se vuelve tan confusa como el concepto de un texto "original". Además de Macedonio Fernández, encontramos a José Mármol, James Joyce, Roberto Arlt, y William Faulkner, entre otros. Significativamente, los escritores extranjeros que aparecen en las alusiones de *La ciudad ausente* son desplazados a un contexto rioplatense en términos lingüísticos, geográficos, políticos y culturales.

Además, la traducción equívoca empieza con la máquina misma, incluso antes de que los otros personajes echen a andar sus relatos. Contra toda previsión, la primera historia –que desempeña un papel fundacional– ya es una traducción equívoca. La máquina recoge fragmentos que parecen estar perdidos y los transforma en otra cosa: "Queríamos una máquina de traducir y tenemos una máquina transformadora de historias [...] Usa lo que hay y lo que parece perdido lo hace volver transformado en otra cosa. Así es la vida" (44-5). La máquina, que había sido una mujer pero que ahora reconstruye memorias ajenas, es una especie de máquina de lenguas, es decir, una máquina de traducir. Escritores, lectores y críticos: somos todos máquinas de traducir hablando solos en las tinieblas, como lo hace la heroína de *La ciudad ausente* hacia el final de la novela, resuelta a seguir adelante a pesar de su desesperación y su pérdida. A tal punto que la máquina crea relatos que sirven para resistir al destino, quizás, o para posponer lo inevitable, como una Scherezada post-humana. Como tal, la máquina femenina sigue narrando, sigue traduciendo, para completar los espacios en blanco de la noche, de la página, con fragmentos de memoria ajena que se suponían perdidos y que muchos querrían que se mantuvieran perdidos, es decir: desaparecidos.

Como la máquina de *La ciudad ausente*, todos nosotros hablamos con la esperanza de que alguien nos conteste y alivie nuestra condición posbabélica. Resueltos a traducir –el sujeto propio y el del otro– participamos en la necesaria aunque imposible tarea de reconstruir la Torre de Babel, como señala Jacques Derrida (véase, por ejemplo, 1985a y b). Así, la traducción –vista como la reconstrucción de una comunidad perdida– funciona como una metáfora perfecta del proceso de restablecer una memoria colectiva perdida. Y la traducción equívoca es la manera de recrearla, inclusive en presencia de un discurso oficial que intenta interrumpir tal proceso.

La conclusión de la novela de Piglia recuerda la afirmación final de Molly Bloom en el *Ulises* de Joyce y también la insistencia beckettiana en continuar, no importa cuán grande sea la adversidad. Pero el contexto, significativamente, es rioplatense: "Estoy llena de historias, no puedo parar, las patrullas controlan la ciudad y los locales de la Nueve de Julio..., estoy en la arena, cerca de la bahía, en el filo del agua puedo aún recordar las viejas voces perdidas, estoy sola al sol, nadie se acerca, nadie viene, pero voy a seguir, enfrente está el desierto, el sol calcina las piedras, me arrastro a veces, pero voy a seguir, hasta el borde del agua, sí" (Piglia 1992: 178).

El habla es una representación equívoca de la experiencia individual. La literatura, a su vez, traduce esta experiencia y así intenta construir una colectividad y, aunque nunca lo logre por completo, el hecho de que lo intente nos mantiene y nos preserva del aislamiento y de una pérdida absoluta de los fragmentos del pasado. En este sentido, la literatura intenta traducir un futuro posible, como quizás diría Piglia. Nos espera el reflejo del sueño de los arquitectos de Babel.

## Obras citadas

Andreiev, Leonid. *The Dark*. L. A. Magnus y K. Walter, trad. Richmond, R.U.: The Hogarth Press, 1922.

Arlt, Roberto. *El juguete rabioso*. Buenos Aires: Centro Editor de América Latina, 1981.

Borges, Jorge Luis. *Obras Completas*. Barcelona: Emecé Editores España, 1996.

Bratosevich, Nicolás. *Ricardo Piglia y la cultura de la contravención*. Buenos Aires: Atuel, 1997.

Costa, Marithelma. "Entrevista: Ricardo Piglia". *Hispamérica: Revista de Literatura* 15/44 (agosto 1986): 39-54.

Derrida, Jacques. "Des Tours de Babel". *Difference in Translation*. Joseph Graham, ed. Ithaca, NY: Cornell University Press, 1985a. 165-207.

_____. "Roundtable on Translation". *The Ear of the Other*. Peggy Kamuf, trad. Nueva York: Schocken Books, 1985b. 91-161.

Fornet, Jorge. "'Homenaje a Roberto Arlt' o la literatura como plagio". *Nueva Revista de Filología Hispánica (NRFH)* 42/1 (1994): 115-41.

Jitrik, Noé. "En las manos de Borges el corazón de Arlt. A propósito de *Nombre falso*, de Ricardo Piglia". *Cambio* 3 (1976): 85-91.

Gnutzmann, Rita. *Roberto Arlt o el arte del calidoscopio*. Bilbao: Universidad del País Vasco, 1984.

Hayes, Aden W. "La revolución y el prostíbulo: 'Luba' de Roberto Arlt". *Ideologies and Literature: A Journal of Hispanic & Luso-Brazilian Studies* 2/1 (1987): 141-47.

Lindstrom, Naomi. "The Aguafuertes of Roberto Arlt: Reprises of an Idiosyncratic Genre". *Revista canadiense de estudios hispánicos* 12 (1987): 134-40.

Masiello, Francine. *El arte de la transición*. Mónica Sifrim, trad. Buenos Aires: Norma, 2001.

McCraken, Ellen. "Metaplagiarism and the Critic's Role as Detective: Ricardo Piglia's Reinvention of Roberto Arlt". *PMLA* 106/5 (octubre 1991): 1071-82.

Piglia, Ricardo. *The Absent City*. Sergio Waisman, trad. Durham, North Carolina: Duke University Press, 2000.

\_\_\_\_\_ *Assumed Name*. Sergio Waisman, trad. Pittsburgh: Latin American Literary Review Press, 1995.

\_\_\_\_\_ *La ciudad ausente*. Buenos Aires: Editorial Sudamericana, 1992.

\_\_\_\_\_ Carta a Sergio Waisman. 28 de noviembre de 1994.

\_\_\_\_\_ *Respiración artificial*. Buenos Aires: Editorial Sudamericana, 1980.

\_\_\_\_\_ *Nombre falso*. Buenos Aires: Siglo Veintiuno Editores, 1975.

\_\_\_\_\_ "Roberto Arlt: una crítica de la economía literaria". *Los libros* (marzo-abril 1973): 22-7.

Waisman, Sergio. "Theorizing Translation: Borges, Displacement, and Irreverence". Disertación doctoral. University of California, Berkeley, 2000.

# *La prolijidad de lo real:* el lugar del intelectual y de la crítica

*Laura Demaría*

Beatriz Sarlo, a la manera de una *flâneuse* porteña, recorre los *shoppings* de Buenos Aires para rastrear y descubrir la nueva ciudad global. En esos ámbitos "como caído[s] del cielo" (Sarlo 1994: 17), ve "el espejo de una crisis del espacio público donde es difícil construir sentidos" (23), donde "la experiencia del relato tiende a desaparecer" (55). Esta constatación de la crisis del espacio público la lleva a reflexionar sobre el ocaso del intelectual clásico (180) y de la cultura letrada (120-21). Así, por medio de la retórica de sus propios pasos, la autora comprueba que los ideales que definían a dicho intelectual y a dicha cultura han sido "abandonados no como se refuta una idea o se la cambia, sino según la forma en que se deja de tener una creencia. Precisamente, son las creencias que movieron al siglo XX las que hoy se abandonan" para cambiarlas por "nuevas creencias" marcadas por el "particularismo y [...] la moderación crítica" (1993: 2).[1] Son, dice Sarlo, las creencias del "intelectual crítico" las

---

[1] Aclara al respecto: en el fin de siglo se registra la "disolución, decadencia, desplazamiento, oscurecimiento" de los "tres fuertes núcleos ideológicos y míticos del siglo XX" que son la idea de cambio de la sociedad, los valores estéticos de la modernidad y la idea del intelectual clásico. Para un estudio detallado de los ideales de los sesenta, ver los ya clásicos trabajos de Oscar Terán (1991a y b) y de Silvia Sigal (1991).

que ya no tienen vigencia, debido a que "la voz universal que toma partido ya no tiene una universalidad fundante" (Sarlo 2001b: 212).[2]

De este modo, los *shoppings* de Buenos Aires sirven como pretexto para reflexionar sobre el fin del "intelectual crítico", de ese intelectual cuya identidad se fue consolidando durante la modernidad (Montaldo 1999: 5-6 y Sarlo 1993: 2) y cuyo último representante, si se sigue a Bourdieu, es Jean Paul Sartre. En la Argentina, en cambio, ese modelo de intelectual se fue formando, de acuerdo con Graciela Montaldo, en la década del sesenta para consolidarse en los "cortos" setenta, aunque el modelo paradigmático estaba ya presente en los integrantes de la revista *Contorno* (Terán 1991b: 4 y González 1997: 138). Los *shoppings* de Buenos Aires, entonces, se le presentan a Sarlo como un signo de la muerte de ese intelectual que para Montaldo se había definido, durante esas décadas, "*en contra* del Estado y las instituciones", es decir: "más bien por una posición de crítica o de abierta resistencia donde las instituciones, althusserianamente, se veían como el lugar al que el intelectual crítico debía resistir. Precisamente porque las instituciones eran los dispositivos desde los cuales el poder se manifestaba y 'alineaba' (en el lenguaje de la época) a los individuos" (Montaldo 1999: 18).

Montaldo también reflexiona sobre el ocaso del intelectual crítico planteado por Sarlo, al estudiar en detalle "las transformaciones de la práctica intelectual" en el fin de siglo. Su investigación parte de dicha clausura y traza, sin nostalgias, "una teoría para el fin de la estirpe" crítica (5). Desde el cierre, lee la crisis de dicho intelectual formado en los sesenta, condensado, sin embargo, en ese "¿Quién de nosotros escribirá el *Facundo*?" (Piglia 1980: 77), la pregunta lanzada por Ricardo Piglia en los ochenta en las páginas de *Respiración artificial*. Para Montaldo son precisamente esos intelectuales formados en los sesenta –entre los que se encuentran Sarlo y Piglia– los que "clausura[n] la figura del intelectual moderno, del '*clerc*' tradicional" (Montaldo 1999: 7).

---

[2] Sin embargo, Sarlo replantea, desde la crisis, las preguntas centrales que han recorrido la modernidad: "el lugar del arte" (capítulo IV), la función de la crítica y el papel de los intelectuales en el fin de siglo (capítulo V). Precisamente, no puede dejar de afirmar que "la cuestión de quién habla y cómo se habla no ha sido liquidada definitivamente, pese a la crisis de la figura intelectual clásica" (Sarlo 1994: 180, 187). Esta visión del intelectual –desarrollada, además de en *Escenas...* en una serie de artículos entre los que se destacan Sarlo 1993 y 2001b– ha suscitado la crítica tanto de Horacio González (1997 y 1995), como de Andrea Pagni y Erna von der Walde (1995). Por su parte, Sarlo responde a estas críticas en Sarlo 2001a.

## La prolijidad de lo real: el lugar del intelectual y de la crítica

Hacia fin de siglo, Sarlo y Montaldo replantean en sus estudios "la noción del *intelectual como problema*" (Gilman 183), tema que paradójicamente constituye uno de los debates centrales de esos años (además de Gilman, véase De Diego 2001). Más allá de la posición explícita, ambas críticas reabren el debate del intelectual como problema al analizar la crisis presente del modelo sesentista y al rastrear no sólo "las transformaciones de la clase intelectual" sino también "las formas emergentes" (Montaldo 1999: 7). En una palabra, vuelven a problematizar el lugar y la identidad del intelectual sumergido ahora en sociedades globalizadas y posmodernas que, a diferencia de las décadas anteriores, ya han perdido la utopía de las grandes narraciones.[3]

En este trabajo me propongo seguir la línea planteada tanto por Sarlo como por Montaldo en sus estudios, explorando la respuesta que Ricardo Piglia construye a través de su trabajo como crítico. En otras palabras, me propongo observar cómo Piglia reflexiona sobre su rol de intelectual en relación con los diversos cambios que se han producido desde esos años sesenta que marcaron su inicio como escritor. De este modo, voy a trabajar con la reflexión constructiva de Piglia sobre su lugar intelectual, reflexión que se podría leer como un discurso de "autolegitimación del propio lugar" (Montaldo 1999: 40). Creo, sin embargo, que la exploración de dicho discurso permite visualizar los rastros a través de los cuales se filtran los debates que, según Montaldo, deben ser hoy replanteados: "el problema de para quién se habla" y el de la "inteligibilidad del discurso" intelectual (40).

---

[3] Si bien Montaldo y Sarlo coinciden en el diagnóstico del ocaso del intelectual crítico, las soluciones que plantean sus estudios divergen. Montaldo descarta el discurso de "la autolegitimación del propio lugar" (40) y replantea "el para quién se habla" en relación con "la emergencia de discursos nuevos, más híbridos" y teniendo en cuenta la complejidad de los "nuevos contextos de circulación y consumo de lo cultural" (39). Para Montaldo, por lo tanto, la división de los intelectuales presentada por Raquel Angel entre "rebeldes" o "arrepentidos-domesticados", Prometeos y Narcisos, no tiene vigencia, en tanto dichas divisiones se sostienen sólo si se mantiene como norma la continuidad del intelectual crítico sesentista. Sarlo, en cambio, divide a la cultura letrada en "apocalípticos" e "integrados" tomando como base su relación con la cultura de los medios masivos de comunicación (Sarlo 1994: 120-21) pero, a diferencia de Montaldo, propone construir una nueva articulación para el pensamiento crítico a partir de la exclusiva resistencia del arte (213).

Para abordar este tema he optado por concentrarme en dos intervenciones "orales" transcriptas y publicadas luego como textos. Me refiero, por un lado, al debate organizado en 1971, a raíz del episodio Padilla, por la revista *Nuevos Aires* –dirigida por Vicente Battista y Gerardo Mario Goloboff– publicado con el título "Intelectuales y revolución: ¿conciencia crítica o conciencia culpable?" (Jitrik 1971); por otro lado, a la conferencia "Tres propuestas para el próximo milenio (y cinco dificultades)", dictada por Piglia el 27 de noviembre de 2000 durante el homenaje que Casa de las Américas le organizó y que luego fue publicada en la revista de la institución, en el número de enero/marzo de 2001, y posteriormente en Buenos Aires, en la serie Breves del Fondo de Cultura Económica.[4]

Treinta años separan estas dos intervenciones "orales" de Piglia, articuladas, además, en dos contextos totalmente diferentes: los debates del Buenos Aires de los setenta y el homenaje de La Habana de fin de siglo; o mejor dicho, la ciudad moderna de los sueños sesentistas, donde la revolución y la utopía aún eran posibles, y la ciudad que hizo la revolución, pero donde persisten algunas de las estructuras de poder que la revolución buscó romper. Estos textos orales construyen una suerte de relato fragmentario que pone en diálogo la posibilidad de la utopía y su decantamiento, la ciudad que una vez se soñó y la ciudad real, los ideales de la modernidad y nuestra sociedad distópica, posindustrial y tecnológica –para usar la caracterización de Italo Calvino (1993: 1)– que se visualiza, por igual, a través de los *shoppings* de Sarlo y en las calles desgastadas de La Habana. A pesar del tiempo y de las distancias, hay, sin embargo, en estos dos textos "orales" que me propongo leer, un punto de convergencia: la inscripción tangible de una encrucijada frente a la cual los intelectuales deben, de algún modo, responder.

---

[4] Con la presencia de Ricardo Piglia en Cuba, "Casa de las Américas" inauguró, en el año 2000, un ciclo llamado "El escritor y sus fantasmas," que acogió, además de a Ricardo Piglia, a otros autores entre los que se cuenta a Luisa Valenzuela y Diamela Eltit. En el año de su inauguración, el ciclo se extendió del 27 al 30 de noviembre y contó con la participación de una serie de críticos que presentaron ponencias referidas a la obra de Piglia. A su vez, Piglia dictó cuatro conferencias: "Tres propuestas ..." (la conferencia inaugural), "¿Qué es un lector?", "La ciudad y el crimen" y "Cómo escribí uno de mis libros". Agradezco a Sergio Waisman –uno de los críticos invitados al ciclo– todo el material aportado sobre esta conferencia. Sin su ayuda este ensayo no hubiera sido del todo posible.

En "Tres propuestas..." la encrucijada está presente en el interrogante que usa Piglia para abrir su conferencia: "¿Qué va a pasar con la literatura en el futuro?" (11). Esta pregunta directa, sin ambigüedades, parafrasea la pregunta que también abre el texto póstumo de Calvino *Seis propuestas para el próximo milenio*. Piglia entabla un diálogo explícito con dicho texto: "el título de esta charla viene, por supuesto, de[l] libro" "oral" de Calvino, la serie de conferencias que "preparó en 1985 y que, como sabemos, no llegó a leer [en Harvard], ya que lo sorprendió la muerte" (11).[5] A través de este diálogo crítico, Piglia vuelve a pensar "el problema del futuro de la literatura y de su función" considerándolo, específicamente, "desde Hispanoamérica, desde la Argentina, [...] desde Buenos Aires, desde un suburbio del mundo" (11). Así, la pregunta de Calvino –que no logró formular en Harvard pero que dejó, sin duda, como legado– se proyecta, en el texto de Piglia, como una pregunta "situada" que engloba a la audiencia de La Habana junto a otra audiencia implícita, a la cual también le está dirigiendo su palabra: un "nosotros" que proyecta la conferencia más allá de La Habana. Para dejar en claro esta proyección, para reafirmarla, enuncia la pregunta desde ese "nosotros" indefinido: "Cómo veríamos nosotros" –interpela a los miembros de su audiencia y a los otros intelectuales que ha incorporado– "este problema del futuro de la literatura y de su función" (11).

Piglia replantea la preocupación que Sarlo diagrama a través de la retórica de sus propios pasos: qué va a pasar con mi/nuestra escritura en el futuro, qué va a pasar con mi/nuestra palabra ahora, en éste, nuestro contexto, donde "la experiencia del relato tiende a desaparecer" (Sarlo, 1994: 55). Más aún, qué va a pasar con la palabra y las respectivas tradiciones de los escritores –argentinos y latinoamericanos– en tanto ellas no constituyen la voz "de un país central con una gran tradición cultural" (Piglia 2001: 11). En definitiva, qué va a pasar con la literatura en una sociedad que aparentemente la ha abandonado frente a otras ofertas culturales. Para responder a estos interrogantes, Piglia analiza el presente en función del futuro o, "para decirlo a la manera de Macedonio Fernández", opta por describir "las posibilidades de una literatura futura, de una literatura potencial" (12), ya que sólo "de esa manera, quizás también podemos imaginar la sociedad del porvenir. Porque tal vez sea

---

[5] *Seis propuestas para el próximo milenio* es la colección de conferencias que Calvino estaba preparando para dar como invitado en Harvard University en 1985. Desafortunadamente, muere antes y deja sólo cinco conferencias terminadas que fueron publicadas luego por Esther Calvino, su esposa, en 1988.

posible imaginar primero una literatura y luego inferir la realidad que le corresponde, la realidad que esa literatura imagina" (12). Así, Piglia inicia su propio homenaje en Casa de las Américas a partir del establecimiento de una zona de contacto en donde interrelaciona literatura y realidad.

Esta interrelación, sin embargo, no apunta a reafirmar la vieja estética del reflejo. Más bien, lo que le preocupa a Piglia frente a su audiencia es preguntarse "cómo reescribiríamos imaginariamente la obra maestra futura" (12) a partir de una ficción no desligada de la política o, en otras palabras, cómo reescribir en el próximo milenio una narrativa política que se presente "como una suerte de versión utópica de 'Pierre Menard, autor del Quijote'" (12). En esta nueva versión se subraya, sin duda, una preocupación sesentista, en tanto se destaca cómo anudar hoy la escritura con la política, o bien, cómo hacer hoy, en nuestro mundo "post", una ficción política. Esta pregunta que politiza la preocupación estética de Calvino se vuelve, en La Habana del homenaje, el eje de la "conversación" (11) que Piglia propone iniciar a ese "nosotros" no definido, con vistas al próximo milenio. Por medio de esta conversación desplazada, Piglia involucra en su búsqueda, sin preguntarles, a los otros intelectuales que, como él, se constituyeron en "la franja crítica o contestataria" (Terán 1991b: 3) por definirse, desde la década del sesenta, "*en contra* del Estado y las instituciones" (Montaldo 1999: 18).

Frente a su audiencia, Piglia une, en síntesis, su pasado y su presente, para luego proyectarlo hacia el futuro. Así, ese "cómo unir hoy política y ficción" surge, sin duda, como el eje unificador del relato. Precisamente, ésta es la pregunta que subyace también en el debate de los años setenta. En 1971, *Nuevos Aires* invita a un grupo de intelectuales –entre los que se encontraban Piglia y Noé Jitrik– a debatir y actualizar la encrucijada del momento, es decir, el "viejo e irresuelto problema: el de las relaciones entre los intelectuales y los poderes socialistas y revolucionarios" (Jitrik 3).[6] El debate de *Nuevos Aires* cristaliza, por lo tanto, ese "momento conceptual" en el que "la noción del *intelectual* [se inscribe] *como problema* para los propios intelectuales" (Gilman 183) en tanto que, rota "la tradición 'modernista'

---

[6] El debate se publica en el número 6 de la revista con el título "Intelectuales y revolución", el cual marca –como hace notar José Luis de Diego– la absoluta identificación entre política y revolución. En otras palabras, desde el título mismo se establece la ecuación identificatoria característica de los setenta (De Diego 30). Participan, además de Piglia y Jitrik, Marcos Kaplan, José Vazeilles, Mauricio Meinares y León Rozitchner.

ಉ *La prolijidad de lo real:* el lugar del intelectual y de la crítica ೞ  71

de la incontaminación del intelectual con el Príncipe" se ve la necesidad de perfilar "una nueva figura del intelectual" (Terán 1991b: 18).[7] Precisamente, la primacía de la política en los setenta obliga a los escritores a redefinir su rol y su escritura dentro de una sociedad cada vez más politizada que ya "no se preguntaba si había que hacer la revolución [...]" (De Diego 30). Por el contrario, en esa época "el problema era *cómo hacerla* [...] Y, en ese marco, cuál sería, cuál *debía ser* el papel de los intelectuales en ese proceso" (30). En otras palabras, la encrucijada implícita en el debate de *Nuevos Aires* responde a esa crisis marcada por la primacía de la política que obliga al escritor a dejar de ser la conciencia crítica burguesa de la sociedad para hacerse revolucionario.[8]

"¿Conciencia crítica o conciencia culpable?", el subtítulo del debate propuesto por la revista sintetiza el dilema del intelectual en el momento en que busca definir su lugar en la revolución, en un país donde todavía no se ha realizado (De Diego 30-31 y Jitrik 11). La disyuntiva de la pregunta muestra, por un lado, "la disociación entre el intelectual y la clase obrera o las masas populares", la conciencia culpable que impulsa al intelectual no identificado con el sistema a romper con el privilegio y el aislamiento para buscar modos de inserción y de diálogo y romper con ese "pecado de origen por no haber nacido en el proletariado o campesinado" (Jitrik 9-10). A su vez, el subtítulo le presenta al intelectual otro camino: "a través de un proceso de examen crítico" se puede "descartar lo que se considera negativo, incorporar lo [...] positivo y reelaborarlo en una nueva concepción del mundo que sirva a la vez de crítica hacia el pasado y proyección hacia el futuro" (10).

La respuesta que presenta Piglia para resolver este dilema abre la disyuntiva del subtítulo para incluir otra opción. Después de todo, afirma que para pensar la "relación intelectual-revolución" propuesta en el debate,

---

[7] Para Gilman, la problematización del lugar del intelectual se produce "a raíz de la imposible convivencia de dos figuras, la del intelectual como *conciencia crítica* de la sociedad, defendida por lo general por los escritores consagrados, y la del *intelectual revolucionario*, propuesta por quienes ratificaron (a fines de los sesenta y principios de los setenta: entre el final de la primavera de Praga y los sucesos conocidos como el caso Padilla) su alianza con la Revolución Cubana y preconizaron la acción política *stricto sensu* por sobre las prácticas artísticas" (Gilman 183).
[8] El debate, sin embargo, deja de lado la problemática de cómo escribir, para concentrarse, en cambio, en debatir de modo exclusivo el rol del intelectual frente a la revolución que viene. Así, la escritura y cómo escribir parecieran transformarse en problemas accesorios al de la práctica del intelectual.

hay que desplazar "el problema de la conciencia" para ponerlo, en cambio, "en términos de práctica" social (Jitrik 73). Desde la práctica, a la pregunta de cómo "se liga un intelectual a la revolución" (63) se responde –dice Piglia– sólo a partir de la adopción de una toma de posición política: "a mi juicio para resolver el problema entre los intelectuales y la revolución, el intelectual se tiene que ligar con una organización revolucionaria" (65). "Yo no matizo –resume– lo que quiero que quede claro [...] es esto: a mi juicio la resolución del problema de los intelectuales y la revolución se plantea a nivel político, en las relaciones de ese intelectual con las organizaciones revolucionarias" (65). De lo contrario, dice, el intelectual cae en "el aislamiento y la separación," en "el independentismo" que lo hace "el francotirador" que en vez de acercarse a la lucha de clases (12-13), se refugia en "la resolución moralista, individual" (65). "Estar adentro" es, en definitiva, "la única manera de romper con la ideología de la separación" (61) y realizarse como "intelectual revolucionario" (59).

Precisamente, para el Piglia de los setenta, lo que define al escritor revolucionario es su hacer político, su compromiso neto con la lucha de clases: "De hecho –asienta Mauricio Menares en el debate, sin que nadie se lo cuestione– el intelectual revolucionario es aquel que coincide con la vanguardia política revolucionaria que se propone un cambio revolucionario, o sea, en definitiva, los que se proponen el socialismo por la violencia de las masas" (26). De ahí que Rodolfo Walsh y David Viñas sean presentados por Piglia como los modelos a seguir, como los que han sabido definir, sin ambigüedades ni concesiones, al intelectual revolucionario.[9] Frente a estos intelectuales modelos, Piglia coloca a los escritores que, como Mario Vargas Llosa, aún se posicionan apelando a la "teoría del privilegio del intelectual" (21) para articularse como "la conciencia negativa de la sociedad" (13). Asumiendo, por lo tanto, una ideología que los pone 'por encima' de la lucha de clases, 'más allá' de la práctica social. Una ideología que los define como las conciencias críticas de *cualquier* sociedad cuyo eje es la oposición entre cultura y política" (14).[10]

---

[9] Piglia usa a Brecht (74) y a la labor de los curas del Tercer Mundo como otros ejemplos que fundamentan su posición (70). Asimismo, con Jitrik, recupera la figura de José Martí como el modelo del intelectual que logra resolver, sin culpabilidad, la interrelación de ambas prácticas (78-80).
[10] En esos años setenta, Piglia descarta –niega y combate (Jitrik 22)– el modelo privilegiado que Vargas Llosa implica: el estar afuera, "la imposibilidad de entender a las masas como los verdaderos críticos de la sociedad, como quienes tienen que realizar la crítica de los intelectuales, de la cultura, y como quienes realmente deben protagonizar el proceso de la revolución cultural, del hombre nuevo" (14).

A partir de este rechazo del intelectual crítico y culpable burgués, el ensayista responde sin dudas a la encrucijada de su tiempo y de su suburbio, y presenta el hacer revolucionario del escritor como práctica política. De lo contrario, se pregunta, "¿cómo formar parte?" (67). Al hacerlo, también se deja seducir por la "primacía de la política" de su época (De Diego 24) que producía un "desplazamiento creciente" en cuanto que "era la política la práctica dadora de sentido de todo ejercicio intelectual" (Terán 1991b: 23). Al establecer, sin embargo, esta ecuación sinonímica entre revolución y organización revolucionaria, Piglia cae en un reduccionismo o –como observa Marcos Kaplan en el mismo debate– en una tautología o "autodefinición": "organización revolucionaria es a la que yo me incorporo porque considero que es revolucionaria" (Jitrik 66).[11] Así, Piglia se deja ganar por la política. Opta, en definitiva, por una práctica que, para ser fiel al ideario revolucionario, le exige no sólo la crítica sino también la lucha política contra el Estado y sus instituciones corruptas. Es decir, en la Buenos Aires de 1971 que va hacia la radicalización, parcializa la zona de contacto que interrelaciona la ficción y la política.

En La Habana de fin de siglo, Piglia no reafirma esta opción sin matices. Por el contrario, propone mantener ese diálogo entre política y ficción que ha marcado su narrativa desde "Homenaje a Roberto Arlt" (1975), publicado en *Nombre falso* texto que –como él mismo ha expuesto– le "permite romper con determinado concepto de la ficción [¿y de la política?] que tenía hasta ese momento" (Fornet 34). Frente a su audiencia cubana, recupera implícitamente la lección que él dijo haber aprendido con Macedonio y que, por otra parte, ha mantenido como una constante en su narrativa. Macedonio encarna "antes que nadie (y en secreto) la autonomía plena de la ficción en la literatura argentina" y descubre, al mismo tiempo, un nuevo modo de no disociar la ficción de la política ya que jamás las ve como dos prácticas antagónicas (Piglia 1989: 178). La lectura de Macedonio le permite pensar "una manera distinta de ver las relaciones entre política y ficción" (178); gracias a él, ha aprendido a ver cómo la ficción "mantiene

---

[11] Sarlo lee del siguiente modo el dilema del intelectual de los setenta: "la tensión entre pensamiento crítico y acción tendió a borrarse y, en ese borramiento, fue la política la que impuso su lógica. Muy brevemente: esa imposición liquidó los conflictos que el pensamiento crítico plantea invariablemente a la razón política e instituyó la razón política (que se concebía como razón revolucionaria [...]) en mentora de un discurso intelectual que había dejado de ser crítico porque resignaba el examen de sus supuestos para ejercerse solamente sobre los supuestos del adversario" (Sarlo 2001b: 206).

relaciones cifradas con las maquinaciones del poder" (177), ha aprendido a desenmascarar al Estado como "una máquina de producir ficciones, una máquina sobre todo de hacer creer" (61) y a deconstruir, a su vez, el concepto restrictivo de "lo posible", los sentidos unívocos impuestos por el Estado. Asimismo, por Macedonio, Piglia aprende a pensar y a escribir una poética/política de la contrarrealidad que revela la "prolijidad" de lo real –los zurcidos a través de los cuales se registra la marca discursiva del Estado– y que, simultáneamente, proyecta "lo imposible", lo que rompe con aquella certidumbre prolija de lo real.

En "Tres propuestas...", sin embargo, el ensayista no centraliza este diálogo entre política y ficción a partir de un análisis de la figura de su maestro Macedonio, como lo ha hecho en otros ensayos e intervenciones críticas. Por el contrario, comienza su conversación centrándose en Walsh, "que para muchos de nosotros funciona como la síntesis de lo que sería la tradición política hoy en la literatura argentina [...]" por ser quien, "como muchos otros en nuestra historia llevó al límite la noción de responsabilidad civil del intelectual" (12). Una vez más, Piglia presenta como modelo de intelectual a Walsh, estableciendo, por lo tanto, una línea de continuidad con el debate de los setenta. Ahora bien, si en *Nuevos Aires*, Walsh surge, como he mencionado, como el ideal del intelectual revolucionario a seguir, en 2000, Walsh aparece como el ideal de escritor que ha sabido construir, en su escritura –sin descartar su accionar político– esa zona de contacto que tanto le preocupa a Piglia. De ahí que rescate de la producción de Walsh *¿Quién mató a Rosendo?* como "una obra que nace de la práctica política", "una de las obras más importantes [...] de la última literatura argentina", "uno de los mejores libros de narrativa que leí este año" (Jitrik 64); es decir, rescata el Walsh testimonial que pone su escritura al servicio de su compromiso político. En la conversación de La Habana, en cambio, Piglia se centra en "Esa mujer", un cuento político sobre Eva Perón, que despliega ese mismo compromiso en la ficción.

A primera vista, en 1971, Piglia parece querer jerarquizar el testimonio –siguiendo una tendencia popular de la época– como el género exclusivo del intelectual revolucionario. Sin embargo, al analizar *¿Quién mató a Rosendo?*, rescata, sin examinar en detalle, la complejidad de la escritura testimonial: la obra de Walsh vale no sólo porque "nace de la práctica revolucionaria" sino también porque "abre perspectivas teóricas", ya que "es a la vez literatura de testimonio y se puede leer como una novela, como un panfleto, como un análisis político" (64). A través del juicio categórico, abre indirectamente la posibilidad de una nueva discusión que el debate de *Nuevos Aires* y la solución que él mismo presenta no terminan de plantear. A través de este detenimiento en la escritura, Piglia se pregunta cómo escribir una literatura revolucionaria, cómo narrar los hechos reales, cómo subvertir el sistema impuesto por la violencia de las instituciones, cómo, en definitiva, hacer que la ficción responda a la demanda que imponen los tiempos de dialogar con lo político.[12] Y aquí, en este juicio categórico de la obra y del hacer revolucionario del modelo que era Walsh, se puede rastrear el esbozo de una nueva encrucijada a la que se enfrenta Piglia como escritor joven: cómo escribir y hacer, por la ficción y la política, la revolución que los tiempos demandan; cómo ser, hacerse, un "verdadero escritor revolucionario"; cómo, en definitiva, mantener unidos, sin verlas como prácticas antagónicas, el pensamiento revolucionario de izquierda y la vanguardia estética a la que se aspira.

La respuesta a esta encrucijada está inscripta en la narrativa posterior de Piglia, en sus entrevistas, en sus diálogos críticos, en sus ensayos, en una palabra: en su producción intelectual. Sin embargo, en 2000, reabre la encrucijada al volver a preguntarse cómo escribir hoy, en un mundo "post", una ficción política, utópica, para el porvenir. Para responderse, presenta tres propuestas ligadas a la escritura de Walsh, particularmente a la de "Esa mujer" (1963), el cuento que, de acuerdo con la encuesta que cita Piglia, "ha sido elegido como el mejor relato de la historia de la literatura argentina. Por encima de cuentos de Borges, de Cortázar, de Horacio Quiroga, de Silvina Ocampo" (Piglia 2001: 13). Al centrarse en ese cuento y en esa encuesta, no apunta a rescatar el juicio valorativo de un grupo de escritores, sino a mostrar el consenso acerca del cuento de Walsh, que

---

[12] Al analizar la figura de Vargas Llosa, Piglia se refiere a esta escisión entre escritura y práctica política sin lograr unirlas: "Creo que la discusión respecto de las relación entre las producciones de determinados escritores, artísticas, y la revolución y el carácter revolucionario de esa práctica específica y sus relaciones con la producción material es un problema complejo que no está en discusión hoy. Es muy importante, pero yo no lo veía por lo menos en mi exposición como el eje a discutir en este momento (no descarto que lo discutamos más adelante). Más bien yo trataba de ver [...] cuál era el rol político que asumía el señor Vargas Llosa cuando se definía en relación al caso Padilla. En ese sentido no me refería a las novelas de Vargas Llosa" (20). Jitrik, en cambio, le contesta: "Pero, Vargas Llosa 'es' sus novelas" (21). Precisamente, León Rozitchner, en su juicio sobre Viñas, le hace ver a Piglia la división tajante que ha impuesto al definir al intelectual revolucionario: "hay una actividad política [de Viñas], pero también la actividad política en tanto novelista, de Viñas, en cuanto no estaba ligado a ningún grupo político también era política y también tenía incidencia en el proceso político. Entonces, ¿cómo hacés entrar una cosa en la otra?" (67).

recupera, a través de la jerarquización del texto transformado en sinécdoque, una "tradición de nuestra literatura" (13). En otras palabras, ese cuento le permite leer los valores consensuados por un "nosotros" indefinido y que parecen mantenerse como patrones de la "mejor" literatura argentina (13).

El análisis de "Esa mujer" le sirve para construir una lectura con la cual apropiarse de Walsh y ponerlo en diálogo con las enseñanzas de Macedonio; a su vez, hace posible repensar "las relaciones entre política y literatura" (12). Asimismo, la lectura de "Esa mujer" se articula como el punto de partida para la inferencia de esas "tres propuestas para el próximo milenio" (12). Aquí se establece un diálogo que entrelaza a Walsh, a Macedonio y a Calvino, y que inmediatamente muestra sus efectos, ya que "las *Seis propuestas* de Calvino se reducen a tres" (12).[13] "Me parece –dice– que esta noción de la verdad como horizonte político y objeto de lucha podría ser nuestra primera propuesta para el próximo milenio" (17). Frente a la dispersión del sentido, señala la posibilidad de construir una verdad, no totalizante como en las grandes narraciones, sino fragmentaria, que trabaje las fisuras, las borraduras, los cortes que se ocultan en "la prolijidad de lo real": "Existe una verdad de la historia y esa verdad no es directa, no es algo dado, surge de la lucha y de la confrontación y de las relaciones de poder" (17). Este acceso a la verdad supone, sin embargo, un doble proceso "re/de-constructor": hay que, primero, "desmontar las construcciones del poder y sus fuerzas ficticias" para, en segundo lugar, "rescatar las verdades fragmentarias, las alegorías, los relatos sociales" (17). En otras palabras, hay que deconstruir la unidad para darle paso a la multiplicidad de sentidos que desenmascara los fragmentos a través de los cuales se cuela la verdad.

"La segunda propuesta está ligada a la noción de límite, es decir, a la imposibilidad de expresar directamente esa verdad que se ha entrevisto" (17). Este límite de la literatura pero también del lenguaje descarta el realismo y la posibilidad de la copia directa, para reafirmar, en cambio, la autonomía plena de la ficción, la lección de Macedonio. Precisamente, esta verdad imposible que se quiere decir –cristalizada en "una red múltiple de sentido" (19)– sólo se puede narrar forzando el límite del lenguaje, o mejor dicho, sólo se puede narrar desplazada en la multiplicidad de

---

[13] Nótese, además, que Piglia tampoco sigue en su lectura las cinco propuestas dejadas por Calvino: levedad, rapidez, exactitud, visibilidad y multiplicidad. Por el contrario, desde esa lectura apropiativa propone sus propias opciones.

## ⊱ La prolijidad de lo real: el lugar del intelectual y de la crítica ⊰     77

sentidos a pesar del límite impuesto por el lenguaje. Esta idea de desplazamiento y de distancia, de *ostranenie* (19) –tan visible en los textos políticos de Walsh– constituye el único modo en que la literatura puede enunciar esa verdad de la ficción. Así, la literatura se transforma –y aquí, una vez más, entra la lección conjunta de Macedonio y de Walsh– en el espacio que conjuga el margen, los sentidos no oficiales, la verdad como espacio múltiple de sentidos. "La literatura sería el lugar en el que siempre es el otro el que habla" (19) porque "la verdad tiene la estructura de una ficción donde otro habla" (19); en definitiva, porque la verdad no es prolija, aunque "condensa un sentido múltiple en una sola escena y en una voz" (19).

La tercera propuesta necesariamente se refiere al lenguaje, no sólo porque "la literatura actúa sobre un estado del lenguaje" (19), sino porque el lenguaje mismo –como han demostrado Bourdieu y Foucault– se ha transformado en un espacio ocupado por el poder (20). Después de todo, "la crisis está sostenida por ciertos usos del lenguaje" (19) que al volverse hegemónicos construyen la versión/visión "prolija" de la realidad que se impone como verdad monopólica (20). Estos discursos o versiones oficiales neutralizan, despolitizan y borran "los signos de cualquier discurso crítico" (20) y construyen, por lo tanto, versiones ficticias pero unívocas de la realidad. La literatura, como la redefine Piglia, rompe con estos "usos oficiales del lenguaje" (20), marca una escisión entre la lengua pública del Estado y la lengua privada, utópica, a la que aspiran llegar los escritores (20). Por eso la claridad, definida no como lo simple –eso le correspondería a la retórica del periodismo (21)–, sino como una resistencia que rompe con la retórica oscura y deliberada del Estado, es la tercera propuesta.

Estas tres propuestas exigen la acción de un intelectual que sepa, como Walsh y Macedonio, ver la ficción en la realidad para poder "desarmar el relato encubridor" (17), y mostrar las narraciones totalitarias del Estado. Asimismo, exigen un intelectual que, como Walsh y Macedonio, sepa desplazarse hacia el mundo del otro –"ir al otro lado, cruzar la frontera" (18)– para construir, en la dispersión, los relatos plurales y fragmentarios que desenmascaran las certidumbres fijas del relato estatal. A través de estas tres propuestas, Piglia reconstruye una zona de contacto donde de nuevo se interrelacionan la ficción y la política. Al mismo tiempo, define un "lugar para el escritor" y para la literatura (14) al otorgarle un espacio y conferirle una práctica política. Así, Piglia resuelve la encrucijada del intelectual frente al Estado: hoy como ayer, el intelectual debe "establecer dónde está la verdad, actuar como detective, descubrir el secreto que el Estado manipula, revelar esa verdad que está escamoteada" (14), construir una contrarrealidad que "registra las versiones antagónicas" (16), "mostrar lo que no se puede decir" (18), desocupar al lenguaje de "las versiones oficiales y las construcciones monopólicas de la realidad" (20); enfrentarse, en definitiva, a la supuesta prolijidad de lo real y trabajar desde ella para poder narrar la contrarrealidad utópica.

Decir la verdad contra la prolijidad de lo real marcada por el Estado es, sin embargo, una tarea que implica ciertas dificultades. En *Fearless Speech* Foucault menciona el riesgo implícito que conlleva la práctica de la *parrhesía*, en tanto decir la verdad frente al Estado no sólo supone la crítica (17-18), sino también la subversión de una relación de poder (18).[14] Piglia, por el ejemplo de Walsh y de otros intelectuales, sabe cuáles son las dificultades extremas de oponerse al Estado. En La Habana, sin embargo, vincula sus tres propuestas con cinco dificultades a partir de un nuevo diálogo. Hacia el final de su conferencia, explica: las tres propuestas presentadas "nos acerca[n] a las reflexiones de Brecht" (21) inscriptas en "Cinco dificultades para escribir la verdad" (1935), su ya clásico ensayo publicado póstumamente donde Brecht se pregunta cómo decir la verdad en "una época como la nuestra", donde aún es posible "la opresión, que sirve a la explotación de una parte de la población (la mayor) por la otra (la menor)" (Brecht 169).[15] En este ensayo, "Brecht define algunos de los problemas que yo he tratado de discutir con ustedes" en relación a la obra de Walsh (21). Estos problemas o dificultades que plantea Brecht se resumen "en cinco tesis referidas a la posibilidad de transmitir la verdad" (21): "Hay que tener el valor de escribirla, la perspicacia de descubrirla, el arte de hacerla manejable, la inteligencia de saber elegir a sus destinatarios. Y sobre todo la astucia de saber difundirla" (21). "Estos obstáculos son grandes –aclara Brecht en su ensayo– para aquellos que escriben bajo la férula del fascismo, pero existen también para aquellos que fueron expulsados o han huido, e incluso para aquellos que escriben en los países de la libertad burguesa" (Brecht 157-158). Estos obstáculos, resume Piglia, son los que hay que vencer si se acepta el modelo de intelectual implícito en las tres propuestas. En otras palabras, si el intelectual quiere definirse en contra del Estado, decir la verdad que sacuda el relato estatal y que lo

---

[14] Agradezco a Ivette Rodríguez-Santana y a Juan Carlos Quintero-Herencia haberme hecho encontrar con este texto de Foucault.
[15] "Cinco dificultades para escribir la verdad" (1935) forma parte de *Schriften zur Literatur und Kunst*, la colección de ensayos teóricos publicada en tres volúmenes por Suhrkamp Verlag en 1967, luego de la muerte de Brecht y sin revisión del autor. La edición que utilizo (Brecht 1973) es una selección.

subvierta, debe asumir como propias las cinco dificultades señaladas por Brecht. De lo contrario, el intelectual no será capaz de desmontar la prolijidad impuesta.

A través de este nuevo diálogo con Brecht, Piglia establece una línea de continuidad con su voz de los setenta. Después de todo, en el debate de *Nuevos Aires*, incorpora a Brecht como otro modelo del "intelectual revolucionario" (Jitrik 74). En 1971, se lee a Brecht desde el triunfo de la primacía de lo político y se lo levanta como el intelectual que, al igual que Walsh, ha sabido unirse a las organizaciones revolucionarias (74); es decir, como el intelectual que "está dentro" porque ha sabido responder, con su práctica, a la lucha de clases. En el año 2000, en cambio, Piglia rescata el poder crítico de Brecht, o mejor dicho, recupera la complejidad del revolucionario que no terminaba de aceptar en los setenta, aun cuando era señalada por los editores de la revista *Nuevos Aires*: "Acaso uno de los 'modelos' más ricos para desentrañar haya sido nombrado esta noche: Brecht. Pero habría que abordarlo teniendo en cuenta no solamente su conocida adhesión militante, sino también su actitud crítica en función de la defensa de los principios y los fines revolucionarios. Es justamente un poema de Brecht, 'Elogio de la duda', el que subraya muchas de las preocupaciones que se han manifestado hoy. Sus versos finales dicen algo así como 'tú que eres dirigente porque has dudado / permite pues a los dirigidos, dudar'" (Jitrik 80).

Piglia ve en la complejidad de Brecht una forma de resemantizar el discurso y el lugar del intelectual, iniciada a través de Calvino, de Walsh y de Macedonio. Rescata así el poder de la crítica que había puesto en duda en 1971: "Vos qué proponés para ligarte como intelectual. Esa es la pregunta que estuve haciendo toda la discusión. Qué propuestas tenés aparte de la crítica" (61). Ahora, en cambio, es la crítica –vista como *parrhesía*, como subversión del relato del Estado– la que le permite encontrar un lugar para el intelectual sin caer en ese privilegio moral que ya rechazaba treinta años antes. Lo que define al intelectual crítico no es una cualidad moral que lo pone por encima de la sociedad como un Mesías capaz de juzgar el error y la falsedad, sino una función, una práctica, un rol que revela un uso ficticio, pero naturalizado como verdad, de la palabra.

En la sociedad "post" de los *shoppings* de Sarlo y frente a la ciudad que supo ser revolucionaria, el ensayista asume el reto de Brecht y se pregunta –y nos pregunta– "¿Quién de nosotros escribirá el *Facundo*?", quién, en definitiva, asumirá el valor de escribir la verdad, porque como advierte Brecht, "se precisa valor para decir la verdad sobre sí mismos, los vencidos"

(Brecht 158). ¿Quién se atreverá a buscar la verdad que vale la pena decir, aquella que desenmascara la barbarie, entendida como las ficciones del Estado? ¿Quién tendrá esa astucia que exige Brecht para hacer ver las contradicciones, las mentiras de los vencedores, pero también las de los vencidos (Brecht 169)?

Piglia reafirma para el próximo milenio el papel del intelectual crítico que no teme poner en diálogo a la literatura y la política, porque no teme, como Walsh y Macedonio, romper con la certidumbre de lo real. A diferencia de los Vargas Llosa de los setenta que él niega y combate por caer en el moralismo del juez (Sigal 22), reinscribe el rol del intelectual crítico que se define *"en contra del Estado y sus instituciones"*, en contra de la ficción "encubridora" del Estado, en contra de "las versiones oficiales y las construcciones monopólicas de la realidad" (Piglia 2001: 17-20). Asimismo, asumiendo el legado de Calvino, pero también el de Walsh y el de Macedonio, apuesta a resistir *la prolijidad de lo real* desde la articulación de una estética. Elabora una nueva disyuntiva, una nueva encrucijada para el próximo milenio: estar adentro o estar afuera, estar con/en las ficciones del Estado o ubicarse en un margen para, desde allí, confrontar en y por la ficción "estos usos oficiales del lenguaje" (20).

En esta "vieja" encrucijada se inscribe, por lo tanto, una "noción implícita de comienzo, no sólo de final, los finales de la historia, el fin de los grandes relatos, el mundo 'post' [...] algo que comienza, que se abre paso y anuncia el porvenir" (12). Las propuestas se articulan "como consignas, puntos de partida de un debate futuro o, si lo prefieren, de un debate sobre el futuro, emprendido desde un lugar remoto" (12); lega sus tres propuestas y sus cinco dificultades para el nuevo milenio. Desde la ficción en claro diálogo con la política, *nos* propone debatir el futuro aún no determinado que se puede soñar en las narrativas. Para hacerlo, sin embargo, es necesario salirse de los relatos centrales y plantear el problema "desde el margen, desde el borde [...], mirando al sesgo" (12). Precisamente, se necesita esta mirada al sesgo para descentralizar los finales acabados y construir en su lugar "esos valores propios de la literatura que van a persistir en el futuro" (12). Y ésta es la otra encrucijada: centralizarnos y volver al cierre de los "post", o sesgarnos y abrirnos al construir o rescatar valores que confronten con las narrativas centrales que, a pesar de su supuesta indecidibilidad, se imponen como hegemónicas.

Así, si Sarlo reflexiona con nostalgia sobre un intelectual perdido, si Montaldo clausura la especie crítica, Piglia frente a una audiencia –que a su modo lo cierra, lo hace clásico– vuelve a instaurar un papel político, estético y crítico para el intelectual argentino o latinoamericano; en todo caso, para todo aquel que trabaje desde un suburbio del mundo. Al hacerlo, reconstruye y resemantiza una estirpe que no se extingue, sino que se renueva como fuerza de lucha. A ese "nosotros" le queda, entonces, aceptar o rechazar el reto. A ese "nosotros" le toca, en definitiva, ver qué propuestas y qué dificultades quiere aceptar para su futuro. Después de todo, las propuestas son precisamente eso: una opción, una posibilidad de hacer que se abre, como deseo y como legado, para el futuro. Desde esta narrativa arbitraria que he construido a partir de Buenos Aires y de La Habana se presenta, entonces, la discontinuidad de una lucha: "la prolijidad de lo real" como desafío no resuelto, porque para Piglia aún no hay clausura –no puede haberla– sino continuidad fragmentaria de una búsqueda. Y en esta búsqueda incesante de la claridad desprolija se encuentra el futuro del intelectual y de su palabra crítica.

OBRAS CITADAS

Angel, Raquel. *Rebeldes y domesticados: los intelectuales frente al poder*. Buenos Aires: El Cielo por Asalto, 1992.
Brecht, Bertolt. "Cinco dificultades para escribir la verdad". *El compromiso en literatura y arte*. Werner Hecht, ed. Barcelona: Ediciones Península, 1973. 157-71.
Calvino, Italo. *Six Memos for the Next Millennium*. [1988]. Nueva York: Vintage Books, 1993.
De Diego, José Luis. *¿Quién de nosotros escribirá el Facundo? Intelectuales y escritores en Argentina (1970-1986)*. La Plata: Ediciones Al Margen, 2001.
Fornet, Jorge. "Conversación con Ricardo Piglia". *Ricardo Piglia*. Jorge Fornet, ed. Serie Valoración Múltiple. Bogotá: Casa de las Américas, 2000. 17-44.
Foucault, Michel. *Fearless Speech*. Joseph Pearson, ed. Los Angeles: Semiotext(e), 2001.
Gilman, Claudia. "La situación del escritor latinoamericano: la voluntad de politización". *Cultura y política en los años '60*. Editado por Grupo Arte, Cultura y política en los años '60. Buenos Aires: Instituto de Investigaciones "Gino Germani", Universidad Nacional de Buenos Aires, 1997. 171-86.
González, Horacio. "Nuevos relativismos culturales". *El ojo mocho* 9-10 (1997): 135-38.
_____ "Perspectivas de la crítica cultural". *Espacios de crítica y producción* 16 (1995): 49-51.

Jitrik, Noé et al. "Intelectuales y revolución: ¿conciencia crítica o conciencia culpable?". *Nuevos Aires* 6 (Diciembre 1971, Febrero 1972): 3-81.

Montaldo, Graciela. *Intelectuales y artistas en la sociedad civil argentina en el fin de siglo*. Latin American Center Working, paper No. 4. College Park: The University of Maryland, 1999.

\_\_\_\_\_ "Diez años de democracia: los cambios del canon". *Hispamérica* 72 (1995): 39-48.

Pagni, Andrea y Erna von der Walde. "Qué intelectuales en tiempos modernos o de 'cómo ser radical sin ser fundamentalista'. Aportes para una discusión con Beatriz Sarlo". *Culturas del Río de la Plata (1973-1995). Transgresión e intercambio*. Roland Spiller, ed. Frankfurt: Vervuert Verlang. 1995. 287-312.

Piglia, Ricardo. *Respiración artificial*. Buenos Aires: Sudamericana, 1992.

\_\_\_\_\_ *Nombre falso*. Buenos Aires: Siglo XXI, Argentina Editores, 1975.

\_\_\_\_\_ "Tres propuestas para el próximo milenio (y cinco dificultades)". *Casa de las Américas* (Enero/Marzo, 2001): 11-21. Esta conferencia fue publicada posteriormente bajo el mismo título, con leves correcciones, en Buenos Aires por Fondo de Cultura Económica, 2001.

\_\_\_\_\_ "Ficción y política en la literatura argentina". *Crítica y ficción*. Buenos Aires: Siglo Veinte y Universidad Nacional del Litoral, 1993. 173-80.

\_\_\_\_\_ "Ficción y política en la literatura argentina". *Hispamérica* 52 (1989): 58-62.

Sarlo, Beatriz. *Escenas de la vida posmoderna: Intelectuales, arte y videocultura en la Argentina*. Buenos Aires: Ariel, 1994.

\_\_\_\_\_ "Retomar el debate". *Tiempo presente*. Buenos Aires: Siglo XXI, 2001a. 214-35.

\_\_\_\_\_ "¿La voz universal que toma partido?". *Tiempo presente*. Buenos Aires: Siglo XXI, 2001b. 198-213.

\_\_\_\_\_ "¿Arcaicos o marginales? Situación del intelectual en el fin de siglo". *Punto de vista* 47 (diciembre 1993): 1-5.

Sigal, Silvia. *Intelectuales y poder en la década del sesenta*. Buenos Aires: Puntosur, 1991.

Terán, Oscar. *Nuestros años sesenta*. Buenos Aires: Puntosur, 1991a.

\_\_\_\_\_ *Rasgos de la cultura intelectual argentina, 1956-1966*. Latin American Center Series N° 2. College Park: The University of Maryland, 1991b.

*Segunda parte*
*Narrar en/contra el género*

# Inversión del tópico del *beatus ille* en *La ciudad ausente*\*

*Ana María Barrenechea*

He elegido tratar esta novela de 1992 porque la considero como un texto paradigmático de la narrativa de finales de nuestro siglo (y quizá –¿será mucho decir?– de nuestro milenio).

Dadas las limitaciones de desarrollo, prefiero profundizar en un punto aparentemente lateral, pero significativo, en esta obra tan compleja. La vieja tradición europea que exalta la vida "natural" y armoniosa del campo en oposición a la vida corrompida por la fiebre del oro y la alineación ciudadana tuvo su eco en Hispanoamérica, en sus manifestaciones populares o cultas, especialmente en los centros más importantes de la Colonia.[1] Junto a ellas se desenvolvió una literatura de la vida rústica, en especial de la ganadera: la de los gauchos en la Argentina y la de los llaneros en otras regiones del Nuevo Continente, con altibajos evaluativos.

---

\* Este trabajo fue anteriormente publicado en *Ricardo Piglia*, edición al cuidado de Jorge Fornet, serie Valoración Múltiple, Bogotá: Casa de las Américas, 2000.
[1] Para la tradición del topo y su bibliografía, cfr. Avalle-Arce 1974; Hardin 1979 (que aunque restringido a literaturas en inglés, salvo *Tristes Tropiques* de Lévi-Strauss, llega hasta textos contemporáneos); Beverly 1985. Es indudable que la *Galatea*, las *Novelas ejemplares* y el *Quijote* de Cervantes son el ejemplo más fulgurante, en su conjunto, de la inventiva posible en tratamientos, registros y situaciones de la narrativa pastoril (que solo agrega nuevos enfoques desde el advenimiento del romanticismo). Para la época colonial americana interesa –entre otras– la mezcla de hablas indígenas, africanas, rústicas, criollas y mestizas en festividades religiosas y oficiales profanas. Cfr. por ejemplo, la bibliografía de Sor Juana Inés de la Cruz.

## Historia del gaucho y de la literatura gauchesca

Después de la larga historia de exaltación y vituperio del gaucho,[2] de su utilización en las guerras de la independencia, en la defensa de las fronteras con los indios y en la lucha de la Triple Alianza contra el Paraguay, o en el trabajo ganadero de los arreos y saladeros hasta la división de la inmensa llanura por el alambrado; desde la aparición de la literatura gauchesca en verso y prosa o de los relatos de viajeros hasta el ascenso del *Martín Fierro* a obra canónica a través de la voz de Ricardo Rojas, y también la disonante de Ezequiel Martínez Estrada, llega el tema del gaucho, en 1926, a una especial culminación.

## El proyecto de Ricardo Güiraldes

El proyecto de Ricardo Güiraldes fue a la vez literario y político (sin duda de una política cultural).

Era hombre de París (amigo, desde 1919, de Valery Larbaud, quien apoyó con entusiasmo a James Joyce y se relacionó con escritores sudamericanos, mientras buscaba ser conocido y editado él mismo en periódicos y empresas latinoamericanas) y también era hombre de San Antonio de Areco (es decir, de un pedazo de pampa cercano a Buenos Aires, propiedad de una familia tradicional de estancieros, un lugar donde la imprenta de Colombo podía producir ediciones artesanales exquisitas).

Güiraldes quería coronar, renovando con un libro contemporáneo, esa larga tradición de literatura de temas gauchescos. Sería un libro paradigmático que uniría la figura condensadora de nuestra esencia argentina con la escritura nueva más prestigiosa. Aunque no tan nueva, porque no se trataba de la experiencia joyceana del *Ulysses* (1922) que ya conocía Borges[3] ni de la ruptura surrealista de Breton (1924), ni de cualquiera de las vanguardias, sino de una narrativa gauchesca emprendida con la escritura impresionista, más cercana a la de los Goncourt.

---

[2] Para juicios sobre el gaucho y la literatura gauchesca cfr. Rodríguez Molas 1968; Ludmer, 1988; Prieto, 1988.
[3] Borges anunció la publicación de *Ulysses* en *Inquisiciones* (1925), jactándose de ser quizás el único argentino que lo había leído y diciendo que se lo llevaba al sur. El poema "Jardín", incluido en *Fervor de Buenos Aires* (1922), consigna su estadía en Yacimientos del Chubut, lo cual retrotrae a esa fecha su lectura. Vuelve favorablemente sobre esa obra en *El Hogar*, 5 de febrero de 1937 (p. 35), y rechaza sin remedio *Finnegans Wake*, el 16 de junio de 1939 (p. 203). Estos trabajos fueron reproducidos en Sacerio-Garí y Rodríguez Monegal 1986.

Esa exaltación esencialista está sintetizada y, al mismo tiempo, potenciada al máximo en la dedicatoria de la novela:

> A Vd., Don Segundo.
>
> A la memoria de los finados: Don Rufino Galván, Don Nicasio Cano y Don José Hernández.
>
> A mis amigos domadores y reseros: Don Víctor Taboada, Ramón Cisneros, Pedro Brandán, Ciriaco Díaz, Dolores Juárez, Pedro Falcón, Gregorio López, Esteban Pereyra, Pablo Ojeda, Victorino Nogueira y Mariano Ortega.
>
> A los paisanos de mis pagos.
>
> A los que no conozco y están en el alma de este libro.
>
> Al gaucho que llevo en mí, sacramente como la custodia lleva la hostia. R. G. (Güiraldes 1991)[4]

Entre los casi infinitos e imprevistos textos con los que dialoga Piglia, están como telón de fondo los que constituyen la literatura pastoril, desde el helenismo griego hasta los de nuestra literatura gauchesca en prosa y verso, pero fundamentalmente y en forma explícita aparece el *Martín Fierro* y también el *Don Segundo Sombra*. Todos figuran trastornados, transformados, historizados y vueltos a dispersar para tejer nuevas redes, donde irrumpe Lucía Anna Joyce (y con la resonancia de su obra creadora, el padre James Joyce, su *Ulysses* y su *Finnegans Wake*).[5]

## EL RELATO DE LA CIUDAD Y DE LA VOZ QUE CUENTA

Nos introducimos en un texto en el que abundan narradores y personajes desarraigados, marcados por los adjetivos "delirante", "acomplejado", "lunático", "obsesivo", "loco", "maniático", "paranoico", personas que no se sabe si son víctimas acorraladas o gentes lúcidas "cada uno fingía ser una persona distinta" (Piglia 1995: 14). Todos viven en una Buenos Aires de lugares puntuales ("el Hotel Majestic, Piedras y Avenida de Mayo" [13]; o el diario *El Mundo* [10], que ya no se publica pero existe porque Roberto Arlt escribió para él y en él sus *Aguafuertes Porteñas*; o plazas, calles, teatros que todo porteño conoce: Constitución, Corrientes,

---

[4] Cito según texto establecido por Élida Lois, p. a.
[5] Para la vida de Lucía Anna y James Joyce, su padre, cfr. una obra que sin duda conocía Piglia: Ellmann 1987. (Agradezco a la profesora Laura Cerrato el préstamo de la edición francesa y las observaciones sobre la información acumulada por Ellman.)

Leandro Alem, el Maipo).⁶ Una ciudad bien concreta y a la vez irreal, cotidiana y amenazante; mezcla de datos verdaderos e inventados; actual, anterior, futura y fuera del tiempo; con varios pisos superpuestos, como ocurre en la película *Metrópolis*.⁷ "Nadie decía nada. Sólo las luces de la ciudad siempre encendidas mostraban que había una amenaza" (14). En este lugar pudo vivir antes Macedonio Fernández, cerca de Tribunales, y hacer fotografías Grete Stern (aquí Grete Müller, en los sótanos del Mercado del Plata o en las galerías del subterráneo de 9 de Julio). Grete Müller, "investigando *imágenes virtuales*, había encontrado la forma de retratar lo que nunca se había visto" (80). También desde allí (81) teje otra red aludiendo al relato "La isla", el lugar de una *ficción virtual* sobre el lenguaje y sus poderes de eternizar a los muertos (118-34), y a la isla del Tigre, es decir, al último capítulo de *La ciudad ausente* ("En la orilla" [135-68]). Especialmente, en su última página se reúnen Grete, sus fotos, las figuras grabadas en el caparazón de las tortugas, Macedonio, su mujer, el Museo y la Máquina, Ada Eva María Phalcón, la cantante que se hace monja, Lucía Anna Joyce (el vago recuerdo de Kafka) y Joyce mismo con su *Finnegans Wake*, Anna Livia Plurabelle, y el río Liffey, que aún sigue corriendo a morir en la bahía de Dublín.

Así se amplía el espacio de Buenos Aires al Gran Buenos Aires, y desde éste al espacio de Occidente, por un ademán de deixis textual, unido a un reconocimiento de tiempos recursivos y, a la vez, trastocados, de "trama fracturada" (86), que al decirse se autodesignan (154-55). La voz y la imagen de la ciudad se "acuerdan" (es decir, sonido y visión rememoran y concuerdan), tejen redes de conexiones pero también se proyectan hacia espacios y acciones y momentos diferentes, como desfasados.

Junior y Lucía Joyce introducen los topoi ciudad/campo

En esa ciudad empieza el segmento que me interesa desarrollar, el de un topo que cuenta con siglos de historia en la literatura, retomado ahora a finales del siglo (o del milenio). Ocurre cuando Junior, el periodista detective en busca del Museo y de la Máquina de Macedonio, llega al hotel Majestic y se enfrenta con Lucía Joyce, la nueva (per)versión de Lucía

---

⁶ Para la atención al detalle en las artes, el psicoanálisis y la literatura detectivesca, cfr. Ginzburg 1983 o 1989.

⁷ Cfr. Sharpe 1990; Augé 1996; Certeau 1990 (que al tratar problemas de espacio los relaciona, entre otras cosas, con todo relato y en especial, con el de viajes, como ocurre en *La ciudad ausente*). Para este tema cfr. Prieto 1996. Puede leerse con provecho –porque aunque su obra trabaje el espacio de modo diferente al de Piglia, no resulta totalmente ajeno– Perec 1974.

Anna. Ambos confiesan venir de la provincia y ambos muestran la cara deformada y absurda del *beatus ille* total y disparatadamente invertida como en un vuelco pero con unas "codas" burlonas:

> [Fuyita] Decidió mandarme a Entre Ríos, ¿te das cuenta? Dice que yo acá estoy muy junada. Pero te das cuenta de lo que me quiere hacer, que me quiere enterrar en vida. [...]
> —Es lindo el campo —dijo Junior—. Podés criar animales, hacer vida natural. El noventa por ciento de los gauchos cogen con las ovejas. (Piglia 1995: 23).
> —¿Sos del campo?
> —Sí —dijo Junior—. De Gualeguay. Mi viejo es capataz en la estancia de los Larrea. Era, lo mató un peón, le metió una cuchillada a traición, borracho, cuando bajaba del sulky, mi padre. [...] Son todos drogadictos, en el campo. Alucinados.
> —Sí —dijo ella—. Lo que yo digo. En el campo no duermo. Para donde uno mira hay droga y basura. (24).
> [Junior] —¿De dónde sos?
> —De aquí, siempre viví en este hotel, soy la nena del Majestic. Pero vengo de Río Negro. [...] En la provincia hay mucha heroína, en el campo [...] andan con los sulkys, los chacareros italianos la llevan escondida en las botas [...]. Me fui del pueblo que te la venden hasta en los kioscos de chicle y vine a la Capital [...]. Empecé a tomar ahí. Tomaba anís Ocho Hermanos, me acuerdo, al principio. (25-7).

Al mismo tiempo, la presencia de Lucía Joyce, en contrapunto con los *topoi* de *ciudad/campo*, introduce —aun en su metamorfosis discordante y precisamente por eso mismo— la apertura a otra red de alusiones: las que instalan a Lucía Anna Joyce y a su padre (y las obras de quien revolucionó la narrativa europea con *Ulysses* y *Finnegans Wake*). A diferencia de lo que ocurre en la novela, en la ópera homónima de Piglia y Gandini el personaje de Lucía es patético, de una belleza trágica, por momentos insostenible. En cambio, en el relato de *La ciudad ausente* su tratamiento está "rebajado", y hasta es grotesco y lastimoso. La hija de James Joyce, según la documentación reunida, tomó lecciones de canto pero prefería la danza y el dibujo, fracasó en sus amores y pronto se reveló como una esquizofrénica evidente, pero su padre —siempre afectuoso y preocupado por su salud— se negaba a reconocerlo.[8]

---

[8] Sobre Lucía Anna Joyce, recuérdese a Karl Jung, que la trató algún tiempo y confesó en una entrevista con Ellman en 1953: "Lucía y su padre eran como dos personas que van a tocar el fondo del río, una cayéndose y la otra zambulléndose". Sobre las creaciones verbales de Lucía, pensaba que sin darse cuenta imitaba las ideas y el lenguaje consciente del padre (Ellman 334).

Lucía (Lucía Anna), reescrita e inscripta en el sistema novelístico de Piglia, cuenta a Junior su vida como cantante de boleros: "Bailé en el Maipo, yo, bajaba toda desnuda, llena de plumas. Miss Joyce, que quiere decir alegría. Cantaba en inglés" (23). "Una vez viví en el Uruguay, canté en el Sodre, con eso te digo todo" (28). —*Nosotros, que nos quisimos tanto* —cantó Lucía— *debemos separarnos... Nosotros*" (29) (cursiva del autor).

El encuentro de Junior con Lucía sirve en la novela de introducción, ostentosamente invertida, a los valores tradicionales de la dupla *ciudad/ campo*.

Sin embargo, dicha oposición se vuelve en seguida confusa e irreconciliable con los dos ejemplos de la red de microrrelatos producida por la máquina de Macedonio Fernández.

### Pero Renzi habría contado antes el cuento

Renzi había recordado en las charlas de café sus experiencias de estudiante y, entre ellas, la de Lazlo Malamüd. Había intentado enseñarle gramática española para que pudiera dar una conferencia en la Universidad, lo cual lo habilitaría para ser allí profesor de literatura. Pero el catedrático húngaro, "el mayor experto europeo", traductor del *Martín Fierro*, era incapaz de hablar con otro vocabulario y otras secuencias que las de la poesía gauchesca:

> Era cómico, es cómico ver a alguien que no sabe hablar y trata de explicarse con palabras [...]. Siempre pensé que ese hombre que trataba de expresarse en una lengua de la que sólo conocía su mayor poema, era una metáfora perfecta de la máquina de Macedonio. Contar con palabras perdidas la historia de todos, narrar en una lengua extranjera (Piglia 1995: 16-7).

En este punto se interrumpe Renzi y salta a entregarle un casete a Junior, el de "La historia de un hombre que no tiene palabras para nombrar el horror" (17), y así esboza un gesto, una deixis al futuro del relato: "la grabación". Y señala también a la misma novela que estamos leyendo como si fuera un *aleph* de ella y, a la vez, de toda la historia de la Argentina y del mundo, de la literatura nuestra y de la de todos, porque focaliza lo que busca y sabe cada escritor por serlo: "Los tonos del habla que vienen directo de la realidad", aunque antes había comentado que unos pensaban que era cierto y otros, mentira, y, luego agregará que hay miles de copias clandestinas de quienes resisten la opresión. Es así: porque nuestra mejor literatura y toda literatura que merece ese nombre, contó y contará el mismo cuento, el de la memoria personal y universal, pero será un cuento *que antes nadie había contado*.⁹

LA(S) VOZ(ES) QUE CUENTA(N) LA NOVELA

Por una parte figura un sistema de numeración aparentemente "decimal" de los capítulos y subcapítulos o un hilo conductor que no tiene origen y es a la vez algo "duro, real", aunque lo cuente un testigo. Por otra están las alusiones históricas –ese nivel que nunca falta en Piglia– y que cuando lo ordena el lector, aunque parezca diseminado, puede remontarse al polvo del desierto formado por los huesos de las matanzas de indios (Piglia 1995: 10), pasar por las injusticias denunciadas en la primera parte del *Martín Fierro* y aceptadas en la segunda, cuando vuelve el protagonista del desierto y da consejos a sus hijos, o por las víctimas de las elecciones con voto cantado en los atrios de las iglesias en el siglo XIX, los viajeros ingleses, avanzada de los capitales ingleses y sus ferrocarriles, los asesinatos de anarquistas extranjeros que antes aparecen contaminando a un anarquista gaucho, las etapas de los conservadores que también usan la fuerza para explotar a los inmigrantes en ascenso, las del irigoyenismo, las de los levantamientos militares, las de Lugones padre y el policía torturador, Lugones hijo, las del peronismo en el poder y en la resistencia (Evita cacheteando a los ministros [165] y, sin embargo, Perón hablando en cintas grabadas que se oían a destiempo y distorsionadas [11] o embaucado por Richter, el científico nazi), hasta la época más cercana al proceso (la que fue vivida por el mismo Piglia, que quiso ficcionalizarla en clave, quedándose en el país, en múltiples claves en *Respiración artificial* de 1980) y ahora vuelve con otras voces,¹⁰ a decirnos "La historia de un hombre que no tiene palabras para nombrar el horror" (17).

---

⁹ Pensemos también en Borges, quien a propósito de las fábulas, hizo decir al protagonista de una de ellas que los hombres "han repetido siempre dos historias: la de un bajel perdido que busca por los mares mediterráneos una isla querida, y la de un dios que se hace crucificar en el Gólgota" (en "El evangelio según Marcos", *El Informe de Brodie*, 1970); y en dicho relato, como en muchos otros, demostró que pueden renovarse aquellas que parecen intocables. Piglia, a su vez, hace lo mismo y lo convierte en un procedimiento básico e inagotable. Señalo dos ejemplos: el de la prostituta entresoñada por "El gaucho invisible", que se refiere precisamente a la crucifixión de Cristo, y el de "La nena", donde llega a tematizarlo extensamente, sobre la base de una tradición folclórica.

¹⁰ Conviene comparar el tratamiento de la historia argentina y las manifestaciones ideológicas, cuando Piglia escribe relatos novelescos o recoge textos críticos (por ejemplo, la colección de reportajes *Crítica y ficción* [Piglia 1993a] o la atípica y significativa publicación de *La Argentina en pedazos* [Piglia 1993b]). Piglia denuncia

Pero ahora también se busca con otra perspectiva la voz que abarca un aspecto más general, cuando el hombre busca como escritor palabras y tonos para decirse y decirlo en cada momento –únicas, nuevas y compartibles– de su tiempo y de su tempo, junto con las de antes y las futuras, el ritmo de su relato, las voces de sus personajes y de sus lectores.

Técnicamente, habría que distinguir una voz autoral omnisciente y restringida (porque suma la suya a las de Renzi y Junior, a veces explícitamente). Al principio agrega sobre todo la de Renzi ("según Renzi" [10], "dijo Renzi" [11]), que cuenta la de Junior y la propia, con modalidad mezclada de estilo directo, indirecto o indirecto libre (este último en formas de fluir de conciencia). El todo constituye una masa "sonora" ambigua y fluyente, por unos momentos vertiginosa y por otros remansada, pero también cortada por marcas muy claras –interrogativas, exclamativas, introductorias, explicativas, resumidoras– para precisar sus diferencias, señalando las fuentes de la voz que también son las de la escritura. Hablo de "fuentes" como lugar de donde salen o desde donde son emitidas, no en el sentido tradicional de influencias; pero también pienso en el sentido moderno (¿bajtiniano?) de otras voces con las que dialogan.

## Pasajes: cortes y deslizamientos

En la inquietante ciudad iluminada día y noche, el lector pasa del espectáculo de una alucinada busca-persecución periodística de pistas sobre el Museo y la Máquina de Macedonio Fernández a la primera microhistoria que se le entrega (la última que pudo grabarse con ella).

El tempo, el ámbito, las sensaciones opuestas que se interpenetran o se perciben irremediablemente irreconciliables y separadas, pero por momentos indistinguibles o mezcladas, confusas, fundidas, alternan entre la crispación y la serenidad, la agresión o el apaciguamiento a la vez interno o externo. Por ejemplo, el personaje y el lector, arrastrados por la marcha suave del taxi, los sonidos del *walkman* que clavan en sus oídos la canción *Crime and the City Solution*, los reflectores de luz que barren el cielo. En la mano, una cosa segura, la grabación de la Máquina que es a la vez "la voz de un testigo que contaba lo que había visto. Los hechos sucedían en el

---

abusos contra el proletariado (campesinos y obreros) en diferentes tipos de obras, pero no lo hace de la misma forma. Algún crítico, aun ponderando *La ciudad ausente*, considera que los pasajes "didácticos" no la favorecen. Para la evaluación negativa del didactismo pueden servir de contraejemplo casos notables en distintos géneros, pero bastan las poesías de César Vallejo o el *Facundo*.

presente, en el borde del mundo, los signos del horror marcados en la tierra" pero "la historia circulaba de mano en mano en copias y reproducciones y se conseguían en las librerías de Corrientes y en los bares del Bajo" (Piglia 1995: 30).

El personaje (Junior) y el lector vuelven al apaciguamiento del taxi que se desliza hacia el sur en un ámbito de niebla que desdibuja, acompañada por una voz narrativa oral, "el tono" de la última narración de la Máquina que es la primera que oyen.

Este tono que cierra la despedida de la entrevista entre Lucía Joyce y Junior sirve para entrar en forma ambigua, mezcla de lo apaciguador y lo inquietante, en la red de historias de la Máquina. Todo empezó sin empezar con el relato folclórico que remite a *Las mil y una noches*, hasta llegar a la *ficción virtual*, la clonación, la *realidad virtual* y el *hipertexto*, temas que dejaré para otra ocasión.[11]

Las dos primeras microunidades de *La ciudad ausente* son relatos gauchescos de la Máquina de Macedonio y de la máquina narrativa. En ellos la Edad de(l) Oro, el *beatus ille*, la literatura pastoril, el "menosprecio de corte y alabanza de aldea", vuelven a decirnos una y otra vez en forma recursiva la misma historia argentina en una metamorfosis que sólo Piglia podía concebir. Como Macedonio Fernández, Arlt y Borges, a su manera, quisieron que fueran las suyas.

De la ciudad al campo, de *La ciudad ausente* a la ausencia de la ciudad; de buscar a la Máquina a oír a la Máquina; de buscar el Museo a visitar el Museo; de penetrar en el infierno a descubrir que el infierno está en todas partes.

LOS RELATOS CLONADOS

Como vengo repitiendo, la red de relatos que produce la máquina alterna con la historia semidetectivesca de la busca incesante del Museo y de la Máquina de Macedonio, y ambas van confirmando la novela en orden

---

[11] Scherezada aparece en *La ciudad ausente* (46) y "La nena" figura como "la anti-Scherezada" (57); también están las fórmulas "imágenes virtuales" (80) y "ficción virtual" *versus* "realidad virtual" (47 y 147). María Inés Palleiro está desarrollando en sus investigaciones con relatos folclóricos, la formulación de mecanismos hipertextuales capaces de generarlos en forma de redes y variables. La novela de Piglia trabaja el relato con estas metáforas sugeridas por la actual revolución informática.

aparentemente aleatorio, recursivo y con señales de proyección discrónica. En esa cadena diseminada, las dos historias que se leen desde este punto pueden pensarse como gemelas y pertenecen al "género gauchesco", pero son de oralidad, escritura, tono, proceso de metamorfosis y condensación variables (esos famosos "nudos blancos").

"La grabación"

"La grabación" (la primera, que era la última de la Máquina: dicha-grabada-oída-escrita-leída) pasa de ser un diálogo casi ininteligible entre Malatesta, un inmigrante anarquista italiano que se comunica en cocoliche y por señas o dibujitos, con Juan Arias, apodado el Falso Fierro, porque "cuando se quedaba sin palabras empezaba a recitar el poema de Hernández" (Piglia 1995: 31).

Este premio de la historia, por una parte señala la forma invertida de la anécdota contada por Renzi sobre el académico húngaro (15), pero por otra cuenta las luchas de paisanos y obreros en el campo, en los pueblitos, en cualquier lugar por la radio –voz y sonido– o por la televisión –voz e imagen.

Lo fascinante es que Piglia no cuenta siempre la misma historia ni con la misma voz, sino que viene dialogando con los lectores a través del relato breve, de la novela, el ensayo y la entrevista, con una gama inagotable de estrategias discursivas.

Con "La grabación" nos llega lo que a un hombre de campo le contaba "la finada mi [su] madre" (32), hasta aquello de lo que fue [fui] testigo él [yo] mismo durante el Proceso militar. Sin poder olvidar al lector, sumergido en la trampa inventiva de la Máquina y el Museo macedoniano, porque eso es una parte de los microrrelatos fijados en un casete.

El curso de la narración se concentra en un punto que es un *aleph del horror*, al descubrirlo en un pozo: "estábamos limpiando los tarros [del tambo] con mi mujer y yo tengo el incidente del ternero" (33). Al tratar de izar el ternero caído, alumbrando con unos espejos para poder verlo mejor: "[...] parecía, no sé, un osario [...] la luz que daba como un círculo, lo movía y veía el pozo en ese espejo, el brillo de los restos, la luz se reflejaba adentro y vi los cuerpos, vi la tierra, los muertos, vi en el espejo la luz y la mujer sentada y en el medio el ternero, lo vi con las cuatro patas clavadas en el barro, duro de miedo [...] lo sacamos, pobrecito" (34).

El punto brillante que condensa el espejo y los repetidos *vi* (que ya en Borges vienen de la Biblia, quizá pasan por *La Araucana* y seguramente también por Whitman) llevan la cadena de citas condensadas (los nudos blancos) a la palabra paisano.

El último encuentro con el horror está vagamente en Córdoba, cerca de Carlos Paz, adonde ha llegado, huyendo de la visión anterior, la misma voz. Allí, de cara a una llanura en la que se ve un damero de pozos: "Yo le calculo así nomás, sin errarle, arriba de setecientos cincuenta pozos, calculo" (36). Otra vez se piensa en la huida pero se sabe que cualquier lugar será peor y se repetirá el mapa del infierno, el proceso violento y ostentoso, las víctimas encapuchadas, los hombres armados, "sin apagar la radio en el coche, un auto sin patente, con música, con publicidad ¿eh?" (36-37). "Un mapa de tumbas como vemos acá en estos mosaicos [...] después de helada la tierra, negro y blanco, inmenso, el mapa del infierno" (38) cierra el relato. Pero antes había dicho: "No se puede tapar y tapar porque a la larga la escarcha, la tierra removida se ve, claro que el mal ya está hecho" (37).

Lo que pasa entre "la grabación" y "el gaucho invisible"

En la irregularidad que caracteriza la aparente organización del texto, el número romano "I. El encuentro" inicia la novela *La ciudad ausente* y, con ella, la historia de Junior y su posterior destino como periodista-investigador del Museo y la Máquina de Macedonio. ¿Encuentro con quién? El de Junior con el periodismo, con el diario *El Mundo* (Roberto Arlt), con Renzi (que viene de *Nombre falso*, *Respiración artificial*, de su apellido materno y de una amistad entrañable de Piglia con el pintor fallecido), con en Museo y la Máquina de Macedonio Fernández, con la dupla *ciudad/campo* y, a la vez, con el de Junior y Lucía Joyce en el hotel Majestic, junto al más lejano con James Joyce, con Poe, con Stevenson, con *Las mil y una noches*, con una escritura.

En el capítulo que marca el número romano "II. El Museo", puede verse-leerse en un poco más de dos páginas iniciales sin título (Piglia 1995: 41-43) la protohistoria de la invención de la Máquina, las razones de su creación y sus primeras actividades y transformaciones. Digo verse y leerse porque el lector entra con Junior en el Museo que contiene la Máquina y la exhibición museológica de los objetos que documentan su trayectoria. Pero no trataré ahora lo que dicen y revelan estas dos páginas, que como siempre, reescriben la historia antes contada. Por ahora me interesa que la primera grabación no fue la primera, siempre inalcanzable, y la que primero pudo identificarse fue *una traducción* del "William Wilson" de Poe –relato de dobles– que tampoco se conservó. Sólo después de modificaciones irrecuperables produce *Stephen Stevensen* como "historia inicial" (41), cuyo texto no consigna la novela.[12]

Una coda humorística desencadena nuevas contradicciones, Macedonio se lamenta de que no haya gauchos que cuenten historias de aparecidos y recuerda al último que él conoció, el inventor de "El gaucho invisible". Y en seguida surgen otros cuestionamientos. Como en todo relato folclórico (como en todo relato "real y virtual" y también en *La ciudad ausente*) el mismo caso lo habían oído en Tenerife y en otra parte de España; aunque es seguro que "lo había vivido don Sosa, un paisano que se había quedado paralítico de tanto meterse en el agua a buscar terneros guachos" (43), en Quequén.

Pero debe recordarse que don Sosa es el borracho que en *Don Segundo Sombra* bebe en el almacén y es víctima de las burlas de Fabián para hacer reír a los desocupados ricos del pueblo, y que Fabián es el *gaucho* que don Segundo Sombra transforma luego en resero gaucho, y después en gaucho esencial, porque continúa siéndolo cuando hereda las riquezas del padre estanciero que no lo reconoció en vida.

Al terminar "La grabación" y antes de empezar "El gaucho invisible", el lector transita, como vemos, por un espacio textual significativo, cargado de señales autorreferenciales. Una anuncia las transformaciones por procesos de inversión y mezcla de un *Don Segundo Sombra* en palimpsesto que después se hará más perceptible. Otra señala isomorfismos (anamorfismos) entre los microrrelatos y también entre pasajes de la línea novelesca, es decir, de la busca del Museo y la Máquina. Otra habla (de la Máquina) de la escritura.

El gaucho invisible

Este cuento empieza por tener como protagonista al tape Burgos, que en Güiraldes es la contrafigura de don Segundo. Ese paisano borracho, peleador y cuchillero, lo había insultado para provocar un enfrentamiento, y después de verse ignorado por don Segundo, el arquetipo gauchesco, lo

---

[12] Se trata de un título formado por el nombre de pila *Stephen*, tomado de Stephen Dedalus (personaje de *Stephen Hero, Portrait of the Artist as a Young Man* y del *Ulysses* de Joyce) más el apellido *Stevensen* (quizá inspirado en el del escritor Robert Louis Stevenson, levemente modificado, autor de *Treasure Island, New Arabian Nights* y *The Strange Case of Dr. Jekyll and Mr. Hyde*, todas obras que dialogan en mayor o menor medida con los productos de la Máquina de Macedonio, según *La ciudad ausente* los muestra).

ataca a traición, falla en su acto criminal y es vencido por el hombre que le perdona la vida y lo abochorna con su magnanimidad (12-5).

Aquí el tape Burgos es un *troperito* contratado para un arreo de hacienda, como lo fue Fabián en su escapada para acogerse al padrinazgo de don Segundo. Pero en lugar de ser acogido desde el principio por los compañeros en un grupo de camaradas que lo ayuden a crecer, pronto se convierte en un extraño con su torpe compadrada inicial, en la que salva a un ternerito guacho. Durante el primer descanso imagina que se acuesta con una prostituta y recibe en ese sueño despierto la revelación de su extraño destino de gaucho invisible: "A los hombres les gusta ver sufrir, le dijo la mujer, lo vieron al Cristo porque los atrajo con su sufrimiento. Si la historia de la Pasión no fuera tan atroz, dijo la mujer, que hablaba con acento extranjero, nadie se hubiera ocupado del hijo de Dios" (Piglia 1995: 44).

Un paisaje de tormenta y un arreo tumultuoso, semejante pero no igual a los de *Don Segundo Sombra*, nos llevan a la escena central en donde el gaucho invisible entra en el círculo de camaradería que le estaba vedado. Dicha escena –en diálogo con "La grabación" y con *Don Segundo Sombra*– condensa la imagen del ternerito que se está ahogando y también la del que antes salvó el gaucho cuando se volvió invisible. El reserito-tape, Burgos, lo enlaza, y después lo levanta y lo vuelve a echar a la laguna repetidas veces (que parecen infinitas), rodeado por los compañeros que lo incitan: "[...] hasta que por fin lo enlazó cuando estaba casi ahogado y lo levantó hasta las patas de su caballo. El animal boqueaba en el barro con los ojos blancos de terror. Entonces uno de los paisanos se largó del caballo y lo degolló de un tajo. [...] Todos se largaron a reír y por primera vez en mucho tiempo Burgos sintió la hermandad de esos hombres" (40).

Hay que leer esta historia relatada por la Máquina como reflejada en múltiples versiones que se hacen eco la una a la otra: 1) La primera parte de "El gaucho invisible" y la segunda; 2) Esta última y la parte de "La grabación" que cuenta el descubrimiento del ternero en un pozo donde se acumulan víctimas del Proceso; 3) "El gaucho invisible" como reescritura de *Don Segundo Sombra*, según acabo de hacerlo (pero siempre con el contrapunto de "La grabación") y el mismo *Don Segundo Sombra* en su totalidad porque se descubre mejor el trabajo de reescritura de Piglia y su intencionalidad. Si se repasan los pasajes de arreos donde Güiraldes exalta al gaucho en su epopeya de lucha con haciendas chúcaras (situadas en épocas de caminos y estancias alambradas), lo que resalta es, para el lector actual, el cuidado de los reseros en no perder animales, en impedir que se lastimen y haya que sacrificarlos por inservibles, hasta llegar a carnearlos y a avisar al dueño para que puedan vender las reses (198-199). En resumen, una verdadera "Edad de oro", y si nos acordamos de ambas historias grabadas por la máquina, una "globalización" de la ciudad y del campo.

OBRAS CITADAS

Augé, Marc. *Non-lieux. Introduction à une anthropologie de la surmedernité*. París: Le Seuil, 1992. [Trad. cast. *Los "no-lugares". Espacios del anonimato. Una antropología de la sobremodernidad*. Barcelona: Gedisa, 1996.]
Avalle-Arce, Juan Bautista. *La novela pastoril española*. Madrid: Istmo, 1974.
Beverly, John. "La economía política del *locus amoenus* en la poesía del Siglo de Oro". *Imprévue*. Montpellier (1985-1): 123-40.
Borges, José Luis. *El informe de Brodie*. Buenos Aires: Emecé, 1970.
De Certeau, Michel. *L'Invention du quotidien. 1. Arts de faire*. París: Gallimard, 1990.
Ellman, Richard. *James Joyce*. París: Gallimard, 1987. [Nueva York: Oxford University Press, 1959. 2da. ed. aumentada, 1982].
Ginzburg, Carlo. "Señales. Raíces de un paradigma indiciario". Gargani, Aldo (comp.). *Crisis de la razón*. México: Siglo XXI, 1983. 138-75.
_____ *Mitos, emblemas, indicios*. Barcelona: Gedisa, 1989.
Güiraldes, Ricardo. *Don Segundo Sombra*. [2da. ed.]. Madrid: Archivos CSIC, 1991.
Hardin, Richard F. (ed.). *Survivals of Pastoral*. Laurence: University of Kansas Publications, 1979.
Joyce, James. *Portriat of the Artist as a Young Man*. Norfolk, CT: New Directions, 1963.
_____ *Ulysses*. New York: Random House, 1934.
Ludmer, Josefina. *El género gauchesco: un tratado sobre la patria*. Buenos Aires: Sudamericana, 1988.
Perec, Georges. *Espèces d'espaces*. París: Galilée, 1974.
Piglia, Ricardo. *La ciudad ausente*. Buenos Aires: Seix Barral, 1995.
_____ *Crítica y ficción*. [2da. ed. aumentada]. Buenos Aires: Siglo XX, Universidad Nacional del Litoral, 1993a.
_____ *La Argentina en pedazos*. Buenos Aires: La Urraca, 1993b.
Prieto, Adolfo. *Los viajeros ingleses y la emergencia de la literatura argentina, 1820-1850*. Buenos Aires: Sudamericana, 1996.
_____ *El discurso criollista en la formación de la Argentina moderna*. Buenos Aires: Sudamericana, 1988.
Rodríguez Molas, Ricardo E. *Historia social del gaucho*. Buenos Aires: Marú, 1968.

Sacerio-Garí, Enrique y Rodríguez Monegal, Emir (eds.). *Textos cautivos*. Buenos Aires: Tusquets, 1986.
Sharpe, William Chapman. *Unreal Cities*. Baltimore y Londres: The Johns Hopkins University Press, 1990.

# Crimen y castigo: las reglas del juego. Notas sobre *La ciudad ausente**

*Cristina Iglesia*

> La narración es un arte de vigilantes, siempre están queriendo que la gente cuente sus secretos, cante a los sospechosos, cuente de sus amigos, de sus hermanos; la policía y la denominada justicia han hecho más por el avance del arte del relato que todos los escritores a lo largo de la historia.
> Ricardo Piglia

> Hay ciertos secretos que no se dejan expresar, hay misterios que no permiten que se los revele. Y así, la esencia de todo crimen queda inexpresada.
> Edgar Allan Poe

El relato policial narra la aventura de un hombre en busca de la verdad oculta. La frase es de Raymond Chandler, quien también asegura que el detective será, en esta clase de relatos, "protagonista, héroe, todo: un hombre completo, un hombre común y al mismo tiempo extraordinario" (1989: 341).

Esta cuestión es nodal en el género después de Dashiell Hammet, pero sobre todo después de Chandler: que este hombre completo viva su aventura personal mientras va en busca de la verdad oculta. La aventura del héroe, su peripecia, su vida, se imbrican de este modo con esa búsqueda obsesiva cuya demanda siempre es ajena: el detective busca en nombre de otro o para otro.

---

* Publicado en *La violencia del azar*, Buenos Aires, Fondo de Cultura Económica, 2003.

La búsqueda convierte su recorrido –por un barrio, por una ciudad, por una carretera– en una línea zigzagueante en la que se confunden el itinerario personal y los itinerarios de los demás: aunque conserve su soledad, la investigación, mientras dure, lo obligará a estar *entre otros*. Por eso el detective es un hombre extraordinario. Sale de su propio encierro para trabar relaciones con personas a las que –alternativa y a veces contradictoriamente– ayudará a salvarse o perseguirá para que sean castigadas. Y sin embargo, mantiene la sabiduría que la literatura atribuye a los personajes definitivamente solitarios, a los que saben optar por la soledad.

Este hombre es la contrapartida, el doble antagónico del "hombre que no puede estar solo" de Poe; es el que representa el "arquetipo del profundo crimen", el hombre de la multitud o, para decirlo con palabras de Benjamin, el que asume los aspectos más inquietantes o amenazadores de la vida urbana.

Así, en "El hombre de la multitud" de Poe, detective y criminal son uno mismo, figuras dobles que cruzan la ciudad con idéntica obsesividad. El sospechoso camina sin motivo aparente, el detective se mueve con la coartada del interés en el objeto de su persecución. Dos hombres cruzan las fronteras de la pobreza, llegan a las zonas ocultas o malditas de la ciudad y vuelven a su centro. En uno de ellos, en el perseguidor, la caminata ininterrumpida, los cruces de fronteras han producido un cambio; mientras tanto el sospechoso permanece oculto en la multitud.

CRIMEN Y REALIDAD

> Como el mundo mismo, la novela policial está en manos de los ingleses.
> Bertolt Brecht

La narrativa de Piglia, que es también la historia de sus lecturas, explicita sus homenajes a la tradición de la novela norteamericana moderna, en especial a la novela negra. En *La ciudad ausente*, las alusiones a dos conocidas tradiciones inglesas (la de escribir novelas policiales y la de adueñarse del mundo) se reúnen en la figura del periodista investigador: Junior, el *hijo* de un inglés, que ha viajado intentando recuperar la mirada de los viajeros ingleses del siglo XIX por el interior de la Argentina, recala, finalmente, en una ciudad[1] y en un diario que se llama *El Mundo*.

---

[1] En las calles de la ciudad se evidencian las secuelas de dos guerras: por un lado, el crimen organizado desde el estado impone los ritmos de la vida y la muerte. Por el otro, la guerra contra los ingleses deja ver sus huellas en los cuerpos.

Esta marca de origen –ser hijo de inglés– le otorga un distanciamiento que lo convierte en un hombre extraordinario: es un viajero con cierta inmunidad vinculada a su origen imperial, alguien que investiga y escribe. Pero también es un "hombre común", un periodista joven que, como otros, sale en busca de la verdad oculta en los relatos que circulan por la ciudad.

La información, se dice en el texto, está muy controlada, "nadie decía nada o lo que se decía nunca era exactamente lo que se quería decir" (1992: 14). Por eso la investigación de Junior avanza, al comienzo, a partir del azaroso contacto telefónico con una mujer que "lo sabía todo". La mujer es, desde el principio, sólo una voz que le indica los lugares y los nombres donde puede encontrar información: el mensaje (no podría ser de otro modo, porque en el espacio de la ciudad y de la novela ya opera la clandestinidad de la palabra) es confuso: se mezclan la inminencia del cierre del museo con la existencia en su interior de una lata que encierra, disfraza, a la mujer buscada.

La voz es sólo un llamado telefónico que no pide ayuda ni exige lealtades y tampoco denuncia un crimen concreto: nadie contrata al detective, no hay crimen individual desde el cual partir. La investigación se mueve en el vacío creado por lo que ya se sabe y el efecto que produce disimular ese saber. Se mueve en el espacio imaginario en el que se enfrentan el saber de la represión y el saber de la resistencia.

La investigación registra los mundos paralelos en que todos parecen vivir, disimulando lo que son. "La locura del parecido es la ley" (1992: 80) impuesta desde el estado, dice el texto. Esta forma desesperada de enfrentar el terror estatal configura un lenguaje de simulación permanente que obstaculiza y alienta la investigación y la narración.

De todos modos, dos son los obstáculos para Junior: por un lado, la aparente falta de vinculación y el carácter a veces contradictorio de los datos que recibe y, por el otro, la propia certeza de que su cuerpo y su mente en movimiento se constituyen en la única conexión posible.

Al delirio de simulación de los demás personajes, el detective opone el delirio de centralidad y de omnipotencia. Es el hombre de la multitud que no quiere estar solo en el cuento de Poe y camina sin cesar por la ciudad de noche y de día. El crimen relatado y nunca visto, el murmullo incesante del horror urbano lo atemoriza y lo atrae; decide entonces caminar hasta entender o hasta agotarse.

El arte de investigar no es tan simple como el arte de matar. Pero en el arte de narrar lo que se investiga es aún menos simple. El viajero recorre la superficie y las conexiones (que son conexiones de los que resisten) no son visibles en ese nivel porque lo serían también para el estado represivo.

Pero en la ciudad que se parece a una escenografía montada para el cine, iluminada de noche y de día, patrullada por autos y sobrevolada por helicópteros, hay, sin embargo, una ruta subterránea, un subte en el que viajan los que se esconden, los morochos, los "peronios". Mujeres con la cara hinchada de tanto llorar; "parejas tomadas de la mano vigilando por el espejo del vidrio". En esta frase se encierran la ternura y el terror del narrador: todo se vive doblemente, la felicidad y el horror no se separan.

Junior acumula información de distintas fuentes y la información es diferente según pueda ser vista o sólo escuchada. Así, de las personas con cuyo cuerpo, con cuya mirada se enfrenta, obtiene datos muy vagos; los relatos verdaderos, en cambio, circulan en los casetes que recibe: sólo pueden ser escuchados. Son testimonios del presente, todo sucede en el presente. En esto Piglia sigue el modelo de la novela negra o lo que constituiría su interpretación de esta tradición: no interesa tanto el pasado del crimen sino el hecho de que la investigación desata inevitablemente otros crímenes en el presente y en el futuro del relato. La particularidad consiste en que, en *La ciudad ausente*, el investigador no se propone descubrir los crímenes, ni siquiera a los criminales: alguien, algunos, ya lo han hecho. El sólo quiere detener a los que, a su vez, quieren detener la máquina que genera relatos, que genera memoria. "La realidad sigue ahí, igual a sí misma, quieta en el presente, perdida en la memoria. Si hay un crimen, éste es el crimen" (1992: 164), dice el texto.

El problema, empezamos a ver, consiste en *escribir sobre el crimen*, por eso los artículos de Junior, publicados en el diario, son textos arrojados como anzuelos para generar otros textos que amplíen la memoria del presente y derroten, en el preciso instante en que se convierte en pasado, el olvido.

El detective y los equívocos

Junior despliega algunos tics del investigador clásico de la novela negra: lleva la foto de la mujer que se supone que busca, visita hoteles derruidos y, en un desplazamiento significativo –sobre todo para los dueños de los gatos–, amenaza, no a los porteros, sino a sus gatos. Pero nadie responde a estos estímulos tradicionales. La mujer de la foto es ahora una máquina encerrada en un museo que organiza y reproduce relatos de los crímenes. La foto ya no sirve como punto de apoyo de la investigación, como no sirven los nombres, ni las adjudicaciones de sexo, ni siquiera las filiaciones: todos pueden ser *todas*, padre o hijo, hija o mujer.

Desde el comienzo, los movimientos de Junior son urbanos, pero los relatos y los diálogos introducen el tema del campo como un lugar en donde sólo hay droga y basura y en el que los testimonios del presente narran lo que no se puede narrar. Así, el horror del genocidio se escribe con tintes casi bucólicos: el contraste brutal entre la búsqueda de un ternero atrapado en un pozo y la visión de decenas de cadáveres en el mismo momento en que se intenta salvar al animal es lo que produce la posibilidad misma de la narración.

La modificación de la personalidad del testigo del crimen, el "hombre que vio todo y ya no queda igual", también es un tópico del género. En *La ciudad ausente* el testigo ocular descubre primero cómo matan en el campo a hombres y mujeres y los entierran en fosas comunes; y se retira de su casa porque no puede convivir con los que no vieron, con los que mantienen su ceguera a toda costa.

El testigo dice: "a veces se veía volar los caranchos, no podían taparlo todo, era un mapa incalculable la aproximación de pozos". Dice, así, no sólo yo sino todos podían llegar a verlo. La escarcha sobre la tierra dibuja un mapa de tumbas desconocidas, el horror está en el campo, allí está el "mapa del infierno". Pero lo que importa es que el relato del testigo, el relato del hombre del campo, ha entrado en la ciudad, y esta vez no se trata de un relato de *aparecidos*, los cuentos que antes se contaban en el campo, sino de *desaparecidos* de la ciudad. *Crime and the City Solution*, el nombre de una banda de rock pesado, parece funcionar como una pista, también susurrada en el *walkman* de Junior: el crimen es la solución final para la *pólis*, hace desaparecer de ella los elementos que perturban el orden en su superficie patrullada e iluminada.

EL DETECTIVE Y LA SOSPECHA

Al preguntarse sobre las causas de la popularidad de las operaciones intelectuales que la novela policial facilita al hombre contemporáneo, Brecht concluía que nuestras propias experiencias vitales eran *catastróficas*: las grandes catástrofes –guerras, revoluciones, depresiones, crisis– se constituían así en el punto de referencia obligado para intentar aprehender el funcionamiento de la vida social.

"Con la sola lectura de los periódicos (pero también de las facturas, cartas de despido, órdenes de alistamiento, etc.) percibimos que alguien debe haber hecho algo para que aconteciera la catástrofe que está a la vista. [...] Pero la paradoja consiste en que no llegamos a saber cabalmente quién lo ha hecho y ni siquiera qué es lo que se ha hecho". El hombre moderno viviría de este modo bajo eterna sospecha: intuye que detrás de la información mediatizada están los verdaderos acontecimientos y que sólo conociéndolos podría comprender su presente. Pero la historia, la explicación, se escribe *después* de las catástrofes; en el presente, todo depende de factores desconocidos. Ante la intuición de que algo está sucediendo, dice Brecht, "el espíritu sale de patrulla" y esta situación básica impulsa un tipo de reflexión apoyada en la sospecha, que se ejercita con fruición en la lectura de la novela policial.

Este es precisamente el modo en que el texto de Piglia se escribe: la sospecha de que algo fuera de lo común está sucediendo, que de algún modo está trastornando el orden de la vida social, hace que Junior salga de patrulla como el espíritu de Brecht. Junior es la conciencia del presente que se niega a esperar el relato de la historia: en la inmediatez de la ciudad iluminada y semivacía busca las causas de las ausencias, busca la manera de entender lo que sucede. El espíritu de sospecha del policial funciona como estímulo para que el relato se bifurque: en este aspecto, la estética de Piglia se distancia de la de Borges. Borges nunca disfrutó de la violencia controlada de la novela negra y sí vio en el relato policial clásico de la tradición inglesa un recordatorio para nuestro tiempo "de la belleza y la necesidad de un orden y de una regularidad en las obras literarias". No hay orden ni regularidad en tiempo de catástrofes y esto lo entendieron Hammet, Chandler, Piglia.

## El detective y las mujeres

Según Chandler, "el interés de lo amoroso casi siempre debilita la obra policial, pues introduce un tipo de suspenso que resulta antagónico con la lucha del detective por resolver el problema" (1976: 10). El único tipo efectivo de interés amoroso es el que trae aparejado un riesgo personal para el detective; pero, simultáneamente, éste lo vive como un mero episodio: "un detective verdaderamente bueno nunca se casa" (1976: 7), dictamina.

Junior circula por la ciudad ausente al ritmo de las llamadas telefónicas de una mujer que "lo sabe todo" y en su recorrido se vincula a otras mujeres en relaciones episódicas y riesgosas, como lo pide Chandler. Pero la verdadera historia de amor que la novela narra no tiene como protagonistas al detective con alguna de sus ocasionales informantes, sino que está imbricada en el enigma que se trata de descifrar. Dicho de otro modo, el amor por una mujer, y más aún la pérdida de una mujer bella e inteligente, es, como en algunos cuentos de Poe, la armazón misma del relato, la razón de la búsqueda, algo que le ha sucedido a otro hombre y que el investigador descubre como por casualidad.

Hay, pues, mujeres con las que Junior tropieza en la investigación y una mujer o una máquina armada y amada por otro, perdida por otro, que es la que Junior trata de localizar.

La voz de la mujer que lo sabe todo, la que desencadena la salida del detective a la calle, parece ser la voz de alguien experimentado; sin embargo, hacia el final la voz se junta con un cuerpo de dieciocho años, el cuerpo de una mujer bella y extraña, que ha pasado por la clínica de rehabilitación y que cuenta el relato de la muerte de su marido, ex guerrillero. Lucía Gandini es una "arrepentida" y repite, "como un lorito, el discurso de la fe en la democracia". Junior intenta definir sus sentimientos hacia esta mujer que podría ser su hija: "se parecía a la emoción y sin embargo tenía una cualidad fría". El encuentro es riesgoso. Porque el cuerpo joven lleno de cicatrices de torturas produce emoción, pero el discurso automático produce distanciamiento. Porque en el encuentro Junior pone doblemente en juego su cuerpo: por un lado, la policía puede llegar en cualquier momento –y de hecho llega–; por otro, la relación puede resultar incestuosa. Su hija ausente es para él tan neutra, peligrosa y desconocida como esta mujer.

Con la ambigüedad de un discurso que no se sabe si es esquizofrénico o sincero, esta informante –mujer, inteligente, bella, arrepentida, con nombre cambiado– no ayuda a comprender las pistas de lo que se busca, a encontrar el lugar donde se oculta el secreto, la clave de la máquina. Ayuda, en cambio, a entender cómo funciona la represión sobre el cuerpo social, cómo esquizofreniza, cómo deja huellas en la memoria, cómo permite que el pasado se borre, se cambie, por un presente de internación permanente en el ámbito cerrado de las clínicas de rehabilitación. Los encuentros con otras mujeres suponen para Junior nuevos riesgos, nuevas pistas: Ana sabe el origen de la muerte de Elena; Lucía y Carola le ofrecen sus historias de amores y abandonos, y en sus relatos –entre capturas y matanzas– irrumpen pistas ambiguas pero decisivas.

### La mujer y la novela

En *La ciudad ausente* es Elena la que resume y asume como personaje femenino todos los saberes, todas las figuras, todas las madres, todas las hijas, todas las amantes. También es la que muere pero será eterna: *El museo de la novela de la eterna*, la novela de Macedonio Fernández; el escritor que, convertido en personaje de Piglia, pierde a su mujer y para no enloquecer construye una máquina femenina que es como la ficción, como la literatura, el eterno reservorio de la memoria.[2]

Junior sabe de Elena por un relato con nombre de alucinación: "Los nudos blancos". En esta versión, en el ámbito de una reclusión que simula ser voluntaria, Elena aprende a borrar o destruir los recuerdos comprometedores, en lo que constituye una alegoría del aprendizaje de la "rehabilitación" del revolucionario. Esta "rehabilitación" postula destruir los recuerdos de lo que se hizo por amor, lo que se recuerda con temor y felicidad, borrar los nimios detalles que constituyen la cotidianidad del militante.

Elena borra su memoria para no ser una "informante de las que salen a la calle con máscaras en el rostro para señalar a los conocidos. La locura del parecido es la ley" (1992: 80), afirma el texto de Piglia. La simulación cotidiana frente al estado represivo convierte a los personajes en psicóticos, paranoicos que viven pensando en el futuro aterrador de la detención, la tortura y la muerte y, por lo tanto, casi no viven el presente, viven para evitar el futuro.

La clínica es entonces, para Elena, "un sitio libre de recuerdos"; pero a la vez, no puede dejar de recordar, porque Mac, Macedonio, en un último acto de amor, o de venganza –según se mire–, le había instalado en su cuerpo de máquina los núcleos verbales que preservan en el recuerdo palabras que habían sido usadas en el pasado y que traían a la memoria todo el dolor del presente. "Los nudos blancos", algo así como el sentido de todas las palabras grabadas en la memoria colectiva.

"Yo soy la que cuenta, la novela, soy la memoria ajena, construyo el recuerdo pero nada más. Estoy llena de historias. No puedo parar. Soy la cantora, la que canta, voy a seguir hasta el borde del agua" (1992: 178) dice Elena en las frases finales de *La ciudad ausente*.

Esta determinación de Elena es, a la vez, el descubrimiento más importante de Junior y del texto: no se puede parar la resistencia de la literatura, porque resiste a pesar de la realidad.

Elena es la máquina de defensa femenina contra las experiencias y los experimentos y las mentiras del estado: la conducta opuesta a la resistencia

---

[2] El tema de la mujer joven, bella, y a veces aterradoramente inteligente o erudita viene de Poe, que en cuentos como "Morelia", "Ligeia" o "Berenice" introduce el personaje del hombre neurótico enfrentado a la enfermedad o a la pérdida de la mujer amada.

femenina es, en el texto, el conformismo zen de la cultura electrónica japonesa, una cultura esencialmente masculina. La máquina contiene, retiene, recuerda todo lo que importa, desde el primer cuento de Poe hasta los cuentos de Borges, desde los relatos de la resistencia peronista, hasta versiones no oficiales de la guerra de Malvinas.

La feminización de la resistencia tiene un referente inmediato: las Madres de la Plaza. Rebautizadas como las locas de la plaza desde el estado represivo, funcionan en la memoria colectiva como un lugar visible, que podía unir en la esfera de lo público –en la Plaza de Mayo, el centro político de la ciudad– lo que la clandestinidad de la resistencia no podía mostrar. El pañuelo blanco en las cabezas se dibuja con tiza o con pintura junto a las siluetas de desaparecidos en la plaza y en la calle. El contorno del cuerpo que se quiere recuperar vivo pende de una resistencia aparentemente tan frágil como un pañuelo blanco y, a la vez, tan firme como la fuerza de la justicia del reclamo. *Fragilidad* y *fuerza*, dos cualidades que el texto asigna a las mujeres en el relato y que son también las cualidades de la ficción.

CRIMEN Y CASTIGO

Una de las reglas de oro de Chandler en lo que se refiere al género es la necesidad de que el texto castigue al criminal: "la novela policial debe castigar al criminal de una manera o de otra, sin que sea necesario que entren en funcionamiento los tribunales de justicia" (1976: 7). La necesidad del castigo no tiene nada que ver con la moral sino con la forma, aclara Chandler: sin esto, la historia sería como un acorde musical irresuelto, dejaría un sentimiento de irritación.

En *La ciudad ausente*, Piglia propone a la narración misma como castigo o resistencia. La novela narra, en verdad, de qué modo el texto, su escritura, su hipotética escucha, su lectura, es lo que servirá como condena o salvación, según se mire desde los culpables o inocentes del relato.

En "La loca y el relato del crimen", cuento publicado en *Prisión perpetua*, Emilio Renzi (personaje que reaparece en varios textos de Piglia) es un periodista de la sección Cultural de un diario que debe reemplazar al cronista de la sección Policiales ante la noticia de la muerte de una prostituta. En el reemplazo, que implica el cruce de saberes que cada una de estas secciones postula, Renzi utiliza sus conocimientos de lingüística (la gran ciencia social de los años sesenta) para descubrir en el delirio de una mujer loca, testigo del crimen, al verdadero asesino.

La nota de Renzi no complace al jefe de la sección Policiales: su experiencia le indica que no resultará verosímil utilizar el relato de una loca como testimonio de un crimen. Renzi, por toda respuesta, empieza a escribir en su máquina la misma frase con que Piglia inicia este relato: decide escribir, ratificar la historia; se trata entonces de "dar cuenta del relato del crimen", registrarlo, contarlo. En este caso es un crimen individual, un crimen privado que a nadie le importa demasiado. El periodista lo enfrenta con la ética de la novela negra: seguro con su conciencia, seguro de su instinto, el investigador está ligado a la verdad y sólo a ella es fiel.

En *La ciudad ausente*, en una referencia irónica y explícita a la relación entre ficción y realidad, y entre poder de la ficción y poder político, se pone en boca de un policía la siguiente frase: "la policía está completamente alejada de las fantasías, nosotros somos la realidad y obtenemos todo el tiempo confesiones y revelaciones verdaderas. Sólo estamos atentos a los hechos. Somos servidores de la verdad" (1992: 100).

La verdad ha cambiado de lugar o más bien no tiene un solo lugar. La novela de Piglia puede leerse como el despliegue de discursos falsos y verdaderos que constituyen su entramado. Al hacerse cargo de la intención primaria del relato *La ciudad ausente* recupera la resistencia de la ficción: "Se sabe cómo empezó, el narrador está sentado como yo en un sillón de mimbre, se hamaca, de cara al río que corre, siempre hay alguien del otro lado que espera, que quiere ver cómo sigue".

La realidad, parafraseando a Piglia, será siempre criminal mientras permanezca igual a sí misma: en el orden histórico sus agentes seguirán luchando, unos por perpetrar el genocidio, otros por detenerlo. Siempre habrá alguien, del otro lado, que espere y quiera saber cómo sigue el relato. En la capacidad obstinada del relato que fluye incesantemente, como un río, vibrará una forma sutil y perversa del castigo.

## OBRAS CITADAS

Brecht, Bertolt. "De la popularidad de la novela policial". *El compromiso en literatura y arte*. Barcelona: Península, 1973. 24-32.
Chandler, Raymond. *El simple arte de matar*. Buenos Aires: Emecé, 1989.
\_\_\_\_\_ *Cartas y escritos inéditos*. Buenos Aires: Ediciones de la Flor, 1976.
Fernández, Macedonio. *Museo de la novela de la eterna*. Edición crítica de Ana María Camblong y Adolfo de Obreta. Madrid: Archivos, 2 edición, 1996.
Ricardo Piglia. *Prisión perpetua*, Buenos Aires: Sudamericana, 1988.
\_\_\_\_\_ *La ciudad ausente*, Buenos Aires: Sudamericana, 1992.

Poe, Edgar Allan. *Cuentos* (prólogo, traducción y notas de Julio Cortázar). Buenos Aires-Madrid: Alianza, 1990.

# *Plata quemada* o un mito para el policial argentino*

*Adriana Rodríguez Pérsico*

> y yo la escuché como si me encontrara frente a una versión argentina de una tragedia griega. Los héroes deciden enfrentar lo imposible y resistir y eligen la muerte como destino. Ricardo Piglia, Plata quemada

SABEMOS QUE LA NARRATIVA DE RICARDO PIGLIA EXIGE UN LECTOR SABUESO, capaz de desovillar la madeja de intertextos, citas, personajes literarios o históricos que circulan por los relatos. No es éste el lector al que apela *Plata quemada*. Esta vez, el escritor ha elegido volver a ciertas formas por las que había transitado en cuentos de *La invasión* o *Nombre falso*; textos que cultivan la oralidad, en los que se narra una anécdota que culmina en un hecho decisivo para los destinos de los protagonistas y del relato. El hecho –que está ligado a traiciones y lealtades públicas o privadas, inicios y finales de vida, fracasos, corajes y cobardías– deja vislumbrar otra historia. En este caso, los acontecimientos policiales desnudan la ilegalidad de todo sistema legal.

Alguna vez escribí que los relatos de Piglia desafían a la buena sociedad, con posiciones anarquistas y rechazos a facilismos moralizantes. *Plata quemada* es otro ejemplo de esta postura. La propuesta estética que experimenta las infinitas posibilidades de ficcionalizar cualquier tipo de material, demuestra, al mismo tiempo, que todo puede adquirir estatuto

---

* Ponencia leída en el encuentro realizado por Jorge Fornet "El escritor y sus fantasmas", en La Habana, entre el 27 y el 30 de noviembre de 2000.

político. Claro que éste es el lugar preferido del escritor; basta citar el gesto paradigmático de leer el policial negro en su dimensión política y económica en el cruce entre poder, dinero y violencia, elementos que aparecen en *Plata quemada* insertos en otra economía textual.[1]

En las páginas finales de *La ciudad ausente*, Elena, la mujer-máquina recuerda: "Todo relato es policial, me decía él. Sólo los asesinos tienen algo que contar, la historia personal es siempre la historia de un crimen" (Piglia 1992: 168). *Plata quemada* expande, de modo obsesivo, el enunciado. La historia es criminal. La sociedad es criminal. Está impregnada de una violencia que atraviesa a los individuos y a las instituciones. Pero si los límites entre lo bueno y lo malo son difusos, la escritura registra la confusión, anota la vacilación y, enseguida, separa aguas.

Cuando Brecht se pregunta por las causas de la popularidad de la novela policial, señala el afán del hombre de la multitud por la aventura que conmocione su desvaída existencia. "La vida de la masa atomizada y del individuo colectivizado de nuestra época transcurre sin dejar huellas. En este sentido la novela policíaca ofrece ciertos sucedáneos" (Brecht 343). Desliza luego la analogía entre el policial y la novela de aventuras. "Los aventureros de nuestra sociedad son criminales" (343). *Plata quemada* acata las reglas del juego –los delincuentes son aventureros– para exaltarlas en un primer momento y finalmente traspasarlas. Confirma la poética que Piglia resumió en elocuentes aforismos: "Primera tesis: un cuento siempre cuenta dos historias". "Segunda tesis: la historia secreta es la clave de la forma del cuento y de sus variantes" (1999: 92, 95). En la novela, la otra historia se aprieta en el epígrafe inicial de Brecht que enfrenta al capitalismo develando la contradicción que está en la base del sistema: "¿Qué es robar un banco comparado con fundarlo?"

El texto vincula algunos mitos cruciales del siglo XX, tales como el dinero, la droga y la violencia, para correrlos de lugar. En efecto, el mito opera como estructura narrativa y descubre las lacras del sistema, la corrupción institucional y la violencia ejercida desde el estado. En otras palabras, junto con esos mitos contemporáneos, adosados a la industria cultural, *Plata quemada* rescata el sentido primitivo del término, la situación

---

[1] En la introducción a una antología sobre cuentos policiales, dice: "En estos relatos [los *thrillers*] el detective (cuando existe) no descifra solamente los misterios de la trama, sino que encuentra y descubre a cada paso la determinación de las relaciones sociales. El crimen es el espejo de la sociedad, esto es, la sociedad es vista desde el crimen" (Piglia 1979: 9).

trágica original: el héroe –destinado desde el inicio a la muerte– desafía la ley del estado para seguir caminos propios, consciente de que la fidelidad a otras legalidades lo arrastrará hacia la catástrofe. En el límite, el fracaso sabe a triunfo, porque en su caída, el héroe se niega a la claudicación.

El mito –según quería Lévi-Strauss– cuenta lo mismo que la historia por otros medios. Propone modelos de inteligibilidad; provee modos para entender el universo y, al mismo tiempo, ofrece figuras de identificación colectiva.[2] En este sentido, *Plata quemada* contradice la pedagogía ejemplar del mito así como tuerce las convenciones del policial, porque los héroes son asesinos, homosexuales y drogadictos y porque el final sangriento esquiva el desenlace punitivo para apuntalar el carácter épico de la resistencia.

Más allá de la articulación entre la política y el policial, el nudo de la narración se encuentra cuando estos elementos cobran la dimensión trágica del mito. En este punto, *Plata quemada* desborda límites y representa la transgresión al género, en todas sus acepciones. El pasaje en que Renzi comienza la crónica hace explícito el soporte narrativo: "De todos modos el destino había empezado a armar su trama, a tejer su intriga, a anudar en un punto (y esto lo escribió el chico que hacía policiales en *El Mundo*) los hilos sueltos de aquello que los antiguos griegos han llamado el *mythos*" (106).

Hay una confluencia entre la narración mítica, la novela de aventuras y el policial. El análisis que hace Georg Simmel de la aventura coincide, en mi opinión, con la estructura del mito: el episodio se desgaja del continuo de la vida al adquirir un carácter extraordinario. Si bien las peripecias parecen gobernadas por el azar, prima un significado oculto, una suerte de predestinación que, orientando las acciones, coarta el libre albedrío de los sujetos: "Había cierto fatalismo en todos ellos y nadie podía imaginar el giro inesperado que iban a tomar los acontecimientos" (98), dice el narrador en *Plata quemada*. La historia del héroe está pautada por tiempos precisos que marcan los comienzos y los finales. Son los extremos de la

---

[2] Lévi-Strauss dice: "No estoy muy lejos de pensar que en nuestras sociedades la historia sustituye a la mitología y desempeña la misma función" (asegurar la continuidad y fidelidad entre pasado, presente y futuro). "Pero a pesar de todo, el muro que existe en cierta medida en nuestra mente entre mitología e historia probablemente pueda comenzar a abrirse a través del estudio de historias concebidas ya no en forma separada de la mitología, sino como una continuación de ésta" (1986: 65).

catástrofe en cuyo corazón late amenazante el peligro constante de la muerte (Simmel).

El mito y la aventura prestan sus esquemas formales a la cultura de masas, donde aparecen con variantes, como en el cine de acción. "Seguro que se pasaban la vida viendo películas de guerra y ahora actuaban como si fueran un comando suicida que pelea atrás de las líneas contrarias, en territorio extranjero, sorprendidos por los rusos en un departamento de Berlín oriental, del otro lado del Muro, rodeados, resistiendo hasta que llegaran a salvarlos, imaginaba y se daba manija Mereles" (Piglia 2000: 200). El pensamiento pertenece en el principio al comisario Silva, y en el final, al Cuervo. Mientras el cine enseña modos de comportamiento, la televisión y los diarios mediatizan los episodios. De este modo, el texto pone en el centro de la escena la manipulación de los medios en la cultura de masas. Los delincuentes ven el sitio por televisión; leen delitos reales o inventados en los diarios; el antropólogo enseña al público desde las pantallas.

En el nivel secuencial, los medios funcionan como máquinas de generar versiones tergiversadas, transformando el crimen en espectáculo a ser consumido por la ciudadanía. En el tejido lingüístico, el discurso periodístico –que tiene el registro más literario de Renzi y otro más estabilizado y convencional– enlaza con otras voces generando una textualidad que podría captarse en una metáfora: la prosa es una superficie continua con deslizamientos de posiciones, muchas veces opuestas; las voces se ensamblan como los encabalgamientos del verso, marcando los ritmos con el estribillo de una violencia *in crescendo*, que no da respiro. Piglia, como un experto malabarista, maneja las velocidades, los léxicos, las representaciones y los tópicos de la cultura de masas. Las imágenes de los bandidos, retratados como héroes populares, aferran el texto a ciertas tradiciones nacionales y comunican con las culturas antiguas. Cuando Nando cae prisionero, piensa en cómo enfrentar la tortura para no delatar a Malito: "Era su amigo, no era un tipo cualquiera, era un bandolero al viejo estilo, un idealista, Malito, que podía convertirse en un héroe popular, como Di Giovanni o Scarfó y como el mismo Ruggerito o el falsificador Alberto Lezin y todos los malandras que habían peleado por la causa nacional" (132). La amistad de ambos personajes pone en escena las articulaciones entre el delito y la militancia política. Después de todo, la tragedia griega montaba, para el pueblo, espectáculos del horror.

El culto al coraje, que inscribe la novela en genealogías nacionales, tiene una vuelta de tuerca en la historia de amor entre el Nene y el Gaucho

Rubio. La bella escena final en la que Dorda sostiene a Brignone agonizante superpone el cierre de un clásico argentino, el *Martín Fierro*, cuando el cantor, sus hijos y el de Cruz sellan un pacto secreto entre iguales que deja afuera a los presentes, incluso al narrador-testigo:

> Después a los cuatro vientos
> los cuatro se dirigieron:
> una promesa se hicieron
> que todos debían cumplir;
> mas no la puedo decir,
> pues secreto prometieron
> (Hernández 219)

Si las narraciones orales incorporan, en algún momento, al auditorio-testigo, aludiendo abiertamente a los escuchas o espectadores, del mismo modo, el texto de Piglia remite a esta situación que es familiar a la gauchesca y también al teatro: "Y después se alzó un poco, el Nene, se apoyó en un codo y le dijo algo al oído que nadie pudo oír, una frase de amor, seguramente, dicha a medias o no dicha tal vez pero sentida por el Gaucho que lo besó mientras el Nene se iba" (Piglia 2000: 218).[3]

Piglia pone en marcha una "moral de la forma" (Barthes 23) al delegar en el cronista la tarea de convertir la noticia policial en una aventura mítica. En cierta medida, Renzi es un nostálgico de la aventura[4] y, quizás por esta razón, arma una historia que, lejos de la objetividad periodística, toma partido adoptando un discurso fuertemente valorativo. En este momento, Renzi no escribe la versión pública; sólo piensa en la voluntad de morir

---

[3] Acerca del tema de la sexualidad, uno de los menos discutidos de su producción, Piglia aclaró: "No hablaría de *cultura gay* ni de relaciones homosexuales en el sentido en que eso suele ser discutido actualmente. Veo, más bien, circulaciones del deseo, que se dan entre hombres a veces y se dan entre hombres y mujeres o entre mujeres. No veo ahí la cuestión en términos de lo que sería una particularidad sexual que deba ser trabajada aparte. Porque lo que me parece que tienen estos universos es que son lugares de cruce, nada es muy fijo, no tienen categorías de la clase media, digamos, categorías pequeño-burguesas o estabilizadas para establecer las identidades con su carga de queja social, de traducir las fantasías sexuales en términos de lo que es políticamente correcto, o definido como reivindicación de ciertas identidades. Me parece que en el mundo popular, en las clases bajas, este juego de las identidades sexuales, como quiera que sean son menos fijas" (Piglia 2000b: 30-31).

[4] En *Respiración artificial*, Tardewski, el filósofo polaco de Entre Ríos, comenta: "Renzi me dijo que estaba convencido de que ya no existían ni las experiencias, ni las aventuras. Ya no hay aventuras, me dijo, sólo parodias. Pensaba, dijo, que las aventuras, hoy, no eran más que parodias" (137). Y la parodia borra la historia.

que muestran los delincuentes y compara sus acciones con las actitudes policiales: "Pero la diferencia es abismal, es la misma diferencia que existe entre luchar para vencer y luchar para no ser derrotado" (Piglia 2000: 176): "No esperan nada, sólo quieren resistir" (175). Resistir es negarse a entrar en la lógica del otro.

En una oportunidad, cuando le preguntaron por la vigencia de lo trágico en la cultura moderna, Piglia respondió: "Para Nietzsche, Sócrates es el que destruye el universo trágico porque trae la ironía como visión del mundo; es el héroe no-trágico, es el intelectual, en definitiva" (Piglia 1998: 14). Algunos filósofos creen que Nietzsche marca el fin de los tiempos modernos. Habermas, por ejemplo, argumenta que Nietzsche aniquila el proyecto moderno cuando propone al mito como lo otro de la razón. Desde su óptica, la modernidad constituye el último paso en la historia de una racionalización que se inició con la disolución de la vida arcaica y la destrucción del mito. Si –de acuerdo con Nietzsche– los mitos operan como fuerzas de integración social al favorecer la identificación, cuando se introduce la ironía, el sentido trágico retrocede. En *Plata quemada*, la distancia que conlleva la mirada irónica sólo aparece fugazmente (en el pasaje que desarrolla la interpretación antropólogica de la quema, por ejemplo). A la hora de contar, el periodista de *El Mundo* adopta una retórica valorativa que se adecua a las exigencias del género de la crónica.

En la producción de Piglia, la transformación en ciertas posiciones de locución y el uso de algunos saberes determinan narrativas diferentes que parten del policial al concebirlo como forma básica. En "La loca y el relato del crimen", un Emilio Renzi amante de la lingüística emplea métodos científicos para desentrañar, en el relato psicótico, la verdad del crimen. La solución aporta una certidumbre y un fracaso; al no poder publicar la verdad, Renzi pasa a la ficción y consigna el delito en un cuento cuyo comienzo repite la primera frase del propio relato: "*Gordo, difuso, melancólico, el traje filafil verde nilo flotándole en el cuerpo* –empezó a escribir Renzi–, *Almada salió ensayando un aire de secreta euforia para tratar de borrar su abatimiento*" (Piglia 1981: 105). En *Plata quemada*, Renzi colabora en la consolidación del mito, acompañando la aventura de los delincuentes. El cronista no sólo registra los hechos, también los juzga. En ambos casos, el personaje muestra idéntica pasión por la verdad; sólo que a ella arriba –en la novela– por caminos más heterodoxos. En el recorrido desenmascara creencias sociales; señala acuerdos tácitos entre la policía y la multitud, o desmenuza los códigos que comparten la autoridad y la *dóxa*. Renzi realza las paradojas de la *dóxa*, que tiene mucho de común y poco de sentido.

El relato trabaja con la diseminación de distintas voces que se responden unas a otras en una especie de coro polifónico, o quizás, trágico. Una cantidad de voces se encastran: la de la autoridad, la de la *dóxa*, la del delito, la periodística, la del cronista, las voces interiores de la locura. Insisto, son voces en el sentido literal. La novela está tramada en la superposición de voces que transparentan, a menudo, puntos de vista contradictorios. Un ejemplo: las páginas finales engrandecen la figura de Dorda; en una tercera persona que se regodea en el uso del indirecto libre, el texto revisa fragmentos de la vida del Gaucho Rubio: "Siempre había sido objeto de interés para los médicos, los psiquiatras. El criminal nato, el hombre que se ha desgraciado de chico, muere en su ley. Era un destino al que no podía escapar y al que era conducido como Anselmo en el vagón de segunda del Ferrocarril del Sur" (Piglia 2000: 234). Los atributos que pertenecen a dos sistemas diferentes (el diagnóstico psiquiátrico, el lenguaje campesino) se imbrican con un tercer código literario que se apoya en los recuerdos del personaje. Estos procedimientos se expanden a lo largo del relato.

Las voces representan códigos culturales y órdenes legales que entran en colisión. La voz de la autoridad, "distorsionada, en falsete, una voz típica de guanaco, retorcida y prepotente, vacía de cualquier sentimiento que no fuera el verdugueo" (Piglia 2000: 149) duplica la "voz prostibularia, criminal, delirada" (187) del delincuente. Ninguna de ellas es menos violenta que la de la multitud cuando clama venganza aunque resultan menos hipócritas que la voz pública horrorizada ante el acto inaudito de la quema del dinero.

El clisé –que es el material fundamental de muchas de estas voces– invade, también, la voz intelectual que pasa a integrar la *dóxa*. En el mundo de la cultura como espectáculo, la novela ensaya una interpretación del episodio de la quema ironizando sobre explicaciones antropológicas, políticamente correctas y fabricadas en torno a derroches y excesos a la Bataille. En este sentido, le quita al crítico una coartada posible; al explicitar cómo no debe ser leída, anticipa –y por consiguiente, invalida– ciertas líneas.

Si una narración se construye siempre sobre un punto ciego, un secreto como afirma Piglia, acaso lo que no debe salir a luz es la connivencia del Estado con el crimen. La voz que devela los pactos, que mezcla las cartas no aceptando los roles asignados y cuestiona el proceder de la autoridad es la del cronista, quien, ante el interrogatorio del comisario Silva, contesta: "Soy estudiante y me gano la vida como periodista, como usted se la gana como oficial de policía, y si hago preguntas es porque quiero escribir una crónica veraz de lo que está pasando" (Piglia 2000: 199). En el epílogo, el narrador enfatiza esta pretensión de veracidad: "esta novela cuenta una historia real" (245).

Entonces, en el entramado de voces, las hay verdaderas, mentirosas y convencionales. Todas ellas se alternan bajo el denominador común de la violencia porque como sostiene Renzi, los policías y los malandras saben usar las palabras como agujas que lastiman la carne. Las estrategias discursivas de *Plata quemada* son engañosas; la oralidad vela un uso peculiar de la polifonía, a contrapelo de las modas, que desmiente cualquier lógica que postule la igualdad o la horizontalidad de estas voces múltiples. La novela pone distancia de toda teoría que homologue la pluralidad de voces textuales con un orden democrático o apele a exitosas ideas posmodernas sobre el carácter indecidible de la literatura.

Como el radiotelegrafista Roque Pérez que graba los sonidos para "orientarse en la selva de voces", el relato indica juicios y decide. "¿De quién era esa voz?", pregunta el texto (Piglia 2000: 179). En contraposición a la figura de Arocena, en *Respiración artificial*, –que encarna el exceso hermenéutico del espía que a través de un método paranoico de decodificación diseña una teoría conspirativa perfecta pero falsa–, el cabo de *Plata quemada* logra identificar a los delincuentes. Ni el personaje ni la novela vacilan: estas voces tienen dueños.

En los mitos, las muertes asumen funciones definidas que dan sentidos a la trayectoria del héroe y a la historia. Culminación de una vida, el momento último envuelve el agotamiento de un destino. Dorda –al que Brignone describe como héroe–[5] recuerda las palabras de su madre que machacan con los patrones de buena conciencia burguesa: "vos vas a terminar mal" (220). Por el contrario, la prosa –coincidiendo con la visión del mismo personaje– lo rescata en un desenlace que dignifica: "y sin embargo, había terminado bien, entero, sin traicionar a nadie, sin dar el brazo a torcer" (220). La escena en que la masa descontrolada golpea el cuerpo destrozado del Gaucho Rubio parece escapada de una página de Ramos Mejía. Si en su mente, Dorda ve la imagen de Brignone como un Cristo –"parecía un Cristo el Nene parado contra la claridad de la estación" (239)– , Renzi escribe la pasión del delincuente que murmura un rezo mientras la multitud suelta su furor: "Un Cristo, anotó el chico de *El Mundo*, el chivo expiatorio, el idiota que sufre el dolor de todos" (240).

---

[5] El Nene piensa de Dorda: "Sería no sé, qué sé yo, un héroe, pero nació fuera de tiempo" (79).

En las muertes hay un sistema de ordenamiento, de restablecimiento de una justicia no estatal. Como se vive, se muere. Los cuerpos sudorosos y ensangrentados de los delincuentes están rodeados por un halo de integridad que los diferencia de los cuerpos de los policías caídos. Estas son muertes vergonzantes y sucias que amontonan huesos quebrados, colgajos de vísceras, olores nauseabundos y quejas cobardes.

Los vencedores escriben la historia pero los vencidos la narran, dice Piglia (1998: 21). Las voces de *Plata quemada*, que adoptan los puntos de vista de los perdedores, desenredan la complicidad del aparato estatal con el crimen. Cuando esto sucede, los lectores reclaman una oscura justicia. La eficacia de la prosa reside en su capacidad de satisfacer, bajo el modo del relato popular, un deseo comunitario. *Plata quemada* –la novela antibrechtiana de Piglia– redime la extraña esperanza de llevar a cabo una aventura que justifique el final; hace tangible el anhelo de que es posible permanecer fuera del rebaño. Acaso, el gesto suponga desempolvar viejas ideas nietzscheanas para inyectar fuerzas de cohesión en el seno de la sociedad, mediante la apropiación del mito.

### Obras citadas

Barthes, Roland. *El grado cero de la escritura*. Buenos Aires: Siglo XXI, 1973.
Brecht, Bertolt. "De la popularidad de la novela policíaca". *El compromiso en literatura y arte*. Barcelona: Península, 1984. 341-46.
Habermas, Jürgen. "Entrada en la posmodernidad: Nietzsche como plataforma giratoria". *El discurso filosófico de la modernidad*. Buenos Aires: Taurus, 1989. 109-34.
Hernández, José. *Martín Fierro*. Buenos Aires: Losada, 1972. *La Vuelta de Martín Fierro*, XXXIII.
Lévi-Strauss, Claude. *Mito y significado*. Buenos Aires: Alianza, 1986.
Piglia, Ricardo. *Cuentos de la serie negra*. Buenos Aires: CEAL, 1979.
\_\_\_\_\_ *Respiración artificial*. Buenos Aires: Pomaire, 1980.
\_\_\_\_\_ "La loca y el relato del crimen". H. Bustos Domecq et al. *El cuento policial*. Buenos Aires: Capítulo, CEAL, 1981. 98-105.
\_\_\_\_\_ *La ciudad ausente*. Buenos Aires: Sudamericana, 1992.
\_\_\_\_\_ "Tesis sobre el cuento". *Formas breves*. Buenos Aires: Temas, 1999. 89-100.
\_\_\_\_\_ *Plata quemada*. Buenos Aires: Planeta, 2000.
\_\_\_\_\_ *Conversación en Princeton*, PLAS Cuadernos, 2. Princeton: Princeton University, 1998.
Simmel, Georg. *Sobre la aventura. Ensayos filosóficos*. Barcelona: Península, 1988. 11-26.

# Los espejos y la cópula son abominables*

*Julio Premat*

EN LA TRAYECTORIA DE RICARDO PIGLIA, EL RELATO, OMNIPRESENTE, PARECE al mismo tiempo inalcanzable, ya que su concepción de la ficción lo lleva a enfrentar o a dejarse llevar por fuerzas de desvío, mediatización, reflexión, fuera de una supuesta narración plena, de un tradicional despliegue imaginario de circunstancias, actos, caracteres. Literatura es lo que leemos como literatura, afirma Piglia (2001: 164), trayendo hacia ese terreno textos híbridos, alejados de la ficción, crispados en lo conceptual. En la perspectiva de la obra precedente del escritor, *Plata quemada* sería una excepción, una especie de ruptura o de resolución: la novela está construida alrededor de una escena, el desenlace, de gran intensidad dramática, imaginaria y simbólica. Después de un asalto sucedido en septiembre de 1965 en las afueras de Buenos Aires, se narra la huida sangrienta de tres delincuentes que terminan encerrados en un departamento de Montevideo, sitiados por la policía de dos países, por los medios de comunicación, por una proliferación de imágenes y discursos, lo que convierte el desenlace en una especie de paradigma del acontecimiento. *Thriller*, relato heroico, relato mítico, *Plata quemada* retoma rasgos fundadores de toda narración, introduciendo una mirada más previsible de lo que sería la ficción.[1] Esta irrupción de lo imaginario entra

---

* Una versión muy abreviada de este artículo fue leída en el coloquio *Le récit policier hispano-américain: lectures d'une œuvre*, Université d'Angers, 9 y 10 de noviembre de 2001.

[1] Sobre el mito en la novela, cfr. con "*Plata quemada* o un mito para el policial argentino" de Adriana Rodríguez Pérsico, en el presente volumen.

en conflicto con el proyecto y la historia del texto tal cual se definen en el Epílogo. "Esta novela cuenta una historia real" afirma allí el escritor, narrando entonces, como en una novela de enigma, los pasos y circunstancias de la pesquisa que lo llevó, trabajosamente, a lograr conocer la historia. Los dichos y acciones estarían reconstruidos a partir de "materiales verdaderos" (artículos de diarios, interrogatorios, informes psiquiátricos, declaraciones testimoniales, legajos judiciales del caso, transcripción de grabaciones secretas realizadas por la policía en el departamento), lo que permitió "reconstruir con fidelidad los hechos narrados en este libro" (Piglia 1998: 248). No sólo los hechos, por otro lado, ya que el texto respetaría los diálogos efectivos y las explicaciones o hipótesis formuladas por los protagonistas.

Ahora bien, a diferencia de otros textos de "investigación" (como los de Walsh), la tensión genérica (la de la novela policial), la fuerza de dramatización de la causalidad (proveniente del relato en tanto forma), la polisemia discursiva y retórica, el uso constante del lenguaje figurado y la intensidad imaginaria irrumpen a cada momento, excediendo la "historia real", volviendo inverosímil el pacto de lectura propuesto *a posteriori*. *Plata quemada* se inscribe con tanta vehemencia en lo literario porque –nos dice conflictivamente el Epílogo– es una historia real: leamos a la realidad como literatura; leamos, se nos dice susurrando, a la literatura como si fuera real.

Luego de contar una serie de peripecias criminales, leemos en el Epílogo el relato de una pesquisa. Esta investigación está a cargo de un escritor comparable a un detective, provisto de subjetividad y de personalidad (una especie de personaje de autor), que narra la construcción de la historia leída. En el origen del texto encontramos una compleja red de relatos (o más bien una red de fragmentos y visiones de una historia incierta) que el escritor compila, y que a su manera interpreta, al menos por cómo los escucha. Sigo citando el Epílogo: "yo la escuché como si me encontrara frente a una versión argentina de una tragedia griega" (250). Piglia prolonga ese juicio afirmando que, al escribir esa historia en 1995, intentó ser "absolutamente fiel a la verdad de los hechos", pero se trata de hechos sucedidos treinta años antes y que él ya había intentado escribir por aquel entonces. Por lo tanto, afirma Piglia, la distancia que lo separa de los acontecimientos (una escritura treinta años después) los transformó, convirtiéndolos en "el recuerdo perdido de una experiencia vivida", recuerdo que estableció una lejanía entre él y la historia por narrar. Trabajó, dice, como en el "relato de un sueño" (251). La novela pasa de la verdad a la dimensión íntima del recuerdo y a la construcción onírica, proceso de interiorización que es sinónimo del paso a la ficción personal. La "historia real", tal cual aparece explicada y delimitada en el proyecto enunciado *a posteriori* (en el desenlace de su escritura), se plantea por lo tanto en términos paradójicos. En las afirmaciones precedentes es fácil percibir una tensión entre los materiales de base (la novela como recomposición y organización de lo dicho por otros, o sea, lo oído) y una transcripción que destruye la realidad de ese mismo material, percibido como "tragedia griega" o "sueño". De la oralidad preexistente a dos grandes universos tradicionales y referenciales del relato (dos "mitos de origen" de todo relato): la tragedia griega con su cohorte de héroes y el sueño como análogo a la creación ficcional en la perspectiva freudiana. La compilación y la escucha modestas de los relatos, de las voces de la realidad, terminan, en el momento mismo de la recepción y del trabajo de escritura, negándose, superándose, transformándose en literatura.

En *Plata quemada* la realidad es polifónica (es una "selva de voces").[2] A la sociedad se la percibe como una red intrincada de maneras de hablar, de usos de lengua, de transformaciones e interpretaciones de los conflictos en palabras. También, como un vivero de relatos a los que se les presta espacio, escucha, para que se desarrollen: ciertas lecturas de Bajtín y de Foucault no son ajenas al dispositivo así descrito. La dramatización de la acción y la dimensión histórica, ética y sexual de la novela, están constantemente amplificadas por una tensión entre voces distintas, relatos dispares, que se repiten, difieren entre sí, se contradicen, cuentan fragmentos de sus historias, introducen modos de pensar, de juzgar el mundo, modos que entran en conflicto con otros, también presentes, en un movimiento continuo, paralelo a la agudización de la intriga.

El habla se confunde con la escritura, en la medida en que, en todo momento, se ponen de relieve ciertos términos, los personajes se interrogan sobre ciertas palabras, se dramatizan la función semántica y los alcances ideológicos del lenguaje. El resultado es un extrañamiento ante lo que Piglia denominaría los relatos sociales –presentados como ficciones que intervienen en la vida pública–, pero también ante la propia lengua. Así irrumpe en la escena social una ficción surgida de modos de decir que se oponen a discursos dominantes, que son también ficcionales. La invención del sentido por parte de los delincuentes (que "cambian" las palabras o las entienden a su manera),[3] la introducción de otro relato por parte de

---

[2] Sobre la polifonía en la novela, cfr. Clayton 1998. Sobre la polifonía en *Respiración artificial*, cfr. García Romeu 2001 y Maristany 1999.

[3] Dorda, por ejemplo, inventa un sentido para la palabra pusilánime: "...a quién se

ellos o de los casuales testigos, son equivalentes a actuar, a robar, a matar, a drogarse y a vivir una extraña sexualidad, fuera de toda clasificación. Inventar el sentido, delirar el sentido, es equivalente, también, a quemar la plata. Con ese acto se borra el sentido, se renuncia a cualquier comprensión, ya que implica negar las causas, las motivaciones de la acción, aun de los hechos más sangrientos e intolerables. Al destruir lo que explica el crimen, la violencia y la muerte, se trata de crear otro espacio que no es ajeno al del deseo, pero que aparece ante todo definido en términos de lenguaje. Efectivamente, ese acto suscita una avalancha léxica muy aguda, ya que cuando sucede, diferentes instancias lo juzgan como un acto "caníbal", un acto "de cretinos, malvados, bestias", "tamaño despropósito", una "declaración de guerra total", es "el peor de los crímenes", "nihilista", "terrorista", un "rito", un *potlatch*, "un sacrificio", "un aquelarre del medioevo" (190-193). Acto de transgresión que desencadena una virulencia discursiva ("Hay que ponerlos contra la pared y colgarlos"; "Hay que hacerlos morir lentamente achicharrados" [192]) y una anulación ética ("quedó una pila de ceniza, una pila funeraria de los valores de la sociedad –declaró en la televisión uno de los testigos" [193]), fundamentales ambas para una interpretación de la novela. No sólo los testigos, sino sobre todo los diarios desarrollan este aniquilamiento verbal de los delincuentes que tiene, en el contexto argentino, un extraordinario valor predictivo: la barbarie de la dictadura de los setenta está ya sugerida y hasta justificada en una explosión léxica de 1965, es decir, en las ficciones que los discursos van construyendo frente a un acto de transgresión.

La función de la oralidad y la polifonía remiten por lo tanto a las condiciones de producción, según se las explicita en el Epílogo: la literatura no es creación sino el fruto de una investigación, el resultado de una escucha particular, la transmisión coherente de lo que "suena" en el oído del escritor; es un robo, es un plagio de lo ya existente, es la reproducción de otras voces. El narrador intenta replegarse a una posición de "compilador". Como en una antología, él es alguien que no toma la palabra, sino que la distribuye y la organiza. Y extrapolando, la antología de relatos policiales argentinos de Piglia, *Las fieras*, podría leerse en este sentido como una anticipación de *Plata quemada* o como un dispositivo, una maquinaria productiva que explica su escritura. Ahora bien, la afirmación de la veracidad del texto es estrictamente convencional, e incluso ficcional. Más

---

le puede ocurrir ser cana, a un enfermo, a un tipo que no sabe qué hacer con su vida, a un 'pusilánime' (había aprendido esa palabra en la cárcel y le gustaba porque lo hacía pensar en un tipo sin alma)" (Piglia 1998: 160).

allá de todo conocimiento extratextual (sobre las prácticas y opiniones literarias de Piglia, por ejemplo), una simple lectura inmanente prueba la inverosimilitud de la focalización en el texto. Constantemente se pasa de las fuentes a la transformación figurada, a lo soñado, a lo imaginado. A partir de lo cierto, de las mismas palabras, de los mismos acontecimientos, surge el mito, se revela y materializa el mal, se amplifica la desorientación ética, explota lo afectivo y lo onírico. La literatura es el reflejo, pero en el reflejo mismo se produce una ficcionalización mayúscula, la del escritor y su gesto de invención.

*Plata quemada* está situada sobre una línea de fractura: por un lado la historia preexistente, el material verbal utilizado, las fuentes, la investigación; por el otro, la intrincada relación que el texto establece con el pensamiento crítico de Piglia, con otros textos de la literatura (una verdadera antología subterránea recorre la novela) y, sobre todo, con otros textos de ficción del escritor.[4] La verdad de la historia sucedida habla del imaginario del autor, de una tradición literaria, de la dificultad de inventar historias. Habla de la sombra del "Escritor fracasado" de Arlt, ese "tipo que no puede escribir nada original, que roba sin darse cuenta", según leemos en el "Homenaje a Roberto Arlt", el cuento de Piglia. También leemos allí: "así son todos los escritores en este país, así es la literatura acá. Todo falso, falsificaciones de falsificaciones" (Piglia 1988: 171).[5] A ese "fracaso" se le agrega una teoría y una representación del autor como oyente, ladrón, sujeto presente y ausente, máquina, ente despersonalizado, enfrentado a una imposibilidad, a una inconcebible palabra propia.

Al mismo tiempo, e inesperadamente, el Epílogo introduce al escritor en la escena ficcional, introduce otro relato, el del "encuentro" con la historia (cuando, supuestamente, Ricardo Piglia se encontró, en 1966, con una sobreviviente de la aventura delictiva). No se trata sólo de la narración de una pesquisa, de un tramposo pacto realista, de la afirmación de fuentes y documentos para señalar su superación, sino también de la emergencia

---

[4] En esa "antología", sobre todo argentina, encontramos, por ejemplo, alusiones o evocaciones posibles a Arlt (Piglia 1998: 71) y a *Los siete locos* (64), a Mansilla y los Ranqueles (70), a Osvaldo Lamborghini (93), al Funes borgeano (94), a Kafka (137), al *Martín Fierro* (225), a *La cautiva* (237). Con respecto a la propia obra, además de aspectos temáticos y genéricos, nótese la presencia de Renzi en la novela y peripecias en común con, por lo menos, dos cuentos: "El laucha Benítez cantaba boleros" y "La caja de vidrio" publicados en *Nombre falso*.
[5] La alusión se repite en otros textos, por ejemplo en "Notas sobre literatura en un Diario" (Piglia 2000: 98).

de la historia, la dramatización de la figura del escritor que coincide con un relato preexistente, y en cierta medida de las etapas, impedimentos y posibilidades de la narración. *Plata quemada* no sólo funciona alrededor del pasaje de lo real a la ficción (la lectura o la escritura de lo que no es literatura como literatura) sino que también se inscribe en una larga serie de textos de Piglia en donde se pone en escena un acto deseado e improbable: el hallazgo de una historia narrable.

Tres personajes reflejan, en abismo, la producción del texto, amplificando y anunciando la aparición de "Ricardo Piglia" en el Epílogo.[6] La primera, la más simple, es la de Emilio Renzi, personaje recurrente que asocia la novela con textos anteriores del escritor. Renzi, periodista en el diario *El Mundo*, figura como un investigador, interroga, desconfía y formula hipótesis iconoclastas sobre lo sucedido. Y no sólo hipótesis; también sugiere interpretaciones alrededor de conceptos que nada tienen que ver con el periodismo y que inscriben al texto en una esfera de significación superior: *mythos* y *hybris* (Piglia 1998: 91 y 106). Crítico, detective, testigo, se trata de un doble transparente del autor.

El segundo personaje es un empleado de la policía, un "operador de inteligencia", Roque Pérez,[7] que gracias a un transistor y con los auriculares puestos, "opera con la inteligencia", sigue las alternativas de lo que sucede en el departamento sitiado. Esa tarea de oyente, de espía de palabras ajenas y de vidas desconocidas, se va transformando en una tarea ficcional: Roque Pérez "completa" lo oído, proyecta sus recuerdos, utiliza su imaginación para darle cuerpo a los sutiles indicios sonoros que le brinda la realidad. Su intervención comienza con la incertidumbre ("¿De quién era esa voz?" [179]) y se prolonga en varios episodios que poco a poco producen un distanciamiento con respecto a la acción, una despersonalización: los personajes se convierten en puras voces, en sonidos imprecisos, en cruce de palabras (y recuérdese que la novela entera obedece a una construcción de este tipo). El espía, el técnico que escucha para la policía, es entonces

---

[6] Michelle Clayton percibe otra imagen de autor en el texto, la del Malito, el organizador del asalto, el jefe que "había hecho los planes y había armado los contactos", o sea, el que "escribe" parte de la intriga que será narrada (Clayton 1998: 46). Sobre la creación, en el resto de la obra, de un personaje denominado Ricardo Piglia, véase Fornet 2000.

[7] Nótese que las iniciales de ese nombre, Roque Pérez, reproducen las de Ricardo Piglia. El escritor juega con ese tipo de coincidencias en el Epílogo, aludiendo a un cronista de *El Mundo* (E.R.) cuyas iniciales coinciden con el personaje ficticio Emilio Renzi.

una representación del trabajo y del interés del escritor: "no quería captar el sentido [...] sino el sonido, la diferencia de las voces, los tonos, la respiración" (182). La escucha del sonido robado, el espionaje como modo de escritura, la literatura como estilo, como lenguaje, como respiración de una lengua (una respiración verdadera, no una respiración artificial). Pero la escucha, por fin, se vuelve alucinada, Roque Pérez se pone a imaginar, la realidad se desdibuja, lo que emerge de la máquina se desdobla: "De dónde venían esos rezos, quizás de la propia memoria del radiotelegrafista... Iba grabando los sonidos y al lado alguien trataba de orientarse en esa selva de voces" (207). El transistor, los auriculares, se convierten en una máquina de narrar; la escucha ilícita de lo que sucede adentro, del otro lado de la pared, engendra el relato paranoico.

El relato como producto social, como elemento que circula (en el caso de Renzi), el relato como resultado de una escucha imaginaria, de un robo, de un trabajo de espía y de apropiación ilícita (en el de Roque Pérez): nos alejamos progresivamente de la investigación verosímil y del acto de escritura como reproducción de lo real, pasamos así del periodismo a una tarea creadora de oyente que completa las señales opacas que le brindan los demás. Estas dos ideas coinciden con las definiciones ya citadas del trabajo de escritor según Piglia (oyente, ladrón, máquina). La tercera imagen, la más radical, pone en duda las fuentes reales del relato y la intervención de la razón en su emergencia; el tercer reflejo autoral es el Gaucho Dorda, el psicópata, el asesino, la encarnación del mal, el héroe. Ya no la escucha de los relatos de la realidad o la construcción imaginaria a partir de las palabras de los demás, sino la escucha delirante. De él se nos dice que es esquizo con tendencia a la afasia, que habla poco, que es callado porque oye voces: "Los que no hablan, los autistas, están todo el tiempo sintiendo voces, murmullos, un cuchicheo interminable" (71). El Gaucho Dorda, cuyo sobrenombre lo relaciona con la tradición pampeana de la creación literaria,[8] oye voces; y ese rasgo, presente desde el inicio de su caracterización, constituye un elemento esencial en la evolución y la justificación de la intriga (es uno de los mecanismos causales que explican lo que sucede). Frente a lo real se opone el otro plano, el otro discurso, lo

---

[8] El contexto pampeano (delirios sobre indios ranqueles, elementos espaciales como lagunas, tacuaras, totoras) aparece en el pasado del Gaucho Dorda, y por lo tanto en su definición ficcional (cfr. 69-70). Dardo Scavino afirma que Piglia incluye al Gaucho Dorda en la tradición de los "gauchos rebeldes" o "criminales sociales" del siglo XIX (Martín Fierro, Juan Moreira, Hormiga Negra) (Scavino 2000). También podría leerse la novela a partir del *corpus* que establece Josefina Ludmer en su libro sobre el delito (Ludmer 1999).

que oye el Gaucho. Esas voces reproducen la polifonía de la novela y la escucha de Roque Pérez, pero en una órbita delirante: "Sentía como un murmullo en la cabeza, una radio de onda corta que trataba de filtrarse en las placas del cráneo, trasmitir en la parte interna del cerebro, algo así. A veces había interferencias, ruidos raros, gente que hablaba en lenguas desconocidas, sintonizaban, vaya a saber, de Japón por ahí, de Rusia" (62-63). Son voces de mujeres, que le dan órdenes, que lo tratan de "guacha", de "yegua", y que, desdibujando el pacto realista, deteniendo la cronología controlada y verosímil, irrumpen al final de la novela bajo el efecto conjunto de la droga, la violencia, las heridas, el agotamiento. Otra cita: "los que matan por matar es porque escuchan voces, oyen hablar a la gente, están comunicados con la central, con la voz de los muertos, de los ausentes, de las mujeres perdidas" (76).

Efectivamente, después de la muerte del Nene se interrumpe el relato fidedigno, el departamento en ruinas se puebla de imágenes, de recuerdos traumáticos surgidos nadie sabe de dónde; el Gaucho oye frases sin locutor identificado, tiene incluso recuerdos ajenos, los del Nene muerto (235). La precisa maquinaria puesta en marcha desde el primer capítulo desemboca en una imagen pesadillesca de liberación de las voces internas, de las palabras no dichas, de imágenes antes reprimidas. El psicópata, a quien le cuesta hablar, tiene en ese momento una biografía, recupera su pasado, vive sueños convertidos en realidad: la escucha de lo imaginario es entonces el resultado de la investigación en la verdad de los hechos. El apocalipsis final es también una imagen aguda, dramática, de la escritura: el que oye está solo, desterrado, sitiado, cubierto de sangre, rodeado de cadáveres semidesnudos, en medio de un espacio cotidiano convertido en campo de batalla y campo de ruinas. De la compilación a la investigación, de la investigación a la escucha ilícita, de la escucha ilícita al delirio psicópata: la palabra, surgida de la realidad, originada en los relatos sociales y en las voces colectivas, se libera progresivamente de sus lazos referenciales y racionales. La imposible irrupción de la imaginación, de la emoción, y el corolario inmediato, la irrupción del deseo, son el contrapunto constante a la referencialidad de la historia narrada.

Pero el Gaucho no es sólo una singular figura de escritor, sino también un oxímoron identitario y pulsional, un absurdo en términos de definición genérica. Si bien se siente atraído por el Nene, se enorgullece de sus actos de violencia y tortura, pero también del tamaño de la "verga" que lo violó, adora los coches, tiene orígenes "puros" (honestos inmigrantes del interior y campesinos), es valiente y muchos de sus actos corresponden a los de un "duro", un *hard-boiled* que pone a raya a todos los enemigos (79). El Nene dice que en la "época del general San Martín, el Gaucho... tendría un monumento. Sería, no sé, qué sé yo, un héroe..." (79). El Gaucho es creyente y aun místico ("había querido ser sacerdote" [81]) y está poblado por la maldad ("yo soy un descarriado de la primera hora y sonreía como una chica" [76]). Su posición sexual, su discurso, quiebra todas las categorías: "Hay que ser muy macho para hacerse coger por un macho, decía el Gaucho Dorda. Y sonreía como una nena, más frío que un gato" (75). Esa definición de lo impensable, de lo que está fuera de lo organizado, de las identidades, los roles y las funciones, surge de la locura y dramatiza la literatura (esa verdad, esa realidad descontrolada), pero también remite a una circulación del deseo en la novela que es simétrica a la circulación de voces. La anulación ética, la multiplicación de versiones y discursos, la irrupción del azar como causa, como motor de la historia, la indeterminación generalizada, se reflejan en el plano de las prácticas, pulsiones e imágenes sexuales del texto. Así, la sexualidad se inscribe en una órbita de poder (puesto en duda), de espacio de intercambio no previsto, no codificado, no dominado. Como sucedía con el pacto de realidad traicionado, excedido por el imaginario, la sexualidad inscribe la historia sucedida en una esfera que la supera constantemente. La sexualidad, al igual que el crimen y que el asesinato, es transgresión, en la medida en que no está aquí enmarcada por instituciones, expectativas, comportamientos previsibles. Y aparece una Lolita que "se calienta como una loca" cuando se entera que Mereles es un delincuente (en vez de rechazarlo en nombre de los valores de su clase y de los pudores de su edad) (27); hay fantasías exhibicionistas o de intercambio de compañero, pulsiones por madres o mujeres embarazadas, y por supuesto una visión iconoclasta de la homosexualidad que no es ni "perversión", ni identidad, ni historia de amor, sino peripecia del deseo (algo que, como en la intriga, sucede, sin más, se da, se produce, es algo que se puede "oír"). La sexualidad se comparte, se desplaza, ignora el bien y el mal, está tanto del lado de los culpables como del lado de la policía o del público, convierte en inasibles los discursos sociales y el poder de la palabra institucionalizada.

En ese sentido hay que notar que esa circulación del deseo, y en particular del deseo homosexual, interroga el contenido de la masculinidad, asociada con el poder: tener el pene, tener la plata, tener la droga, tener el arma, tener la palabra, el discurso. La masculinidad es, por definición, inestable e incierta: es una construcción. El comisario Silva, que conoce el efecto que produce, que sabe que los demás le tienen miedo (87), posee características femeninas: su rostro es frágil y parece una "máscara japonesa", sus manos son pequeñas, son manos "de mujer", y lleva una "pistola gatillada hacia el piso en la zurda, como un garfio o una prótesis que completa un cuerpo imperfecto" (196). "Armado podía fingir" afirma a continuación el narrador. Y del Nene, Giselle, su amante uruguaya, declara algo que podría aplicarse al temible comisario Silva: "Como todos los que representan el papel masculino con otros hombres... el Nene era muy quisquilloso en la cuestión de su masculinidad" (103). Frente a la prótesis, a la incertidumbre de la masculinidad, la humillación sexual del Nene ante otro hombre da lugar a una imagen lírica del deseo. Cuando sale en busca de un contacto homosexual fugaz, él se siente atraído por algo que se parece a la plenitud: "Es como buscar algo que se ha perdido y que de pronto aparece bajo una luz blanca, en medio de la calle" (105). Lo masculino se presenta entonces como papel y el contacto homosexual como figura de un deseo libre, fuera de los relatos éticos y de poder: es el relato pleno, lo homosexual es el otro relato. Como la ficción final, como la irrupción del imaginario, el deseo trastoca y desdibuja lo representado, mezcla las categorías, invierte la compilación, la investigación, la escucha respetuosa de las voces sociales.

En esta perspectiva, resulta interesante la oposición con la historia amorosa de Molina y Valentín en *El beso de la mujer araña*, ya que la pareja del Nene y Dorda se define en alguna medida como una figura contraria: en ellos, el deseo se sitúa fuera de valores sociales asumidos por palabras, fuera de las voces que atraviesan el espacio social; mientras que para Puig, la homosexualidad es el punto de partida de una proliferación de discursos sobre la sexualidad (discurso tradicionalista de Molina, militante de Valentín, estética del cine, prejuicios sociales, psicoanálisis, psiquiatría, sociología, etc.) y de una inserción repetida de la práctica sexual en la órbita de la ideología. Quizás cabría leer *Plata quemada* como una continuación, como la etapa siguiente a esa primera ruptura que implicaba la imposible historia de amor de *El beso de la mujer araña*, ahora fuera de la cárcel, fuera del poder del Estado, fuera de la definición de roles sexuales, fuera de la ética, fuera de toda reivindicación; es una figura de lo imposible, de lo perdido, de un goce violento y autodestructor.

Junto a la historia explícita, *Plata quemada* esboza otra historia, otra ficción ya narrada en los textos anteriores de Ricardo Piglia: la historia de un hombre que, como leemos en *La ciudad ausente*, "no tiene palabras para nombrar el horror. Algunos dicen que [su relato] es falso, otros dicen que es la pura verdad" (Piglia 1992: 17). Creación trabada, creación que ficcionaliza al escritor como alguien que desaparece, que no hace más que esperar que el relato surja, se imponga ("no tener [...] nada personal para contar, salvo los rastros que dejan los otros" [Piglia 2000: 10]). Algo así como una coincidencia mágica: la historia encuentra su escritor; la palabra, el libro; la imagen, el sentido. Esta otra historia, esta ficción oculta que representa la representación, es un elemento impregnado por un mito personal de la creación. O por un mito sobre la esterilidad, del cual la máquina de narrar de *La ciudad ausente* sería seguramente el episodio más patético. Es también un largo proceso que va de lo real y lo social, de la mudez y la escucha, a la exuberancia imaginaria y pulsional. Si en *Plata quemada* no aparece, sorprendentemente con respecto a otros textos de Piglia, ningún metadiscurso explícito, es porque el dispositivo de construcción integra, en tanto que intenso secreto, la posibilidad de la narración.

En todo caso, digamos que el reflejo, la representación, la homosexualidad, la locura, la oposición entre el bien y el mal, entre lo femenino y lo masculino, sugieren un término que puede dar cuenta de la novela: la inversión. De las prácticas sexuales invertidas a una multiplicación de figuras de inversión: el macho que sonríe como una nena, el gaucho al que las voces tratan de guacha, la media puesta sobre el rostro viril en vez de estar sobre la pierna femenina. Pero también inversión con sus connotaciones financieras (el robo como inversión, como inversión invertida, como circulación fuera de los ámbitos habituales del dinero, como plata quemada), la inversión como figura de disolución moral (el héroe es el criminal, el hijo de buena familia es un destructor de los valores sociales, el comisario es un asesino), inversión como figura temporal (hoy por ayer y ayer por hoy en una novela en donde todo remite a otros pasados y otros presentes), inversión como eco de la escritura (la proliferación de versiones, la puesta "en versión" de la historia, la verdad que es mentira, la ficción que es real), la inversión inclusive como definición genérica del relato policial, en donde, afirma Piglia, "el que habla es el culpable [...] El mundo es visto con los ojos del culpable" (Piglia 1999: 13). Inversión como dinámica de la representación: reproducción, repetición de lo material, alterando el orden y la perspectiva. Como esos espejos, que en un cuento célebre Bioy Casares asocia a la cópula y que tanto lo asustan cuando ve en ellos la imagen de dos hombres solos a altas horas de la noche, la literatura es abominable no sólo porque refleja sino porque multiplica la realidad, trastocando sus apariencias, revelando sentidos ocultos, liberando deseos que no son visibles al derecho sino sólo al revés. Esa reproducción mimética, esa adhesión entre el objeto y su imagen, corresponden también al proyecto de *Plata quemada*, una "historia verdadera" que reproduce (que refleja) algo sucedido. En esa reflexión se juega una novela que pone en escena una violencia estatal e individual, una anulación ética, un triunfo del caos, el fracaso del sentido, pero que también dramatiza, en términos legendarios, la posibilidad de la ficción. La historia, el poder, el hombre, son, en *Plata quemada*, "abominables". Algo similar sucedía en el cuento de Borges: en el espejo, el reflejo invertido libera el sentido, introduce el imaginario, da lugar, en su tenue frontera, a la literatura.[9]

## OBRAS CITADAS

Borges, Jorge Luis. *Obras completas*. Buenos Aires: Emecé, 1965.

Clayton, Michelle. "Ricardo Piglia: *Plata quemada*". Piglia, Ricardo. *Conversación en Princeton*. PLAS Cuadernos, 2. Princeton: Princeton University, 1998. 45-7.

Fornet, Jorge. "Un debate sobre poéticas: las narraciones de Ricardo Piglia". *La narración argentina gana la partida* (*Historia crítica de la literatura argentina*, vol. 11). Elsa Drucaroff, ed. Buenos Aires: Emecé, 2000. 321-44.

García Romeu, José. "La parole dispersée: *Respiración artificial* de Ricardo Piglia". *La voix narrative*, n° 10. Nice: Centre de narratologie appliquée, 2001. 485-94.

Ludmer, Josefina. *El cuerpo del delito*. Buenos Aires: Perfil, 1999.

Maristany, José Javier. *Narraciones peligrosas. Resistencia y adhesión en las novelas del Proceso*. Buenos Aires: Biblos, 1999.

Piglia, Ricardo. *Crítica y ficción*. Barcelona: Anagrama, 2001.

\_\_\_\_\_ *Formas breves*. Barcelona: Anagrama, 2000.

\_\_\_\_\_ (comp.). *Las fieras*. Buenos Aires: Alfaguara, 1999.

\_\_\_\_\_ *Plata quemada*. Buenos Aires: Planeta, 1998.

\_\_\_\_\_ *La ciudad ausente*. Buenos Aires: Sudamericana, 1992.

\_\_\_\_\_ *Prisión perpetua*. Buenos Aires: Sudamericana, 1988.

\_\_\_\_\_ *Nombre falso*. Buenos Aires: Siglo XXI Editores, 1975.

Scavino, Dardo. "Le polar argentin". *Alma* (oct.-nov.-dic. 2000): 60.

---

[9] En las últimas líneas del artículo y en su título aludo, por supuesto, a "Tlön, Uqbar, Orbis Tertius" de Jorge Luis Borges.

# Cómo habla la plata*

*Michelle Clayton*

LA NOVELA DE RICARDO PIGLIA, *PLATA QUEMADA*, GANADORA DEL PREMIO Planeta en 1997, se presenta claramente como un trabajo de no-ficción, como una pieza de periodismo de investigación que recobra la verdadera historia del robo de un banco (sucedido en 1965 en Buenos Aires) y la lucha y muerte de los criminales tras el impactante incendio del botín. La primera oración del epílogo no podría ser más enfática: "Esta novela cuenta una historia real" (Piglia 245). A dicha postulación de verdad que es, sin duda, sospechosa –además de constituir una estrategia recurrente en la obra de Piglia–, le sigue un enunciado que supera tal afirmación al expresar cierto interés diferente en la historia: su cualidad legendaria, su *pathos*, su posible –y fomentada– lectura como "una versión argentina de una tragedia griega" (250). Este vestigio artístico no es el único elemento que socava la reconstrucción de la "historia verdadera". La novela está constituida por el entretejido de fuentes, por una multitud de voces diferentes, frecuentemente contradictorias, que cuestionan –implícita y explícitamente– los límites entre la verdad y la ficción, o entre la verdad y su reconstrucción hermenéutica. *Plata quemada* no está articulada por una única línea narrativa –una despótica historia ejemplar, sino por perturbadoras microhistorias que luchan entre sí para

---

* Publicado con el título "Ricardo Piglia: *Plata quemada*", en Arcadio Díaz Quiñones, Paul Firbas, Noel Luna y José Antonio Rodríguez-Garrido (editores), *Ricardo Piglia. Conversación en Princeton*, Plas Cuadernos, núm. 2, Program in Latin American Studies, Princeton University, 1998.

imponerse o que exigen, al menos, ocupar un espacio en la novela. De este modo se destaca la subjetividad de la historia narrada y no la verdad de una versión; aquello que se dice –de modo magistral–, y no lo que se observa.

La forma cuasi periodística que utiliza el narrador parecería privilegiar la reconstrucción de la línea argumental bajo un criterio de verdad; es decir, se organizan fuentes y elementos a fin de proporcionar una versión de "aquello que en verdad ocurrió". Y sin embargo, el énfasis –hasta el epílogo– yace no en la reconstrucción de la historia sino en su construcción, en los momentos y los actores implicados, en la actuación y articulación de estos últimos en el fluir de los acontecimientos. Las fuentes son de suma importancia, especialmente los testigos, y éstos se utilizan para dar una impresión permanente de simultaneidad, de contemporaneidad entre los procesos de escritura y lectura, y los momentos reales narrados. Finalmente, tal sincronía da forma a la retrospección que se desarrolla en el epílogo, por medio de comentarios acerca de la reconstrucción, en especial los que se refieren a las fuentes del narrador y al modo en que las utiliza. Incluso, el epílogo es mucho menos directo de lo que sugiere el tono confesional del narrador. No es ésta la mentada "libre reproducción de materiales" (Piglia 248), modelada únicamente por las inclinaciones artísticas y caprichosas del narrador; por otra parte, el proceso de selección y explotación de los materiales es menos sistemático y más democrático de lo que surge a primera vista. La aparición súbita y extraña de este principio organizativo en el epílogo sofoca, sólo en parte, el principio polifónico que rige el resto de la novela; es ésta una obra en que hablan todos, y en que la plata habla por y a través de cada uno de sus agentes.

En gran parte, el espesor de *Plata quemada* deriva precisamente de la superposición de voces y versiones coexistentes, del entretejido de lo marginal con lo central, de lo no cuantificable y oral con lo autoral y la escritura. El escritor recoge, a su vez, voces para reconstruir su historia. Pero las voces nunca se borran, ni se subsumen dentro de alguna categoría, ni pueden unirse perfectamente; más bien, muestran en cualquier parte la fricción entre sus registros y puntos de vista, el hilván de sus conexiones, la complejidad y persistencia desafiante de sus tejidos conflictivos. Estas voces producen versiones siempre subjetivas e interesadas, cuyo principal instigador es el dinero; pero existen, a su vez, impulsos políticos, sociales, personales y artísticos para los relatos. De manera significativa, estas voces se agrupan de acuerdo con sus registros: desde la jerga de las clases marginales y criminales, pasando por el habla fácilmente comprensible de las masas, el tono engañoso del reportaje, la terminología mal intencionada y reduccionista del informe psiquiátrico, las declaraciones autoritarias de los informes policiales, hasta el discurso estetizado del narrador en posición de privilegio, Emilio Renzi.[1] Estas voces circulan y conforman la sociedad en la vida y en la novela. Junto a la del narrador, ellas comentan, interpretan, argumentan y producen esta historia compleja; resultan tan difíciles de desentrañar como lo son los contactos múltiples que ligan a los diversos agentes de la propia historia –contactos que zigzaguean a través de todos los espacios sociales y que constituyen una "historia verdadera" con muchos más actores que los ostensibles criminales.

En vez de ofrecer un prólogo que lo instalara de inmediato en la historia, el narrador comienza por borrarse a sí mismo. El principio de la novela, instancia anterior a la cobertura periodística de los acontecimientos, se focaliza en cambio en el registro oral, en las versiones populares, en un tiempo presente que ubica al lector en la escena protagonizada por dos criminales: el Gaucho Dorda y el Nene Brignone. La problematización de la "verdad" se introduce en seguida en relación con el proceso de nominalización (central en la novela y en el género periodístico-detectivesco en general). La versión popular que denomina al dúo como "los mellizos" es contradicha por la afirmación autorizada de que no lo son (11). Sin embargo, en el desarrollo de la novela se subraya el lazo casi natural que ambos sienten que existe entre ellos; la designación de "mellizos", aunque incorrecta, resulta por completo adecuada. Algunos personajes operan bajo "nombres falsos", sobrenombres que ellos mismos adoptan para protegerse, basados en la apariencia que otros les atribuyen. A otros personajes se los describe de modo sesgado; su identidad debe permanecer oculta en las maquinaciones criminales en tanto son policías y políticos involucrados en contratar a trabajadores "sucios" para reemplazarlos en el mismo robo.

Si bien el narrador está ausente desde el comienzo de la novela, existe sin embargo un autor. Un inverosímil personaje llamado Malito es a quien se le adjudica no sólo la historia narrada sino también la autoría de los mismos acontecimientos: "Era el hombre invisible, era el cerebro mágico,

---

[1] Este protagonista se une de manera importante a la figura del narrador y de Piglia mismo, no sólo a través de la intertextualidad sino también por referencias en el epílogo; está formado por los dos nombres que normalmente se borran en el trato social – Ricardo Emilio Renzi Piglia – y constituye el predilecto "nombre falso" del autor. La novela fue entregada al jurado del Premio Planeta bajo otro seudónimo, el de Ricardo Luminari, y con un título que consideraremos al final, *Por amor al arte*.

actuaba a distancia, tenía circuitos y contactos y conexiones raras [...] era el jefe y había hecho los planes y había armado los contactos con los políticos y los canas que le habían pasado los datos, los planes, los detalles" (13-14). Nuestra primera mirada sobre este conspirador lo imagina, en efecto, conspirando, creando tiempos y espacios para su drama. Externo a la historia y, a la vez, su centro invisible, su núcleo de control, él manipula las cuerdas de todos los miembros de la sociedad atrapados en su red, desde los políticos hasta los pequeños ladrones. E incluso, una vez que ha delineado su plan e iniciado la acción, se aparta de la escena de los acontecimientos dejando vacilantes a sus marionetas, quienes comienzan a asumir un papel cada vez más activo en sus propios movimientos. Estas marionetas, los protagonistas de la historia –Dorda, Brignones, el Cuervo Mereles– no son simples actores, sino también lectores y escritores que leen de manera supersticiosa y pragmática los signos de la realidad que los rodea y acosa. Por último, son lectores que interpretan literalmente tanto las historias que ellos mismos producen como las que existen a su alrededor, reaccionando ante las versiones populares, las de la prensa y la policía, e incluso respondiendo en forma activa en el momento de tomar decisiones.

La fuente principal de la sección inicial –anterior al ingreso de la prensa– es el testimonio de los testigos que una autoridad narrativa no identificada, aparentemente objetiva, organiza y problematiza. Dichos testigos adquieren un carácter privilegiado por el hecho de haber *visto* algo. Sin embargo, la subjetividad de sus perspectivas, puesta de manifiesto a través de la articulación de aquello que vieron –"los testigos se contradicen como siempre sucede" (15)– es lo que resulta importante y complejo. Así aparece la constante discrepancia entre los testigos: dos cuerpos contemplados por distintos observadores pueden recibir diferentes apodos (lo que conducirá más tarde a confusiones periodísticas); las diferentes perspectivas se obstruyen y las percepciones se fragmentan. Aun cuando las descripciones coincidan, el narrador postula que "no sirven para nada" (51). Estos miembros de la sociedad, en general anónimos, funcionan para el narrador como una suerte de coro griego que complementa su lectura trágica al agregar interpretaciones y predecir resultados (y también engrosar de modo efectista y emotivo la línea argumental): "La gente en situaciones como ésa siente que se le llena la sangre de adrenalina y se emociona y se obnubila porque ha presenciado un hecho a la vez claro y confuso" (16).

Sin duda, el autor (narrador) no está sólo interesado en la coexistencia de versiones divergentes, sino en las causas que inspiraron su articulación, en el tráfico de historias y versiones como objetos de intercambio dentro del espacio social. Tres de los testigos que encarnan dichas causas ponen en evidencia el impulso subjetivo de cada acto narrativo originado por intereses de diversos tipos. El contexto del primer testigo, Abraham Spector, es el robo del banco; esto se presenta de manera fragmentaria, tal como lo experimenta una víctima que ve sin comprender: "La confusión indescriptible que el alevoso ataque produjo no permitió, en los primeros momentos, precisar lo que había ocurrido" (41), y que sin embargo resulta ser la fuente más fiable para el primer informe periodístico. Spector se las arregla para producir una versión de los acontecimientos, que, no obstante, no se configura a partir de la memoria o la percepción sino por sugerencias policiales, y por intereses políticos personales, como forma de autoprotección: "Si le decían que eran cuatro iba a jurar que eran cuatro" (39). El segundo testigo importante, Eduardo Busch, tiene otro motivo para contar su historia de la persecución automovilística: no busca salvaguardarse sino alcanzar prestigio social; poseer una historia legítima, a la vez, la autoridad social y una nueva postura filosófica. Esto es casi digno de elogio si se lo compara con los impulsos siniestros del tercer testigo. Lucía Passero, quien vive en un barrio modelo caracterizado por un superdesarrollado sistema no oficial de vigilancia, es la observadora por excelencia: "Por la vidriera de la panadería, en ese barrio tranquilo de Montevideo, se controlaba la calle entera. 'Mejor que en el cine', declaró luego la señorita Lucía Passero [...] Fue como ver una película proyectada para ella sola, una experiencia inolvidable" (121-24). El placer sádico de su mirada fija en la brutalidad, impulsada por su "tentación del mal", habla no sólo acerca del proceso de mirar, sino también del de leer, ya sea *Plata quemada* o los artículos periodísticos, tan sádicos y sensacionalistas que hasta el mismo Malito los desaprueba como síntomas de una maldad social más radical.

Mientras estos testimonios personales, constantemente presentes, se desestabilizan y se acumulan a lo largo del relato, dos autoridades narrativas mayores entran en la escena: la policía y la prensa. Las dos existen en una curiosa tensión simbiótica: ambas testimonian hechos, ambas investigan y cada una depende de la otra. La policía requiere de un vehículo para la transmisión de información, aunque ésta sea falsa: "las informaciones en los diarios circulaban entre líneas y había muchas operaciones de contrainteligencia en medio de las noticias" (54). Por su parte, la prensa se nutre de los informes diarios de la policía y proporciona, a su vez, información para un público masivo. Esta tensión se emblematiza en un enfrentamiento significativo entre el escéptico periodista Renzi y el evasivo inspector Silva; éste responde al primer pedido de información de aquél con una amenaza; el verbo se transmuta en violencia. Aunque el papel de Silva consiste en obtener testimonios verbales y confesiones, su modo de proceder implica la brutalidad física y no sólo el interrogatorio ("no investiga, sencillamente tortura, y usa la delación como método"). Y sin embargo, "actuaba legalmente, Silva, tenía el respaldo de Coordinación porque su hipótesis era que todos los crímenes tenían un signo político: 'Se terminó la delincuencia común. Los criminales ahora son ideológicos [...] Están en guerra con toda la sociedad, quieren matarnos a todos'. Por eso (según Silva) había que coordinar con la inteligencia del estado la acción policial" (66).

La "inteligencia" y la "acción" en este caso no se dirigen, por cierto, al descubrimiento de las bases ideológicas del crimen (el ex peronismo clandestino, según se informa), sino al encubrimiento de su planificación, en la que participan, de manera banal y abominable, miembros autorizados de la sociedad. Como señala el narrador: "estaban tirando cortinas de humo, para proteger su línea de información" (58). Y estas líneas de información, como también los actores de la historia, cruzan todas las regiones de la sociedad y constituyen una red que incluye tanto criminales como funcionarios, mediante "tratos implícitos que rigen la ley no escrita entre la pesada y la patota". Una tesis importante de esta novela es, precisamente, la complejidad de esta red social hecha del entramado de contactos, de versiones y voces. "Una estructura celular" (24), como señaló uno de los criminales, que, sin embargo, también fracasa en proteger a los sujetos de inferior jerarquía. Las figuras marginales que se nombran, clasifican y localizan se convierten en fáciles chivos expiatorios en el nebuloso y organizado mundo del alto crimen. De allí el epígrafe de Brecht: "¿Qué es robar un banco comparado con fundarlo?".

No obstante, las narrativas centralizadas y autoritarias de la prensa y la policía no neutralizan las contradicciones existentes entre las distintas versiones. En realidad, ambos –el informe policial y el periodístico– dependen, irónicamente, de testimonios individuales múltiples y contradictorios y de voces localizadas en espacios marginales: "la fuente inagotable de referencias precisas que constituye la vida nocturna montevideana" (135). Las confesiones y delaciones con contingentes y delincuentes. Y sin embargo, el tono y el estilo de los medios masivos de comunicación se ubican, de manera implícita, en el mismo nivel de los criminales. "De la misma forma repulsiva y abyecta de siempre (según Malito), los diarios informaban ahora con la desvergüenza y la precisión en los detalles que son característicos de la brutalidad con la que tratan los hechos [...] El sensacionalismo primitivo que resurgía brutal ante cada nuevo crimen [...] le hacía pensar que su cabeza no era tan extraña a la de los sádicos degenerados que se alucinan con los horrores y las catástrofes" (57-8).

El relato encuentra un punto de estabilidad en las crónicas de Renzi, el "pibe de pelo crespo", quien en su férrea y simultánea cobertura de los hechos se compromete a revelar la verdad; prolifera la fórmula cuasi verídica "hoy [por ayer]"). Al depender por igual de la información de los testigos, de la policía y de las noticias mediáticas, su acceso a la verdad es, por supuesto, también fragmentario. Intenta contener las discrepancias entre versiones al señalar incoherencias y evidentes engaños, pero sus propias limitaciones e impulsos ficcionales aparecen por todas partes: "El cronista no lo sabe pero maneja varias hipótesis" (136). Por otra parte, al rechazar la autoridad oficial –periodística y policial– Renzi comienza a ver a los fugitivos como protagonistas de una tragedia moderna. En este empeño se lo representa de forma medio burlona: busca en el diccionario la palabra *hybris* para usarla como título de su nota.

Sin duda, la percepción legendaria por parte de Renzi –una caracterización trágica de los acontecimientos y los personajes– afecta no sólo su propia objetividad periodística, sino que, más importante aún, lo une con el narrador del epílogo y, por consiguiente, con la obra en su totalidad. Este narrador no reconstruye una historia modelo ni entrelaza simplemente múltiples voces desde el tiempo presente de los acontecimientos; incluye prolongadas incursiones en episodios extraños a la trama principal del robo, la huida y el sitio: numerosas historias amorosas, análisis de las relaciones (siempre imaginadas), e incluso indagaciones sobre el pasado de los personajes corren paralelos a los entreverados y paródicos informes psiquiátricos del diabólico doctor Bunge. Es decir, prima no sólo la tragedia como género, sino también se echa mano de la sátira, la novela sentimental, las biografías, las taxonomías frenológicas y también la ficción detectivesca y periodística (que parece querer borrar su propia ficción). Géneros y microhistorias se multiplican de un modo tan desordenado como las voces, registros, versiones y contactos entre los personajes. Así, resulta relevante el título provisorio de la novela: *Por amor al arte*.

La última sección de *Plata quemada*, que trata de la emboscada final de los "perros enjaulados", se inunda de frenesí mediático. No sólo los periodistas están presentes para brindar una cobertura simultánea –siempre inflexible a las demoras– sino que, al mismo tiempo, la simultaneidad se vuelve histérica cuando la radio y, de manera más espectacular, la televisión ingresan en la escena, haciendo realidad los sueños de Lucía y sus familiares: "Las cámaras hacían sus paneos sobre los heridos porque por primera vez en la historia era posible transmitir en vivo, sin censura, los viajes de los muertos en la batalla de la ley contra el crimen" (166). Sin embargo, lo que se juega aquí no es la objetividad, la utopía/distopía de una visibilidad plena, sino el sensacionalismo, un sadismo seductor. De manera brillante, ahora no es sólo el público quien puede observar la escena del crimen, sino también los criminales –que pueden ver tanto al público (suyo) como a sí mismos. Con la entrada de los medios, la historia se torna puro presente. La información fluye ilusoriamente libre e inmediata entre todos los protagonistas de este drama, en un movimiento extraordinario que amenaza duplicar en forma vertiginosa los acontecimientos por medio de un juego de reacciones mutuas.

Sin embargo, las voces no se silencian del todo ante el ingreso de la visibilidad –"La única luz adentro era el brillo de la televisión prendida sin sonido" (151)–; aún continúan, deslizándose a través de un intercomunicador que sirve en ese momento como medio directo de comunicación entre la policía y los criminales. Son voces análogas a las que escucha Dorda en su interior, inseparables y, en general, imposibles de identificar. Al ser capturadas por los micrófonos en el departamento deben ser descifradas por el desafortunado Roque Pérez en su confinamiento solitario, una instancia en que la ilusión de inmediatez no alcanza a ocultar la problemática de esta omnisciencia tecnológica.

Estas voces se convierten en bulla en el esplendor de la escena principal. El incendio del dinero se relata de distintas maneras: con la pretendida objetividad de un informe ("duró exactamente quince interminables minutos, que es el tiempo que tarda en quemarse esa cantidad astronómica de dinero"), con intenciones estéticas ("mariposa de luz", "una columna bellísima de cenizas azules", "la ceremonia trágica"), según criterios sociopolíticos ("ese acto era una declaración de guerra total, una guerra directa y en regla contra toda la sociedad"), desde la ironía filosófico-religiosa ("quemar dinero inocente es un acto de canibalismo") y a partir de preocupaciones éticas ("un murmullo de indignación", "con salvar a uno solo de los niños huérfanos habrían justificado sus vidas") (190-193). Al multiplicar estas voces, al dejar que persista el eco de esta última, el narrador expone el verdadero impulso que provoca los acontecimientos de la novela: "Si la plata es lo único que justificaba las muertes y si lo han hecho, lo han hecho por plata y ahora la queman, quiere decir que no tienen moral, ni motivos, que actúan y matan gratuitamente, por el gusto del mal, por pura maldad, son asesinos de nacimiento, criminales insensibles inhumanos" (190). Esta indignación, este repentino sentido moral, se produce no por la proliferación de muertes, sino por la destrucción del dinero, al que se concibe como "inocente, aunque haya sido resultado de la muerte y el crimen, no puede considerarse culpable sino más bien neutral, un signo que sirve según el uso que cada uno le quiera dar". Los comentarios del filósofo uruguayo Washington Andrada son el emblema de esta fábrica moral deformada de la sociedad: "Un acto absoluto y gratuito en sí, un gesto de puro gasto y de puro derroche que en otras sociedades ha sido considerado un sacrificio que se ofrece a los dioses porque sólo lo más valioso merece ser sacrificado y no hay nada más valioso entre nosotros que el dinero" (192-93).

Es el carácter gratuito de este acto, el incendio sacrílego del dinero, más que el derramamiento de sangre y la destrucción de la vida, lo que sella el destino de los criminales. Las multitudes los condenan en forma unánime; se juzga a los criminales como una presencia intolerable para esta sociedad "moral", y son identificados como una causa de la enfermedad más que su efecto. Su "acto gratuito" los separa de manera efectiva y absoluta de sus conexiones con los controles ocultos. Una vez aislados, la sociedad es capaz de encontrar un remedio sencillo para su enfermedad eliminando a estos pequeños chivos expiatorios. Pero el silenciamiento de estas voces, la eliminación de estos actores, acalla al resto de la sociedad: la erradicación de estos peligrosos cuerpos marginados no desgarra la poderosa red oculta del crimen oficial. De cualquier modo, el sarcasmo mayor se reserva no para esos ocultos autores, sino para los lectores-sujetos que se tragan ávidamente sus distorsionadas ficciones; la ceguera moral de la sociedad, después de todo, no se interesa por las causas profundas y sombrías sino sólo por preservar su propia serenidad superficial. Lo que importa para su corta vista autosatisfecha del público es que "la calle quedó por fin vacía" (243).

No obstante, este borramiento se proyecta en dos direcciones divergentes. Si por un lado señala la erradicación de elementos indeseados, también apunta al impulso que rige la novela: investigar cómo habla la plata, por quién y para quién, dejando al desnudo su impacto sobre el lenguaje estratificado. Cuando los criminales queman la plata, lo hacen para sacarla de circulación, y así sofocan, aunque sea de un modo mínimo, uno de los discursos que motivan a esta sociedad. El impulso básico, aunque incomprendido por parte de los actores, se puede resumir en unas pocas palabras poéticas: "purificar las palabras de la tribu". Las llamas finales buscan a la vez arrasar e iluminar; el complot se organiza bajo la consigna *Por amor al arte*.

## Obras citadas

Díaz-Quiñones, Arcadio, et al, (comps.) *Ricardo Piglia. Conversación en Princeton*. Princeton: Program in Latin American Studies, *Cuaderno 2*, Princeton University, 1998.

Piglia, Ricardo. *Plata quemada*. Buenos Aires: Planeta, 1997.

*Tercera parte*
*Experiencia, historia y relato*

# Traducir la historia*

*Francine Masiello*

> Es muy sutil, muy paciente, el trabajo de quitar el yo, de desacomodar interiores, identidades.
> Macedonio Fernández, *Museo de la novela de la Eterna* (35)

> Closer inspection... would reveal a multiplicity of personalities inflicted on the documents or document and some prevision of virtual crime or crimes might be made by anyone unwary enough before any suitable occasion for it or them had so far managed to happen along.
> James Joyce, *Finnegans Wake* (96)

¿CUÁL ES LA FUNCIÓN DEL INTELECTUAL EN ESTA ÉPOCA NEOLIBERAL? ¿CUÁLES son las posibilidades de que la cultura interrumpa el flujo del libre mercado? Dicho tema es vehementemente debatido en la Argentina. Algunos intelectuales se han centrado en la ética dudosa del individualismo, con lo cual se las han arreglado para racionalizar su resistencia a toda coalición popular. En la actualidad, el ideal comunitario que se postula entre algunos sectores se recibe como una ilusión perteneciente al pasado. Otros han atribuido la responsabilidad de la crisis al papel desempeñado por los medios de comunicación y a un nuevo tipo de "sentido común" que conspira contra la meditación y el conocimiento; "la opinión" viene a

---

* Traducción de Isabel Quintana

sustituir a la información y al debate (Sarlo 1994). Pero los medios masivos de comunicación orientados al mercado también sostienen un estricto control sobre el tráfico del significado y la representación, la verdad y la ficción, la historia oficial y sus alternativas. En este contexto, cuenta más la lógica del *best seller* que el debate público sobre la cuestión de valores. Asimismo, como el campo de juego se encuentra nivelado por el paradigma del mercado, también se observa que el espacio para la reflexión estética y artística se encuentra reducido.

En este trabajo intento proponer una lectura de *La ciudad ausente* que pueda situar el proyecto artístico de Piglia en una línea crítica con respecto al neoliberalismo. No es mi intención considerar a esta novela como una alegoría de la Argentina en los noventa; en cambio, quiero centrarme en aquellos procesos estéticos que sugieren una serie de problemas en torno a la representación. La literatura se convierte en el espacio en donde se registran las crisis de significado y de la práctica política. A fin de abordar este problema, mi análisis se irá desarrollando a partir de diversas perspectivas: en primer lugar, ¿cómo configura la categoría de lo estético, las tensiones entre la experiencia y la narración, entre la cultura global y las culturas locales? En segundo lugar, ¿cómo funciona la traducción para sostener múltiples versiones de lo real? Y, finalmente –y quizás lo más importante–, ¿cómo ofrece el proyecto de Piglia una especulación sobre las subjetividades emergentes y el diálogo no controlado por el estado?

La gran obsesión de Piglia nos advierte sobre los problemas en la narración de la historia: cómo vincular lenguaje y vacío, cómo encontrar una estrategia ficcional que explique el centro perdido del conocimiento. Como *Respiración artificial*, *La ciudad ausente* también vuelve al pasado argentino, pero en vez de dar cuenta del presente en términos de una visión abarcadora de la historia (esta fuerte tradición en la narrativa argentina atrae a Piglia), la novela de 1992 depende de los pormenores de pequeñas ocurrencias, relatos aparentemente menores, sin un contexto más amplio. Así, por ejemplo, si la oposición ciudad-campo domina gran parte de la novela (llevándonos a las pampas para recordar las tradiciones anarquistas y gauchescas), este paradigma es también reducido a sus mínimos componentes. El pasado aparece fragmentado, se presenta como una serie de diminutas historias incompletas sin ningún propósito comprensivo excepto el de recordarnos el horror. Al mismo tiempo, ningún personaje logra capturar una comprensión total de la historia.

Como si al abandonar una investigación sobre los orígenes narrables del desarrollo humano Piglia proveyera, a través de los detalles, otra visión sobre la evolución social, la metonimia y la vaga interconexión entre las ideas se ofrecen como alternativas para el debate histórico. Como Junior, el hijo de un extranjero, quien va tras la búsqueda del significado, también nosotros vagamos como forasteros confundidos por lo que vemos. Así, de nuestros esfuerzos como lectores dependerá el montaje del significado de la novela. En la misma línea del cuento de Borges "El jardín de senderos que se bifurcan", descubrimos que el laberinto y la novela son uno y lo mismo; aprendemos que una sucesión de historias minúsculas define cualquier historia nacional de la misma manera que ésta define la forma y la estructura de una novela.

No es casualidad, entonces, que Junior, descendiente de exploradores ingleses que alcanzaron las costas argentinas en el siglo XIX, inicie este interrogante. Este personaje pasa su vida como un viajero nómada, viviendo en hoteles de segunda categoría, sin lograr ninguna distinción ni privilegio. Junior, un extranjero más en un país donde *todos* sufren la condición de extranjería, oye hablar de un hombre que carece de palabras para nombrar el horror. Dicha imagen habrá de perseguirlo mientras investiga la historia de la máquina narrativa. Esta es la motivación primaria que obliga a Junior a hacer conexiones entre imágenes dispares y episodios, a equilibrar el lenguaje y el sentimiento, a unir el pasado y el presente. Así, Junior aprende cómo traducir entre dos esferas de la experiencia que presumiblemente se reflejan la una en la otra, a pesar de la distancia extraña que media entre ellas. Sin embargo, su "omniabarcadora" tarea colapsa. Al tratar de impedir que la memoria de la máquina sea desactivada por el estado, comienza a perder la posibilidad de la recuperación del significado y a abandonar también su identidad.

Esta enajenación es una marca de Junior, pero también es parte de la estructura narrativa, de la trama y de nuestra propia condición como lectores. En esta novela no sólo nos enfrentamos a la pregunta principal de *Respiración artificial*, "¿Hay una historia?", sino, lo que es más importante, al interrogante sobre la naturaleza de la invención en un ambiente dominado por los rasgos de la reproducción y la copia, y por un grupo de signos mecánicos que nunca conducen a comunicar el arco total de nuestra experiencia con la historia. Al respecto, aun el nombre de Junior indica su rol como una repetición empobrecida de un modelo anterior. Junior, al asumir el nombre de su padre, se transforma en un miembro secundario en su línea de descendencia familiar. En dicho proceso, él experimenta de modo incidental ambos legados: el de las tradiciones inglesas y el de la historia argentina. Desde el comienzo, entonces, lo doble prevalece en la narrativa de Piglia para que Junior y otros personajes se mantengan distantes de la experiencia directa de los acontecimientos. La autenticidad es puesta en tela de juicio.

Esta duplicación articula la memoria del pasado. El conjunto de los personajes se ven enfrentados a un sentido de distancia y extrañeza, quedándose con ficciones de la experiencia cotidiana, ficciones suministradas por el estado, ficciones de prácticas opositoras que puedan resistir al poder de vigilancia. Al final de esta línea de réplicas se encuentra una historia fragmentada que, según postula uno de los personajes, es una simple reproducción del orden del mundo dentro del realismo de las palabras. De este modo, la solución se halla en un anhelo por el diálogo y la conversación.

A lo largo de *La ciudad ausente*, los personajes van en busca de una comunidad momentánea para hacer legible la otredad dentro del ámbito de la vida cotidiana. Esto se mantiene a pesar del viaje nómade y del orden fragmentado de las historias. El nomadismo se va dibujando a través de las ficciones cambiantes, en los pequeños relatos que se encuentran constantemente transformados mientras se trasladan de un oyente a otro. Esto es obvio no solamente en la primera historia –en la que se transforma al William Wilson de Poe en una figura llamada Stephen Stevensen–, sino también en la fiesta movediza de relatos que domina la novela. La transformación es continua y, según creo, motivada. Por ejemplo, en una historia ubicada en el campo (la primera historia escuchada por Junior), los trabajadores anarquistas tratan de rescatar una vaca atrapada en una zanja que está llena de restos humanos; frente a la contemplación del horror sienten una profunda pérdida y dolor. En una segunda historia contada en el siguiente capítulo, un hombre llamado Burgos rescata a un ternero casi ahogado; sus compañeros se mofan del episodio y matan luego al animal para comérselo. Aunque el rescate del animal es común a ambos relatos, la risa malvada en el segundo contrasta con la profundidad del agudo pesar expresado en el primero. Lentamente, los distintos relatos exponen el espectro de sentimientos que provoca el horror y, a su vez, muestran que la empatía marca una diferencia notable.

En *Mil mesetas* Deleuze y Guattari se refieren a la máquina estatal que hipercodifica y compartimentaliza, a las estructuras binarias que organizan el pensamiento hasta el punto de tornarlo rígido. Contra este aparato definido por el estado, notablemente presente en la Argentina, Piglia –tal vez como Deleuze y Guattari– suministra otro instrumento, impulsado por la imitación y la invención. Al respecto, escriben los autores de *Mil mesetas*: "La imitación es la propagación de un flujo; la oposición es binarización, el establecimiento de una binaridad de los flujos; la invención es una conjugación o una conexión de diversos flujos" (223). A partir de esta clase de invención, las múltiples "máquinas deseantes" emergen para establecer la posibilidad del diálogo y la redención comunal a través del arte. Y, en la medida en que la máquina de Piglia traduce siempre de un lenguaje a otro, nos recuerda el estado fluido de la transmisión oral, trae a la memoria el efecto transformador del relato de historias como un arte que, según Benjamin escribiera, sostiene siempre un pacto entre los oyentes y ofrece resistencia al estado. En la novela de Piglia, la invención oral también facilita una comunicación que elude las demandas del mercado. El relato de historias en esta instancia es empujado fuera del estado a través de la maquinaria de la traducción.

Piglia, sin duda uno de nuestros mayores pensadores, ha planteado de manera provocativa cuestiones referidas a la traducción, una pasión argentina que, según el crítico, fue un intento por ingresar en la modernidad. En 1986, mientras reflexionaba sobre las tradiciones escriturarias de Borges y Gombrowicz, Piglia identificó lo que consideró como la principal problemática de las letras argentinas: "¿Cómo llegar a ser universal en este suburbio del mundo?" (Piglia 1986: 81). Las literaturas marginales tienen su propia posibilidad de irreverencia basada en la deformación de los textos originales. En esto yace su capacidad de transformar el arte desde la periferia, una forma de instalar un paradigma diferente para la lectura, que logra eludir las demandas de la globalización tal como se las proponen desde un centro metropolitano. La traducción, más que desestabilizar, como Borges nos podría haber dicho, alienta diversas relaciones con el mundo, e incluso, una relación diferente de los sujetos con la experiencia. Esto también lleva a hacer consideraciones más allá de los parámetros de lo nacional y a conjugar nuevos flujos de significado.

Como el mismo Piglia ha postulado en muchas ocasiones, una literatura nacional es más que la suma de su producción textual local, ya que al incluir los ejercicios de traducción, permite que se inserten los textos extranjeros dentro de la tradición local de lecturas. Sin embargo, y a pesar de la centralidad de la práctica de la traducción, este rasgo no constituye un remedio mágico para resolver las crisis de significado. Más bien, la traducción nos empuja a centrarnos en los problemas de la diferencia irresoluble y nos obliga a considerar a los relatos y al lenguaje en una oscilación permanente. Como consecuencia, la literatura nacional también se encuentra en un continuo movimiento.

Tejaswini Niranjana ha escrito que la traducción en el contexto colonial produce su propia economía conceptual. Pero, desafortunadamente, sólo considera a la traducción como una forma de producir "estrategias de contención" (Niranjana 1992: 3). Piglia, en numerosos textos críticos y en *La ciudad ausente*, revierte esta problemática demostrando que la traducción abre espacios para un significado inédito, y así crea una ambigüedad en la identidad, el estilo y la historia. En las primeras páginas de la novela propone: "Contar con palabras perdidas, la historia de todos, narrar en una lengua extranjera" (17). Dicho proceso permite la construcción de un significado enmascarado, un frágil descentramiento del conocimiento. A través de la duplicidad del recurso de la traducción, a través de su disrupción y la suplementariedad del significado, se traspasan los límites nacionales y se ponen en cuestión los actos de censura del estado.

En "La isla", la penúltima sección de la novela, las lenguas fluyen, una tras otra, desvinculándose de sus ataduras a la nación. El hogar, entonces, es definido en relación con el lenguaje hablado. Aquí, Bob Mulligan (¿un posible primo del Buck Mulligan del *Ulises* de Joyce?) recibe elogios por su especial don del conocimiento simultáneo de dos lenguas, pero al final, esta capacidad lo conduce a un exceso de conocimiento. De este modo, Mulligan se retrae al silencio. Como Bartleby, el personaje de Melville, el escriba que invierte su habilidad como copista para emitir una voz de rechazo, para decir, cuando se le pide que colabore con la autoridad: "Preferiría no hacerlo", el personaje de Piglia reclama múltiples formas de hablar a fin de dislocar el poder. Pero las lenguas yuxtapuestas producen también pesadillas inesperadas que el personaje preferiría no ver. Para resolver la crisis de la presencia de infinitas lenguas elige un único significado que se definirá, entonces, a partir de su uso particular.

Los extranjeros que habitan la novela de Piglia se concentran, a menudo, en la proliferación de textos que producen los ejercicios de traducción. Así, *La ciudad ausente* subraya la creación de formas nuevas y menores de la identidad, pero sin un carácter heroico o celebratorio (como generalmente sucede en las ficciones narrativas). Más bien, la mediación y el proceso de la creación valen más que la originalidad. A partir de esta experiencia, aprendemos que todos los extranjeros de la novela —como la mayoría de los argentinos— están dedicados al proceso de traducción, tratando de interpretar sus historias extranjeras y nacionales a través de la máquina de la memoria. El extranjero —un tropo en los textos del alto modernismo, especialmente en las obras de Joyce y Kafka, que influyen en las de Piglia— está presente en *La ciudad ausente* para enfatizar esta doble visión, para permitir la recombinación y permutación de formas que influenciarán las narraciones.

La relación entre el original y su copia, entre el texto fuente y su traducción, yace en el corazón de la era de los medios masivos de comunicación y es central al proceso de la novela. Por un lado, esta relación evoca una conexión entre padres e hijos (un motivo que domina *La ciudad ausente* y que se encuentra también en Joyce). Por otro lado, nos conduce a lo que Piglia llama un "delirio de simulación" (Piglia 1992: 15), la duplicidad alucinatoria que dirige la acción y los pensamientos bajo el estandarte posmoderno. Los acontecimientos de la novela no sólo son así configurados a través de la Máquina principal, sino también a través de diferentes máquinas copiadoras: casetes, radios, televisores, mapas de la ciudad y espejos –incluso tatuajes– que reproducen en miniatura los episodios más amplios de la vida y de los sentimientos. Paradójicamente, aunque se espera que estos artificios de realidad virtual provean un remedio al aislamiento y la soledad de la época neoliberal (a través de ellos, el personaje conocido como Macedonio espera anular la muerte), de manera colateral cuestionan la validez del reclamo por una "vida auténtica". No es sorprendente, pues, que otras formas de alteración de la realidad entren también en la novela a fin de reflexionar sobre esta cuestión: las drogas, el alcohol, las alucinaciones, todas ellas acompañadas por la locura, ayudan a los personajes a recuperar un lenguaje perdido y les proveen sustitutos de la experiencia, de la que carecen o han perdido en el mundo contemporáneo. Sus adicciones nos hacen recordar la pérdida del poder individual, el debilitamiento del autocontrol sobre la mente, el cuerpo y la historia personal. Como resultado, nos ofrecen un paisaje de figuras marginales y excéntricas que definen la realidad a través de métodos alternativos y un cuestionamiento a las ficciones del estado. Ellos nos recuerdan también, en un mundo plenamente narcotizado, que todos somos adictos a la ficción.

Existen muchos modos de leer estas duplicaciones. En un sistema de cruzamientos y copias estamos invitados a especular sobre la paranoia del estado y su intento por controlar o borrar las historias de los ciudadanos comunes. Al mismo tiempo, la modalidad paranoica suscita una sospecha general que lleva a los personajes a dudar de la presencia de cualquier verdad individual. Ellos aprenden a leer entre líneas. En un mundo donde cada uno habla en código, donde el doble sentido es una práctica común, donde las lenguas paralelas florecen, reina la sospecha; y esto también caracteriza a la Argentina posterior a la dictadura militar. El estilo de Piglia coincide con un aspecto de la cultura posmodernista internacional que se despliega desde la película de Ridley Scott *Blade Runner* hasta las novelas de Don De Lillo. Este último, como anticipando a Piglia, dice: "Esta es la época de la conspiración, la conexión, los enlaces, las relaciones secretas" (De Lillo 1978: 111). Piglia diría, como posible respuesta, que para entendernos con el secreto necesitamos convertirnos en mejores lectores.

El texto de Piglia no es un intento de falsificar la realidad, como algunos críticos han postulado; más bien, el estilo posmoderno de la paranoia en la narrativa propone una doble visión sobre lo real. A través de una mirada estrábica (Piglia se refirió al estrabismo como condición de los intelectuales argentinos que los hizo focalizar simultáneamente Europa y América [1994]), *La ciudad ausente* plantea cuestiones sobre la representación en un mundo en que los personajes rechazan una única perspectiva a fin de contemplar sus vidas. Esta clase de actividad es una manera de sobrepasar la idea de la literatura como una alegoría nacional resistiendo cualquier intento por homogeneizar la cultura local. Al mismo tiempo, nos invita a observar cómo la "diferencia" puede ser analizada de una manera más productiva, facilitada por una cadena infinita de significantes provistos por el lenguaje. Este punto de vista da lugar a variaciones sobre los temas del exilio, el aislamiento y la pérdida.

Macedonio Fernández y James Joyce son aquí las principales figuras de inspiración. Cada uno de estos escritores provee un paradigma para la escritura modernista y las tradiciones de las "pérdidas funerarias" iniciadas por la muerte o la locura (Macedonio sufre la pérdida de Elena, Joyce lamenta la locura de su hija Lucía), que a pesar de la proliferación de palabras terminan en un lamento ante la falta de diálogo. También es relevante el hecho de que Piglia evoque a estos escritores para celebrar las prácticas disruptivas de la literatura y el rol vanguardista del artista en relación con el estado. Por su rechazo a publicar una "obra completa" o un libro, Macedonio desafía el carácter de mercancía impuesto por el mercado, que reduciría y entonces limitaría las posibilidades del arte. Aquí, Macedonio es el maestro reconocido del texto fragmentado. Al no creer en el concepto de personaje rechaza las categorías fijas sobre el ser y, en consecuencia, los caminos que conducen a la acción. *Museo de la novela de la Eterna* se estructura por medio de imágenes espejadas o réplicas sin ningún original. Las mismas constituyen estrategias a través de las cuales Macedonio rechaza localizar identidades individuales o dar un orden a la trama narrativa. El insomnio que le provoca Elena Obieta corre paralelo a su obsesión por la identidad perdida, por velar ese motivo que no puede sobrevivir el pasaje a la historia o el ejercicio de la representación. Piglia utiliza esta constelación de materiales para lamentar la pérdida de la conversación en el presente; práctica que es pulverizada por el olvido, la política o el mercado de consumo masivo.

*Finnegans Wake* (1939) anticipa, también, estas ansiedades. No se puede comparar Dublín con Buenos Aires (un tema lo suficientemente rico en sí mismo), pero la presencia de Joyce en *La ciudad ausente* plantea una serie de temas sobre la interacción entre los textos nacionales y extranjeros, y la relación entre la tradición y la vanguardia en torno a las preguntas sobre la representación. La obra maestra de Joyce, modelada en gran parte sobre el Libro Egipcio de la Muerte, puede ser conectada, por supuesto, con un metafórico Libro Argentino de la Muerte encontrado en el museo de la novela de Piglia; un espacio en el cual se mantiene la vigilia por los desaparecidos, tanto de la historia como de la literatura. Joyce, como Piglia o Macedonio, buscó identificar una fuente original de significado y trazar sus múltiples reproducciones que desembocan en un flujo infinito del discurso y en un desmembramiento constante del texto. Y como Piglia, Joyce se abocó a exploraciones subterráneas del significado y la memoria vista desde la perspectiva de una comunidad exiliada que se encuentra perdida en su propia patria. Vale la pena colocar estos dos textos en una misma línea conceptual en la medida en que comparten un vocabulario cultural que da indicios para la representación de la historia y de un mundo perdido. A Joyce le interesaba el "Hole affair"[1] (535): cómo representar la memoria y sus *lapsus*, cómo reconciliar la vida y los sueños y completar los espacios en blanco de la mente, cómo entender —y superar— la raíz etimológica común que enlaza a las palabras "amnesia" y "hombre" (*man*).[2] Anticipando, tal vez, el trabajo de Grete Muller, quien espera descifrar los "nudos blancos" en *La ciudad ausente*, los personajes del *Wake* de Joyce se dedican a revelar los lazos entre la memoria y la experiencia con el propósito de despertar de la amnesia. Por esta razón, Joyce encontró inspiración en la *Scienza Nuova* de Vico, libro en el que se busca un lenguaje para explicar las historias de las razas y las interconexiones entre ellas. De forma similar, Piglia investigó las posibilidades de definir una comunidad a través de una historia social interna; aquí, el lenguaje es la clave para esta interconexión y un modo de proporcionar continuidad y recuerdos.[3]

---

[1] Joyce juega con la homofonía entre "whole" (completo, todo) y "hole" (vacío, agujero). Sustituye la frase original en inglés "Whole affair" (el asunto completo) por la de "Hole affair" (el asunto vacío).
[2] John Bishop (1986: 61) observa la raíz protoeuropea que enlaza estos términos en el *Finnegans Wake*.
[3] Al respecto, resulta extraño que un libro que asigna tanta atención a la lengua, a la construcción de la memoria y al olvido, se pueble de animales. Vacas, pájaros y

Piglia, como Joyce, estudió la relación entre las palabras y los objetos y enfatizó, especialmente, su transformación a través de los actos de traducción, ya sea en la relación entre padres e hijos o en el movimiento de una lengua a otra. En dicho proceso, las diferencias proliferan constantemente, y las identidades se confunden. Uno de los capítulos del *Wake* se titula "Quién es quién cuando cada uno es alguien más". Su mensaje podría servir también como una señal para leer a Piglia, cuyo libro nos enfrenta con personajes inestables, con simulaciones y copias provisorias, con traducciones perdidas guardadas en museos secretos y con las voces de figuras inciertas que se reflejan y se cruzan unas con otras. Resulta de sumo interés el que Joyce reconociera a las *Las mil y una noches*, en la traducción de Richard Burton, como una inspiración para el *Wake*. Piglia también evoca este texto clásico a través de una referencia a Scherezada. Sin embargo, esta fuente árabe nos permite pensar en el arte de la transformación y en los usos de la máquina de traducir para posponer nuestro encuentro con el destino.

Joyce entendió de una manera abarcadora el poder ejercido por la cultura metropolitana sobre la periferia. También consideró importante el amplio intercambio entre las culturas periféricas que permitió la reformulación del conocimiento. En el *Ulises*, Murphy lleva consigo una postal de Sudamérica y, en torno a ella, inventa una historia de aventuras para complacer a sus compañeros de tragos. Su fábula abre un camino para reconstruir el encuentro local y global, una senda para escapar de la economía dirigida del mercado que entiende a la globalización como un comercio de objetos y de cuerpos sin alma. Piglia presenta una historia actualizada defendiendo una visión desde el sur, como si dijera que América Latina no es, únicamente, un repositorio del *detritus* del primer mundo, sino un sitio activo para la reinvención de las formas literarias y discursivas. Introduce así –y de forma decisiva– conceptos sobre el quehacer narrativo como gesto de resistencia.

¿Dónde está el texto auténtico? ¿Puede cualquier idea existir previamente al momento de la escritura? ¿Podemos volver a los clásicos de la alta vanguardia y utilizar las mismas formas de expresión para narrar una experiencia distinta? Al respecto, no es sorprendente que Piglia fije su atención en Macedonio y Joyce. Así como en la revista *Fierro* se centró en los clásicos de la literatura argentina a fin de perturbar el orden de las culturas alta y popular y explorar las múltiples lenguas de la escritura

---

gatos se deslizan adentro y afuera de la novela, recordándonos una realidad a la que la dictadura militar ha vaciado de vidas humanas.

nacional, en *La ciudad ausente* se refiere a los modelos subsistentes de esferas diferentes de la experiencia literaria con la esperanza de encontrar circuitos de sentido alternativos, no controlados por la coerción de la dictadura ni por la escasez de las prácticas neoliberales. El hilo literario que conecta las sensibilidades por encima de las culturas nacionales y los tiempos, también obliga a otra pregunta. La crítica cultural argentina Leonor Calvera, al referirse al clima político provocado por la economía de mercado, observó: "La quiebra en la unión de los distintos tiempos y lugares, con la consiguiente abolición de la facultad evocadora, ha sido una de las principales características del terrorismo de los grupos de dominación, especialmente del estado" (Calvera 1992: 6). Al respecto, las articulaciones entre la primera vanguardia y la práctica literaria contemporánea –a través de la evocación de Macedonio y Joyce en la novela de Piglia– se puede leer como gesto contra las disyunciones temporales impuestas por el estado.

Piglia trastoca los campos dados de conocimiento y abre las puertas para una reconstrucción del lenguaje y de la historia. La locura, los sueños y las invenciones inacabadas extienden el espacio narrativo. Cada historia contiene una hebra de un relato anterior y está en proceso constante de reformulación. Estas historias, al ser expresadas por figuras ilegítimas y marcadas como fragmentos de relatos más extensos, no poseen un valor de mercado, no constituyen en sí mismas una amenaza. De este modo, Piglia invierte el precio de venta asignado a las historias y leyendas, y proporciona otro motivo para la creación vinculado con la pasión intelectual.

En este sentido, *La ciudad ausente* muestra que los sueños de los inventores (Richter, Russo, Erdosain) son más importantes que las invenciones mismas. No es relevante, por ejemplo, que la construcción del pájaro mecánico nunca se lleve a cabo; los sueños y los planes de su diseñador contienen una verdad propia. Piglia exalta la naturaleza de la experiencia sobre cualquier producto terminado, privilegia las ideas sobre la muestra de mercancías y elude cualquier interpretación fija de imágenes que pudieran estar disponibles para el mercado de compra y venta. Sin embargo, también asocia la ficción virtual producida por la máquina hacedora de novelas con la realidad virtual creada por el estado. Es decir, la experiencia de la realidad literaria responde a la literalidad de los procesos políticos formales. Es así como surge una variedad de preguntas sobre la experiencia y su escritura.

Si la realidad del estado se muestra como una acumulación de efectos (Piglia 1992: 91) –un fenómeno posmoderno en el que la imagen importa más que la verdad–, Piglia muestra la necesidad de los individuos para intervenir en un proceso diferente y cultivar la dispersión, para inventar un nuevo *topos* para el diálogo cuando el estado pierde visibilidad. Sergio Chefjec, Juan Carlos Martín, Alan Pauls y Juan José Saer han indagado sobre el desvanecimiento de la cultura y la crisis del estado. Pero Piglia insiste en la estética de la comunidad para continuar con la práctica narrativa. En última instancia, entonces, su proyecto es sobre el conocimiento. Exhorta a sus lectores a repensar diferentes versiones sobre la literatura, la historia y la experiencia bajo el régimen neoliberal. No sorprende entonces que Emil Russo (¿una nueva versión de J.J. Rousseau, autor del *Emile*?),[4] que sigue la inspiración de Macedonio, cree una mujer-máquina para generar una serie de narrativas olvidadas. Tampoco sorprende saber que Richter construya los pájaros mecánicos, o que el académico húngaro, que no puede hablar español, traduzca el *Martín Fierro*. Todas estas figuras elaboran estrategias para contar historias en un tiempo en que la nación supuestamente ha cerrado sus puertas a la creación. Sus invenciones están basadas en diferentes expresiones de la voz, en afirmaciones diferentes del sonido y la representación; tales invenciones son creaciones sobre la lengua. Hacia el final de *La ciudad ausente* Piglia afirma que la ciudad es siempre un concepto lingüístico (128). Pero también nos recuerda que cualquier concepto lingüístico surge a partir de un pacto entre hablantes y oyentes. La invención se extiende más allá de la experiencia comunal a fin de compensar el olvido en el seno de la polis.

Para concluir quiero comparar dos textos. En *Respiración artificial* Tardewski aparece descrito como un hombre "hecho de citas". La doble alusión es clara: él es un hombre cuya identidad se conforma en un mundo donde se entretejen las citas, pero también es un hombre disponible para el encuentro –para las citas– una promesa para el intercambio comunal. El comentario con el que concluye Enrique Ossorio –que ha escrito recordando a Alberdi–, confirma este deseo doblemente buscado: "Él sabrá ocuparse de lo que quede de mí, pues soy como si fuera su hermano" (Piglia 1980: 276). En tiempos difíciles, la hermandad alivia la soledad del hombre. Podemos contrastar esta frase con la conclusión de *La ciudad ausente* en la que escuchamos la voz solitaria de una mujer hecha con la tecnología propia del grabador: "Nadie viene, pero voy a seguir [...] voy a seguir, hasta el

---

[4] Habría que recordar que Rousseau comienza su texto *Emile* de la siguiente manera: "Empecé desordenadamente esta colección infinita de ideas y observaciones para complacer a la buena madre que sabe pensar". Los cuentos fragmentados de *La ciudad ausente* son un homenaje a la mujer-máquina y, por supuesto de manera irónica, responden a esta frase de Rousseau.

borde al agua, sí". Dicho enunciado remite, a su vez, a la afirmación final del personaje femenino de Joyce, Molly Bloom, en su enfático, conclusivo *"yes"*, a Ana Livia Plurabelle que lleva sustento desde el río Liffey, y también a Lucía, la hija de Joyce, afectada por la locura. Las voces femeninas de Piglia se mueven hacia adelante, impulsadas por las necesidades que tiene el inventor masculino para desarrollar sus proyectos creativos y de comunidad. Esta voz de mujer es una compañera deseada, necesitada por el hombre para resistir el control, para contrarrestar su soledad y la pérdida del arte. En última instancia, lo que ella hace no es tanto reflejar sus propios deseos, sino más bien servir como un tropo para el artista que va en búsqueda del diálogo y la invención. Se ha dicho que en el universo posmoderno el mundo del trabajo se ha feminizado; ello señala una pérdida del poder masculino y la degradación de su trabajo. Sin embargo, de manera inversa, lo femenino ocupa un espacio de resistencia en el mundo del arte, suministrando un lugar en donde toda la comunidad podría reunirse y oponerse al estado masculino. No estoy proponiendo una lectura feminista de la novela de Piglia, sino sugiriendo, simplemente, que la presencia femenina pone sobre aviso a los lectores respecto de otras posibilidades para la conversación. De manera contraria al estado masculino regimentado que restringe el flujo de la diferencia e insensibiliza la imaginación de los sujetos marginados que podrían hablar con voces disidentes, Piglia hace uso de la intervención femenina (¿el *devenir femme* de Deleuze?) para proponer un proyecto alternativo. La máquina, la memoria, la intermediaria, una compañera para el artista y el inventor; la mujer ocupa el lugar de lo estético y constituye un puente para la imaginación y el diálogo. En lugar de la musa que inspiró a los poetas de la antigüedad, lo femenino en *La ciudad ausente* está enlazado con un arte de la resistencia. A través de la feminización de la cultura –es decir, a través de la fuerza del arte– podemos reunir el coraje necesario para responder al orden neoliberal.

## Obras citadas

Bishop, John. *Joyce's Book of the Dark, Finnegans Wake*. Madison, Wisconsin: University of Wisconsin Press, 1986.
Calvera, Leonor. "La cosmovisión feminista". *Feminaria*, 5, 8 (1992): 6-8.
De Lillo, Don. *Running Dog*. Nueva York: Knopf, 1978.
Deleuze, Gilles and Guattari, Felix. *Mil mesetas. Capitalismo y esquizofrenia*. Valencia: Pre-textos, 1988.
Fernández, Macedonio. *Museo de la novela de la Eterna*. Prólogo Ana Camblong, Adolfo de Obieta. Madrid: Archivos-FCE, 1993.

Joyce, James. *Finnegans Wake*. Londres: Faber and Faber, 1939.
\_\_\_\_ *Ulysses*. Ed. H. W. Gabler. Nueva York: Garland, 1986.
Niranjana, Tejaswini. *Siting Translation: History, Post-structuralism, and the Colonial Context*. Berkeley: University of California Press, 1992.
Piglia, Ricardo. *La ciudad ausente*. Buenos Aires: Sudamericana, 1992.
\_\_\_\_ *Respiración artificial*. Buenos Aires: Pomaire, 1980.
\_\_\_\_ "Sarmiento the writer". *Sarmiento, Author of a Nation*. Tulio Halperin-Donghi, Gwen Kirkpatrick, Francine Masiello, comps. Berkeley: University of California Press, 1994.
\_\_\_\_ "¿Existe la novela argentina?". *Crítica y ficción*. Rosario: Universidad Nacional del Litoral, 1986.
Rousseau, Jean-Jacques. *Emile*. London: J.M. Dent & Sons; New York: E.P. Dutton, 1911.
Sarlo, Beatriz. *Escenas de la vida posmoderna*. Buenos Aires: Ariel, 1994.

# Experiencia, historia y literatura en *Respiración artificial*[*]

*Isabel Alicia Quintana*

> Es común a todos los grandes narradores la facilidad con que se mueven, subiendo y bajando por los peldaños de su experiencia como si fuera una escalera. Una escalera que llega al interior de la tierra y que se pierde en las nubes: tal la imagen de una experiencia colectiva en cuyo respecto la experiencia más traumática de cada individuo, la muerte, no significa ni un impulso ni una limitación.
>
> *Walter Benjamin*

> He aquí el ejemplo de una escritura cuya función ya no es sólo comunicar o expresar, sino imponer un más allá del lenguaje que es a la vez la Historia y la posición que se toma frente a ella.
>
> *Roland Barthes*

LA OBRA DE RICARDO PIGLIA SE DESARROLLA ALREDEDOR DE UNA "RED organizada de obsesiones", en palabras de Barthes; es decir, temáticas recurrentes que conforman cierta unidad: el mundo de la prisión, la traición, la locura, la política y la posibilidad de la experiencia.[1] Cada

---

[*] Versión abreviada del capítulo "Experiencia, historia y literatura en la obra de Ricardo Piglia", en *Figuras de la experiencia en el fin de siglo*.

[1] "Esta ha sido mi intención: encontrar la estructura de una existencia (y no digo de una vida), una temática si se quiere o, aún más: *una red organizada de obsesiones*. Que luego vengan los críticos verdaderos, los historiadores o los psicoanalistas (freudianos, bachelardianos o existenciales), esta no es sino

una de ellas –independientemente y, al mismo tiempo, entrecruzándose con las otras– constituye una narrativa en donde la reflexión sobre los procesos de escritura está permanentemente presente. ¿Cómo se construye un relato?, esa es una de las preguntas claves que insiste en su obra. Dicho planteamiento contempla los cambios producidos en la relación entre el sujeto narrador y su universo de recepción. Retomando la línea benjaminiana, estos textos reformulan la idea de una crisis de la experiencia que recorre nuestro siglo y afecta no sólo la forma en que se narra sino también aquella en que se constituye la subjetividad narrativa. "En la sustitución del antiguo relato por la información", planteaba el autor de *Iluminaciones*, "y de la información por la 'sensación' se refleja la atrofia progresiva de la experiencia. Todas estas formas se separan, a su turno, de la narración que es una de las formas más antiguas de la comunicación" (Benjamin 92).

Esta drástica reducción de los espacios sociales en tanto que circuitos de comunicación y participación colectiva es recuperada en la narrativa de Piglia, transformando esa crisis de la experiencia en otra altamente productiva. Así, los personajes de sus obras –que se encuentran recluidos en espacios mínimos o cuya seguridad se ve amenazada– se constituyen en los nuevos contadores de relatos; y su práctica, la de narrar, se torna ella misma en experiencia. *Decir*, entonces, es una forma de crear nuevos flujos de sentido dentro de una conmocionada realidad en donde el narrador se escinde en su lucha constante contra el vacío de la experiencia. Y desde esa hendidura, la obra de Piglia se interroga sobre las posibilidades de la novela como género. De este modo se plantea que la clase de experiencia individual nacida en las últimas décadas del siglo XX es, precisamente, la de un devenir de la narración; cuestión que complejiza la noción tradicional de la novela como un género que, según Benjamin, surge a partir de la muerte de la experiencia inmediata y comunitaria del contador de relatos. Sugestivamente, la exacerbación de la experiencia individual conlleva una vuelta a la figura del *story-teller* (esto aparece sobre todo en *Prisión perpetua* y, luego, en *La ciudad ausente* a través de la máquina).[2] Este nuevo narrador ya no tiene una historia que relatar y en la cual reconocerse, puesto que se ubica como un extraño respecto de ella. Pero es justamente esta nueva situación lo que lo empuja indefinidamente a contar, es decir, a narrar la historia de su imposibilidad de experiencia, la

---

una precrítica, sólo he tratado de describir una unidad, pero no de explorar las raíces de la historia o de la biografía" (Barthes 1988: 9) (énfasis mío).
[2] Véase Quintana 2001: 83-117.

única vivencia posible en el *fin-de-siècle*. En definitiva, es precisamente este vacío el que produce la experiencia.

Allí, en la trama de un relato que se expande y diversifica, se genera la ansiedad por acceder a la verdad de los signos que simulan siempre querer decir otra cosa. Pero, al superponerle al relato novelesco una figura de orígenes más remotos, el *story-teller*, Piglia radicaliza esa distancia gnoseológica y, así, la verdad parece situarse en el relato mismo. La experiencia, entonces, presupone el vacío como aquello que no se puede jamás experimentar y que, al mismo tiempo, constituye un nuevo tipo de vivencia a través de complejos procesos narrativos en los que la autorreflexión conduce a un desborde de los límites literarios al señalar un afuera en que habita lo *indecible*.

## DE LA HISTORIA DE LA EXPERIENCIA A LA EXPERIENCIA DE LA HISTORIA

> El debilitamiento del cristianismo, de acuerdo a Bataille, es su incapacidad para desprenderse de las operaciones no discursivas del lenguaje mismo, el confundir la experiencia con el discurso, y así reducir las posibilidades de la experiencia que los excede en demasía.
> Julia Kristeva

> La escritura es esencialmente la moral de la forma, la elección del área social en el seno de la cual el escritor decide situar la Naturaleza de su lenguaje. Para el escritor no se trata de elegir el grupo social para el que escribe: sabe que, salvo por medio de una Revolución, no puede tratarse sino de una misma sociedad. Su elección es una elección de conciencia, no de eficacia. Su escritura es un modo de pensar la Literatura, no de extenderla.
> Roland Barthes

"We had the experience but missed the meaning, an approach to the meaning restores the experience" ("Hemos tenido la experiencia pero perdimos su significado, una aproximación al significado restaura la experiencia"). A partir de este epígrafe inicial de T.S. Eliot, *Respiración artificial* se despliega en una densidad textual mediante la cual se intenta descubrir el significado siempre huidizo de la historia argentina. A través de la recuperación de la experiencia se busca entender el tiempo presente no como una hendidura en el fluir de los acontecimientos, sino como parte de cierta racionalidad desarrollada a lo largo de la joven historia nacional. Buscar una lógica, entender el sentido, es la tarea a la que se abocan algunos de los personajes, habitantes de distintos tiempos. Un sentido que, aunque a veces asoma provocativamente, se escapa ante la mirada azorada de quienes pretenden atraparlo.

El libro se abre con un interrogante: "¿Hay una historia?", que alude a la existencia de una Historia (con mayúsculas), pero que se estrecha en la referencia inmediata a la historia privada de Emilio Renzi: "Si hay una historia empieza hace tres años. En abril de 1976, cuando se publica mi primer libro, él me manda una carta. Con la carta viene una foto donde me tiene en brazos" (13). Maggi es el tío que le envía esa carta (el mismo año en que Renzi *nace* como escritor público y a un mes del golpe militar), y desde allí en adelante la primera parte de la novela se constituye básicamente a través del intercambio de correspondencia entre ambos personajes. A partir de aquí, las historias (privada y pública) pierden su estatuto definido y se disuelven una en la otra atravesando y determinando a los personajes. La trama de la novela se arma a partir de varios nudos problemáticos; dos de ellos forman parte de las preocupaciones de Piglia, de modo que los retomará a lo largo de su obra. El primero consiste en plantearse cómo leer los signos de la historia, cómo prever el futuro a partir de los hechos del pasado. El segundo, que se relaciona con el interrogante anterior, es tratar de entender la estructura de la experiencia para comprender sus implicaciones en el terreno de la historia. Estas preguntas se constituyen en centros reflexivos del relato en el que tanto Emilio Renzi como Marcelo Maggi, Enrique Ossorio y Luciano Ossorio se encuentran dramáticamente implicados. Renzi, intelectual del siglo XX, se halla atravesado de lecturas que condicionan su interpretación de los hechos reales. Maggi, su tío, también proveniente del mundo de las letras, pero además militante político, piensa que su sobrino padece de un mal –el gusto por la literatura–, del que pronto se curará: "Emilio piensa que lo único que existe en el mundo es la literatura, cuando se le pase, y espero estar para ver ese momento [...] entonces va a poder sacarse de encima toda la mierda de la familia" (181). Renzi se convierte en una suerte de personaje paródico, un *Emilio* al que hay que "educar". Hundido en sus cavilaciones internas sobre la posibilidad de vivir la experiencia, no ve lo que está por ocurrirle a su tío (la desaparición, en la segunda parte de la novela). Dice Renzi: "Nunca nos pasa nada. [...] Ya no hay experiencias (¿las había en el siglo XIX?) sólo hay ilusiones. Todos nos inventamos historias diversas (que en el fondo son siempre la misma) para imaginar que nos ha pasado algo en la vida. [...] Pero, ¿quién puede asegurar que el orden del relato es el orden de la vida?" (42).

Este planteo conlleva una reflexión acerca del ejercicio de la escritura y de su relación con lo *real*, en cuyo proceso se crea la experiencia. No habiendo posibilidad para una "experiencia vivida"[3] que habría de plasmarse en el relato (y que el crítico buscaría siempre develar),[4] ella se presenta como una mera construcción.

Por su lado, Marcelo Maggi presenta otra perspectiva con relación a la historia y a su relato. Al empezar el intercambio epistolar con su sobrino, le escribe: "Hay que evitar la introspección, les recomiendo a mis jóvenes alumnos, y les enseño lo que he denominado: *la mirada histórica*". Y a continuación agrega: "Somos una hoja que boya en ese río y *hay que saber mirar lo que viene como si ya hubiera pasado*. Jamás habrá un Proust entre los historiadores y eso me alivia y debiera servirte de lección... ¿Cómo narrar los hechos reales?" (20) (segundo énfasis mío). Para Maggi es necesario "saber mirar" *históricamente* los datos del porvenir. La historia para él tiene un sentido al que se puede acceder a través de cierto distanciamiento de los hechos ("perspectiva"). Se trata de encontrar las conexiones que unan el presente con el pasado y, de ese modo, evitar cualquier tentación de perderse en los laberintos de la memoria que fluye involuntariamente. Instalado en el movimiento contrario al que se halla el narrador de *En busca del tiempo perdido*, para quien la recuperación del pretérito es una tarea imposible y es cosa del azar que cada uno pueda adueñarse de su experiencia, Maggi se plantea la reconstrucción consciente sobre la memoria en tanto experiencia determinada históricamente (se dedica a la recuperación de la vida de Enrique Ossorio, un personaje político del siglo XIX). La historia, para él, es el lugar de la certidumbre contra aquello –lo inefable– que la amenaza. Haciéndose eco del *Ulises* de Joyce establece que: "La historia es el único lugar donde consigo aliviarme de esta pesadilla de la que trato de despertar" (21). Y agrega: "No debemos desconfiar, por otro lado, de la resistencia de lo real o de su opacidad" (39).

Esta obsesión por el desciframiento de los signos, gesto que recorre toda la obra de Piglia, se convierte en el eje estructurador de la vida de varios de los personajes. La relación con el pasado se establece a partir de una recuperación de las *huellas* dejadas en los documentos por los

---

[3] Walter Benjamin opone dos modos diferentes de *aprehensión* de la experiencia: *Erlebnis* y *Erfahrung*. En el primer caso se trata de un tipo de experiencia inmediata, pasiva y fragmentada en la que no interviene la conciencia; en el segundo, por el contrario, se refiere a un conocimiento acumulativo, a un saber cuya verdad épica ha tendido la conciencia (Benjamin 94).
[4] La idea de experiencia como especie de núcleo mítico al cual se puede acceder a través del trabajo crítico ha sido formulada en Fredric Jameson 1989: 14. Véase al respecto Elías Palti 1996.

protagonistas. Ahora bien, si la huella (el signo) designa por la materialidad de la marca la exterioridad del pasado (su inscripción en el tiempo del universo), la historia entendida como una tradición heredada hace hincapié, en palabras de Ricoeur, en otra especie de exterioridad: "la de estar afectados por un pasado que no hemos hecho" (Ricoeur 1997: 105). Este punto es central porque los protagonistas de la novela intentan entender una *continuidad* que suponen que proviene de una *prehistoria* que los afecta. Se trata, entonces, no tanto de comprender esos signos como de inscribirlos dentro de un continuo histórico que pueda ayudarlos en la percepción de los acontecimientos actuales. Observar los elementos residuales, en términos de Benjamin, que se encuentran dispersos en el presente como vestigios de una protohistoria significa reconocer el origen, pero, sobre todo, ver cómo lo antiguo se configura de modo novedoso.

La búsqueda de los significados ocultos de la historia o de una vida (como sucede en *Prisión perpetua* a través de la figura de Steve) será el intento, siempre frustrado (y, por ello, fundamental, ya que será también lo que empuje a los personajes a seguir su búsqueda) de atrapar ese origen y así, entender la verdad de los hechos contemporáneos. La pasión por reconstruir el sentido de una vida, a la que se encuentra dedicado Maggi, es una pasión heredada de Lucio Ossorio (el nieto de Enrique que ha conservado los documentos y se los ha dado a Maggi) y que, a su vez, habrá de contagiar luego a Renzi (Maggi le deja los archivos al final de la novela). De modo que estos documentos se constituirán en el entretejido de las vidas de los personajes que, abocados a la siempre huidiza tarea de descifrar la vida de un hombre, luchan por entender sus propias vidas y, por extensión, la de la historia nacional. "Renzi –plantea Francine Masiello– en busca de la verdadera historia de su tío, y su tío, a la vez, en busca de la historia auténtica de la figura de un exiliado político del siglo XIX, Ossorio, organizan mediante la forma epistolar una cadena de indagaciones sobre cómo está construida la identidad individual y, a la vez, sobre la representación de la identidad dentro del discurso de la historia. Es notable la marginalidad misma de esos personajes, relegados a posiciones de exiliados, al margen de la ley misma y también alienados unos de otros. Al mismo tiempo, su historia se yuxtapone a la verdadera historia argentina desde la Independencia; sus yoes ficticios se alinean con los proyectos de la historia literaria argentina" (Masiello 24).

La fascinación que sobre ellos ejerce Enrique Ossorio se sustenta en su carácter múltiple y contradictorio. Sujeto paradigmático de la historia argentina del siglo XIX, fue fundador del salón literario, estudioso de filosofía, secretario privado de Rosas y luego partícipe del complot contra

Maza (lo que lo obliga a exiliarse en Estados Unidos). La infidelidad, entonces, constituye el centro del relato de este personaje cuyo gesto marca una discontinuidad en la sucesión de los hechos, pero que, al mismo tiempo, conforma la propia historia nacional hecha de desvíos: "Yo soy aquel Enrique Ossorio que luchó incansablemente por la Libertad. [...] Ahora ya soy todos los nombres de la historia. Todos están en mí, en este cajón donde guardo mis escritos". Y agrega a continuación cuál es el carácter de su deslealtad: "Envilecerme como ningún otro se ha envilecido en la historia de la patria para obtener la libertad. Pero, ¿la he obtenido? Yo, el traidor, ¿la he obtenido?" (83).

Al mismo tiempo, la traición –tema central en la obra de Roberto Arlt y que Piglia retoma insistentemente para crear su propia poética literaria– supone el camino hacia la abyección. Un acto que amenaza el orden de las diferencias al colocarse en el espacio que media entre ellas –"ni héroe ni traidor, sino ambas cosas a la vez, porque ambas se suponen mutuamente: sólo el héroe puede ser, y debe ser, traidor, y viceversa". Ossorio, en su lucha por la libertad, se ha envilecido (de confidente de Rosas a traidor), señalando con este movimiento la fragilidad de las fronteras que delimitan las identidades: "El traidor ocupa la posición clásica del héroe utópico: hombre de ningún lugar, el traidor vive *entre* dos lealtades; vive en el doble sentido, en el disfraz. Debe fingir, permanecer en la tierra baldía de la perfidia, sostenido por los sueños imposibles de un futuro donde sus vilezas serán, por fin recompensadas" (Piglia 96). Como Daniel Bello, el héroe de *Amalia* de José Mármol, Ossorio ha necesitado del disfraz para llevar adelante su proyecto político. Tras el descubrimiento de la traición, el exilio se presenta como la única opción posible para quien ha sido finalmente expulsado de las fronteras del orden simbólico. Enrique Ossorio, al modo de la Generación del '37, se instala fuera del país y desde allí intenta reflexionar sobre la historia. Espacio utópico, dice él, suspendido entre el pasado que se ha dejado y las instancias futuras que se avecinan. El exilio se transforma en una máquina productiva para pensar y escribir un proyecto de país; es decir, para diseñar utopías (Sarmiento escribiendo *Facundo, Viajes y Recuerdos de provincia*). Mientras tanto, Ossorio intenta descifrar el futuro a partir de su presente en el siglo XIX: "Así, yo escribiré sobre el futuro porque no quiero recordar el pasado. Uno piensa en lo que vendrá cuando se dice: *¿Cómo puede ser que no haya podido ver entonces lo que ahora parece tan evidente? ¿Y cómo puedo hacer para ver en el presente los signos que anuncian la dirección del porvenir?*" (85) (énfasis mío).

Inversamente, Maggi se zambulle en el torbellino del pasado para entender los hechos contemporáneos. Renzi, por su lado, al volver a leer las cartas de su tío Maggi dice: "Las he vuelto a releer y no encuentro allí ninguna evidencia clara que pudiera haberme hecho prever lo que pasó" (27). A su vez, Luciano Ossorio, nieto de Enrique y senador durante los treinta, es quien primero se dedica a la tarea de estudiar el archivo de su abuelo y también intenta vislumbrar cierta racionalidad que le otorgue unidad y sentido a la dispersión histórica presente: "Es como una línea de continuidad, una especie de voz que viene desde la Colonia y el que la escuche, ése, el que la escuche y la *descifre*, podrá convertir este caos en un cristal translúcido. Por otro lado, hay algo que he comprendido: eso, digamos: *la línea de continuidad, la razón que explica este desorden que tiene más de cien años, ese sentido*', dijo el Senador, 'ese sentido, podrá formularse en una sola frase. No en una sola palabra porque no se trata de ninguna cosa mágica, pero sí en una sola frase que, expresada, abriría para todos la Verdad de este país" (55) (énfasis mío).

La mirada puesta sobre el siglo XIX argentino es un intento por capturar un origen que otorgue continuidad a los hechos a lo largo de dos siglos, y dicha continuidad es percibida en el terreno de la historia (y no como el despliegue de un núcleo primitivo). Ahora bien, esta identificación con el pasado se desarrolla a partir de la figura del traidor, luego exiliado (éxodo que nos remite al de la Generación del '37). La historia es percibida no como el despliegue de un orden, sino, más bien, como un constante fluir del caos en donde los protagonistas deben desplazarse constantemente reubicándose en nuevos roles, a veces contradictorios (de confidente a traidor del tirano). Sin embargo, éste es justamente el *sentido* en el que se inscriben los Ossorio como identidades no idénticas a sí mismas. En la persecución de una Verdad intentan desesperadamente vivir la experiencia de la historia como una suerte de *flash* que los ilumine repentinamente. De esa posibilidad, y de la distancia que los separa de ella (alcanzar por fin la verdad), se constituye la trama de sus vidas. Si Enrique Ossorio representa, en términos de Derrida, la figura del "gran criminal", aquél que desafía la ley revelando la contingencia de la misma (el orden simbólico necesita del *otro* para sostenerse); Luciano, su nieto, se siente heredero de esa condición.[5] Y es eso precisamente lo que lleva a Luciano a desafiar a su propia tradición familiar: "Los lazos de sangre son lazos de sangre... La familia es una institución sanguinolenta; una amputación siempre abyecta del espíritu... Marcelo es mi hijo" (60). Para él, las ataduras de sangre sólo producen asociaciones siniestras entre los individuos; la filiación, entonces, pasa por una elección y no por una determinante biológica. De allí que

---

[5] Véase Derrida.

reconozca a Marcelo Maggi (su yerno) como su verdadero hijo.[6] La segunda traición que realiza Luciano es la de poner freno a la circulación de los bienes familiares a través de su presencia. Mientras sus verdaderos hijos desean que muera para heredarlo, él, aunque enfermo, permanece vivo, poniendo en crisis con dicho acto la vigencia de la ley: "*La alteración de una Ley, la violencia ejercida sobre una tradición*: ésa es la paradoja que yo soy y eso es lo que me permite pensar [...] Mi lógica es toda ella resultado de un corte en esa cadena que declina filiaciones y hace de la muerte el resguardo más seguro de la sucesión familiar" (70-1) (énfasis mío).

De este modo, los personajes construyen una genealogía hecha de la *traición* a la *tradición* inventándose, como en "Kafka y sus precursores", una progenie en la que reconocerse. Como Enrique, Luciano también es un traidor. Pero es justamente a partir de esta torsión en el curso biológico que se introduce una instancia ajena al monótono transcurrir de los acontecimientos. La tradición, en tanto "proposición de sentido" que sitúa "las herencias recibidas en el orden de lo simbólico" –en términos de Ricoeur–, se ve de este modo alterada como instancia de legitimidad, ya que se cuestiona su "*pretensión de verdad*" (Ricoeur 102). La traición (negarse a morir), desde esta perspectiva, se convierte en altamente productiva para una historia que repentinamente se ve obligada a mirarse en un espejo que ya no le devuelve su antigua imagen; y especialmente para los propios personajes, que ya no sólo resultan extraños ante la mirada de los otros sino, sobre todo, ante sí mismos (se han vuelto "traidores"). Extrañamiento que, además, es físico. Enrique, como Luciano (y Maggi), buscan filtrarse desde su espacio de exclusión en el *continuum* del tiempo. Enrique, exiliado en Nueva York, en la habitación de un hotel, en el siglo XIX. Luciano, inválido en su silla de ruedas, recluido en un cuarto de su casa, en el siglo XX. Sin embargo, hay allí un intento de vínculo que surge de la *comunidad en la traición*. Luciano se imagina a Enrique y se identifica con él: "Todo lo que él hizo puedo imaginar. Sobre todo el encierro final (termina suicidándose): ese cuarto, casi vacío, en el East River, donde se enclaustró, semanas y semanas, a escribir, por fin [...] Estamos solos, él y yo, nada se interpone, puedo oírlo, yo soy Ossorio, soy un extranjero, un desterrado" (73-4).

---

[6] La idea de la traición se asocia, además, en la obra de Piglia (como práctica literaria y crítica) a la de desvío. Se trata entonces de leer las genealogías en la literatura no a partir de las tradiciones heredadas sino de sus alteraciones y reformulaciones.

Fijar, detener la *dureé*, atrapar la verdad que circula por estos cuerpos enclaustrados es el ejercicio repetido hasta el cansancio por Luciano y luego por Maggi, pero que no llega nunca a clausurarse. El pavor sumerge a Luciano en un delirio paranoico. Diseña un sistema de defensa contra los servicios de inteligencia, y en su delirio cree estar a punto de atrapar la verdad: "*¿Se da cuenta hasta dónde me he acercado, hasta qué punto sé de qué se trata?* Pero no puedo, sin embargo, concebirla, aunque estoy para eso y es por eso que *duro*, por eso no me extingo y permanezco". Al mismo tiempo, teme "que en la sucesiva atrofia que le iban dejando los años, en un momento determinado, pudiera llegar a perder el uso de la palabra... Llegar a concebirla... Y no poder expresarla" (56) (primer énfasis mío).

La imagen de la atrofia lingüística se extiende por el texto. De alguna forma, la novela es un intento de articular una narrativa sobre el vacío discursivo producido por la historia contemporánea. No hablar aparece aquí como un acto que puede ser resultado de distintas variables: callar por no poder hablar, por no saber (cuestión aludida constantemente en la figura de Wittgenstein), o porque el orden del lenguaje es ajeno al de la realidad. La pregunta de Adorno: ¿cómo escribir poesía después de Auschwitz?, entreteje el texto de Piglia como un desafío discursivo. En la segunda parte de la novela llamada sugestivamente "Descartes", Tardewski es el personaje que formula estos interrogantes a Renzi mientras ambos esperan la llegada nunca cumplida de Maggi (como tampoco llega la Verdad para los Ossorio). El título, "Descartes", y la alusión a Adorno conllevan necesariamente una reflexión sobre el racionalismo, cuestión que en la obra de Piglia aparece a menudo. La incertidumbre de la espera de Maggi se halla enmarcada por un contrapunto entre la idea de un progreso racional de la historia –ya cuestionada por los Ossorio en la primera parte de la novela, en su desciframiento siempre diferido de los signos que conduce a Maggi a poner su cuerpo en el centro de una experiencia ligada a la praxis– y la crítica a dicho postulado a partir de la desaparición física de este último. El gesto paródico del título es claro, ¿cómo llamar "Descartes" al relato sobre un desaparecido?; es decir, ¿cómo entender el *legado iluminista*? En términos de Adorno, es el triunfo de las utopías del XVIII lo que conduciría directamente a Auschwitz... ¿o será tal vez su fracaso...? (alternativa que en el texto de Piglia se plantea a partir de la idea de la derrota de los proyectos utópicos de los hombres del XIX, representada en la figura del traidor y exiliado Ossorio). Es precisamente esta indecidibilidad la que, por un lado, dispara el dispositivo textual –es decir, empuja a la construcción del relato–, pero al mismo tiempo, lleva a superar dicha instancia para señalar una *praxis* –que, como tal, se encuentra fuera del orden de la narración. Mientras que para Adorno, la mudez –la imposibilidad de la poesía– parece ser la tara natural que sufren los sujetos de la historia ante un hecho como el de Auschwitz, la novela de Piglia, en cambio, se postula como una aproximación a lo aparentemente indecible (la dictadura militar argentina), para proyectarse en una actitud que recobra el gesto utópico del pasado. La propia indecidibilidad respecto de sus posibles derivaciones obliga a los sujetos pos-Auschwitz a buscar un horizonte utópico a fin de escapar de una realidad que se ha vuelto invisible, pero sin tener la seguridad de que no terminarán reproduciendo, con ese gesto, esa misma historia de la que quieren escapar. Y, sin embargo, aun entonces deben intentarlo.

Si Luciano Ossorio se siente afectado por una atrofia verbal en el momento en que cree atrapar la verdad, Maggi, al desaparecer, provoca el nacimiento de una novela: *Respiración Artificial*. Una novela en la que, aun cuando los postulados del iluminismo se encuentran resquebrajados frente a la magnitud del genocidio, esto no conduce al silenciamiento. Por el contrario, tal acontecimiento genera una obra (como una trama discursiva) que se autocuestiona indefinidamente en su intento por articular la escritura de los signos oscuros de la historia. Dicha autorreflexividad apunta, en realidad, más allá de una simple *mise en abîme* que exhibe constantemente sus procedimientos como único fin de la literatura. Aunque si bien es cierto que en toda la obra de Piglia ciertas cuestiones aparecen en forma recurrente (cómo escribir un relato, el diferimiento como forma básica de generar la tensión, la idea del enigma que articula y mueve la trama, etc.), dicho proceso metaliterario rebasa aquí los márgenes de la novela, apuntando hacia un afuera que amenaza la circularidad de la autorreflexividad. En ese movimiento, el texto se expande indefinidamente produciendo nuevos relatos (idea central que aparece desarrollada en *La ciudad ausente*).

Es de ese modo (a través de un relato diferido) que Tardewski trata de colmar el tiempo de la *cita* frustrada con Maggi, en un intento por llenar con una narrativa –hecha de *citas*– la desaparición física de su amigo. Hay un esfuerzo por poner en palabras (que se da, extrañamente, en el mismo instante en que él, Tardewski, y Renzi se encuentran dialogando distendidamente en un bar tranquilo de Concordia), lo que en esos momentos (en esas horas de idas y vueltas desde el hotel de Maggi a su casa, donde finalmente termina la charla), lo que a esas alturas en otras coordenadas (en otros espacios no tan lejanos al de ellos) estaba ocurriendo con Maggi. Colmar, entonces, con el lenguaje, la incertidumbre de la espera. En esa interminable charla en tierras entrerrianas donde transcurren largas disquisiciones sobre distintos temas, se plantea justamente una lectura de la literatura, y, a través de ella, de la propia historia.[7] Otra vez, la referencia al pasado como forma oblicua de aproximación a la realidad. La escritura aparece, de acuerdo a lo vertido por Tardewski, como un posicionamiento con relación al mundo, una forma de acercarse o de alejarse (que es otra forma del acercamiento) al material en crudo de los hechos reales. De allí que para Tardewski, Kafka y Joyce representan dos caminos diferentes de concebir la literatura: "*¿Cómo hablar de lo indecible?* Esa es la pregunta que la obra de Kafka trata, una y otra vez, de contestar. O mejor [...] su obra es la única que de un modo refinado y sutil se atreve a hablar de lo indecible, de eso que no se puede nombrar. ¿Qué diríamos hoy que es lo indecible? *¿El mundo de Auschwitz? Ese mundo está más allá del lenguaje, es la frontera donde están las alambradas del lenguaje.* Alambre de púas: el equilibrista camina, descalzo, sólo allá arriba y trata de ver si es posible decir algo sobre lo que está del otro lado. [...] Hablar de lo indecible es poner en peligro la supervivencia del lenguaje como portador de la verdad del hombre. Riesgo mortal. [...] ¿Joyce? Trataba de despertarse de la pesadilla de la historia para poder hacer bellos juegos malabares con las palabras. Kafka, en cambio, se despertaba, todos lo días, para *entrar* en esa pesadilla y trataba de escribir sobre ella" (271-72) (dos primeros énfasis míos).

Con esta lectura crítica de Tardewski se dramatiza toda posibilidad de acercamiento a una experiencia dadora de sentido, puesto que lo real ha devenido en "pesadilla" colocando a los sujetos al borde de su existencia. Kafka, hundiéndose en la historia como los protagonistas de *Respiración artificial*; Enrique y Luciano, preocupados por entender el pasado para descifrar el presente; Maggi, anclado en la actualidad para vislumbrar el futuro. Si hay una experiencia, esa parece ser la del límite. Es justamente en esa pulsión donde transitan muchos de los personajes creados por Piglia. Allí, colocados sobre el alambre de púas, intentando ver tras el alambrado el campo poblado de muerte. Hundiéndose en las profundidades del infierno, haciendo de la alteridad su propia condición.[8] Es así como el deseo de *saber* es lo que conduce a Maggi a profundizar sus experiencias: "Se metió de cabeza en la cárcel", dice Luciano acerca de Maggi. Ya no hay más, entonces, un devenir orgánico a ser recuperado (una subjetividad

---

[7] Beatriz Sarlo señala también un intento de "ordenar" una lectura de la literatura nacional (Sarlo 1987).
[8] Es lo que Bataille denomina "el límite extremo de lo posible": "Por definición, el límite extremo de lo posible es ese punto donde, a pesar de la posición ininteligible que tiene para él el ser, el hombre, habiéndose despojado de la seducción y el miedo, avanza tan lejos que uno no puede concebir la posibilidad de ir aún más lejos" (Bataille 39).

*humanista* a ser liberada e integrada en su unidad), sino la posibilidad de llevar adelante una experiencia extrema de lo posible en la que el presente es, en definitiva, vivido, aunque ya no plenamente.

Descifrar los signos que se presentan como anómalos supone un cuestionamiento constante de los *a priori*, una práctica enjuiciadora que, como el arte para Kant, debe inventar sus propios principios.[9] No se trata ya de meras especulaciones cognitivas sino de otro tipo de saber que, al no encontrar un referente dentro del universo de conocimiento que pueda verificar aquello llamado Auschwitz, necesita ir más allá de todo régimen de verdad. El silencio impuesto por tal dramático hecho lleva a un tipo de experiencia del lenguaje que cancela el discurso especulativo y plantea la cuestión de justicia en términos de *différends*. Los signos de la historia se han vuelto ajenos a ésta, de allí que Tardewski termine su charla con Renzi con un relato sobre Kant y la idea del "hombre moral". Tras oponer a Kafka con Hitler (cuyo libro, *Mi lucha*, es para él "la culminación de Descartes, la razón burguesa llevada hasta las últimas consecuencias" [265]), saca su cuaderno de citas para leer aquella que exprese de modo ejemplar lo que significaba Maggi para él: "Nueve días antes de su muerte, lee Tardewski, Immanuel Kant fue visitado por su médico. Viejo, enfermo y casi ciego, se levantó de su asiento y se quedó de pie, temblando de debilidad y musitando palabras ininteligibles. Al fin yo, que he sido su fiel amigo, me di cuenta de que no se sentaría hasta que lo hiciera el visitante. Este así lo hizo y entonces Kant, leyó Tardewski, permitió que yo le ayudara a sentarse y, después de haber recuperado en algo sus fuerzas, dijo *El sentido de Humanidad todavía no me ha abandonado*. Nosotros nos conmovimos profundamente porque comprendimos que para el filósofo la vieja palabra *Humanität* tenía una significación muy profunda, que las circunstancias

---

[9] "El modelo 'Auschwitz'", plantea Lyotard, "designa una 'experiencia' del lenguaje que pone frenos al discurso especulativo. ¿Es posible que otra clase de frase, regulada por otra lógica, pueda suceder después del anonimato 'Auschwitz'?". Interpreta el silencio impuesto por tal genocidio como un "signo" en el sentido kanteano: "El silencio en torno a la frase: *Auschwitz fue un campo de aniquilación* no es un estado del alma; es un signo de que algo que no es expresado y que es indeterminado aguarda ser expresado" (Lyotard 1996: 56-7). Así, lo que no es determinable en términos de la historia, postula Lyotard, debe ser regulado a través de la justicia. Es necesario, entonces, juzgar. Y aunque no haya criterios fijados, se debe juzgar sin criterios. De este modo, los signos de la historia se convierten en materia de justicia en términos de *différends* que nunca pueden ser imputados. Entonces, la cuestión de la justicia complementa la del conocimiento (Lyotard 1991: 385-87).

del momento contribuían a acentuar: la orgullosa y trágica conciencia en el hombre de la persistencia de los principios de justicia y verdad que habían guiado su vida, en oposición a su total sometimiento a la enfermedad, al dolor y a todo cuanto puede implicar la palabra mortalidad. El hombre moral, recordé yo que había escrito Kant treinta años antes, leyó Tardewski, sabe que el más alto de los bienes no es la vida, sino la conservación de la propia dignidad. [...] El profesor [Maggi] es alguien de quien puede decirse que jamás lo ha abandonado el sentido de la *Humanität* en la acepción más pura de esta antigua palabra alemana" (273-74).

A la línea que lleva de Descartes a Hitler, le opone otra que va de Kant a Kafka (y a Maggi). Para Tardewski, sin embargo, ha llegado el momento –el umbral– en el que debe reconocer que Maggi ("el profesor") ya no vendrá: "Hemos hablado y hablado porque sobre él no hay nada que se pueda decir. Ya no vendrá esta noche [...] Eso no tiene importancia [...] Sólo tiene importancia [...] lo que un hombre decide hacer con su vida" (272-73). Última reflexión que abre un espacio no siempre franqueable entre el trabajo de la escritura y la propia praxis. En este punto, la experiencia deja de ser una mera construcción *ex post facto* o discursiva; ella cierra un espacio y abre otro, mientras que la escritura oblitera, con su mudez, su propia insuficiencia (la frase de Wittgenstein resuena nuevamente). Y esa fisura se abre con la irrupción de su otro (Auschwitz). Así, no obstante, al mismo tiempo que desde el texto intenta aproximarse a lo indecible, tal tipo de experiencia se niega a ser disuelta en la simple trama de las relaciones discursivas. La novela se cierra finalmente cuando Tardewski, al entregarle a Renzi los papeles que Maggi le ha dejado (el archivo de Ossorio), sugiere que tal vez exista un secreto en ellos: "Encontrará ahí, estoy seguro, la clave de su ausencia. La razón por la cual él no ha venido esta noche. Allí está el secreto, si es que hay un secreto" (275). Al abrir una de las carpetas, Renzi lee una carta de Enrique Ossorio titulada "Al que encuentre mi cadáver" y, más adelante, pide que le hagan llegar la carta en donde explica las razones de su suicidio a su amigo Juan Bautista Alberdi. En ese final, que parece volver sobre el comienzo de la novela (la historia de Ossorio en el siglo XIX que es, en definitiva, la del país), se deja ver la narración de otro hecho nacional (la desaparición de Maggi). En esa aparente circularidad narrativa se han deslizado pequeños relatos que de alguna manera sobrepasan todo el tiempo su propia trama y que señalan un más allá de la simple anécdota que componen (Kafka y Hitler, Kafka y Joyce, Kant, etc.): ese más allá en el que tanto Ossorio como Maggi deciden internarse para ver tras las "alambradas del lenguaje".

OBRAS CITADAS

Barthes, Roland. *Michelet*. México: Fondo de Cultura Económica, 1988.
Bataille, George. *Inner Experience*. Nueva York: State University of New York, 1988.
Benjamin, Walter. "El narrador". *Sobre el programa de la filosofía futura*. Barcelona: Planeta, 1986. 92-6.
Derrida, Jacques. "The Mystical Foundation of Authority". *Deconstruction and the Possibility of Justice*. Drucilla Cornell, et al. Londres y Nueva York: Routledge, 1992. 33.
Jameson, Fredric. *The Ideologies of Theory. Essays 1971-1986*. Volumen 1: *Situations of Theory*. Minneapolis: University of Minnesota Press, 1989.
Lyotard, Jean-François. *The Differend. Phrases in Dispute*. Minneapolis: University of Minnesota Press, 1996.
\_\_\_\_\_ "Discussions, or Phrasing after Auschwitz". *The Lyotard Reader*. Andrew Benjamin, comp. Oxford: Basil Blackwell, 1991. 385-87.
Masiello, Francine. "La Argentina durante el proceso: las múltiples resistencias de la cultura". *Ficción y política. La narrativa argentina durante el proceso militar*. Daniel Balderston, et al. Buenos Aires: Alianza, 1987. 24-32.
Palti, Elías. "Fredric Jameson: ¿El marxismo en el *Mäelstrom* textualista?". *Ágora. Papeles de Filosofía* 15.1 (1996): 76.
Piglia, Ricardo. *Respiración artificial*. Buenos Aires: Pomaire, 1980.
\_\_\_\_\_ *Prisión perpétua*. Buenos Aires: Editorial Sudamericana, 1988.
\_\_\_\_\_ *La ciudad ausente*. Buenos Aires: Editorial Sudamericana, 1992.
Quintana, Isabel. *Figuras de la experiencia en el fin de siglo. Cristina Peri Rossi, Ricardo Piglia, Juan José Saer y Silvano Santiago*. Rosario: Beatriz Viterbo, 2001.
Ricoeur, Paul. "Hermenéutica de la conciencia histórica". *Historia y Literatura*. Françoise Perus, comp. México: Instituto Mora, 1997. 102
Sarlo, Beatriz. "Política, ideología y figuración literaria". *Ficción y política. La narrativa argentina durante el proceso militar*. Daniel Balderston, et al. Buenos Aires: Alianza, 1987. 49.

# Máquina apócrifa, alegoría del duelo y poética de la traducción

*Idelber Avelar*

I

Si la crítica literaria es la culminación del género autobiográfico, inaugurado por Rousseau con las *Confesiones* –en el sentido de que hacer crítica es escribir la historia de una colección de libros, el *graphós* del sujeto escritor, que es nada más que el *bíos* de sus lecturas–, la obra de Ricardo Piglia representaría la resistencia máxima, la impermeabilidad absoluta a toda autobiografía. No por la razón trivial de que en su texto el yo que escribe se halla "menos implicado" (como si la autobiografía consistiera en la exposición transparente de un ego), sino porque Piglia escribe el texto biblioteca, texto sin afuera, inenarrable más allá de sí mismo. ¿Dónde ubicar al sujeto que, en posesión de un relato más, contaría la historia de la vida / lectura, si este mismo sujeto ya se encuentra *citado*, previsto en su totalidad por uno de los textos? La antigua paradoja del conjunto contenido en uno de sus elementos regresa no como farsa sino como pesadilla. Si en nuestro pensar crítico no hemos estado escribiendo sino autobiografías fantasmales, la llegada de textos como *Respiración artificial* y *La ciudad ausente* nos condena al orden del metafantasma: disertar infinita, neuróticamente, acerca de la imposibilidad de narrarnos, así como de la imposibilidad de no narrar esta imposibilidad.

La utopía moderna por excelencia se encarna en la noción de texto total, sin afuera. *El Libro* de Mallarmé, *Le livre à venir* de Blanchot, los sueños bibliotecarios de Borges,[1] son imágenes de un texto que contendría todos

---

[1] Yo seguiría insistiendo en que los sueños narrados por Borges –libros totales, memorias inagotables, bibliotecas-universo– son sueños del orden de la utopía, a

los relatos posibles y todas las combinaciones que uno pudiera generar a partir de ellos. En Piglia dicha utopía se encuentra a la vez reinscrita e interrogada. Es imposible pensar fuera de ella, pero hoy ya tampoco es posible rendirse a ella. Hay que resistir. Las imágenes utópicas del texto total y de la *ciudad ordenada*, han sido apropiadas por el inmenso archivo del Estado, un catálogo paranoide que cubre el recorrido de cada sujeto, un poco como el mapa imaginado por Borges cubriría todo el territorio. Si en la exactitud de la representación, apropiada por el Estado, nuestro narrar se ha vuelto cita de archivo en la máquina burocrática, la única salida es inventar historias falsas y apócrifas. Barajar los relatos y los nombres propios hasta el agotamiento.

De ahí la importancia de Kafka en la obra de Piglia. En Kafka la utopía del orden ya no puede ser vivida sino como pesadilla. En este sentido *El proceso* no es sino una condena de la memoria: el crimen más hediondo de K. es *no acordarse de su crimen*. El proceso se arma contra el olvido. La modernidad sería el momento en el que la memoria del sujeto no es más que una cita en la inmensa biblioteca del burócrata estatal: memoria que deviene impersonal, impura, sucia, hecha de citas. Una de las hipótesis de los textos de Ricardo Piglia es que si la memoria moderna se ha vuelto catálogo de la máquina paranoide del Estado, quizá se pueda inventar una resistencia a partir del olvido –lo que no quiere decir suscribir al olvido, sino todo lo contrario. Si la novela moderna nace narrando la trayectoria de un lector y sus recuerdos (el Quijote no es sino un lector que recuerda textos), y si la posibilidad de cualquier porvenir reside en el relato de estos recuerdos, su culminación, su momento más radical de apogeo y desintegración, se encuentra, no en Proust, en cuya obra todavía puede constituirse un yo a partir de la singularidad de un recuerdo, sino en Kafka, donde la reescritura del pasado ya se encuentra enteramente trasladada a la esfera de la máquina paranoide.

## II

*Respiración artificial* y *La ciudad ausente*, dictadura y posdictadura. Antes de interpretar las novelas en función de una presunta determinación externa respecto a lo que "se puede" o "no se puede" decir, reduciendo el

---

pesar de toda la insistencia de Foucault en la noción de heterotopía, un babelismo irreductible al monologismo utópico. La crisis de la utopía señalada por Foucault resultaría de la inconmensurabilidad entre el momento utópico (cierre del libro, fin de la escritura) y la proliferación alucinante, heterotópica, del lenguaje que lo describe. El texto definitivo de Foucault acerca del problema es el prefacio a Foucault 1966.

texto al orden del epifenómeno, miremos algunas líneas que se cruzan. La noción de máquina paranoide, alrededor de la cual gira *La ciudad ausente*, aparece en *Respiración artificial*, pero como parte de la historia secreta (*Respiración artificial* cuenta dos historias). El relato secreto asoma a la superficie en el desciframiento alucinado de cartas por Arocena, figura del censor que usa los más intrincados métodos de interpretación textual. La máquina paranoide se apropia de las historias personales firmadas y las convierte en mapas, huellas, donde todos los nombres son falsos y las señas de identidad individuales no son sino piezas de un rompecabezas que, una vez montado, toma la forma de un gigantesco engranaje totalizante e impersonal.

El argumento de la novela es conocido: el profesor Maggi intenta reconstituir la historia de Enrique Ossorio, exiliado político de la época de Rosas, que escribe en Nueva York su autobiografía, mientras planea un "romance del porvenir", una utopía en la cual el protagonista recibiría cartas del futuro y trataría de imaginar cómo será esa época. Ossorio escribe sobre el futuro porque no quiere recordar el pasado. Simétricamente, el profesor Maggi monta en 1979 el rompecabezas del pasado; y dice: "la historia es el único lugar donde consigo aliviarme de esta pesadilla de la que trato de despertar" (Piglia 1992a: 19). Se trata de un presente benjaminiano, que pesa sobre los vivos. El sobrino de Maggi, Emilio Renzi, comienza a narrar la enigmática trayectoria de su tío a partir de la primera carta que recibe del profesor. La última cita tiene lugar en un bar, donde Renzi espera a Maggi para recibir los papeles de Enrique Ossorio. La espera toma la forma de una larga conversación sobre historia y literatura entre Renzi y Tardewski, un exiliado polaco de la Segunda Guerra. Maggi no llega. Tardewski le trae algunos papeles cuya primera página incluye una nota de Enrique Ossorio "al que encuentre mi cadáver". El mensaje críptico de Ossorio, en el siglo XIX, involuntariamente narraba también el futuro de su país.

Si, a partir de cierta lectura de *Respiración artificial*, lo revelado y lo escondido se deben meramente a un presunto cuidado con la censura y la represión, nos obligaríamos a leer la larga segunda parte de la novela (la conversación entre Renzi y Tardewski) como un velo que cubriría la historia real o despistaría a la máquina censora del Estado, o que, en el mejor de los casos, ofrecería huellas para la comprensión de lo que verdaderamente importa, es decir, el "mensaje" sobre la Argentina de 1980. Sin embargo, ¿y si la historia que funciona como velo, la historia que supuestamente encubre, fuera nada menos que la historia misma que se quiere narrar? ¿Y si el secreto fuera simplemente otro relato, interior al relato narrado, que, más allá de una sencilla denuncia o toma de posición sobre la realidad argentina de 1980, estuviera usando la literatura como máscara y que, bajo otras condiciones políticas, fuera enunciable fuera del relato? Desde luego, explorar esta hipótesis significa afirmar el carácter explosivo de lo político; sostener que lo político no es homogéneo y por tanto no es posible narrarlo como verdad unívoca, de manera independiente del relato. Así, entramos de lleno en la cuestión de la *narrabilidad de lo político*.

¿Cuáles son las dos historias de *Respiración artificial*? Simplificaríamos el problema si dijéramos que son las de Enrique Ossorio en 1850 y la de Maggi, Renzi y Tardewski en 1979, las historias de la Argentina de Rosas y la Argentina del terrorismo de estado. A partir de allí sería simple encontrar un sistema de equivalencias entre Maggi y Ossorio, los dos textos que escriben, las dos muertes, las dos dictaduras, y quizá coronarlo todo con la conclusión de que "la Argentina no ha cambiado nada". Este no es, empero, el corte que propone el relato. El corte tiene lugar en otra parte. Lo que está en juego no es una relación de simbolización entre pasado y presente, sino una alegorización de distintas posiciones respecto de la actividad de narrar. Un profesor recopila y cita, en 1979, los textos de un exiliado de 1850. Un colaborador suyo trata de relatar esta trayectoria de lectura / escritura, y sólo puede hacerlo a partir del archivo de la literatura argentina y occidental de los siglos XIX y XX. *Respiración artificial* narra dos historias: la de Ossorio y Maggi –historia de dos presentes que tratan de reconocerse en las derrotas de otra época– y la de Emilio Renzi y Tardewski –historia de un presente que trata de elaborar un repertorio narrativo con el cual se pueda contar la ubicuidad de la derrota. La primera se detiene donde empieza la segunda. Mejor dicho, la segunda intenta relatar el secreto de la primera. La primera prevé y narra el dilema de la segunda. El secreto es, en cada una de las historias, una imposibilidad que apunta hacia la otra. Contrariamente a la hipótesis de un relato velo-para-despistar-censores, nuestra hipótesis es que cada una de las historias es inenarrable sin la otra. Cada una de ellas enmarca el límite de lo que la otra puede contar. Y *Respiración artificial* no es sino una novela acerca de los límites de lo narrable. Lo no dicho no es aquí una mera contingencia táctica, sino que está arraigado en el relato como su centro organizador, su aleph, su condición de posibilidad.

En ambos relatos, algo une la historia y la literatura. Se trata de dos artes del desciframiento. Narrar y hacer política son dos métodos para fabricar el futuro en el intento desesperado de no citar o repetir el pasado. La política argentina toma la forma de una inmensa novela policial donde lo que hay que hacer es recorrer la escena del crimen, rastrear huellas, asignar una culpa. El juego de desciframientos provoca la proliferación de relatos. En Piglia, el secreto nunca es un mero contenido, sino que siempre es otro relato. Lo que narra Maggi es la historia de una novela epistolar utópica en la que el protagonista recibiría documentos escritos en el futuro, en la Argentina del 1979, y trataría de descifrarlos. La narración de Maggi deviene, a su vez, un desciframiento, al mismo tiempo literario y político: construir el relato es una forma de evitar que se confirme la pesadilla de que el presente ya se encontraba citado en el pasado. La novela es la promesa de un futuro que escape al eterno retorno de lo mismo. El objetivo no es solamente "entender [...] algunas cosas que vienen pasando en estos tiempos y no lejos de aquí" (Piglia 1992a: 72) –clara alusión a la pesadilla de 1980 en Argentina–, sino asegurarse de que haya un lugar desde donde se pueda narrar la historia argentina fuera de la autocita desesperada del mismo monólogo infinito de traiciones y sentencias. En otras palabras, se trata de apostar a la posibilidad de que las cartas del porvenir que recibe el protagonista de la novela de Ossorio *puedan ser* otra cosa que plagios de relatos apócrifos escritos en el siglo XIX.

En este juego infinito de desciframientos, el de Emilio Renzi toma la forma de un dilema: ¿cómo narrar el presente? ¿cómo narrar la búsqueda de Marcelo Maggi? ¿cuál es el lenguaje que narra la relación de la Argentina con su(s) historia(s)? Ésta es la cuestión fundamental con la que se lidia en la segunda parte de la novela, la conversación de bar supuestamente "superflua" respecto del argumento político del texto. La respuesta a dichas preguntas lleva a Renzi hacia Roberto Arlt y Kafka, entre otros. Arlt es "el único escritor verdaderamente moderno que produjo la literatura argentina del siglo XX" (Piglia 1992a: 130) porque Arlt es el único que capta la narrativa paranoide del Estado y logra entender la política como conspiración. En *Los siete locos* y *Los lanzallamas*, la utopía se ha vuelto paranoia totalitaria, organizada por una lógica inquebrantable, seductora, maquiavélica. Arlt anticipa la posmodernidad al señalar la faz dictatorial de la utopía moderna del orden, epitomizada en el discurso del Astrólogo, una barroca mezcla de bolchevismo, fascismo y mística tecnológica. Dentro de la sombría tecnocracia industrialista y apocalíptica del Astrólogo, "la mayoría vivirá mantenida escrupulosamente en la más absoluta ignorancia, circundada de milagros apócrifos" (Arlt 94). El lenguaje que quiera narrar la historia argentina tendrá que entrar en la pesadilla, parodiarla, mimetizarla, ensuciarse con la infinitud de complots paranoides del mismo Estado. El descubrimiento de Renzi en *Respiración artificial* es que para relatar la desaparición de Maggi, hay que *escribir mal*, en el sentido (moral) que tiene la expresión en Arlt. Escribir como quien comete un crimen. El mal es una tarea, decía un enigmático personaje de un novelista ruso. A los desciframientos del Estado, oponer la reproducción –el espejamiento perverso– de sus propios relatos detectivescos.

Esto justifica la opción de Renzi por Kafka, en lugar de Joyce. Pues si al poema que escribe Marconi,

> Soy
> el equilibrista que
> en el aire camina
> descalzo
> sobre un alambre
> de púas

Tardewski decide titularlo "Kafka", lo que está en juego no es simplemente elegir entre dos vertientes de la novela moderna –Joyce, que escribe para salir de la pesadilla del presente, *versus* Kafka, que escribe para entrar en ella–, sino también enmarcar el espacio dentro del cual el mismo discurso de *Respiración artificial* se vuelve enunciable. *Narrar la Argentina de 1980 es hacer equilibrio descalzo sobre un alambre de púas.* Kafka y Roberto Arlt son la contrapartida de la pregunta de Renzi: ¿cómo narrar los hechos reales? Esta pregunta no se puede contestar con un giro hacia la interioridad del sujeto; hay que hundirse en el archivo de lo ya dicho, robar historias ya contadas. "Cómo narrar el presente" no es una cuestión de sinceridad o de fidelidad, sino de estrategia.

A partir de este marco, ¿cómo no ver en la larga digresión acerca de Hitler, Heidegger y Descartes (de Hitler como coronamiento de la razón filosófica), la misma genealogía de Arocena, el descifrador de cartas del Estado? ¿cómo no ver, en el diseño maquiavélico y diabólico de la razón, la genealogía nada menos que del Estado argentino? Sabemos que la conexión fáustica entre la racionalidad y lo demoníaco es un viejo tema de Roberto Arlt; en *Los lanzallamas*, el Astrólogo, figura de la razón profética y totalitaria, dice que "el ajedrez es el juego maquiavélico por excelencia" (Arlt 243). ¿Es concidencia que el ajedrez sea presencia constante en *Respiración artificial*, pasatiempo favorito de Tardewski, mediador de su encuentro con Joyce e imagen fantasmal en toda la conversación acerca de la racionalidad filosófica? Si según Tardewski lo que escribió Descartes fue una novela policial, –"cómo puede el investigador sin moverse de su asiento frente a la chimenea, sin salir de su cuarto, usando sólo su razón, desechar todas las falsas pistas, destruir una por una todas las dudas hasta conseguir descubrir por fin al criminal" (Piglia 1992a: 189)– ¿cuál puede ser la realización contemporánea de este relato detectivesco sino las maquinaciones del Estado? El Estado es el *cogito* omnipotente. Así como la búsqueda de Renzi de un lenguaje que pudiera narrar la trayectoria del profesor Maggi lo había llevado a Kafka y Roberto Arlt, la indagación acerca del alambre de púas encima del cual hacen equilibrio él y su tío, desemboca en el nacimiento de la racionalidad moderna y en el modelo del relato policial. No por azar, la emergencia de la novela de detectives es contemporánea al surgimiento de los Estados nacionales y de la razón cartesiana. Ambos se unen en la trinchera desde donde se hace fuego contra el gran enemigo: la duda.

El relato de Renzi y Tardewski es, por tanto, una investigación acerca de qué lenguaje puede narrar la historia del profesor Maggi y de Enrique Ossorio. Plantear la relación entre los dos relatos como alegórica ayuda a entenderlos, en la medida en que el concepto de alegoría subraya tres hechos fundamentales: 1) la primacía de la ruina y del fragmento; 2) las conexiones entre narrativa y muerte; 3) la centralidad de la pérdida, el límite, la imposibilidad, figuras que en *Respiración artificial* se presentan bajo la resonancia enigmática de un único verbo: "callarse".

La alegoría no es un rostro, es una calavera (Benjamin 343). En la imagen del rompecabezas que tratan de montar Maggi, Renzi y Piglia, vemos la inversión alegórica del mito de Scherezada: se trata ahora de narrar para morir, no porque se haya escogido la muerte, sino porque es imposible no narrar, no está dada esa posibilidad. La frase "al que encuentre mi cadáver" que surge al final de la novela, debe leerse no sólo literalmente, refiriéndola a la muerte de Enrique Ossorio, no sólo metafóricamente, señalando la desaparición de Maggi, sino también alegóricamente, designando al narrador del conjunto del relato: Renzi / Piglia. La novela podría tener como subtítulo "Prolegómenos a mi muerte". El texto cumple para Renzi / Piglia el papel que tienen, para Ossorio, las carpetas que contienen las notas para el relato utópico no escrito, o para Maggi, las anotaciones que preparan el libro, para siempre inédito, sobre Ossorio. *Respiración artificial* es el prólogo al texto jamás escrito. La verdadera historia no se ha narrado. El sujeto que "sabrá ocuparse de lo que quede de mí" (Piglia 1992a: 213), cierre de la novela, es la imagen furtiva del lector, interpelado, invitado a contar la historia que Renzi / Piglia han silenciado.

En la alegoría, son inseparables la centralidad del fragmento y de la ruina, por un lado, y de la muerte, por otro. Es decir, la Argentina del 1980 no se puede simbolizar, no se puede representar como totalidad coherente y lisa. De ahí lo inevitable de una relación alegórica, fragmentaria, con el presente. Este fragmento sólo existe como ruina, como índice de la muerte. "La alegorización de la *physis*", nos dice Benjamin, "sólo puede llevarse a cabo con todo vigor en el cadáver. Los personajes del drama barroco [*Trauerspiel*] mueren porque únicamente así, como cadáveres, pueden acceder a la morada de lo alegórico" (Benjamin 391-392). Quizá no se trataría entonces, como piensa el senador Luciano Ossorio, de adivinar la verdad "a pesar de los muertos que boyan en las aguas de la historia" (Piglia 1992a: 62), sino por causa de ellos, a través de ellos, *en ellos*. Este sería el sentido del aprendizaje de Renzi. El murmullo incesante de los muertos *es* la verdad de la historia. Lo que he tratado de demostrar es que esto no es de ninguna forma independiente o gratuito respecto de la estructura fragmentaria de la novela, ya que este murmullo sólo se deja narrar con el lenguaje del fragmento y de la ruina.

El carácter alegórico de *Respiración artificial* se vincula con las nociones de límite y de imposibilidad. La segunda parte de la novela insiste en el tema del fracaso. "Se puede decir de mí", dice Tardewski, "que soy un fracasado. Y sin embargo cuando pienso en mi juventud estoy seguro de que eso era lo que yo en realidad buscaba" (Piglia 1992a: 151). Tardewski tiene el despojamiento de los que han conseguido fracasar lo suficiente, de los que han verdaderamente desperdiciado sus vidas, derrochado sus condiciones. Son los que escriben sabiendo la lección de los vencidos: que las cosas siempre pueden empeorar. Relacionándose kafkianamente con el lenguaje, Tardewski se acerca al relato de modo urgente y desesperado, arrancando de él una dimensión profético-alegórica. Cuando se establece la conexión Descartes-Hitler (la genealogía del totalitarismo en la razón, Hitler como culminación de la filosofía occidental), las opciones de un joven filósofo quedan claras: el fracaso o la complicidad. Para el joven que prefiere "ser un fracasado a ser un cómplice" (Piglia 1992a: 191), la elección de Kafka en lugar de Joyce se vuelve obvia. Joyce, el hábil, el que supera todos los obstáculos. Kafka, aquél a quien todos los obstáculos superan.

También aquí la discusión sobre la tradición literaria occidental se instala en el corazón mismo del relato. Si *Respiración artificial* no narra la historia que importa, si el conjunto de la novela no es sino un prólogo al verdadero relato, es porque Piglia fracasa. *Sabe* fracasar. Teje, en los meandros laberínticos del edificio narrativo en ruinas, la imagen espectacular de este fracaso. Narrar el fracaso, narrar la imposibilidad de escribir, narrar la imposibilidad de contar lo que le ha pasado al profesor Maggi, he ahí la tarea de *Respiración artificial*.

De allí que el vínculo entre las dos historias sea alegórico: se trata de una relación basada en la imposibilidad de narrar. El objeto de la alegoría sólo se presenta al conocimiento, por definición, como objeto perdido, objeto en retirada. La novela trata entonces de pensarse como relato imposible. La totalidad de *Respiración artificial* no es sino una alegoría al cuadrado. Lo alegorizado no es, de ninguna forma, el objeto que no se narra (no se trata de una alegoría de la Argentina de 1980, ésta es todavía una lectura muy superficial). Lo que está en juego es la alegoría de la imposibilidad de narrar este objeto. Es decir, la representación alegórica de la relación (también alegórica) que el lenguaje tiene con su objeto. Una alegoría de la alegoría, por tanto, ya que ésta no es sino la relación con lo perdido, la representación del objeto en tanto objeto perdido. Como siempre en Piglia, el secreto no contado no es un enigma a descifrar, un "mensaje del texto", o una sustancia que se escondería bajo las palabras: lo oculto no es nada sino la historia que no se cuenta. La historia del relato es la historia del silenciamiento.

III

*La ciudad ausente* maneja los residuos de lo que no había narrado *Respiración artificial*. Quizás, en el cuento intercalado en *La ciudad ausente* acerca del primer anarquista argentino (Piglia 1992b: 32-39), dentro de uno de los pozos cavados en los campos al norte de Malagüeno donde se amontonan cadáveres, trozos de cuerpos ya irreconocibles, calaveras, se encuentre una marca de algún personaje de la novela anterior. La historia de la nación surge como un inmenso relato secreto, subterráneo. "Ciudad ausente" quiere decir la ciudad llena de muertos. Ya no se trata tanto de narrar los hechos reales como de narrar las ruinas y restos de la historia, como quien lanza un desafío al porvenir, una invitación a un relato futuro. Si nos roban la máquina de historias macedoniana –figura de la combinación contrahegemónica de relatos en la posdictadura, preservación narrativa de una memoria en duelo en tiempos dominados por el olvido– también los muertos estarán en peligro.

En la posdictadura, las narrativas responden a la necesidad del duelo. Por otro lado, el imperativo inaplazable del proceso de duelo no es sino la necesidad de narrar. No me parece una simplificación decir que lo que propone una novela tan compleja como *La ciudad ausente* se puede resumir en una afirmación aparentemente sencilla: es necesario narrar. El duelo de Macedonio por la muerte de Elena, fuerza motriz generadora de relatos, instala aquí la figura furtiva del origen como pérdida. La máquina inventada por Macedonio, aparato de producir réplicas y recombinar historias, sería una máquina de anular la muerte.[2] Los relatos son la

---

[2] Figura clave en toda la obra de Macedonio Fernández luego apropiada por Piglia en *La ciudad ausente*: la verdadera muerte es el olvido. "La muerte que hay en los

memoria de lo perdido: "Porque la máquina es el recuerdo de Elena, es el relato que vuelve eterno como el río [...] Meses y meses encerrado en el taller, reconstruyendo la voz de la memoria, los relatos del pasado, buscando restituir la forma frágil de un relato perdido. Ahora dicen que la han desactivado, pero yo sé que es imposible. Ella es eterna y será eterna y vive en el presente" (Piglia 1992b: 163).

La máquina de Macedonio también metaforiza la posibilidad de crear nuevas historias, pero entendiéndose "crear" y "nuevas" en sus acepciones más antirrománticas posibles. Se manejan combinaciones, manipulación de viejos relatos, plagios, narrativas apócrifas. Piglia *despersonaliza el duelo, desubjetiva el afecto*. La novela plantea un problema narrativo y filosófico fundamental: ¿cómo pensar un afecto irreductible a la instancia del sujeto? Las historias pasean por la ciudad y recomponen el paisaje; circulan, entran en guerra. Han partido del duelo de Macedonio, pero en lugar de hacerlas regresar a él, reforzarle el ego y así encontrar la pseudosalida romántica, Piglia desparrama el duelo como relato apócrifo. Soy Russo y tengo una réplica. Existen otras réplicas, el gaucho anarquista mirando el mapa del infierno conoce la suya, el chico que para siempre ha perdido la amada reinventa otra y Boas regresa de la isla de los muertos y cuenta la historia del superviviente. Apócrifo significa de todos. El duelo narra la ciudad.

Todos los cuentos intercalados en la novela dramatizan de alguna forma esa despersonalización, que podríamos calificar de "conquista del anonimato". La lógica de lo impersonal en el texto de Piglia funciona análogamente al argumento de Marx, de que si el capitalismo lo ha internacionalizado todo, el proletariado no puede ser menos internacionalista que la burguesía. Si la máquina paranoide del Estado inventa nombres falsos y nos hace mirar la Historia con los ojos de otro, multipliquemos los ojos, los nombres, barajemos los orígenes personales, conquistemos la impersonalidad como arma. A Julia Gandini le matan el marido y la meten en una memoria ajena, rehabilitada, regenerada. En la posdictadura, el Estado, máquina de hacer creer, toma la forma de relato psicologizante, fábrica de historias reconfortantes o recuperativas.

La única salida es manufacturar el anonimato. En uno de los cuentos intercalados, una mujer abandona a su familia, viaja, alquila una pieza de hotel, va a un casino, gana una fortuna, vuelve al hotel y se suicida (Piglia 1992b: 50-51). El relato paradójico adaptado de Chejov, traduce el efecto

---

olvidos es la que nos ha llevado al error de creer en la muerte personal. Pero esta creencia es debilísima, por eso hacemos mucho más por no ser olvidados que por no morir" (Fernández 177).

de despersonalización de toda la novela. Al alquilar la pieza, se anota con el nombre de su madre, como si el nombre de la madre fuera el único nombre falso que no pudiera despertar sospechas, como si robarle el nombre a aquélla que la ha nombrado fuera la metáfora definitiva de lo que está en juego en la pérdida del nombre propio. ¿*Cómo aprender a perder el nombre propio?*, he ahí la pregunta central que se hacen los personajes de Piglia. No habría nada extraordinario y digno de ser narrado, en perder todo el dinero y luego suicidarse. El reverso de la medalla es la verdadera broma que se puede hacer con los papeles civiles y las marcas de identidad. Ganar millones y cometer el suicidio, afirmando en la paradoja lo incapturable, lo irreductible a la lógica de la propiedad. Contra el suicidio angustiado, existencialista, negativo, el suicidio afirmativo, el suicidio como un sí al sí.

De ahí la fascinación de Piglia por figuras demoníacas, encerradas en sus habitaciones, escribiendo o descifrando escrituras. En *Respiración artificial*, Enrique Ossorio alucina: soy Rosas, soy el clown de Rosas, soy todos los nombres de la historia. La privatización de la política puesta en escena por la escritura, sólo se puede vivir como locura. Nadie, fuera del loco, puede verdaderamente perder el nombre propio, conquistar el anonimato a través de la identificación con todos los nombres posibles. La paradoja es que sólo se pierde el nombre propio conjugando verbos en primera persona. Nietzsche, el único pensador que supo filosofar con el nombre propio, fue también el único que supo perderlo: "soy Dioniso; soy el Crucificado". Aquí reside la marca de la pérdida del nombre propio en cuanto gesto sólo posible desde la locura. Por el mismo motivo, la novela moderna toma la forma de novela carcelaria. Sólo Flaubert, encerrado en su celda de trabajo, puede perder su nombre y decir: "Madame Bovary soy yo". Frente a la transformación de nombres en números, llevada a cabo por el Estado carcelario, la conquista del anonimato que posibilita la literatura en tanto forma privada de la utopía. Prisión, manicomio, literatura: tres instituciones rigurosamente contemporáneas entre sí.[3]

---

[3] No por casualidad, el pensador moderno que ofreció la genealogía más radical del nacimiento y consolidación de la prisión y del manicomio, pasaría a dedicarse, en su obra tardía, a elaborar estrategias de pérdida del nombre propio. A lo largo de los escritos de Michel Foucault coexisten la genealogía de los aparatos de saber / poder y la crítica de la máquina carcelaria que es el nombre propio: "tenemos que conquistar lo anónimo, justificar para nosotros mismos la enorme presunción de un día finalmente volvernos anónimos" (Foucault 1989: 27). Nótese el parentesco entre la poética del anonimato en Foucault y la lectura que realiza Piglia de la obra de Macedonio Fernández:

La ciudad como inmensa celda y manicomio es lo que capta la narrativa de Roberto Arlt, pieza fundamental en *La ciudad ausente*. Junior, al entrar al Museo, ve "el vagón donde se había matado Erdosain" (Piglia 1992b: 49), el Raskolnikov arltiano de *Los siete locos* y *Los lanzallamas*. ¿Y quién puede ser el Ingeniero Richter, colaborador de Macedonio y jefe de la red clandestina de relatos sino la trasposición irónica del Astrólogo de las mismas novelas? También el ingeniero practica la política como falsificación, apropiación, robo. Se trata aquí de la figura del profeta que vive la tecnología como relato visionario: "toda ciencia será magia" (Arlt 180). En la imagen de una tecnología ya enteramente narrativizada, vuelta relato utópico / distópico (tensión indecidible en la figura del Astrólogo), la máquina de historias adquiere su paradójica modernidad. Sólo dentro del universo que se representa en la modernidad perversa, paranoide, falsificadora e impersonal captada por las novelas de Arlt, pasa a tener sentido hablar de circulación de relatos como conspiración clandestina.

No sorprende, entonces, que el relato inaugural de la máquina de Macedonio sea la historia del doble irreductible a la unidad, a la propiedad del nombre. "William Wilson", el cuento de Poe que le sirve de paradigma, narra la incomodidad que le provoca al personaje principal la presencia del doble, del lado oscuro de su imaginario, hasta que, al asesinarlo, se mata a sí mismo. Recordemos las últimas palabras del doble asesinado en el cuento de Poe: "tú has vencido, y yo me entrego. A partir de aquí tu también estás muerto ¡muerto para el Mundo, para el Cielo y para la Esperanza! En mí tú existías, y en mi muerte, vé por esta imagen, que es la tuya propia, cuán completamente te has asesinado a tí mismo" (Poe 225). Reduplicado como Stephen Stevenson en la máquina de Macedonio, el doble moderno regresa como hijo de un desertor, bastardo, periférico, extranjero en todas partes: "Stevensen había nacido en Oxford y todas las lenguas eran su lengua materna" (Piglia 1992b: 103). Inmigrante en Argentina, tiene la mirada ajena de los que no poseen patria. Se trata del personaje perfecto para trabajar en la invención de la máquina de réplicas con Macedonio Fernández, ese eterno despatriado que escribió en todas las lenguas y jergas como si ninguna fuera la suya.

Como siempre en Piglia, la narrativa gira alrededor de expatriados, figuras que pueden manejar sus historias personales como relatos apócrifos. Junior, hijo de ingleses, vivía en hoteles, "trataba de mirar todo con los

---

"una de las aspiraciones de Macedonio era convertirse en inédito. Borrar sus huellas, ser leído como se lee a un desconocido, sin previo aviso" (Piglia 1988: 92).

ojos de un viajero del siglo XIX" (Piglia 1992b: 10) y se convertiría en rastreador de las huellas de la máquina joyceana, impersonal (pero afectiva), de Macedonio. Russo, hijo de un inmigrante húngaro o checo que "cuando estaba borracho juraba que había nacido en Montevideo" (113), pasa por la locura, el anarquismo y deviene inventor clandestino de mundos, colaborador de Macedonio. La imagen definitiva de la extranjeridad es el húngaro Lazlo Malamüd, profesor de literatura, traductor premiado que "se sabía el Martín Fierro de memoria" (16), sin hablar español. El "idioma imaginario, lleno de erres guturales e interjecciones gauchescas", en el cual le hablaba a Renzi, es la contrapartida de la traducción castellana del artículo de Tardewski, en *Respiración artificial*, publicado en un diario de Buenos Aires. Era todo lo que le había quedado: un texto suyo que no podía leer. Esas son las experiencias que nos narra Piglia, las de una escritura desde siempre extranjera a sí misma (ya no hay exilio, sólo nomadismo; no se trata de estar lejos de la patria y sí de perderla). Escribir como quien inventa terceros mundos, madrigueras, en permanente táctica de guerrilla (Deleuze y Guattari 25-42). Escribir en desplazamiento, conquistar la extranjeridad. En un país donde la xenofobia y el culto de la pureza del idioma se han vuelto un arma política fundamental y han construido una larga tradición literaria (Cané, Lugones), Piglia afirma la imposibilidad de pensar la nación (lo mismo, lo propio) sin la alteridad que la sostiene. Lo que está en juego no es un argumento liberal, al estilo del *melting-pot* multiculturalista norteamericano, sino más bien un desenmascaramiento de lo puro, lo propio, en cuanto ficción impropia, impura, extranjera por excelencia. El mismo purismo de derecha, estilo Lugones, que siempre ha florecido a la sombra del Estado, no se ha dado cuenta de que es precisamente el Estado el que ha transformado a todos en extranjeros de sí mismos, tal como sucede en el *Proceso*, donde K. es forzado a lidiar con su pasado como si fuera de otro, o en *La ciudad ausente*, donde Julia Gandini es "metida en una memoria ajena, obligada a vivir como si fuera otra" (Piglia 1992b: 89-90).

## IV

La imagen de una lengua perennemente *otra* ocupa el clímax de *La ciudad ausente*. El rastreo del legado de la máquina macedoniana lleva a Russo a "La isla", espacio utópico poblado "de ingleses y de irlandeses y de rusos y de gente que ha llegado de todas partes perseguidos por las autoridades, amenazados de muerte, exiliados políticos" (Piglia 1992b: 123). "La Isla" es la imagen fantasmática de una *pólis* joyceana en la que las lenguas no duran más que unos pocos días y *Finnegans Wake* es el único libro que sobrevive en todos los idiomas, legible y transparente como una escritura sagrada. Las lenguas no son manejadas por un *cogito* omnipotente, sino que se suceden como "un pájaro blanco que en el vuelo va cambiando de color", dando la "falsa ilusión de unidad en el pasaje de los tonos" (125), ahogando a sus hablantes en la inmanencia de sus metamorfosis. Los isleños "hablan y comprenden instantáneamente la nueva lengua, pero olvidan la anterior" (126). Sufren de la ausencia de una conciencia trascendental que pueda evaluar los mareantes cambios lingüísticos que atraviesan. Toda experiencia se disuelve junto con la lengua en que fue confeccionada. Todo en la isla se define por el carácter inestable del lenguaje: cartas ya ilegibles alcanzan a sus destinatarios, hombres y mujeres que se amaban en un lengua, apenas pueden disimular su mutua hostilidad en la siguiente. Este es un mundo regido por el vacío de la memoria, en el que "uno olvida siempre la lengua en que ha fijado los recuerdos" (124). Todas las obras maestras mueren tan pronto como desaparecen las lenguas en que han sido escritas. Ninguna vida en la isla permanece indemne al olvido: incluso cuando los trabajadores se reúnen en un bar irlandés para celebrar el fin de semana, tararean y silban la melodía de un vieja canción, incapaces de encontrar en su memoria la letra que acompaña la música. "Sólo el silencio persiste, claro como el agua, siempre igual a sí mismo" (128).

La lingüística es la ciencia más avanzada en la isla. Su base epistemológica adviene de la imposibilidad de coexistencia entre abuelos y nietos, debido a la creencia de que los primeros reencarnan en los segundos. La lingüística histórica se hace posible por esta extraña reencarnación generacional, de acuerdo con la cual "la lengua [...] acumula los residuos del pasado en cada generación y renueva el recuerdo de todas las lenguas muertas" (127). La reencarnación generacional es la forma encontrada por los isleños para reinventar la noción de tradición, perdida después de su caída en el carrusel del olvido fomentado por el cambio lingüístico. Los nietos reciben la herencia como modo de "no [...] olvidar el sentido que esas palabras tuvieron en los días de los antepasados" (127). Los habitantes de la isla siguen los rituales y "esperan que llegue por fin la lengua de su madre" (128). En la esperanza del regreso a un balbuceo presemiótico, un lenguaje sin sustancia, hecho de mero sonido y resistente al uso diario, los isleños anhelan los días anteriores al olvido, en que "las palabras se extendían con la serenidad de la llanura" (124). En esta isla utópica / distópica, todos los intentos de estabilizar el lenguaje han fracasado, ya que nadie puede diseñar un sistema semiótico que mantenga los mismos elementos con el mismo significado a lo largo del tiempo. La consistencia de una proposición dura mientras sobrevivan los términos en que fue formulada. En la isla, por tanto, "ser rápido es una categoría de la verdad" (132). Fracasan los esfuerzos por componer un diccionario bilingüe que permita alguna comparación entre las lenguas: "la traducción es imposible, porque sólo el uso define el sentido y en la isla conocen siempre una lengua por vez" (130-131). La isla elimina la traducción porque disuelve el parentesco entre las lenguas que es la base de lo traducible.[4] Los que aún trabajan en el diccionario lo conciben como un libro de las mutaciones, "un diccionario etimológico que hace la historia del porvenir del lenguaje" (131).

Todo el sentido espacial que tienen los habitantes de la isla está determinado por el lenguaje, de tal modo que la muy inestable categoría de "lo extranjero" se vuelve puramente lingüística: la única patria que tienen es "la lengua que todos hablaban en el momento de nacer, pero ninguno sabe cuándo volverá a estar ahí" (129). Todas las patrias, en cualquier momento dado, están perdidas, no porque uno se encuentre "en el exilio", sino más bien porque la pérdida es la experiencia que define la relación del sujeto con ellas. Se trata de patrias lingüísticas, y en la isla el lenguaje es el hogar de la pérdida. El espacio se encuentra totalmente temporalizado: "el concepto de frontera es temporal y sus límites se conjugan como los tiempos de un verbo" (129). Todo lo que sobrevive de las lenguas pasadas son unas cuantas palabras antiguas, "grabadas en las paredes de los edificios en ruinas" (130), como los "nudos blancos" recobrados por Elena para la máquina de contar historias: marcas originarias en los huesos que sobreviven como ruinas alegóricas orientadas hacia el futuro. "Lo que todavía no es define la arquitectura del mundo" (130). La única memoria tangible de la *pólis* es la escritura, y un solo libro delimita toda la esfera del recuerdo: "En realidad el único libro que dura en esta lengua es el *Finnegans*, dijo Boas, porque está escrito en todos los idiomas. Reproduce las permutaciones del lenguaje en escala microscópica. Parece un modelo en miniatura del mundo" (139). En el reino de lo efímero,

---

[4] "Todo parentesco suprahistórico de las lenguas reside en lo que es a cada momento mentado en cada una de ellas como un todo, lo cual no es alcanzable, sin embargo, por ninguna de ellas en forma aislada, sino sólo por la totalidad de sus miras suplementándose las unas a las otras: la lengua pura" (Benjamin 13). Lo que la isla le hace a la traducción, entonces, es borrar los ecos de la *reine Sprache*, de la lengua pura, de la cual todas las lenguas particulares serían un testimonio imperfecto, caído. Al volver la traducción imposible –de todos modos al hacer visible, ineluctable, su imposibilidad–, la isla sumerge a sus habitantes en la inmanencia de un fragmento siempre diferente de la vasija rota de la lengua pura.

sólo *Finnegans Wake*, un sistema que tiende a abrazar el caos, sobrevive a los cambios lingüísticos. *Finnegans Wake* es considerado "un texto mágico" (139) y es "leído en las iglesias" (139-140). Otros lo creen "un libro de ceremonias fúnebres [...] el texto que funda la religión en la isla" (139).

Bob Mulligan es el único habitante de la isla que una vez supo dos idiomas a la vez. Él "hablaba como un místico y escribía frases desconocidas y decía que ésas eran las palabras del porvenir" (131). Los relatos de Mulligan no se pueden comprender en la isla, y a juzgar por los pocos documentos conservados en los archivos, pareciera estar hablando de un extraño mundo sólo legible en el futuro: "Oh New York city, sí, sí, la ciudad de Nueva York, la familia entera fue para allá [...] las mujeres usaban un pañuelo de seda sobre la cara, igual que las damas beduinas, aunque todas tenían el pelo colorado. El abuelo del abuelo fue police-man en Brooklyn y una vez mató de un tiro a un rengo que estaba por degollar a la cajera de un supermarket" (131). La referencia de Mulligan a la uniformización y la violencia urbana se presta a ser leída como anticipación. Su habla esquizofrénica es una profecía que anuncia los escombros del porvenir. Mulligan puede hablar del futuro porque a él lo mueve sobre todo el luto: viudo un año después de su matrimonio –cuando Belle Blue Boylan se ahoga en el río Liffey–, hace de su propia vida un jeroglífico ilegible para su presente, se convierte en vehículo de los ecos de lo que aún no es. Piglia lo presenta como un emblema de esa clase de profetas dotados del conocimiento que da el fracaso. Como Tardewski en *Respiración artificial*, Mulligan tiene la lucidez de los que han fracasado lo suficiente. Son figuras que saben escuchar, en el presente, los murmullos del futuro, así como Kafka supo distinguir la pesadilla de lo que vendría en las palabras de Adolf Hitler, pronunciadas en su exilio de Praga en 1910, de acuerdo con la hipótesis de *Respiración artificial*. En *La ciudad ausente* la pequeña historia de Mulligan sobre Nueva York es una versión microscópica de una distopía futura que el lector puede, sin embargo, reconocer como su propio presente. En "La Isla", por tanto, Piglia no escribe una distopía proyectada en el futuro y modelada a partir de la exacerbación del presente, a lo Orwell, sino que más bien relata el presente del lector, proyectado por el pasado como una pesadilla que tiene lugar en el futuro.

Como el único bilingüe jamás conocido, Mulligan encarna al imposible traductor, en una isla donde toda traducción ha sido abolida. Más que los investigadores que trabajan en el diccionario futurista, Mulligan representa la posibilidad utópica de traducción que podría revolucionar la vida en la isla. Pero Mulligan ha enmudecido para siempre, porque "nadie sabía lo que estaba diciendo y Mulligan escribió ese relato y otros relatos en esa lengua desconocida y después un día dijo que había dejado de oír" (131-132). El traductor mudo abraza la escritura. Viviendo lejos de los demás, tomando, silencioso, un vaso de cerveza, Mulligan es el traductor que sabe demasiado como para seguir intentando traducir; digamos, un traductor a priori en duelo por una tarea fracasada. Cuando su discurso y su mismo cuerpo se encriptan para sus contemporáneos, como una alegoría diabólica e incomprensible, Mulligan acoge la tarea del traductor como un verdadero *Aufgabe* –palabra cuidadosamente escogida por Benjamin para designar la tarea, pero también la renuncia, del traductor. También aquí, donde el extrañamiento mutuo entre las lenguas ha sido llevado a su límite, la traducción encuentra su vocación metafísica de ser "sólo un modo algo provisorio de confrontarse con la extranjeridad de las lenguas" (Benjamin 14). La condición del traductor es delimitada, entonces, por dos fenómenos simétricos y opuestos: por un lado, el estatuto de *Finnegans Wake* como colapso de toda traducción –colapso entendido como terminación, pero también cumplimiento; en todo caso, el fin de una demanda– y por otro, la sucesión de las diferentes lenguas como los varios fragmentos de una vasija rota, soñando con una *reine Sprache*, una pura lengua en la que la vasija sería recompuesta. Tal edén se ha conocido, al menos mítica y retrospectivamente, como el tiempo en que "la lengua era un llano por el que se podía andar sin sorpresa" (Piglia 1992b: 134). El repertorio mítico incluye una reescritura de la Caída como entrada en el lenguaje. "El árbol del bien y del mal es el árbol del lenguaje. Recién cuando se comen la manzana empiezan a hablar" (134): imagen de la inauguración de la palabra humana, momento en que "el nombre ya no vive intacto" (Benjamin 153). Adán y Eva empiezan a hablar y pierden el nombre, que era uno con la esencia de la cosa, resignándose así a la exterioridad y extranjeridad del signo. Lo que ha sido borrado de la isla, entonces, es el *nombre*, en todo lo que lo opone al *signo* burgués, meramente vehicular e instrumental. El imperativo de traducir surge como un intento de recapturar el eco del nombre, de la lengua pura enterrada bajo signos desgastados por el uso.

La entrada en la palabra humana, caída, implica necesariamente la aceptación de la traducción como demanda e imposibilidad, es decir, aceptación de lo que se entrega a la traducción, el don de la traducción –es decir, la multiplicidad y extranjeridad infinita de todas las lenguas–, así como la aceptación de la renuncia constitutiva que implica la traducción. Lo que separa a Mulligan de los otros habitantes de la isla es su conciencia de todo lo que la traducción le debe al fracaso, ya que sus propios relatos son percibidos como monstruosidades dementes, un poco como las versiones hölderlinianas de Sófocles, profusas en metáforas excéntricas y visionarias, en discordia permanente, profunda con su presente.[5] Tal conciencia constituye precisamente el conocimiento que yace en la base de su silenciosa melancolía. En contrapunto a la muda naturaleza –"puesto que enmudecida, la naturaleza pena en duelo" (Benjamin 155)–, Mulligan es conducido hacia el silencio por la profusión de lenguas. Se sabe que el célebre vínculo establecido por Benjamin entre duelo y mudez (no sólo en relación a la naturaleza, sino como distintivo del sujeto melancólico) juega un papel central tanto en su temprano ensayo sobre el lenguaje como en el estudio sobre el drama barroco. La isla de Piglia lo replantea como paradoja: puesto que está dotado de más de una lengua, se nos sugiere en "La Isla", el traductor pena en duelo. Experimenta más que nadie la caída desde el nombre "al abismo de la mediación de toda comunicación, de la palabra como medio, de la palabra vacía, el abismo de la habladuría" (Benjamin 154). El abismo de la habladuría sería coextensivo a la multiplicidad posbabélica de las lenguas. Los isleños están exentos de la angustia posbabélica, por vivir y recordar sólo dentro de la inmanencia de cada lengua que hablan en cada momento dado. Mulligan, el traductor, no puede evitar esa angustia y cae, desde su habla críptica y emblemática, a la identidad, a lo idéntico, a lo siempre-igual del silencio. Para él, la multiplicidad de las lenguas puede tomar una dimensión alegórica en el sentido estricto de la palabra, es decir, como representación tropológica de una pérdida, representación de un objeto que se ofrece al conocimiento como objeto perdido. Es desde el punto de vista del conocimiento *excesivo* de Mulligan que el multilingüismo viene a representar la pérdida del nombre: "sólo para el sapiente puede algo presentarse en tanto alegoría" (Benjamin 403).

La intempestiva presencia de Mulligan en la isla del olvido introduce el motivo salvífico de la traducción como revitalización de la memoria. La caída en el multilingüismo en la isla joyceana es también una caída en el olvido, y en este sentido el tributo de Piglia a Joyce es altamente ambiguo. Puesto que han caído presa del olvido, los isleños viven la necesidad extrema de traducción, su falta apremiante. La traducción representa aquí, benjaminianamente, "uno de los modelos fundamentales de la relación histórica, semejante a la crítica, al coleccionismo y a la cita: rescate del ser en el instante de su abolición" (Oyarzún 91-92). Piglia lee a Joyce estrábicamente, mirando al mago de *Finnegans* pero manteniendo un ojo

---

[5] Sobre las versiones hölderlinianas de Sófocles como enfrentamientos intempestivos con su presente, véase Haroldo de Campos 1977: 93-107.

en Kafka. El monólogo de Mulligan recuerda el de un profeta kafkiano viviendo en un universo joyceano. Su habla es ilegible para su presente, pero alegórica para su futuro. El hablante de inglés de Irlanda replicaría al judío de Praga que escribe en alemán: ambos trabajan con esa relación literal y desmetaforizada con la lengua propia / ajena, vaciando sus símbolos de los significados convencionales que tenían previamente, llevando la lengua a un desierto de literalidad que evocaría, utópicamente, el eco del nombre. Como en *Respiración artificial*, la lectura de Joyce no puede dispensar la relación kafkiana, salvífica con el lenguaje. La "obra fragmentaria, incomparable de Franz Kafka" es la única que llevó a cabo esa "restitución suicida del silencio". Kafka "se despertaba, todos los días, para *entrar* en esa pesadilla y trataba de escribir sobre ella" (Piglia 1992a: 272). Kafka surge aquí como el que se preocupa demasiado por el lenguaje, paga un precio demasiado caro por él y sabe que "hablar de lo indecible es poner en peligro la supervivencia del lenguaje como portador de la verdad del hombre" (Piglia 1992a: 272). Kafka es la imagen del profeta que ha aprendido cuándo permanecer callado. Hablando de lo indecible en 1980, Piglia había visto, a través de Kafka, que "el nombre de los que fueron arrastrados a morir *como un perro*, igual que Joseph K., es legión" (Piglia 1992a: 269). Escribiendo a principios de los noventa, ofrece una alegoría del olvido posdictatorial a partir de una isla en la cual el único traductor sobreviviente es un profeta kafkiano que lee en las aguas de la historia la desolación por venir, pero no puede comunicársela a sus contemporáneos, pues su lengua es intempestiva, incomprensible en una isla donde el único documento transparente es *Finnegans Wake*. El profeta visionario finalmente desespera del lenguaje, "enfatiza su fracaso", como diría Benjamin sobre Kafka, y decide quemar sus relatos y caer en la mudez. El intento posdictatorial de traducción del recuerdo alegoriza y apunta a dos abismos convergentes, representados por el babelismo y el silencio. Mulligan, como traductor, no puede habitar fuera del primero, pero su lugar en la isla siempre monolingüe incluye la aceptación del segundo. El babelismo es el agotamiento de la traducción, revelador de su imposibilidad y responsable de la caída del traductor al abismo del silencio. A la deriva entre Babelismo y Silencio, entonces, flota la isla del olvido, donde la gente no sabe que mañana se estarán riendo de los mismos chistes en otra lengua, y aún no lograrán comprender a un cierto hombre que "soñaba con palabras incomprensibles que tenían para él un sentido transparente" (Piglia 1992b: 131).[6]

---

[6] Hablando de derivas, me permito reservar esta nota para lamentar la imposibilidad de extender, por el momento, la referencia al problema filosófico

V

*Respiración artificial* manejaba el modelo del relato policial desde el punto de vista del detective. Se trataba allí de seguir las pistas de ese gran crimen que es la Historia y hacer del lector el cómplice de una operación descifradora. Las cuestiones de la relectura de la historia argentina como posibilidad de una redención benjaminiana del presente (problema de Maggi) y el lenguaje que pueda narrar este trayecto (problema de Renzi), eran pensados a partir de las atribuciones del detective clásico, el rastreo de pistas y rescate del sentido. *La ciudad ausente* cuenta quizás el mismo relato (un crimen o un viaje, ¿qué más se puede narrar?), pero con una inversión: se narra desde el criminal. La máquina narrativa se pone al servicio del deseo conspiratorio. Toda la política de *La ciudad ausente* se

---

de la traducción. En cuanto a la reflexión benjaminiana sobre el traductor, sería necesario tener presentes todas las paradojas del *Aufgabe*, como Pablo Oyarzún ha desarrollado en un ensayo notable: "*Aufgabe* es, por una parte, *tarea*, tarea como encomienda, como don (*Gabe*) impositivo, destinador. Algo debe ser dado, a partir de lo cual se inicia la traducción, desde donde es incorporado su proceso; algo, como original, debe ser dado. *Debe* serlo, a fin de que sea posible volver a darlo (*wiedergeben*), a rendirlo: traducir. Y si es imposible en general que un original se dé para aquel que quisiera volver a darlo –puesto que lo propio suyo es sustraérsele–, el efecto de origen queda garantizado inapelablemente en cuanto se constituye lo dado en exigencia. El don impositivo es, entonces, también imperativo, es mandato: lo dado es legado y delegado. El traductor se halla, pues, bajo el mandato –es decir, el dictado– de lo que le es dado (a) traducir, y en el compromiso de un cuidado: el cuidado de lo (de)legado" (Oyarzún 94). Al mismo tiempo que la tarea se impone como don –el legado del don–, es interrumpida por un *Aufgabe* que también nombra una imposibilidad: "Pero *Aufgabe* es también renuncia, abandono. La exigencia de lo dado –el dictado del don, el dictado en que consiste el don– que constituye e instituye a la traducción en tal, que define la misión (envío, encomienda, recado) del traductor, está determinada, en este, pero a la vez antes de este, por una renuncia igualmente constitutiva". Para la genealogía del abrazo a la traducción como fracaso, véase la ruta de Oyarzún en el mentado artículo, que incluye cuidadosa consideración del rescate benjaminiano del *nombre* –por oposición al mero *signo* instrumental y vehicular–, vislumbre de los vínculos entre alegoría y duelo, y fina reflexión sobre los vértigos de la teoría benjaminiana de la traducción. Véase también, apuntando hacia un horizonte convergente, Paul de Man 1986: 73-105, notable en su análisis de la traducción como *prosaicización* del original y revelación de que el original ya está, desde siempre, muerto. Otra referencia imperativa es Derrida 1985: 165-207, especialmente cuando refiere la traducción al multilingüismo posbabeliano y lo inaugura como tarea y don.

juega en el concepto de lo político en cuanto narrativa secreta y paranoica. Hacer que las historias proliferen como quien diseña un complot. De *Respiración artificial* a *La ciudad ausente* pasamos de Illia Petrovich a Raskolnikov. Seguramente hay desciframientos en la última novela, pero estos se parecen más a los planes minuciosos de Raskolnikov preparando el asesinato. La guerra de desciframientos (Arocena / Maggi), la había narrado *Respiración artificial*; lo que cuenta *La ciudad ausente* es la batalla campal de imaginarios.

*La ciudad ausente* mimetiza la forma del relato policial, no sólo en el tono y los sucesos, sino en el diseño general del deseo que mueve la trama. Se trata de recorrerlo todo, vivirlo todo, para que al final se pueda contar una historia (encontrar un relato). Toda novela policial es un prólogo a un relato futuro. Sin el imperativo de armar el sistema de enigmas que, una vez develado, abre la posibilidad de contar una historia, no hay novela policial. De igual modo, la obra de Macedonio Fernández, quien nunca escribió sino prólogos a un texto que insistía en postergar. Piglia encuentra aquí la posibilidad de aliar la poética macedoniana antilector de desenlace al modelo de la narrativa de desenlace por excelencia, la novela de detective. Se transforma el acto de narrar virtual, final, en objeto de deseo de toda la trama. Todo el trayecto que lleva a Junior hacia Julia, Ana, Russo, y que desemboca en la circulación conspirativa de relatos y pistas, no es sino un intento por *conquistar el relato futuro*. La diferencia respecto de la novela policial reside en el hecho de que el desenlace no es la resolución de conflictos, según un modelo dialéctico. El desenlace ya no se pretende un cierre y por eso Piglia puede ser macedoniano y detectivesco a la vez. El narrar por ser conquistado no es la "síntesis" de lo recorrido. Es un paso hacia el afuera.

La fascinación de la novela proviene de que –pese a todo lo dicho arriba acerca de la impersonalidad, la pérdida del nombre propio y el paso hacia el afuera– lo que trata de rescatar Macedonio con la máquina es el lenguaje absolutamente privado, el lenguaje de Elena, intocado por la suciedad de la comunicación cotidiana. Toda la tensión de la obra de Piglia se juega aquí: lo falso, lo artificial, por un lado; la respiración, el nombre, por otro. En uno de los relatos intercalados de la novela, Elena se infiltra en la clínica distópica e informatizada, centro estatal paranoide de producción de memorias artificiales. El escenario es una inmensa sucesión de televisores con todas las caras adentro, de tal forma que cuando uno se mira ve la cara de otro. Una alteridad catalogada, archivada bajo la forma de la tecnología en tanto producción desenfrenada de otredades para consumo. La manera de proteger al amante contra un lenguaje científico que cita insistentemente la historia argentina –"quiero nombres y direcciones" (Piglia 1992b: 83)– es la reducción de su nombre para "Mac", nombre falso, pero que mantiene un núcleo del nombre amado. En ese "Mac" con el que Elena a la vez invoca y esconde a Macedonio, ya se juega toda la teoría del lenguaje que construye Piglia a partir de los nudos blancos y de la isla joyceana. Son las "marcas en los huesos" (84), lenguaje más allá de la comunicación, puro murmullo original de los amantes, pura traza, ruido visceral: "los nudos blancos estaban grabados en el cuerpo" (84). Se trata del único lenguaje que puede enfrentarse con la muerte, porque es anterior y fundante. Será éste el lenguaje que la radicalidad visionaria de Macedonio se propondrá reinventar con la máquina de relatos. *La ciudad ausente* sería así una reescritura de "El inmortal", de Borges: la imagen de una ciudad perdida donde se sueña una inmortalidad que sea fruto del arte de narrar.

### Obras citadas

Arlt, Roberto. *Los siete locos / Los lanzallamas*. Caracas: Biblioteca Ayacucho, 1986.

Benjamin, Walter. *Ursprung des deutschen Trauerspiels*. vol. I, parte I. "Die Aufgabe des übersetzers". vol. IV, parte I. "Über Sprache überhaupt and über Sprache des Menschen". vol. II, parte I. Gesammelte Schriften [Todas las traducciones son mías] Frankfurt am Main: Suhrkamp Verlag, 1974. [Trad. esp. *El origen del drama barroco alemán*. Versión de José Muñoz Millanes Madrid: Taurus, 1990.]

De Campos, Haroldo. "A Palavra Vermelha de Hölderlin". *A Arte no Horizonte do Provável*. [4a. edición]. San Pablo: Perspectiva, 1977.

Deleuze, Gilles y Guattari, Felix. *Kafka: Pour une littérature mineure*. París: Éditions de Minuit, 1975.

De Man, Paul. "Walter Benjamin's 'The Task of the Translator". *The Resistance to Theory*. Minneapolis: Minnesota University Press, 1986.

Derrida, Jacques. "Des Tours de Babel". *Difference in Translation*. Joseph F. Graham, ed. Ithaca: Cornell University Press, 1985.

Fernández, Macedonio. *Museo de la novela de la Eterna*. Madrid: Cátedra, 1995.

Foucault, Michel. *Les mots et les choses*. París: Gallimard, 1966. [Trad. esp. *Las palabras y las cosas: Una arqueología de las ciencias humanas*. Madrid: Siglo XXI de España Editores, 1999.]

_____ *Foucault Live*. Nueva York: Semiotext(e), 1989.

Kafka, Franz. *Der Prozess: Roman*. Frankfurt: Suhrkamp, 2000.

Oyarzún, Pablo. "Sobre el concepto benjaminiano de traducción". *Seminarios de Filosofía* 6 (1988): 91-2.

Piglia, Ricardo. *Respiración artificial*. [4ª edición]. Buenos Aires: Sudamericana, 1992a.

\_\_\_\_\_ *La ciudad ausente*. Buenos Aires: Sudamericana, 1992b.

\_\_\_\_\_ "Notas sobre Macedonio en un diario". *Prisión perpetua*. Buenos Aires: Sudamericana, 1988.

Poe, Edgar Allan. "William Wilson". *Complete Works of Edgar Allan Poe*. Nueva York: Chatham River, 1985.

# Ficção virtual*

*Wander Melo Miranda*

> Un hombre solitario no puede hacer máquinas ni fijar visiones, salvo en la forma trunca de escribirlas o dibujarlas, para otros, más afortunados.
>
> Adolfo Bioy Casares

ARMAZENAR, REPROCESSAR E DISSEMINAR SÃO AS OPERAÇÕES POR excelência realizadas por grande parte da ficção publicada nas últimas décadas do milênio que terminou. A perda da hegemonia da literatura na civilização da imagem e do espetáculo acarreta mudanças na própria constituição do texto e no seu espaço de circulação social: o objeto literário, como as máquinas com que interage, passa a produzir energia em quantidade e qualidade suficientes para manter o circuito textual em operação. Daí o reprocessamento da memória literária por meio do aproveitamento, muitas vezes exaustivo, da idéia da literatura como *arquivo* e *investigação*, como se o texto atual se visse incumbido de recolocar uma questão banal –de onde viemos e para onde vamos?– não mais em termos metafísicos ou existenciais, mas a partir da recuperação do ato de narrar como ato de sobrevivência do narrador e forma de intervenção diferenciada na história.

Maquinar enredos e tramar percursos enunciativos: eis de novo, sob outra forma, a questão. Para abordá-la, cabe ressaltar que literatura e

---

*Publicado en *Revista de Estudos de Literatura*. Belo Horizonte, n. 3. p. 9-19, outubro, 1995.

máquina nem sempre foram realidades distintas. Os maneiristas foram hábeis em projetar inventos que as associassem. Na segunda metade do século XVI, o capitão Agostino Remelli propôs uma "Máquina de ler" e, já no século XVII, entre as estranhas máquinas do jesuíta alemão Athanasius Kircher, destaca-se uma "Máquina de metáforas". Esta é uma fábrica de imagens e metamorfoses: "Debaixo de um espelho, escondido sob um móvel em forma de baú, enxerga-se um cilindro contendo diversas imagens. Quando o visitante se olha no espelho colocado sobre o móvel, ele recebe várias formas: sol, animal, esqueleto, planta ou pedra. Tudo é comparável a tudo" (Hocke 1986: 199).[1] A máquina permite deformar, transformar e reformar o semblante do homem, criando pela técnica imagens artificiais.

Muito tempo depois, vamos encontrar no centro do labirinto de salas do Museu uma outra Máquina. Programada para traduzir histórias, ela acaba por transformar a primeira delas –o *William Wilson*, de Edgar Allan Poe– em *Stephen Stevensen*. A tradução imperfeita distancia-se da trama do original em favor do desdobramento de sua lógica de construção, num mecanismo de reduplicação infinita de histórias. *A cidade ausente*, de Ricardo Piglia, é essa máquina-arquivo propulsora de uma rede de ficções virtuais. Seu mito de origem é a disseminação de duplos que se transformam em replicantes, como garantia contra a morte e o esquecimento do relato – "uma invenção muito útil porque aos poucos os velhos estavam morrendo" (Piglia 1993:36). O desaparecimento e a ausência são motores poderosos para o ato de dar forma a mundos possíveis e por eles tornar presente o objeto perdido, como foi a morte de Beatriz para Dante, a de Elena Obieta para Macedonio Fernández. O texto é essa mulher-máquina guardiã da memória do futuro, uma espécie de Sherazade-autômato que, como tal, "vence o tempo, a pior das pragas, a água que gasta as pedras" (Piglia 1993: 97).

À maneira de toda "recuperação mnemônica",[2] o texto-arquivo concatena o tempo e o esquecimento, a imagem-recordação e a identidade de quem recorda. No âmbito das realizações literárias contemporâneas, as técnicas informáticas atuais, como antes as retóricas, são capazes de modificar a relação entre memória pessoal e texto, ou entre memória pessoal e mundo. Para Simônides, fundador da arte da memória, o caráter discursivo do processo mnemônico encontra apoio na metáfora da viagem, do deslocamento espacial: "tradução das lembranças em *imagines* e

---

[1] Devo a indicação dessas máquinas a Marcus Vinicius de Freitas.
[2] A expressão é de Colombo 1991.

colocação destas últimas em *locis* de um ambiente conhecido não eram nada além de expedientes capazes de materializar momentaneamente essa metáfora" (Colombo 1991: 36). A ela os meios mais avançados de armazenamento de dados na atualidade acrescentaram uma outra, ligada à navegação. Navegar é, no caso, a leitura dirigida para o acesso à rede de informações e aos agenciamentos relacionais que os aparelhos de multimídia colocam à disposição do leitor-navegante. Com base em ambas as metáforas de nítido teor espacial, parece interessante pensar o texto contemporâneo, do qual *A cidade ausente* é um exemplo paradigmático, a partir da noção de *hipertexto*, como formulada pelos estudiosos das tecnologias da inteligência, como Pierre Lévy, por exemplo.[3]

Na rede de interfaces que é o hipertexto, a velocidade –o clique sobre um botão, a quase instantaneidade de passar de um nó para outro– é a interface que reforça o princípio da não-linearidade da leitura-navegação, ao mesmo tempo que denuncia o ritmo cada vez mais rápido de armazenamento de informações no âmbito da esfera tecnocientífica. À velocidade junta-se a leveza: ao contrário dos pesados volumes dos livros, que têm na página a unidade de dobra elementar do texto, o hipertexto "permite todas as dobras imagináveis", "redobra e desdobra à vontade, muda de forma, se multiplica, se corta e se cola de outra vez de outra forma" (Lévy 1993: 41). A leveza viria a constituir-se, assim, para dizê-lo com Italo Calvino, "un'altra ottica, un'altra logica, altri metodi di conoscenza e di verifica" (Calvino 1988: 9).

Nesse sentido, teríamos uma concepção de memória textual enquanto *superfície* e *espaçamento*, o que esvaziaria a dinâmica da lembrança de toda profundidade metafísica e propiciaria um agenciamento inesperado de significações, no qual cada significação suplementar transformaria o funcionamento e o significado do conjunto. No caso da leitura do texto contemporâneo, não se trataria de promover a totalidade da memorização de seus elementos constitutivos, operação em princípio possível, mas irrealizável, em razão do acúmulo de citações, apropriações e referências artísticas e literárias que concorrem para sua produção. O caminho mais proveitoso é estabelecer intervenções pontuais e atividades interpretativas singulares, da perspectiva de uma atenção flutuante, sem ancoragem delimitada. Se atribuir sentido a um "texto" é conectá-lo a outros, é construir um hipertexto, o sentido será sempre móvel, em virtude do caráter variável

---

[3] Como informa ainda o autor, o termo foi inventado por Theodore Nelson, no início dos anos sessenta, "para exprimir a idéia de escrita/leitura não linear em um sistema de informática" (Lévy 1993: 33).

do hipertexto de cada interpretante –o que importa é a rede de relações estabelecida pela interpretação. Estaria assegurada, dessa forma, uma das virtudes da literatura, segundo Ricardo Piglia, que é a de permitir ao escritor e, por extensão ao leitor, de "zafar de esos lugares en los que uno suele quedar fijado" (Piglia 1986: 75).

Novas interfaces e novos modos de comunicação dotam a escrita e a leitura da capacidade de atuarem como uma atividade desconstrutora, que se configura pelo deslocamento reticular e não-retilíneo, pela operação da passagem e de estabelecimento de contato entre materiais heterogêneos, constantemente mobilizados. Esse é o modo de operação da máquina de Macedonio/Piglia; ele aponta para a concepção contemporânea de escrita e de leitura como uma modalidade *maquínica* de comunicação entre o sistema informático que é o texto e seus usuários humanos, em tudo distante da via de afirmação percorrida pelo romance em relação ao seu público leitor no século XIX. À época, ambos trilham, simultaneamente, um caminho bem demarcado: a leitura do romance expande-se ligada à expansão das ferrovias inglesas, "por isso muitos relatos se passam numa viagem de trem. As pessoas gostam de ler no trem relatos sobre o trem" (Piglia 1993: 39-40). A continuidade da história só é interrompida quando serve para melhor reforçar, como no folhetim, a linha reta e segura que leva ao ponto de chegada –da viagem, da própria e alheia história.

Hoje a ficção parece convidar-nos para um outro tipo de viagem. Sem sair do lugar, navegamos pelo "riocorrente" que acolhe no seu leito o material heteróclito que vai formando zonas de condensação e de sentido, que se transformam, se desfazem e metamorfoseiam ao acaso dos encontros da leitura. Em Ricardo Piglia, a memória desse "riverrum"/ "riocorrente"[4] da abertura do *Finnegans Wake* joyceano é o *mot de passe* para a proliferação de mundos possíveis que simulam realidades imaginadas que, por sua vez, se reduplicam e simulam outras tantas, até o infinito. O elenco de modelos literários assimilados e reprocessados pela máquina textual compõe um repertório extenso e vário, assinalado explícita ou indiretamente: Dante, Joyce, Macedonio, Bioy Casares, Arlt, Calvino, Borges, Stevenson, Poe, para ficar apenas com alguns nomes, todos eles criadores de universos alternativos da linguagem.

A eficácia da leitura não depende, contudo, do reconhecimento totalizador dessas referências ou da sua integração numa unidade homogênea. Enredos laterais e tramas paralelas superpõem-se e revalidam

---

[4] Na tradução de Augusto e Haroldo de Campos (1971: 35).

a intenção programática do texto que, como a máquina, substitui a oposição verdade/mentira pela de possível/impossível, induzindo o leitor a assimilar o mecanismo de "transformar tudo aquilo que já existe numa outra coisa" (Piglia 1993: 115). A operação por fragmentos define o âmbito de estruturação textual e arma a trama da leitura, ressaltando o tecido dos fios que se multiplicam sem cessar, à revelia de qualquer tentativa de uma articulação definitiva.

Nesse sentido, a interação do texto com o leitor parece repetir, para inverter, um procedimento técnico próprio ao universo do usuário da televisão: o *zapping*. Como Beatriz Sarlo mostrou em *Escenas de la vida posmoderna* (cf. 66 y ss.), o controle remoto é uma máquina sintática que oferece ao espectador a possibilidade de acumular a maior quantidade possível de imagens de alto impacto por unidade de tempo, às custas, paradoxalmente, de menor quantidade de informação ou informação indiferenciada por unidade de tempo. A possibilidade estrutural do *zapping* residiria em delegar ao espectador o poder de cortar, montar e embaralhar imagens truncadas, produzidas pelas mais diversas câmaras e nos mais variados lugares. A coordenação atua na pseudo-montagem com o intuito de preencher os silêncios ou brancos intervalares, impedindo que a atenção se detenha e fazendo com que o espectador se satisfaça com a repetição prazerosa de estruturas já conhecidas.

Em *Se una notte d'inverno un viaggiatore*, de Italo Calvino, o autor utiliza procedimento semelhante, ao construir a narrativa pelo acúmulo e embaralhamento de enredos próprios à literatura de massa, intercalando-os, no entanto, com capítulos auto-reflexivos que detêm a atenção do leitor e o fazem especular sobre as condições de leitura e as peripécias em curso na narrativa. O procedimento tem alvo certo: ao mudar de "canal" ou de capítulo, o leitor se depara com um branco ou vazio que interrompe a continuidade e a coordenação da história narrada, vendo-se desalojado da cômoda posição de mero consumidor de imagens ou histórias pré-fabricadas. O romance formado por *incipits* de romances requer, pois, do escritor a simulação de um papel narrativo, como um ator que dramatiza um saber: "Lo stile, il gusto, la filosofia personale, la soggettività, la formazione culturale, l'esperienza vissuta, la psicologia, il talento, i trucchi del mestiere: tutti gli elementi che fanno si che ciò che scrivo sia riconoscibile come mio, mi sembrano una gabbia che limita le mie possibilità." (Calvino 1979: 171)

A atitude *perversa* do narrador ao inverter a expectativa do leitor – presente entre nós, de modo exemplar, num texto como *Em liberdade* (1981), de Silviano Santiago— revela-se em *A cidade ausente* pela duplicação incessante de histórias que raras vezes se completam e vão se superpondo, sem coordenação ou subordinação aparente, na superfície textual. Tem-se um processo recorrente de desestabilização do enunciado que se desenvolve concomitante à babelização textual, como se a máquina narrativa assimilasse a energia contida na atitude de Lazlo Malamud: tradutor do *Martín Fierro*, o exilado húngaro é incapaz de narrar sua experiência na língua de Hernández –"esse homem que tentava se expressar numa língua da qual só conhecia o seu poema maior era uma metáfora perfeita da máquina de Macedonio. Contar com palavras perdidas a história de todos, narrar numa língua estrangeira" (Piglia 1993: 15).

A proposta da máquina de Macedonio /Piglia, ao advogar o ruído da comunicação e o estranhamento de códigos já conhecidos, alia-se a favor da *poluição* da linguagem, entendida como energia capaz de desautorizar a palavra monológica, singular e totalizadora. Tal como a escrita *cyborg*, cujos traços Donna Haraway delineou com precisão, o relato apresenta-se como um organismo cibernético híbrido, ligado à realidade social e à ficção, habitado por seres simultaneamente humanos e maquínicos (cf. Haraway 1994): Julia Gandini que é Elena que é Eva que é Evita que é Grete que são autômatos que se creem humanos, ou vice-versa. Como imagem condensada da imaginação e da realidade material, as personagens-*cyborgs* assemelham-se aos "nódulos brancos" cujos códigos genético e verbal têm o mesmo padrão (Piglia 1993: 59). São criaturas que colocam em xeque a história da origem, uma vez que não dependem do mito da unidade original, "da totalidade êxtase e terror, representados pela mãe fálica da qual todos os humanos têm de separar-se na tarefa do desenvolvimento individual e da história" (Haraway 245).

Assim como a escrita que lhes dá forma, os *cyborgs* são seres parciais que assinalam, de maneira perturbadora, a conexão entre natureza e cultura, no horizonte tecnológico da atualidade: "as máquinas das últimas décadas do século XX tornaram ambígua a diferença entre natural e artificial, corpo e mente, autodesenvolvimento e projeto exterior" (Haraway 247). Máquinas e organismos são textos codificados, através de cuja mediação pode-se escrever e ver o mundo, que apresenta todas as suas totalidades orgânicas irremediavelmente subvertidas. Há apenas superfícies reticulares onde proliferam espaços e identidades e onde as fronteiras entre corpo pessoal e corpo político são rasuradas e permeáveis.

Ao efetuar tais articulações e passagens, *A cidade ausente* simula o modelo de funcionamento alucinatório da menina Laura, também ela uma replicante, "uma máquina lógica ligada a uma interface errada" (45). Num contexto marcado pela ruína da representação, o reforço das "extravagâncias da referência", (44) ou anulação da própria referencialidade, marca a "ilha" da linguagem, metonímia do livro em que se insere: "Eu vou fazer que o senhor veja esse lugar onde os nódulos brancos se abriram, é uma ilha, no braço de um rio, povoada de ingleses e de irlandeses e de russos e de gente que chegou de todas as partes, perseguidos pelas autoridades, jurados de morte, exilados políticos. Eles se esconderam ali anos a fio; na margem da ilha foram construídas cidades e estradas e eles exploraram a terra seguindo o curso do rio e agora nessa região todas as línguas se misturaram, pode-se escutar todas as vozes" (97).

Território da literatura, ilha do tesouro e de edição da diferença, ela se constrói à margem, a partir de resíduos de uma outra ilha, a de *La invención de Morel*, de Bioy Casares, modelo privilegiado do livro. Sua capital é uma palavra-colagem-citação que agrega múltiplos sentidos e reminiscências literárias: Edemberry Dubblenn DC. A instabilidade da categoria do estrangeiro e a inexistência da divisão dentro/fora permitem considerar a ilha uma contra-leitura política do espaço nacional enquanto espaço da exclusão. Trata-se de pensar a literatura como um bem comum, cuja prática define-se pela problematização dos limites culturais e pelo confronto com o aparato estatal e mercadológico.

À semelhança da máquina "que se expande e se retrai e capta o que acontece" (114), o relato constitui-se como foco de resistência às mentiras do Estado, fazendo proliferar sua produção ficcional pela inversão do direcionamento de suas fabulações e complôs. É como, por exemplo, se o megarrelato das Malvinas fosse ficcionalizado por vias oblíquas e tortuosas, para tornar mais visível o seu caráter de ficção do Estado: "A inteligência do Estado é basicamente um mecanismo técnico destinado a alterar o critério da realidade. É preciso resistir. Nós tentamos construir uma réplica microscópica, uma máquina de defesa feminina, contra as experiências e os experimentos e as mentiras do Estado" (117). Para tanto é necessário que as mulheres-máquinas desmemoriadas de *A cidade ausente* recuperem o potencial radical existente no ato de contar histórias, de precipitar-se no romance-rio como forma de examinar o fluir revolto das águas da história. O monólogo final da máquina enlouquecida, retomada da fala de Molly Bloom no final de *Ulysses*, reitera o compromisso e o desejo de levar adiante "o relato eterno, onde tudo volta a começar" (127); "eu me arrasto às vezes, mas vou seguir, até a beira da água, sim" (137).[5]

Esse ato de afirmação do lugar do objeto literário na contemporaneidade é sempre busca de uma identidade diferenciada. Escrever é libertar a linguagem e o pensamento da subordinação ao real e a formas já instituídas: escrever é desconstruir. A liberdade do escritor consiste em fazer da literatura uma estratégia de descentramento, uma dinâmica de transformações, acréscimos, inversões e apropriações do vasto repertório herdado da tradição. Na era da mediatização total da experiência, a literatura pode ser considerada como forma liminar de representação social, internamente marcada pela diferença cultural e por novas possibilidades de sentido e significação. O circuito então instaurado de imagens e signos, em remissão intermitente, cria espaços propícios para o confronto dos múltiplos conteúdos do saber contemporâneo, estabelecendo um processo intersemiótico que se efetiva por meio de uma relação interlocutória em que produtor e receptor podem exercitar, em larga medida, sua atenção crítica e sua capacidade reflexiva.

A construção do objeto literário enquanto objeto artístico depende, a par das imposições mercadológicas, dessa mútua interferência e da situação interpretativa que, configurada pelo diálogo entre autor, texto e leitor, funciona como resistência à totalização do sentido e à leitura unificadora. Fazer literatura é fazer arte, no duplo sentido da expressão: uma forma compartilhada de redimensionamento da heterogeneidade própria às práticas sociais, políticas e culturais, uma abertura de caminhos para a desestabilização de identificações confortadoras. No universo das produções de massa, a perda da aura da obra de arte é compensada, por reversão irônica, pela encenação da variável individual da autoria, que se postula como marca de distinção entre originalidade e estereotipia. Institui-se, assim, uma certa lógica de exacerbação da perspectiva estetizante, signo de legitimação artística do texto e via de contraposição à uniformidade inerente aos produtos feitos em série.

A ficção contemporânea desafia de modo intrigante a conexão cada vez maior que passamos a manter com a rede de relações e interfaces que compõem o aparato maquínico que nos cerca e nos define. A busca de uma linguagem comum que seja capaz de dar conta desse outro admirável mundo novo coloca-se em termos de um processo de tradução no qual

---

[5] Na tradução do *Ulysses*, de Antonio Houaiss, lê-se: "sim o coração dele batia como louco e sim eu disse sim eu quero Sims" (846).

"toda a heterogeneidade possa ser submetida à desmontagem, à remontagem, ao investimento e à troca" (Haraway 262). Traduzir é marcar intervalos e passagens, ultrapassar fronteiras e alargar limites. É o quanto basta para justificar e manter vivo e em funcionamento o arquivo-máquina da literatura neste início de milênio.

OBRAS CITADAS

Calvino, Italo. *Lezioni americane*. Milano: Garzanti, 1988.
\_\_\_\_\_ *Se una notte d'inverno un viaggiatore*. Torino: Einaudi, 1979.
Campos, Augusto de y Haroldo de. *Panorama do* Finnegans Wake. São Paulo: Perspectiva, 1971.
Colombo, Fausto. *Os arquivos imperfeitos*. São Paulo: Perspectiva, 1991.
Haraway, Donna. "Um manifesto para os *cyborgs*: ciência, tecnologia e feminismo socialista na década de 80". Heloisa B. Hollanda. *Tendências e impasses; o feminismo como crítica da cultura*. Rio de Janeiro: Rocco, 1994.
Hocke, Gustav R. *Maneirismo: o mundo como labirinto*. Trad. Clemente R. Mahl. São Paulo: Perspectiva, 1986.
Joyce, James. *Ulysses*. Trad. Antonio Houaiss. Rio de Janeiro: Civilização Brasileira, 1975.
Lévy, Pierre. *As tecnologias da inteligência*. Rio de Janeiro: Editora 34, 1993.
Piglia, Ricardo. *A cidade ausente*. Trad. Sérgio Molina. São Paulo: Iluminuras, 1993.
\_\_\_\_\_ *Crítica y ficción*. Santa Fe: Universidad Nacional del Litoral, 1986.
Sarlo, Beatriz. *Escenas de la vida posmoderna*. Buenos Aires: Ariel, 1994.

*Cuarta parte*
*Tradiciones y genealogías dispersas*

# Fuera de la ley[*]

*Edgardo H. Berg*

> Nosotros, pequeños artesanos burgueses, nosotros que abrimos con nuestras honradas ganzúas las niqueladas cajas registradoras de los pequeños negocios, somos devorados por los grandes empresarios, detrás de los cuales están las grandes instituciones bancarias. ¿Qué es una llave maestra comparada con un título accionario? ¿Qué es el asalto a un banco comparado con la fundación de un banco?
> Bertolt Brecht

## Una música familiar

Existen todas las posibilidades de que un novelista, en su trayectoria narrativa –más o menos extensa, más o menos intensa–, adopte una serie de modificaciones y cambios de perspectiva respecto de un momento inicial. Sin embargo, no hay que pensar o imaginar esa composición o el diseño de una poética como una serie de bloques aislados e independientes. Si, desde una perspectiva del cambio, una poética puede ser vista como un *perpetuum mobile* o como un *work in progress*, se puede advertir, también, cómo fragmentos textuales, motivos, escenas

---

[*] Mis primeras reflexiones sobre esta novela de Piglia se encuentran en Berg 1998 y 1999. El presente trabajo, con ligeras variantes, fue leído el 20 de octubre de 2000 en el II Congreso Internacional de Teoría y Crítica Literaria, Facultad de Humanidades y Artes de la Universidad Nacional de Rosario, Centro de estudios de Teoría y Crítica Literaria.

narrativas o líneas de reflexión crítica se entretejen como un nudo o un pliegue y resuenan, al modo de una música familiar y conocida. Una poética podría pensarse, en este sentido, de un modo más o menos metafórico, como un modelo de expansión semiótico, con sus marchas y contramarchas o como una proyección virtual y utópica de la letra propia –eso que solemos llamar normalmente escritura, estilo o registro de un autor– en el universo simbólico de una cultura determinada.

Como poética de la renovación, los textos de Piglia expresan, de un modo implícito o explícito, un modelo de laboratorio o de experimentación narrativa. "¿Cómo escribir para que la continuidad del movimiento de la escritura pueda dejar intervenir, fundamentalmente, la interrupción como sentido y la ruptura como forma?", se preguntaba Maurice Blanchot (34). Blanchot pensaba las nociones de continuidad y ruptura bajo el prisma de la dialéctica hegeliana, no como pares antitéticos sino como dos opuestos oscilantes y permutables, todavía muy próximos. Dicho con sus propias palabras: "La continuidad no es nunca suficientemente continua, al ser sólo de superficie y no de volumen, y la discontinuidad no es nunca suficientemente discontinua, pues logra tan sólo una discordancia momentánea y no una divergencia o diferencias esenciales" (32). Las tensiones que atraviesan la poética de Piglia son como arrugas en la frente de los textos, que van conformando pliegues, campos de fuerza o de asociación. Son textos que, en muchos casos, se desarrollan en las fronteras de la narración literaria, incorporan problemáticas y ponen en marcha formas del relato que exceden el estrecho marco de los géneros. En ellos hay vibración de límites, ya que toda referencia es cambiante en la medida en que los términos no pueden considerarse fijos o estables. Pueden ser vistos ya sea observando las prácticas de fusión o las señales de mixtura entre discursos heterogéneos –ficción e historia, crítica y relato o ficción y teoría como formas narrativas intercambiables y paralelas–, los fenómenos de frontera –los desplazamientos o deslizamientos de un registro a otro, de un género a otro– y, por último, la discontinuidad o la yuxtaposición de fragmentos que eliminan o socavan el estatuto usual de la novela, provocando, como efecto de lectura, la deformación de la sintaxis narrativa tradicional.

En Piglia, la novela puede ser concebida según el modelo del archivo que, como un grafema o indicador escriturario básico, representaría el lugar y el espacio de colección, generación y transformación de enunciados posibles. En este sentido, la poética de Piglia puede ponerse en correlación con el modelo foucaultiano de archivo como "sistema general de la formación y de la transformación de los enunciados" (Foucault

221). El archivo sería, entonces, un campo de enunciación extremadamente poroso e inestable; y, como zona de contacto de registros y articulación de enunciados múltiples, genera la intriga y pone en funcionamiento la maquinaria narrativa.[1]

### Brecht y el eslabón perdido

Me pareció oportuno abrir estas reflexiones con un fragmento del parlamento pronunciado por un personaje en *La ópera de dos centavos* para hablar de una novela que convierte la cita brechtiana en anécdota. La apuesta que hace Piglia con *Plata quemada* no es la que propone Marcelo Piñeyro –quien transforma una historia de fuerte conflictividad social en el relato de una relación casi adolescente de una pareja gay–, ni la que sugiere Martín Prieto –la adscripción por parte de Piglia a una poética populista, satélite de la de Osvaldo Soriano, para erigirse en un artista del consenso (cfr. Gramuglio *et al.* 2000).[2] Más bien se trataría de hacer del discurso de un salteador de caminos –de Macheath, alias Makie Navaja– un emblema ideológico.

Ya he hablado en otros trabajos sobre la función de la cita en el tejido pigliano: la cita como un modo de la intriga novelesca, la cita como robo y destrozo anárquico en el buen decir proudhoniano, la cita como pillaje arltiano en boca de Borges, la cita como inscripción y desvío genealógico, la cita como respirador artificial para arpegiar, en registro wittgensteiniano, aquello acerca de lo cual no se puede decir, la cita como perversión sanguinolenta en la cadena de la serie familiar de la literatura argentina, la cita como utopía benjaminiana en clave polaca, la cita como modelo de pasaje entre crítica y ficción o la cita, decíamos, como emblema ideológico. Ya sea que amplifique las citas o las disuelva en su propia escritura, podemos afirmar que, en su obra, funcionan como una suerte de sintaxis: una cadena o un engranaje hecho de envíos que muchas veces se expande y prolifera como un sistema de lectura o de pruebas, amenazado siempre por los efectos de la repetición y los espejismos de la crítica. La poética de Piglia, como una novela criminal construida con delitos y apropiaciones,

---

[1] Ricardo Piglia, pensando en las formas narrativas y en la idea de archivo como modelo, habla de "una tensión entre materiales diversos que conviven anudados" (Piglia 1990: 161).
[2] La novela sirve de base –con variantes notables, tanto en la composición narrativa como en la proyección ideológica– al exitoso filme de Marcelo Piñeyro. Su estrategia de captación de mercado ha sido pensar básicamente en un público adolescente y joven, al igual que en su otro filme taquillero, *Tango feroz*, que recupera de un modo lavado la figura de José Ángel Iglesias.

pone en juego los modos de transcripción y derivación del tráfico literario. Hannah Arendt, recitando a Walter Benjamin, escribe: "las citas en mis trabajos son como ladrones junto a la carretera que realizan un ataque armado y exoneran a un holgazán de sus convicciones" (Arendt 1990: 178).

### Un tratado radical sobre la delincuencia

En nuestra contemporaneidad, regida por el desarrollo de los medios masivos de comunicación, la mayoría de las veces y casi sin darnos cuenta, vemos los acontecimientos sociales bajo la lupa del registro policial; miramos el mundo desde la lógica del delito y descubrimos nuestra realidad en el escenario del crimen. Los delitos de estado, la corrupción en el sector público, la asociación entre la institución policial y la delincuencia común, el tráfico de drogas y el lavado de dinero son tema de debate acerca de la constitución del estado y de nuestra sociedad. En este sentido, la literatura muchas veces ha puesto en discusión las relaciones entre verdad y ley y ha analizado el engranaje secreto entre dinero, crimen y delito. La literatura en su vertiente "dura" o "negra" discute y polemiza con las razones capitalistas, articula una contraversión que perturba el "estado natural de las cosas" y provoca una fisura sobre las reglas y normas del "buen funcionamiento social". Podríamos decir que algunas novelas actuales ingresan en el mundo contemporáneo observando "la jungla del asfalto" y vuelven a encontrar el tema balzaciano de la relación entre poder y secreto.

¿Qué es la ley?, ¿qué es el delito?, ¿qué es robar un banco comparado con fundarlo? Y en esto hay que volver a Marx –a Marx a secas y no a sus espejismos. Ser radical, para el discípulo descarriado de Hegel, consistía en tomar las cosas de raíz. ¿Qué determina a qué? ¿La ley determina el delito o el delito determina la ley? La actividad del crimen ha resultado y resulta siempre interesante. La productividad del delincuente ante el aparato judicial y los agentes policiales del estado ha cambiado a menudo o al menos ha vacilado en distintos contextos históricos y culturales. Y en este sentido, el delito puede ser visto como una de las formas más polémicas sobre el eslogan básico de la propiedad privada.

Entre los innumerables actores sociales, ninguno produce tanta intriga como los bandidos. Novelas, poemas, filmes, juegos electrónicos abundan en proyecciones de imágenes sobre asaltantes de bancos y salteadores de caminos. Desde la tradición medieval tardía de las baladas anglosajonas –basta pensar en Robin Hood– al furor y el ímpetu romántico del ladrón noble en Schiller, pasando por los Moreiras, los Matecocidos, los Severino Di Giovanni o los personajes arltianos de nuestra tradición, la literatura ha construido héroes vengadores que encarnan formas de resistencia social y sueños de justicia que, todavía hoy, perduran en nuestra sociedad. En más de una ocasión, en nuestra lectura de algunos textos de ficción, de una u otra manera, todos hemos deseado que el criminal triunfe o salga victorioso; porque el criminal, incluso en su versión más débil, siempre enfrenta la ley, los mecanismos secretos y salvajes del capitalismo. "El bandido, afirmaba Bakunin, es siempre el héroe, el vengador del pueblo, el enemigo inconciliable de toda forma represiva y autoritaria de estado" (Hobsbawm 1983: 49). Sin embargo, en *Plata quemada*, Piglia no trabaja la figura del bandido romántico cuya moderación forma parte de la imagen noble del ladrón amigo que roba a los ricos y distribuye entre los pobres, sino más bien la de criminales en estado puro.

Muchas veces se suele pensar que el médico produce salud o activa la enfermedad; los profesores universitarios, *papers*, cuadernillos de cátedra, escritos en formato de tesis de maestría o de doctorado; los políticos y los empresarios, actos de corrupción y delito. En un apartado de la *Historia crítica de la teoría de la plusvalía*, Marx retoma las reflexiones sobre la producción intelectual de Hans Storch en su *Curso de economía política* (1823), libro que recoge las conferencias que pronunciara el autor ante el gran duque Nicolás, para luego polemizar con la distinción que establece Adam Smith entre trabajo productivo e improductivo. Marx da otra vuelta de tuerca y ve, en el escenario social que produce el capitalismo, una serie plural de actores y amplía el criterio de Storch, según el cual la producción intelectual queda reducida a las profesiones especiales de la clase dirigente.

Como sabemos a partir de Marx, un criminal no sólo comete delitos y estimula las fuerzas productivas, sino que además "rompe la monotonía y la seguridad cotidiana de la vida burguesa" (Marx 1945: 265). Marx cita la *Fábula de las abejas* (1708) de Bernard de Mandeville –y en esto era también un salteador de caminos y un artista de la cita literaria–, y sugiere que el libro presenta todas las clases de actividad productiva. En un pasaje impregnado de esa ironía que solía usar para hostigar a los burgueses, Marx analiza el papel de los criminales en las relaciones de producción y afirma: "Un filósofo produce ideas, un poeta versos, el pastor sermones, un profesor manuales, etc. El delincuente produce delitos [...] El delincuente no produce solamente delitos, sino que produce también un derecho penal, produce el profesor que da cursos sobre derecho penal y hasta el inevitable manual en que este profesor condensa sus enseñanzas con vistas al comercio [...] El delincuente produce, además, toda la organización de la policía y de la justicia penal, produce los agentes de policía, los jueces, los jurados, los verdugos, etc. [....] Además de manuales de derecho penal, de códigos penales y legisladores, produce arte, literatura, novelas e incluso tragedias" (Marx 1945: 264-65).

En los manuales clásicos de criminología se suele caracterizar a los criminales como elementos asociales. La evaluación de las normas legales de una sociedad (y de su moralidad implícita) es directamente proporcional a la estigmatización de las actividades que ponen en contradicción o interrogan los presupuestos de la economía política. Pensar una criminología radical es ir de una lógica jurídica sustentada en la teoría de la desviación a otra basada en una lectura materialista de la legislación y el delito.

Pero ¿qué pasa cuando el dinero que produce la ley y genera los tratados sobre la moral y las buenas costumbres es incinerado?

UNA INCINERACIÓN ANÁRQUICA

¿En qué contexto leer *Plata quemada*? ¿En el contexto de la guerra de intereses de los suplementos culturales que se presentan bajo la forma de la polémica "franca" e "independiente"? ¿En el contexto de las formas de legitimación y consenso que el mercado literario regula?[3] ¿Sobre el marco de los relatos en sordina que entretejen los críticos y escritores en los entreactos de los congresos, paneles internacionales o en las discusiones privadas de las redacciones? ¿O en el contexto de la poética de un autor que permite diseñar líneas de continuidad y ruptura en la historia de una escritura? Me voy a detener en este último punto.

Podríamos decir que la novela retoma zonas y puntos de articulación narrativa propios de la poética de Piglia. En primer lugar, la configuración de la pareja de los asaltantes, el Gaucho Dorda y el Nene Brignone, recupera la construcción de los roles complementarios, la identidad móvil del uno por el otro y el efecto del "doble" que se desarrolla en algunos cuentos y novelas del autor: "El cuerpo es el Gaucho, el ejecutor pleno, un asesino psicótico; el Nene es el cerebro y piensa por él" (Piglia 1997: 69). Así, por ejemplo, la dupla Dorda-Brignone podría ponerse en correlación con otras como la del Morocho y Celaya en el cuento "La invasión", la de Miguel y Santiago Santos en "Mi amigo" (Piglia 1967), la de Rinaldi y Genz en "La caja de vidrio", la del Vikingo y el Laucha Benítez en "El Laucha Benítez cantaba boleros" (Piglia 1975), la de Tardewski y Renzi en *Respiración artificial* (cfr. 131 y ss.) o con la de Russo y Macedonio Fernández en *La*

---

[3] Sobre la polémica entre formas de legitimación y consenso estético y las relaciones entre literatura y mercado en la actualidad, véase Berg 1996.

*ciudad ausente* (cfr. 119-123). Por otra parte, cabe señalar que la configuración de Dorda como gaucho o matrero gay desautoriza ciertos remedios que proponía César Lombroso (1836-1909) para la curación de ciertas conductas "desviadas" del criminal nato.[4] Si hacemos memoria, uno de los antídotos que aconsejaba el criminólogo y creador de la escuela positivista italiana en derecho penal, era promover una emigración al campo, sacar al réprobo de su medio natural (la ciudad) y de los espacios más poblados para preservarlo de las peores influencias. Como sabemos, Dorda es "pervertido" en el campo: "Porque desde siempre, al Gaucho, que era un matrero, un retobao, un asesino, hombre de agallas y de temer en la provincia de Santa Fe, en los almacenes de frontera, al Gaucho siempre le habían gustado los hombres, los peones, los arrieros viejos que cruzaban a la madrugada por el arroyo, al otro lado de María Juana. Lo llevaban bajo los puentes y lo sodomizaban (ésa era la palabra que usaba el Dr. Bunge), lo sodomizaban y lo disolvían en una niebla de humillación y de placer, de la que salía a la vez avergonzado y libre" (Piglia 1997: 224).

En segundo lugar, el punto de colocación o lugar de enunciación que ocupan los personajes en *Plata quemada* se inserta junto a toda la serie de extraditados, infames o *outsiders* de otros textos. En la mayoría de los cuentos que pertenecen a *La invasión* (1967), *Nombre falso* (1975), *Prisión perpetua* (1988) o en sus dos novelas anteriores, *Respiración artificial* (1980) y *La ciudad ausente* (1992), las voces de los fracasados, inventores, locos o criminales socavan y minan las reglas de la "buena sociedad" y articulan un discurso alternativo y contrahegemónico. Dicho de otro modo, esos "infames" o *outsiders* interrumpen o abren una fisura en las normas y creencias que hacen posible el funcionamiento de la maquinaria social. En este sentido, los textos de Piglia pueden ser leídos como textos políticos.

En tercer lugar, la cita de Bertolt Brecht que sirve de epígrafe a la novela ("¿Qué es robar un banco comparado con fundarlo?") que ya había ingresado en la voz del gordo Rinaldi, en un supuesto cuaderno de notas atribuido a Arlt en "Homenaje a Roberto Arlt" (Piglia 1975: 105) o en su conocido ensayo sobre el policial negro (Piglia 1990: 117), repone la problemática entre política y delito, entre ley y transgresión, entre dinero

---

[4] Es interesante el análisis de la novela que hace María Coira (1999: 79-101) a partir de cierto efecto de lectura "naturalista". En este sentido, la crítica argentina, basada en aportes de Alberto Vilanova, investigador de la UNMdP especializado en historia de las ideas de la psicología, advierte ciertos matices del positivismo argentino de fin de siglo y resonancias lombrosianas en la construcción de la figura del Gaucho Dorda.

y moral. A pesar de los paralelismos y los motivos recurrentes, podríamos decir que, con *Plata quemada* Piglia abandona el trabajo de experimentación que, a partir del andamiaje narrativo construido sobre la base del policial, el cruce de géneros y los juegos de homenajes, caracterizaba sus textos anteriores. A través de la historia narrada, la inscripción del suspenso y el sistema de marcos que construye el texto, la novela se coloca deliberadamente en el registro de la no ficción o el *thriller* documental. La novela, en este sentido, quiere ser leída al lado de *In cold blood* (1965) de Truman Capote, *Caso Satanowsky* (1973) de Rodolfo Walsh, o *Crónica de una muerte anunciada* (1981) de Gabriel García Márquez.

La estrategia básica es convencer al lector de que el relato es verídico, basado en actas judiciales, grabaciones secretas de la policía, notas periodísticas y entrevistas a los sujetos implicados en el suceso. Los paréntesis narrativos ("dijeron los diarios", "según las fuentes", "yo vi, dijo la mujer", etc.), el epílogo y la contratapa de la edición de la editorial Planeta refuerzan el encuadre del relato sobre el estatuto de la versión documental o "no ficción". Sin embargo, al incluir como pruebas documentales las entrevistas al Gaucho Dorda, las notas y la crónica "veraz" del enviado especial del diario *El Mundo*, Emilio Renzi, la novela juega a la desestabilización y a la ruptura con el registro. La aparición de ese *alter ego* del autor, verdadero fragmento e instante biográfico en la vida del personaje, inscribe la paradoja; reduplica y bifurca la narración: es decir lo que se cuenta tiene ya la forma dual de la ficción.

La novela cuenta centralmente la historia de un asalto a un camión transportador de caudales de la Municipalidad de San Fernando, provincia de Buenos Aires, en 1965. La ruptura de la cadena y del pacto que une a políticos, policías y asaltantes provoca primero la fuga de la banda; luego, el asedio policial y finalmente, la captura definitiva. Al ser cercados por la policía en un departamento de Montevideo, los ladrones deciden quemar los quinientos mil pesos antes de morir.

Podríamos decir que el "suspenso" dura lo que dura la ficción del valor. Y en este sentido, no es casual el cambio de registro de la escritura y el ritmo desquiciado y vertiginoso que asume la novela, al modo del *travelling* onírico del filme *Asesinos por naturaleza* de Oliver Stone, en la escena final del asedio policial ("Parte seis" en la novela).

El heroísmo sobrehumano ante el asedio policial del Gaucho Dorda, el Nene Brignone y el Cuervo Mereles, preanuncia la catástrofe o el derrumbe posible del sistema, al borde mismo de la muerte. En este sentido, la "monstruosidad" o la *hybris* del acto final del Gaucho Dorda abre un vacío, formula un interrogante que desafía y hace tambalear los propios cimientos de la sociedad burguesa, construidos sobre la base del valor de la propiedad y el dinero. La incineración del botín, la destrucción anárquica o el "rito crematorio" es un acto criminal en estado puro que rompe la cadena de repeticiones y mutaciones del dinero; y a su vez, socava las motivaciones económicas que unen delito y transgresión de la norma. Como un signo sin voz en el mundo de la ley, la razón "perversa" es una contraversión y una réplica a la razón capitalista. Negar el "brillo" o disolver la forma del dinero es un acto que fisura el orden social: "Empezaron a tirar billetes de mil encendidos por la ventana. Desde la banderola de la cocina lograban que la plata quemada volara sobre la esquina" (Piglia 1997: 190). "Y después de todos esos interminables minutos en los que vieron arder los billetes como pájaros de fuego quedó una pila de ceniza, una pila funeraria de los valores de la sociedad" (193).

La novela parecería decir que a pesar de la "fantasmagoría" y el enrejado simbólico que sostienen la moral y las buenas costumbres, "todo lo sólido se desvanece en el aire".

OBRAS CITADAS

Arendt, Hannah. *Hombres en tiempos de oscuridad*. Barcelona: Gedisa, 1990.
Benjamin, Walter. *Dirección única*. Madrid: Alfaguara, 1988.
Berg, Edgardo Horacio. "La joven narrativa argentina de los noventa: ¿nueva o novedad?" *Revista Letras*, nº 45 (Curitiba, Brasil 1996): 31-46. [Una versión reducida del artículo apareció en el Suplemento Cultural del diario *La Capital*, el 19 de junio de 1994, 5].
_____ "Asesinos por naturaleza (sobre *Plata quemada* de Ricardo Piglia)". *Confluencia. Revista Hispánica de Cultura y Literatura*, nº 1, vol. 14 (1998): 176-78.
_____ "*Plata quemada* de Ricardo Piglia". *Hispamérica*, nº 82 (1999): 124-26.
Blanchot, Maurice. "El pensamiento y la exigencia de discontinuidad". *El diálogo inconcluso*. Caracas: Monte Avila Editores, 1993. 27-37.
Brecht, Bertolt. *La novela de dos centavos*. Buenos Aires: Muchnik, 1957.
_____ *La ópera de dos centavos. Herr Puntila y su sirviente Matti*. Buenos Aires: Nueva Visión, 1967.
Coira, María. "Ciudades y crímenes argentinos recientes en claves novelescas de Jitrik y Piglia". *CELEHIS*, nº 11, año 8 (1999): 79-101.
Foucault, Michel. *Arqueología del saber*. México: Siglo XXI, 1987.
Gramuglio, María Teresa, Martín Prieto, Matilde Sánchez y Beatriz Sarlo. "Literatura, mercado y crítica. Un debate". *Punto de Vista*, nº 66 (2000): 1-9.

Hobsbawn, Eric J. *Bandidos*. Barcelona: Ariel. 1976.
\_\_\_\_ *Rebeldes primitivos*. Barcelona: Ariel, 1983.
Lombroso, César. *El delito. Sus causas y remedios*. Madrid: Librería General de Victoriano Suárez, 1902.
Ludmer, Josefina. *El cuerpo del delito*. Buenos Aires: Perfil Libros, 1999.
Marx, Karl. *Historia crítica de la teoría de la plusvalía*, Tomo 1. Traducción de Wenceslao Roces. México: F.C.E, 1945.
\_\_\_\_ *El capital*, Libros I, II y III. Hyspamérica, 1984.
Piglia, Ricardo. *La invasión*. Buenos Aires: Jorge Alvarez, 1967.
\_\_\_\_ *Nombre falso*. Buenos Aires: Siglo XXI, 1975.
\_\_\_\_ *Respiración artificial*. Buenos Aires: Pomaire, 1980.
\_\_\_\_ *Prisión perpetua*. Buenos Aires: Sudamericana, 1988.
\_\_\_\_ *Crítica y ficción*. Buenos Aires: Siglo Veinte/ Universidad Nacional del Litoral, 1990.
\_\_\_\_ *La ciudad ausente*. Buenos Aires: Sudamericana, 1992.
\_\_\_\_ *Plata quemada*. Buenos Aires: Planeta, 1997.
Proudhon, Pierre Joseph. *¿Qué es la propiedad?* Buenos Aires: Ediciones Orbis, 1983.
Schiller, Federico. *Los bandidos*. Buenos Aires: Editorial Glem, 1943.
Slatta, Richard (editor). *The varieties of Latin American Bandity*. Nueva York: Greenswood Press, 1987.
Taylor, Ian; Walton, Paul y Young, Jock. *Criminología crítica*. México: Siglo XXI, 1988.

# O laboratório do escritor*

*Maria Antonieta Pereira*

> O senhor talvez tenha notado, sou um homem inteiramente feito de citações.
> Ricardo Piglia

> São perfeitas: foram feitas pelo maior falsificador da América do Sul.
> Ricardo Piglia

LABORATÓRIO PROVÉM DE *LABOR*, "TRABALHO", SENDO UM LUGAR EM QUE SE desenvolvem atividades que visam à comprovação de hipóteses ou à execução experimental de modelos mentais científico-tecnológicos: espaço em que o trabalho do presente interroga passado e futuro e, pela decifração de antigos enigmas, modifica o discurso do saber e assim volta-se para o porvir. Portanto, o principal trabalho num laboratório é a invenção/execução de tecnologias intelectuais que permitam o desenvolvimento de um conhecimento por simulação. Nesse sentido, o laboratorista submete fragmentos da chamada realidade a situações extraordinárias cujos desdobramentos, mais ou menos previstos ou desejados, voltam a intervir nessa mesma realidade, de forma pragmática ou teórica. Diante dessas considerações, as tarefas de um escritor e de um laboratorista assemelham-se já que ambos manipulam miniaturas do mundo, *alephs* virtuais que desdobram cenas de ficção –científica ou literária– capazes de revolver o mundo.

---

* Fragmento del capítulo "El laboratorio del escritor", publicado en español en *Ricardo Piglia y sus precursores*, Buenos Aires, Corregidor, 2001.

Essas atividades de recortes pressupõem uma perspectiva metonímica que estimula a obtenção de uma realidade parcial, controlada, ficcionalizada. Para falar com Donna Haraway, o laboratório do escritor contemporâneo atua dentro e fora do conjunto denominado $C^3i$ –comando, controle, comunicação, inteligência– e por isso congrega códigos, estilos, idiomas, gêneros e autores diversos. Esse pluralismo entretanto questiona a universalidade das iniciativas enciclopédicas já que se define como um saber residual. Enquanto um compósito de fragmentos, o laboratório do escritor enceta permanente rebelião contra a totalidade instituída da qual seleciona, decanta e combina infinitos microelementos –trata-se de uma máquina inteligente que tem o museu como suporte e abrigo. Para Ricardo Piglia, o laboratório da escrita começa em 1957, com seu diário: "Esse diário para mim é a literatura, quero dizer que aí está, antes de mais nada, a história de minha relação com a linguagem" (Piglia 1994:81). A partir desse texto privado, Piglia desenvolve experimentos ficcionais cada vez mais complexos que, editados, trazem a público a história do diário e talvez "fragmentos de histórias, cronologias, frases isoladas", como algo que ocorre "Num outro país", conto de *Prisão perpétua*.

Nesse contexto, é interessante observar que o museu e a máquina também constituem laboratórios. Originária do grego como "templo das musas", a palavra "museu" designa um local que reúne obras de tal natureza que servem para inspirar a criação do poeta. Um museu, mesmo quando especializado em alguma área, articula coleções que se caracterizam pela disparidade, já que reúnem restos de épocas e eventos. Essa diversidade, ao configurar uma iniciativa multicultural, permite a uma sociedade reconhecer os traços do seu passado que engendraram seu presente, justamente porque foram considerados dignos de recordação. Enquanto miscelânea produtiva, o museu estimula uma certa tradição, desenvolve ideologias e versões oficiais, forja estirpes e estilos, deflagra experimentos e ficções. Ilha do passado encravada no presente, o museu prolifera-se no futuro à medida que expõe objetos legitimados que vão interferir nos mitos do porvir. Em *A cidade ausente*, o museu é um lugar de reunião dos exilados: a máquina de narrar e seus leitores, como Junior e Fujita, estão deslocados no espaço e no tempo e, por isso mesmo, precisam inventar uma história que recomponha os vetores temporais e espaciais. O museu é também uma prisão e, como o romance moderno, "narra o fim da experiência" de uma época, de uma personagem histórica ou de um artefato (Piglia 1989:23). Contudo, é também um espaço em que fragmentos das histórias e das lembranças são preservados.

Se o museu é um vetor que carrega o vírus do futuro, essa sua especialidade se potencializa quando no seu interior pulsa uma máquina de relatos antiestatais. Oriunda do grego dórico *machana*, cujo significado é "meio engenhoso para conseguir um fim" (Cunha 1987: 499), a palavra "máquina" designa, em língua portuguesa, qualquer utensílio usado pelos homens para desenvolver um trabalho. Se tomarmos a antiga acepção grega –que subjaz à noção atual– também poderemos perceber a máquina como uma seta disparada rumo ao futuro, já que ela revolucionou de tal forma a história do mundo que certos utensílios se tornaram míticos num processo de fetichização produzido por metanarrativas que encerram um passado e fundam um novo tempo. Exemplos disso são os conhecidos mitos da arca de Noé, do cavalo de Tróia, da máquina a vapor e dos artefatos da robótica.

Sendo um componente essencial da modernidade, a máquina a vapor do século XIX[1] transformou-se numa metáfora tão importante que, até hoje, a biologia nomeia elementos e funções do corpo humano como se fossem componentes desse mecanismo. Expressões como "aparelho motor", "aparelho digestivo", "reflexo" e "válvula pulmonar" tratam o corpo humano como uma máquina de cuja precisão e bom funcionamento depende a saúde geral da sociedade. Esse modelo científico baseado na mecânica cria uma linguagem exterior ao sujeito que tenta explicar e organizar sua estrutura interna. Para Benjamim, o homem do século XIX associa a novidade das máquinas às imagens inconscientes e coletivas da primitiva sociedade sem classes e engendra uma utopia, cuja expressão mais significativa é o falanstério de Fourier: "[O falanstério] aparece como uma maquinaria. As engrenagens de paixões, a cooperação complicada das paixões mecanicistas com a paixão cabalista são construções obtidas por analogia com a estrutura da máquina, por intermédio de materiais psicológicos. Esta maquinaria humana produz o país de Cocagne, o velho símbolo do desejo a que a utopia de Fourier dá um novo alento" (Benjamin 1975: 306).

---

[1] Na *Pneumatica*, de Heron de Alexandria (130 a. C.), já se descreve a *eolípila*, cujos princípios serviram de base para os futuros experimentos que, de 1601, com Giambattista della Porta, até 1763, com James Watt, modificaram todos os tipos de mecanismo. A invenção de Watt, além de impulsionar a revolução industrial, serviu de modelo para que americanos e ingleses, durante todo o século XIX, desenvolvessem locomotivas, barcos a vapor, turbinas, usinas elétricas. A partir de tais experimentos é que os anglo-saxões situam-se na vanguarda da produção de maquinismos e da própria revolução tecnológica do final do século XX.

Pensando-se como um organismo ordenado e previsível, o homem do século XIX acredita no seu poder para alterar as estruturas sociais oriundas do passado recente e, ao mesmo tempo, aspira a um comunismo primitivo, apaziguando-se com o passado remoto. A maior utopia do século XIX é a crença no progresso –e, portanto, em seus grandes agenciadores, a máquina e a cidade– como uma forma de se obter a redenção da humanidade. Em breve, essa ficção começará a ser questionada, porque os habitantes de Paris, a capital do século XIX, começarão "a tomar consciência do caráter inumano da grande cidade" (Benjamin 1975: 313). Os acontecimentos posteriores, como as duas guerras mundiais do século XX, contribuirão para destruir a crença nos poderes redentores das máquinas. Contudo, contemporaneamente, outra revolução tecnológica reacende o fascínio humano pelos automatismos que lhe facilitam e ameaçam a vida. A linguagem é mais uma vez reinventada para forjar e explicar novos saberes. Também a máquina de relatos de *A cidade ausente* inventa uma nova linguagem, que lembra o terror fascinante das histórias de Kafka, produzido com resíduos de contos de Poe: histórias de suicidas, jogadores, anarquistas e loucos, cemitérios clandestinos, segredos de Estado, idioma de "arrependidas", bezerros degolados por *gauchos* macabros. A sintaxe dos relatos da máquina indica uma profusão incontrolada de idéias em que, por contigüidade, uma palavra arrasta outra, interminavelmente, como na linguagem do hipertexto.

Para se obter da máquina arremedos de inteligência e comportamento humanos, a imaginação, a ciência e a tecnologia contemporâneas juntam esforços nos campos da robótica e da informática. Os efeitos práticos dessa tecnologia são ilimitados: há o uso de computadores e robôs em todos os ramos da indústria, nas viagens interespaciais, nas telecompras, na ficção interativa e nos grupos de estudo internacionais, para citar apenas alguns exemplos. Se antes as máquinas realizavam ações puramente mecânicas, previsíveis e controladas, o que se pretende hoje é que tenham cada vez mais autonomia e precisão, na operação de dados infinitos em redes altamente complexas. Vários sistemas lingüísticos foram inventados para se atender a essas novas necessidades operacionais e interativas: dessa forma, o microcorpo de um *chip* de silício altera indelevelmente a vida no planeta. Também a literatura de Piglia trabalha com microelementos que, como nós ligados entre si, colaboram para manter a rede da tradição de pé. Na Argentina, a consciência dessa tradição faz com que muitos escritores inventem *links* entre os resíduos do passado e as narrativas do presente. Assim, a "letra de inseto [de Kostia] que imitava grosseiramente a letra de Arlt" (1988: 57) ou a "letra microscópica de Macedonio" (1989:

82) podem ser lidas como metáforas do mundo manuscrito, artesanal e microtextual do passado, que interfere decisivamente na memória contemporânea.

Na atualidade, outro ramo da ciência que se desenvolve com rapidez é o da genética. A possibilidade de intervenção no código genético sinaliza uma realidade antes inimaginada, em termos de reprodução animal e vegetal, de controle de enfermidades e de melhoramento genético dos seres vivos. Vivemos um momento em que o corpo, lido como um texto, é controlado por microrredes conectadas e codificadas, que podem ser acessadas, abertas e modificadas. Para o bem e para o mal, parece que nos deparamos com algo da ordem dos nódulos brancos de *A cidade ausente* – e não mais se trata de uma ficção científica, mas de intervenções concretas no corpo humano vivo.

A película *Blade Runner*, de Ridley Scott, antecipa a problemática da clonagem na visão angustiada do replicante em relação ao criador, que o fez à sua imagem e semelhança, mas lhe negou a imortalidade. Num futuro de luz de neon e nuvens de chuva ácida, o detetive que caça andróides duvida de sua própria humanidade e percebe, no drama do Lúcifer rebelado, uma réplica de sua própria finitude. Da mesma forma, em *Metrópolis*, filme de Fritz Lang feito em 1926 mas que narra a vida do ano 2026, um cientista apropria-se do corpo de uma líder dos trabalhadores, criando seu duplo. A nova mulher, monstruosa e perversa, prega a violência, inunda os subterrâneos provocando mortes e acaba sendo queimada pela população da cidade.

Nesse contexto, podemos verificar que a modificação da memória celular, a clonagem, a computação e a robótica conferem à arte um caráter, se não profético, pelo menos antecipatório, no que diz respeito à possibilidade de produção de réplicas humanas. É o que ocorre com *A cidade ausente* e suas narrativas precursoras "Cirugía psíquica de extirpación" e *Museo de la Novela de la Eterna*, ambas de Macedonio Fernández. Através da engenharia genética da ficção, os textos de Piglia e Macedonio apontam para uma realidade singular, onde não basta mais ao homem fazer da máquina uma extensão de seu próprio corpo. Trata-se também de materializar, na realidade externa ao corpo humano, os recursos do pensamento e da linguagem que caracterizam a humanidade. Assim, a distinção entre humano e não-humano deixa de interessar –a essa dualidade ironicamente antiga, a sociedade atual responde com um ser que é meio-máquina, quase-homem, todo-monstro.

## Tecnobarroco

A perspectiva de projetar em um autômato certas caraterísticas intelectuais do homem não é uma novidade. Segundo Hocke, as estátuas do tempo de Ramsés II podiam andar e mover a cabeça, enquanto as de donzelas do templo de Delfos até cantavam. Em 1509, quando Luís XII entrou em Milão, foi recebido por um leão automático construído por Da Vinci. Tomás de Aquino considerava tais obras como demoníacas e as destruía. A diferença entre essas máquinas antigas e as do século XVI é que as últimas indicam um mundo com certa autonomia, forjado pelo exercício da imaginação e rivalizando com a vida natural. Duas dessas construções interessam de perto à nossa análise porque foram pautadas numa perspectiva de culto mágico dos artefatos. São elas a *máquina de ler*, do Capitão Agostino Remelli (1531-1600), e a *máquina de metáforas*, do jesuíta alemão Athanasius Kircher (1601-1680).

No primeiro caso, trata-se de uma espécie de estante circular e giratória que possibilita a leitura simultânea de vários livros. Na opinião de Hocke, esse desejo de saber, associado ao decorativismo do móvel e ao processo grotesco e labiríntico da leitura, expressa o mundo do maneirismo e portanto do Barroco. A *máquina de metáforas* de Kircher participa de um ponto de vista semelhante, pois seus artifícios buscam apresentar um "teatro universal de paradoxos" (Hocke 1986: 191-99). Em sua obra *Physiologia*, o jesuíta descreve a máquina como um jogo de espelhos e imagens que permite ao visitante ver-se a si mesmo como se fosse sol, esqueleto, planta, animal ou pedra: para seu inventor, do nada deveria nascer uma imagem perfeita, mágica.

Curiosamente, Ricardo Piglia usa a mesma palavra para se referir a seu projeto de construção de *A cidade ausente*: "Primeiro [tenho] a idéia de uma máquina *mágica* [...] A primeira idéia era a de um tipo genial que inventava uma máquina de traduzir e sem se dar conta inventa uma máquina da ficção. E eu vou pôr no conto que essa máquina delirava" (Piglia 1996). Piglia refere-se também à tradição artística e literária em que se insere: a *femme-machine*, de Max Ernst, e *A Eva Futura*, de Villiers de L'Isle Adam. Obras demoníacas ou mecanismos incontroláveis e frios, os autômatos desafiam a poética finissecular a se constituir por meio de engrenagens e ruídos inumanos. Na obra de Piglia, esses seres mecânicos estarão cercados de outros artefatos –gravador, fonógrafo, ventilador, câmera, televisão, rádio, relógio– que lhes servem de cenário e ao mesmo tempo replicam e potenciam algumas de suas características como as propriedades de falar, ver, ouvir, controlar. Decorrência e estímulo da imaginação e da repulsa humanas, os autômatos estão intimamente ligados à conflituosa visão de mundo do Barroco.

O continente latino-americano foi colonizado dentro de uma perspectiva em que enigmas grotescos, paradoxos, invenções, ruínas, culto da morte, horror e maravilha foram resultado e motor de um universo concebido como um ser de linguagem. Enquanto instrumento da criação divina e da verdade, e também espaço de embates e dissensos, o código barroco instaurou na América Latina as condições necessárias para que a instabilidade das idéias atravessasse de forma incessante todos os ramos do conhecimento, favorecendo uma visão de mundo angustiada, alucinada e próxima do caos. Por outro lado, a racionalidade e a hierarquia – imperativos da dominação européia– aperfeiçoaram no continente a rigidez das estruturas sociais ibéricas, cujo melhor exemplo se encontra na cidade planificada.

A sobrevivência da cidade letrada durante e após o período colonial, conforme observa Rama, levaria Alejo Carpentier a propor o Barroco como forma específica de arte do continente. Para Haroldo de Campos, no caso brasileiro, o Barroco inicia toda uma linhagem literária que começa em Gregório de Matos e tem seu apogeu no movimento concretista (Campos 1989: 31). Também Octavio Paz aponta nossa filiação à Contra-Reforma, mostrando como a permanência, a intemporalidade e a ausência de Idade Crítica compõem uma estética alusiva e angustiada (Paz 1990: 127). O texto barroco –com seus labirintos, espelhos, círculos e utopias– dramatiza um real onde progresso e ruína se entrecruzam em solo americano. Essa ilusão triunfal e amedrontada ressoa como o lamento de etnias desterradas e nostálgicas, destruídas pelo poder da cidade, com seu rei e suas divindades. Para uma realidade de exílio e extermínio, inventa-se uma supra-realidade de alusões e ilusões.

Segundo Omar Calabrese, uma estética social nova reúne os produtos intelectuais e o gosto contemporâneo, numa concepção de história em que a descontinuidade e a fratura predominam. Isso implica "uma atitude generalizada e uma qualidade formal dos objetos" que estariam no campo do Barroco, não enquanto um estilo de época mas como uma categoria do espírito oposta ao clássico. Portanto, o termo "neobarroco" (Calabrese 1987: 10) seria apropriado para se falar da predominância, na arte e no mundo contemporâneos, de traços culturais que recordam o Barroco. Calabrese enumera uma série de características da cultura atual –invenção de replicantes, monstros e autômatos, privilégio da parte sobre o todo, valorização do pormenor e do polimórfico, presença da descontinuidade, do deslocamento e da distopia, citações perversas e, finalmente, a complexidade inteligente de nós e labirintos– que seriam, por excelência, características do Barroco e, portanto, comporiam o Neobarroco. Todos esses elementos ressoam na obra de Ricardo Piglia.

Na edição brasileira de *A cidade ausente*, uma questão que logo mergulha o leitor num labirinto textual é a ausência de índice. Formado por quatro grandes blocos, que se dividem em outras partes, o romance se emaranha em si mesmo já que muitos desses fragmentos são anunciados por meros números que pouco orientam a leitura. Ademais, os subtítulos ora nomeiam falas do narrador, ora indicam os relatos da máquina –e têm apenas uma leve distinção, baseada no tipo de letra. Porém, o que mais leva o leitor a clamar pelo fio de Ariadne é a própria estrutura do texto que, ao voltar-se sobre si mesmo, num murmúrio interno e incessante, cria uma estética da *repetição em diferença*. Essa autocitação insistente, ao invés de facilitar a leitura, produz o efeito contrário: desenrola o novelo da narrativa e o enreda em círculos e zigue-zagues, interrompe-o para amarrá-lo mais adiante, desmancha um nó do qual emergem outras pontas. Replicante e disforme, o relato opera "saltos nos motivos, nos estilos de citação, de estrutura superficial"(Calabrese 1987: 120) e assim provoca no leitor a confusão e o assombro, a crítica e a investigação, efeitos de leitura tão ao gosto neobarroco do nosso tempo.

As várias referências de Piglia à escrita barroca de Macedonio já sinalizam a presença de elementos dessa natureza em seus textos. Porém, há também outros fatores que indicam a família literária de que o autor participa como uma rede intraconectada através de tempos, idiomas e espaços. Algumas marcas textuais freqüentes nas obras desses autores indicam uma visão de mundo que privilegia o fragmento, a ruína, o grotesco, o macabro, num processo interminável de acumulação de citações, de abordagens niilistas e ao mesmo tempo místicas. As obras dessa rede desconfiam de tudo que não seja paradoxal, provisório e crítico e sua linguagem estilhaça e reconstrói o mundo sem cessar. O caráter desses textos é trágico, quase sempre irônico e vacilante, voluptuoso e cruel. Além disso, seus cenários são sombrios, sem o fulgor (Benjamin 1984: 202) com que muitas vezes se pretendeu marcar a criação artística.

Essas características podem ser encontradas na obra de Piglia e de escritores de diferentes culturas –eslava, judaica, americana, inglesa, argentina– com que ela dialoga. As múltiplas conexões forjam uma escritura em freqüente tensão com a tradição nacional, embora a mesma determine o olhar com que se lê o texto estrangeiro. A proposta estética de Piglia distorce ou perverte idiomas e estilos, numa dinâmica que promove a distopia do passado, da autoria e da nacionalidade. Trata-se de uma política multicultural que, ao invés de definir-se, parece estar sempre à procura de outra forma –algo semelhante a uma pérola irregular e movediça, a um círculo em vertigem, a um nó em rede. Olhar labiríntico e indecidível que rastreia a cultura no vôo crítico e utópico de um pássaro da linguagem.

Museu Gaucho

Na obra de Ricardo Piglia, ecoa também a voz do *payador* que se deslocava por ranchos e localidades da região dos Pampas. Cantador popular e trovador, esse tipo legendário de aventureiro narra as desditas e bravuras do *gaucho* do Rio da Prata. Ao declarar que seu poeta preferido é José Hernández, autor de *Martín Fierro*, cujos versos conhece desde a infância através das leituras de seu pai, Piglia reverencia uma múltipla tradição. Associando as heranças familiares e culturais, o escritor percebe a obra de Hernández como uma "excelência que não falha" (Piglia 1994: 46) e que teria colaborado para a montagem do cenário do texto de Macedonio Fernández. Em "Anotações sobre Macedonio num diário", o narrador descreve a oralidade do estilo de Macedonio, cujas manifestações seriam "os neologismos, as alusões, o jargão filosófico, o prazer barroco dos incidentes" (1989: 84), como uma prática que dá prosseguimento ao ritmo e à sintaxe dos versos de Hernández. Nas notas de 2 de novembro de 1967, o diarista escreve que Macedonio foi um *payador* e um *guitarrero* que teria produzido um pastiche da oratória *criolla*.

As relações de desapropriação textual estabelecidas pelo narrador indicam sua enunciação como um espaço em que a leitura do pai desencadeia uma disseminação de outras figuras paternas e, assim, instaura uma família literária que a ficção de Piglia também vai pastichar. Um exemplo disso é o trecho a seguir, de *Respiração artificial*, onde se introduzem na escrita alguns elementos recortados da oralidade: "Pode me chamar: Senador', disse o Senador. 'Ou de ex-Senador. Pode me chamar de ex-Senador', disse o ex-Senador. [...] 'Portanto prefiro que o senhor me chame: Senador, disse o Senador" (39). No fragmento que se segue, encontramos o mesmo trabalho de pastiche: "Porque eu, disse o Senador, devo uma morte. Eu devo uma morte: a minha. Sou um devedor, sou o devedor, sou aquele que está em dívida com a morte" (52). A repetição da mesma idéia com microalterações no enunciado, a presença de frases curtas, as alusões ao interlocutor, as recorrências enfáticas ou retificadoras formam um conjunto de dados que sinalizam a tentativa de aproximar a língua escrita da fala cotidiana.

Em "As atas do julgamento", conto de *Prisão perpétua* escrito sob a forma de um depoimento, Piglia parece reverenciar "o galope *criollo*"[2] presente no estilo de Hernández e Macedonio. Nesse relato, Robustiano Vega declara como e com que intenção teria assassinado o general Urquiza,[3] na estância de Ricardo López Jordán. Segundo o depoente, Urquiza já estava morto antes. Ao apunhalá-lo, não teria feito mais que pôr em prática as leis do pampa. As provas de que o general não mais existia eram abundantes: sua emoção por um cavalo morto, a perda da amante Gringa, a batalha do Pavón, o roubo de terras de viúvas, a proposta de luta contra os paraguaios ao lado de Mitre e a ordem para seus homens escoltarem portenhos. Em todos esses acontecimentos, Urquiza rompe com valores camponeses e, principalmente, demonstra que está se tornando um covarde. Para Adriana Rodríguez Pérsico, ao romper com a lei gauchesca da coragem (Rodríguez Pérsico 1995: 27), o caudilho torna-se um traidor e, portanto, deve morrer. Nesse caso, o assassino que depõe é antes um herói que um criminoso já que restaura a tradição da valentia e da guerra. O término do conto coincide com o final do depoimento, onde o criminoso diz: "Perdoe, meu General." Sendo a narrativa da morte metafórica que já atingira o comandante, o crime é um obrigatório ato de piedade e valentia. Um general sem vida é convocado pelo soldado *gaucho* Vega a perfilar-se novamente e recuperar sua honra por meio da morte efetiva. Assim, o depoimento sobre o crime é, ao mesmo tempo, um relato confessional e um relatório de serviços prestados à República Argentina.

"O gaucho invisível", que é um dos mais belos relatos da máquina em *A cidade ausente*, retoma a tradição de se narrar a coragem e a violência. O cenário do relato é o pampa, região de Entre Ríos, onde o bugre Burgos trabalha de tropeiro e é ignorado pelos outros peões. Muitos dados desse conto aproximam-no da narrativa de *Martín Fierro*, como o fato de a

---

[2] Alguns dados –como a repetição da conjunção "e", o acúmulo de orações coordenadas e a presença de vocabulário da língua coloquial como na frase "parede meio desbotada de tanto pôr e tirar a bandeira"– indicam um uso específico da língua oral em oposição ao texto típico da escrita jurídica que abre o relato. Cfr. Piglia 1989: 59.

[3] Justo José de Urquiza rebelou-se em maio de 1851 contra Juan Manuel de Rosas e assumiu o controle de Buenos Aires, mas a resistência dos portenhos levou-o a abandonar a cidade. Em 1853, as províncias argentinas, exceto Buenos Aires, elegeram Urquiza como presidente. Durante 10 anos a capital do país foi a cidade de Paraná, enquanto o Estado de Buenos Aires permanecia fora da Confederação da República Argentina. Urquiza foi assassinado em Entre Ríos, 1870, por Ricardo López Jordán. Cfr. Luna 1996: 101, 118, 119 e 121.

personagem central ser um bugre, descendente das tribos indígenas do sul do continente. Várias passagens do relato de Hernández dedicam-se a descrever cuidadosa e criticamente as comunidades indígenas. Mas isso é feito sob o ponto de vista do soldado branco que, se deve combater o bugre ladrão e inumano, por outro lado não recebe o soldo e é maltratado pelos comandantes. No conto de Piglia, apesar de pertencer a uma etnia perseguida, Burgos tem um nome que pode significar "fortaleza" (Ferreira 234) e, de fato, ele resiste ao exílio a que o destinam os tropeiros. Outro dado que aproxima os textos de Piglia e Hernández são as referências à religiosidade do *gaucho*. Na segunda parte de *Martín Fierro*, há "trinta e três cantos/a própria idade de Cristo" (230) e, na primeira, o grande amigo do peão chama-se Cruz. Embora presente, a religiosidade da personagem de Piglia está ameaçada: quando Burgos vê a sombra de uma cruz na capela destruída, os peões a ignoram. Além do mais, essa imagem é apenas um efeito de luz solar no vão das ruínas e desaparece com a chegada da noite.

Por outro lado, o tropeiro alucina uma possível noite de amor com a loura do baile e sobre isso desencadeia uma narrativa silenciosa, onde a Paixão de Cristo inspira-lhe o discurso que será sua iniciação no grupo de peões: laça um bezerro que se afogava, suspende-o, deixa-o mergulhar de novo repetidas vezes. Aos gritos e gargalhadas, é saudado pelo bando e o bezerro é degolado para se fazer um churrasco. O crime contra o animal, ao configurar um texto escrito com os fatos da desdita alheia, tem a singular propriedade de transformar o tropeiro rejeitado em *gaucho* visível. A degola do bezerro é uma linguagem, um código... de honra e violência pampeanas. Essa linguagem rude e bárbara recorda as guerras da conquista e as lutas de fronteira entre espanhóis, portugueses –e seus descendentes– e índios.[4]

Contudo, esse tempo heróico terminou. Generais acovardados, *gauchos* invisíveis e cruzes virtuais desfazem a imagem tradicional do homem audaz. Na atualidade, esse guerreiro não mais peleja nas cavalarias entrerrianas nem é condenado por assassinato e traição dos superiores. As fronteiras externas da nação foram demarcadas e os índios, exterminados. Agora, o que se move são as margens internas da cultura e por isso é preciso resistir e negociar, numa programática político-estética muito mais complexa, sutil e feroz que o corte das espadas ou o galope do cavalo no pampa.

---

[4] O conto de Viñas "Los dueños de la tierra" relata essa violência oligárquica contra os índios. Cfr. Piglia 1993: 20.

Herdeiro dessa história, Piglia discute como ela é escrita a partir de ficções. Segundo ele, a obra de Borges é interessante pois nela se percebe a variação do mesmo relato, que seria a própria genealogia do autor escrita como se fosse a história da Argentina. Isso pode ser observado nos contos "A intrusa" e "Biografia de Tadeo Isidoro Cruz", de *O Aleph*, e em "O Sul", de *Ficções*. Encontram-se ressonâncias dessa genealogia também nos relatos "Abenjacan, o Bokari, morto em seu labirinto" e "Os dois reis e os dois labirintos", ambos da obra *O Aleph*. Nesse caso, Piglia analisa os antepassados de Borges como pertencentes a duas categorias: a dos guerreiros argentinos e a dos literatos ingleses. Dessa dupla linhagem, nasceria uma saga familiar e uma história pátria que poderiam ser vistas como um duelo entre o nome e a morte, ou um apócrifo entre o nome e a propriedade. Conforme Piglia, essa ficção da origem é própria de quem reescreve e degrada a história do país, mas também desenvolve uma biografia de classe à medida que percebe a nação como uma propriedade da família oligárquica. Na obra de Piglia, um país de bravuras e bravatas é recordado a partir da deserção da cavalaria de Urquiza, do genocídio dos bugres, do crime institucionalizado. A origem épica, própria da ficção de um escritor do século XIX,[5] é substituída por uma irônica *per-versão* dos mitos fundadores da nacionalidade.

De certa forma, o próprio Martín Fierro é um soldado, bandoleiro, *gaucho* e narrador cuja perspectiva épica já declina. Entre todos os atos de coragem narrados por ele brotam também a desilusão, a miséria, a espoliação do tropeiro –"E é necessário agüentar / O rigor de seu destino: / Não é, o *gaucho*, argentino, / Senão quando o vão matar" (201). Nesses aspectos, Martín Fierro está mais próximo do *gaucho* anarquista de "A gravação", conto da máquina em *A cidade ausente*, que do combatente imaginado por Borges. Não por acaso, essa personagem de Piglia é chamada de Falso Fierro e, quando lhe faltam argumentos, declama os versos de Hernández para propagar suas idéias insurrecionais. Ao ser apunhalado pelos capangas do Partido Autonomista Nacional, o Falso Fierro constitui uma metáfora dos outros crimes denunciados pela máquina, numa narrativa em que o pampa funciona como um ossário que abriga inumeráveis corpos. Iniciado na terceira pessoa, com uma súbita aparição de um "a gente" e depois de um "eu", o conto de Piglia passa da narração histórica do anarquismo argentino ao depoimento pessoal sobre o desaparecimento de presos políticos. Descrito como um "mapa do inferno

---

[5] Em *Respiração artificial* (119-22), Piglia retoma com outras palavras essa mesma discussão a respeito da poética de Borges.

de Dante" (30) ou um campo santo sem cruzes e selvagem, a planície é toda recortada por túmulos de soldados desconhecidos que, mais uma vez, escrevem com seus corpos uma narrativa que ressemantiza o conceito de nação. Esse pampa não é mais o do século XIX, em suas tumbas se inscreve o final do século XX.

Em *A cidade ausente*, por meio de Lazlo Malamüd, Emilio Renzi retoma o debate presente em toda a obra de Piglia sobre a intervenção da cultura européia, especialmente da eslava, na literatura argentina. Caracterizado como crítico e professor de literatura na Universidade de Budapeste, integrante do Círculo Petöfi e marxista, esse europeu estaria refugiado na Argentina por causa da invasão russa da Hungria. Tradutor premiado do *Martín Fierro*, Malamüd é bom leitor mas péssimo falante da língua espanhola. E, ironicamente, deve pronunciar uma conferência na Faculdade de Ciências Humanas a partir da qual poderá obter emprego. Seu terror é narrado por Renzi que lhe dá aulas de espanhol: "Ele falava comigo num idioma imaginário, cheio de erres guturais e de interjeições gauchescas. Numa meia-língua tentava me explicar o desespero que lhe causava verse condenado a se expressar como uma criança de três anos" (15). A linguagem de Malamüd de fato lembra o ritmo e o vocabulário do texto de José Hernández, como se pode ver nos pares de fragmentos a seguir:

"Não trabalhar então morto desta pena *strordináira*" (15)

"Aqui me ponho a cantar / Ao compasso da viola, / Que o homem que se desola / Numa dor extraordinária, / Como ave solitária / Cantando é que se consola" (Hernández 1991: 9)

"Vem primeiro o furor e depois melancolia. Vertem lágrimas os olhos, mas a pena não alivia" (15)

"A raiva chega primeiro / Depois a malencolia" (141); "Vertem lágrimas seus olhos / E a pena não remedeia" (Hernández 1991: 140)

A micro-história de Malamüd[6] produz no leitor a comoção de uma situação paradoxal onde as dificuldades lingüísticas são parciais mas acabam por condenar o sujeito a um exílio dentro do exílio. Assim, como um sarcasmo do destino, o leitor especializado do mais importante poema argentino do século XIX gagueja angustiado os mesmos versos de Hernández. Para Renzi, Lazlo era "uma metáfora perfeita da máquina de Macedonio. Contar com palavras perdidas a história de todos, narrar numa

---

[6] O nome dessa personagem lembra o escritor norte-americano Bernard Malamüd, cuja ficção é objeto do estudo crítico de Piglia em *Los libros*.

língua estrangeira" (15). Se a tarefa de tradução da língua estrangeira para a materna já implica sempre uma traição do texto, tomar o sentido inverso é um dilema maior porque há uma série de referências culturais que faltam ao tradutor. Portanto, isso equivale a um esforço estupendo de busca e frustração do sentido, da verdade e da propriedade textual, em que uma autêntica decomposição das línguas nacional e estrangeira estará sempre em pauta.

Essa recolocação da problemática da autoria mostra a importância de tal questão num sistema literário que tem como uma de suas características fundamentais a eleição de precursores. Nesse caso, um escritor que replica conscientemente o passado e tenta expressar-se numa mistura de línguas e culturas colabora para o desenvolvimento de uma tradição múltipla, incerta, ficcionalizada. Nesse contexto, a personagem Malamúd, além de recordar o Kafka e o exilado polonês Tardewski tematizados em *Respiração artificial*, remete também a outro refugiado eslavo, o escritor Gombrowicz cuja obra, *Transatlântico*, é citada em "Anotações sobre Macedonio num diário", conto de *Prisão perpétua*. Em um ensaio intitulado "¿Existe la novela argentina? Borges y Gombrowicz", Ricardo Piglia debate, a partir de traduções desse escritor, o romance nacional como espaço de diferenças provocadas por exílios e falsificações. Segundo ele, há dois textos de Borges –"O escritor argentino e a tradição" e "O Aleph"– em que esse autor discute um uso desconstrutor da tradição promovido por literaturas marginais como a argentina, a judaica e a irlandesa. A estas, Piglia acrescenta a literatura polaca, especialmente o texto de Gombrowicz.

No confronto Borges-Gombrowicz, Ricardo Piglia mostra como ambos percebiam a tensa relação entre a fragmentação do nacional e a hegemonia do estrangeiro, de cujo embate resultaria uma tradição tendente à falsificação em todas as suas variantes. Algo semelhante ocorreria na obra de Arlt cujo *lunfardo* –gíria característica do espanhol de Buenos Aires e também sinônimo de "ladrão, chulo, rufião"– teria um sotaque estrangeiro. Também a narrativa de Macedonio lembraria uma língua exilada. Entretanto, mesmo o texto de Borges criava outra rivalidade *interlínguas* pois anexava à entonação nacional a precisão do inglês. Gombrowicz teria desenvolvido estratégia semelhante ao traduzir sua obra *Ferdydurke* para o espanhol. Na primeira versão, o escritor teria extraído do falar portenho significados inteiramente estranhos. Depois, assessorado pelo escritor cubano Virgilio Piñera e por jogadores de xadrez e freqüentadores do café Rex, Gombrowicz produziria outras formas. Nessa empreitada, falava-se cubano, francês, polaco e argentino. Assim, o autor polonês acabou reescrevendo seu livro numa espécie de língua futura, artificial e estranha, que parecia reunir Arlt e Macedonio. Aliás, para Piglia, Gombrowicz seria o leitor ideal dos escritos de Macedonio. E vice-versa. As inusitadas experimentações lingüísticas do escritor polaco não só contribuem para a poética de Piglia, mas também podem ser lidas *a posteriori* com a lente da própria obra desse autor. A concepção de linguagens tensionadas –reverentes a modelos e insurrectas, artificiais e coloquiais, argentinas e estrangeiras– sustenta de maneira eficaz uma produção literária que utiliza a falsificação como estratégia e tema de sua construção.

BRITISH MUSEUM

Além de todas as apropriações realizadas pela obra de Piglia em textos de autores anglo-saxões, uma metáfora dessa cultura muito freqüente em *A cidade ausente* é a do *British Museum*. Ao funcionar como um espaço privilegiado do saber maquínico, científico e tecnológico, esse museu configura um cenário à distância para a atuação de Steve, Stevensen, Junior, Macedonio, Russo e outros inventores. Sendo importado de "Encontro em Saint-Nazaire", conto de Ricardo Piglia, o museu britânico também constitui uma réplica de outros museus presentes nas obras de Borges, Macedonio e Bioy Casares. Assim, como um nódulo branco que se localiza no hipertexto antigo-novo e nacional-estrangeiro, o museu de Piglia é a fantasia multicultural do escritor: um local que acolhe imagens mágicas, múltiplas, mínimas –um *aleph* onde o autor pode projetar sua imaginação.

Outras ressonâncias da cultura anglo-saxã ecoam na obra de Piglia por meio de seu trabalho como leitor e crítico da literatura norte-americana. No primeiro número da revista *Los libros*, publicado em julho de 1969, Ricardo Piglia analisa a obra *Trampa 22*, do escritor americano Joseph Heller. É importante registrar que esse artigo surge numa conjuntura marcada por experiências estético-políticas radicais –maio de 68, contra-cultura, guerras do Vietnã, da Biafra e dos Seis Dias e movimentos de protesto contra elas, transplante de coração e mapeamento genético do homem, revolução sexual e dos costumes, ditaduras latino-americanas, Primavera de Praga, revolução cultural chinesa, *boom* do realismo-fantástico latino-americano, morte de Che Guevara, Beatles... Nesse clima de efervescência e apocalipse, para o bem e para o mal, um novo mundo estava nascendo. E Piglia, que já tinha publicado seu primeiro livro de contos, *La invasión*, em 1967, também desenvolve uma atividade ensaística. Ou seja, o escritor e o crítico nascem juntos, num contexto social de rebeldia estética e de crítica das velhas estruturas sociais.

No artigo de *Los libros*, Piglia enfatiza o caráter inovador da literatura americana: "dispersão onírica, escritura surrealista, passagem da ênfase no patético à sátira e ao grotesco, utilização de paródia e *non-sense* são algumas das qualidades que permitem agrupar um conjunto de obras que estão hoje, sem dúvida, muito mais à frente que as meláncolicas piruetas do novo romance francês ou que a bem sucedida vertente 'tropical' da narrativa latino-americana dos Asturias, Carpentier e García Márquez" (Piglia 1969: 11). Num momento de êxito internacional do chamado realismo-fantástico e de repúdio a muitas manifestações culturais norte-americanas como forma de resistência ideológica ao imperialismo, é curioso observar a posição desse jovem escritor latino-americano. Ao preferir investigar e enaltecer a ficção norte-americana, Piglia demonstra não só independência política mas também uma acurada audição das vozes de seu tempo.[7] Dessa forma, o Piglia-crítico insere-se numa genealogia e seleciona, através do ensaio, alguns elementos textuais que depois contribuirão na composição de seus próprios relatos.

Comentando *Trampa 22*, de Heller, ele aponta como a personagem Yossarian decide enlouquecer a fim de reordenar a "Razão perdida". Nessa atitude paradoxal, o soldado-personagem –que luta em 1945 mas já vive o macartismo o qual, na realidade, só virá em 1950-1954– tenta recuperar sua "Razão privada", que resulta numa identidade esquizofrênica e desertora. A ruptura com a realidade pessoal e histórica, na análise de Piglia, provoca o riso paródico e alegórico relativo à deterioração de certos valores da sociedade americana, como o Bem, a Verdade e a Liberdade.

Em outro artigo de *Los libros*, Ricardo Piglia comenta a narrativa norte-americana de autores como Mailer, Barth, Malamüd, Bellow, Updike, Burroughs, Pynchon, entre outros. Observando que os escritores negros ligados aos *Black Panthers* –Malcolm X, Cleaver, Le Roi Jones, Ralph Brown– foram os iniciadores de uma escritura de resistência à sociedade norte-americana no que ela tem de paranóica e despolitizada, Piglia adverte sobre as relações existentes entre o anonimato, a perda de identidade e as apropriações textuais. Para ele, um *eu* acossado pela angústia da vida contemporânea projeta-se no espaço público, ao mesmo tempo em que vive a crise do sistema como um drama pessoal. As ficções privadas tornam-se, assim, relatos de resistência político-cultural.

---

[7] Em 1993, Piglia organiza a publicação de *Las fieras*, uma compilação de relatos que contêm elementos da narrativa policial. No prólogo dessa edição, ele volta a ressaltar a importância, para a literatura argentina, da tradução de autores norte-americanos do gênero, como Hammett e Chandler. Cfr. Piglia 1993: 7-11.

Se é verdade que "toda resistência se torna literatura" (Piglia 1970: 12), essa ficção assume as mais variadas expressões. Assim, a desarticulação de uma lógica narrativa produzida pela fragmentação de textos e temas pode gerar desde uma literatura "drogada" cujas visões delirantes desestabilizam o sentido, até o romance cômico-onírico construído com a linguagem do cotidiano e da mídia. Mas talvez a proposta mais interessante oferecida por essa literatura seja o *cut-up*, que constitui um mecanismo ilógico, uma montagem aleatória e simultânea de textos escritos anteriormente que, segundo Burroughs, configura uma ameaça aos mecanismos sociais de controle da informação e da arte: "Naturalmente o medo e os prejuízos estão sempre ditados pelo sistema de controle. O *cut-up* ameaça a posição das instituições, não importa que instituição. Todas se lhe opõem" (Piglia 1970: 13). Para Piglia, essa alternativa de escritura destrói "uma ilusão moralizante que faz da experiência vivida um tesouro que enriquece a narração" (Piglia 1970: 13), à medida que questiona o escritor como proprietário do texto, provocando assim a socialização da narrativa.

Por essas vias, o gesto que se apropria dos diferentes textos em circulação no mercado estimula produções coletivas de leituras e escrituras e, por isso mesmo, deflagra uma experimentação hipertextual onde o sentido navega e os comandos e controles entram em pane. Ao mesmo tempo, essa narrativa estimula uma outra forma de anonimato, dessa vez conscientemente desejado e inserido numa luta estético-política. Essa perspectiva restringe a atuação do *eu* individual a fim de favorecer as manifestações compartilhadas. Para Piglia, os movimentos culturais dos negros americanos, ao reciclarem textos deslegitimados como histórias em quadrinho, canções, ensaios, artigos, panfletos e relatos de vida, acabam por destruir a idéia convencional de livro, compondo uma espécie de autobiografia social e política semelhante aos diários de Che Guevara e aos Datzibao chineses.

Em 1974, o ensaísta Ricardo Piglia retoma o debate sobre estética e política, num texto sobre a revolução cultural proposta por Mao Tse-tung. Ao situar o que seriam os "materiais da prática literária", Piglia discute a importância da linguagem do povo e o papel da herança lingüística recebida dos antigos, como um laboratório ou um arsenal de onde o escritor deve partir para desenvolver seu texto. Segundo ele, a arte deveria trabalhar "contra o verossímil" para fugir ao controle dos códigos de leitura dominantes e para evitar que o autor fosse o "proprietário privado do sentido" (Piglia 1974: 135). A conjuntura de transformações radicais das décadas de 1960 e 1970 interferiu decisivamente na formação simultânea do escritor e do ensaísta que, atento ao mundo que o cercava, defendia a natureza de classe das produções culturais e desenvolvia a crítica e a ficção como lutas políticas. As leituras de Mao e dos autores norte-americanos parecem ter sido importantes na definição de sua poética disseminadora de sentidos, autorias e diferenças.

Nesse sentido, a política de *cut-up* da literatura de Ricardo Piglia processa textos das mais variadas procedências, culturas e estilos. Em sua insistente fragmentação, essa obra se compõe com estilhaços de diversos gêneros. Assim, poderíamos dizer que, em *Nome falso*, predominam textos sob a forma de diários enquanto em *Respiração artificial* prevalecem as cartas pessoais. No livro de contos *Prisão perpétua*, há uma experimentação de micro-relatos que se desdobram em contos mais longos dentro da própria obra ou fora dela. A composição de *A cidade ausente* assemelha-se à de *Prisão perpétua* embora a máquina de relatos unifique o romance em torno de suas narrativas. Em *A cidade ausente-ópera*, além do texto dramático encontra-se também a linguagem da música, da imagem, do corpo dos atores. *Cuentos Morales* já é uma nova mesclagem: contos de *La invasión*, dos relatos da máquina e das micro-histórias de *Prisão perpétua*. O livro ensaístico *O laboratório do escritor* tem um conto intitulado "O fim da viagem", além de entrevistas e ensaios. Em todas essas obras, há uma preocupação biográfica relativa a personagens da história da literatura e à própria vida de Piglia. Evidentemente, nessa multiplicidade textual, sussurram as vozes dos subgêneros trabalhados por Arlt, dos microcontos de Borges, dos fragmentos em miscelânea de Macedonio. Inserida numa família literária dessa natureza, a obra de Ricardo Piglia dissemina-se em textos estilhaçados e deliberadamente anacrônicos, muitos dos quais são da ordem da escrita privada e feminina. Ao reescrever constantemente sua própria tradição, Piglia encena uma espécie de autobiografia –que é também uma história da literatura e da política da Argentina– e a oferece em espetáculo público. Nesse caso, no museu literário do escritor encontram-se as margens podres e trágicas da sociedade tematizada por Arlt, a desdita aventureira de Hernández, as linguagens artificiais dos eslavos e a esquizofrenia lúcida dos anglo-saxões. Esse texto residual, embora inscreva o autor como personagem de sua própria obra, constrói também uma perspectiva des-centrada, que destrói a propriedade textual. A obra de Ricardo Piglia revela e oculta o segredo de sua própria produção, com a leveza e a visibilidade das meias femininas sonhadas por Roberto Arlt.

ADROGUÉ: *ALEPH* DE RICARDO PIGLIA

"Quinta-feira 3 de março de 1957. (Vamos embora depois de amanhã). Resolvi não me despedir de ninguém. [...] Tudo o que faço parece que faço pela última vez" (Piglia 1989: 13). Esse é o início de um dos fragmentos do conto "Num outro país", de *Prisão perpétua*, em que o narrador conta como, em meio à fuga de Adrogué, ele começa a escrever um diário. Depois de verificarmos inúmeras relações autobiográficas entre Piglia e sua ficção, pensamos que o fragmento é um simulacro do diário que o escritor de fato elabora, desde a juventude. A sensação de despedida —"Vamos embora depois de amanhã"— e ao mesmo tempo de não-despedida —"Resolvi não me despedir de ninguém"— cria a hiância e a tensão necessárias para que a ficção se realize. Segundo Miranda, "a experiência inaugural de todo autoretratista é a do vazio e da ausência de si, que se transforma em excesso logo que é deflagrado o processo da escrita [...] O caráter lapidar do autoretrato obrigaria o retratista a empreender um resumo daquilo que seria a essência da sua vida —operação confessional efetuada num momento em que o indivíduo sente-se já muito próximo do final" (Miranda 1992: 35-36).

Essa proximidade do fim, morte metafórica do narrador e de seu passado, deflagra o processo de uma escrita compulsiva que relata abundante e obsessivamente a perda, pois "Tudo o que [faz] parece que [faz] pela última vez". Perder Adrogué equivaleria mais tarde, em *A cidade ausente*, a perder a cidadania e a liberdade, razão mais uma vez da escritura repetitiva, paranóica e ao mesmo tempo sempre nova e lúcida. Assim, se o diário é uma forma íntima de construir um ser ficcional, o auto-retrato[8] é a expressão pública desse diário íntimo: algo que narra as ficções privadas para poder narrar também as histórias públicas e os históricos equívocos da nação.

Em 1991, quando entrevistamos Ricardo Piglia e lhe perguntamos sobre sua "origem pessoal", ele respondeu que o escritor "tem como sentido inventar para si mesmo uma vida, uma tradição, inclusive um parentesco" (Piglia 1991: 10). Em *Prisão perpétua*, Steve Ratliff —cujo nome e vida lembram Letiff, suposto personagem de Roberto Arlt em *Nome falso*— parece ser esse parente inventado a que se refere Piglia. Apresentado ao leitor logo no início da obra, num conto cujo significativo título é "Num outro país",

---

[8] Em *O laboratório do escritor*, esse auto-retrato é traçado de forma ampla e também fragmentária. Nessa obra, há um capítulo com o significativo nome de "Retrato pessoal". Cfr. Piglia 1994: 43.

Steve constitui-se como uma fábula, escrita a partir de um norte-americano que de fato existiu e foi o primeiro leitor e o primeiro crítico da obra literária de Ricardo Piglia. Assim, junto com o Piglia-leitor, nasce também o Piglia-escritor-e-crítico e ao mesmo tempo o Piglia-historiador, desde que o diário que retoma a casa da infância é uma tentativa de historicizar e perpetuar a perda de Adrogué e de tudo aquilo que não se quer perder com essa perda. Se Adrogué é a cidade ausente da infância, que inspira a produção do diário e do auto-retrato, ela também se torna uma precursora de Buenos Aires e de seu diário público intitulado *A cidade ausente*, que se torna fecundamente coletivo em *La Argentina en pedazos*. As cidades são metonímias da nação a qual, por sua vez, também é composta de fragmentos que não formam uma totalidade. Tal como o corpo destroçado do malvineiro, que se assemelha ao amigo de Macedonio: o "impetuoso Rajzarov, um estudante russo em cujo corpo tinha explodido uma bomba, por não ter querido matar uma família inocente que atravessava a rua em fila (a mãe, dois filhos, a preceptora francesa) no momento de atentar contra o chefe da polícia política em Odessa" (125). Esse soldado ferido e monstruoso que deambula pelas ruas da cidade, equívoco da nação e *gaucho* invisível, é também um espelho onde a ficção se mira.

No conto "Num outro país" ou no romance *A cidade ausente*, escrever é falar de uma Adrogué-país que exila o menino ou da cidade-nação que desaparece para o adulto e, assim, também o exila. Se ambas as escrituras nascem de perdas, no primeiro caso a cidade é uma mulher malvada, talvez a Buenos Aires do *Canto Elegíaco* de Luis de Miranda que desterra o cidadão. No segundo caso, essa mulher solitária e adulterada em uma máquina de narrar, agoniza sozinha no centro do museu nacional. Entre os dois relatos, há inúmeras outras histórias. E todas elas falam sempre dessa perda – experiência única da vida de um argentino chamado Emilio Renzi que busca, em *Respiração artificial*, uma forma de conectar cartas e diários pessoais com as Histórias da nação.

Talvez por isso, "Num outro país" conte obsessivamente muitas obsessões. Em um fragmento do conto, numa ilha do delta do Mississipi, um velho usa um transmissor de ondas curtas para dirigir suas mensagens a Truman que para ele ainda é o presidente dos Estados Unidos. O irmão de Steve, que tinha a linguagem circular da prisão, ou a moça do caixa, que ouvia sempre a mesma música, também estão obsedados por uma idéia fixa. No caso de Piglia, encontramos, portanto, o desdobramento do escritor num narrador que, por sua vez, se desintegra nas lembranças da sua personagem Steve Ratliff. Dessa maneira, Ricardo Piglia repete o que faz explicitamente em *Nome falso* –investe-se do discurso do *outro* para falar de si mesmo e de sua Argentina metafórica. O pai literário Steve parece surgir para mitigar a perda do pai genético, derrotado pela derrota do peronismo e obrigado a fugir de Adrogué. Resquícios dessa debandada aparecem nas personagens paranóicas de Piglia que sempre estão sendo interrogadas, perseguidas e manietadas pelo poder estatal. A obra literária converte-se, literalmente, em um *nódulo branco*, lugar de condensação dos códigos genéticos e verbais, que preserva o que é digno de memória e pode se abrir em novas produções ficcionais, essas filhas de Joyce ou sobrinhas de Nietzsche que também narram de forma obsessiva e fraudulenta as perdas.

A personagem Steve, de *Prisão perpétua*, é o típico escritor fracassado de Roberto Arlt: infeliz, lúcido, bêbado, suicida, leitor ávido, solitário, apaixonado por uma louca, cercado de mulheres como o Rufião Melancólico, de *Os sete loucos*. Steve é um Kafka que morre sem ter publicado sua obra, "como se só tivesse sido um narrador oral" (Piglia 1991: 25). Nesse sentido, a máquina de relatos constitui o instrumento através do qual Kafka/Steve podem continuar narrando. A máquina de escrever de Kafka, que matava os condenados "Na colônia penal" (1965: 107-35), é humanizada pela máquina de narrar de Ricardo Piglia. Enquanto na primeira o sujeito configurava a superfície onde o texto se inscrevia como uma sentença de morte, na outra, as sentenças da ficção seduzem Junior, que nela penetra livremente, como ocorre na ópera. A máquina-escritora assassina, isolada na ilha do presídio, é substituída por uma máquina-narradora resistente, prisioneira da memória e do museu. Ambas são guardadas por criminosos, o oficial e Fujita, numa relação *cyborg* de perversidade. Contudo, se no conto de Kafka criador e criatura morrem juntos, no romance de Piglia o artefato resiste a Fujita, sobrevive a Macedonio e garante a continuidade das narrativas.

De forma que Piglia funciona como um Max Brod, cuja condenação é recolher e reeditar os textos de Kafka/Steve –tal como o personagem Ricardo Piglia, de *Nome falso*, desejava fazer em relação ao suposto conto de Roberto Arlt. Em qualquer dos casos, a propriedade autoral só interessa à medida que indica a possibilidade de trocas, ou seja, à medida que pode ser burlada. Ao recriar as idéias do "inglês", Piglia o transforma em seu inspirador e personagem, mas também faz o caminho inverso e se torna personagem de Steve, com o olhar à distância de um herdeiro de Burroughs e Billy the Kid.

Nesse sentido, o escritor Ricardo Piglia assemelha-se ao autômato do conto "O jogador de xadrez de Maelzel", de Edgar Allan Poe, que parece conter dentro de si um sujeito de carne e osso que realiza todas as jogadas (Poe 1981: 400-430). Numa situação só possível na literatura, um Steve já morto transforma-se no escritor oculto que faz funcionar o maquinismo de Ricardo Piglia, felizmente vivo entre nós. Sobre isso, diz o narrador de "Num outro país": "Por uma raríssima combinação de acasos conheço em Mar del Plata um sujeito excepcional, a quem em certo sentido eu devo tudo. Sem ele eu não seria um escritor; sem ele eu não teria escrito os livros que escrevi. Por ele conheci a literatura norte-americana e por ele me pus a aprender a língua em que estou falando com vocês" (Piglia 1989: 14-5).[9] Assim, mais uma vez, a obra de Piglia escuta o que foi silenciado na tradição literária e transforma essa perda em ganhos textuais. A morte de Steve, por cirrose, sela a tragédia de uma vida típica das páginas de ficção e faz do amigo um nódulo branco virtual, o núcleo do relato futuro, tal como Elena o foi para Macedonio. Dessa forma, a personagem Stephen Stevensen, de "Encontro em Saint-Nazaire" ou do primeiro relato da máquina, constitui uma homenagem ao escritor fracassado: "O romance de Steve acabou fazendo parte de meu próprio passado. Quando escrevo tenho sempre a impressão de estar contando a sua história, como se todos os relatos fossem versões desse relato interminável" (Piglia 1989: 28).

A partir de uma declaração de Piglia sobre Emilio Renzi, *alter ego* que tem o próprio nome do escritor e teria "alguns rasgos autobiográficos", percebe-se que também Marcelo Maggi, de *Respiração artificial*, é uma versão de Steve: "Em *Respiração artificial* há uma tensão entre Renzi e Maggi que se ri do olhar estetizante [de Renzi] e em certo sentido essa tensão é o romance, porque no fundo se narra uma espécie de educação sentimental de Renzi, uma educação política, histórica" (Piglia 1986: 71).

Outra personagem que encena o escritor fracassado é a mendiga e louca Angélica Inés Echevarne, também chamada de Anahí, do conto "A louca e o relato do crime", de *Prisão perpétua*. Uma réplica de Anahí reaparece na mulher monstruosamente feia que, em *Respiração Artificial*, escreve cartas para Marconi "num espanhol levemente arcaico, quase quevediano [...] num espanhol tão puro e cristalino que ao lê-lo o escrito por [ele] parecia-[lhe] insuportavelmente tosco e inesperadamente

---

[9] O tom de oratória do conto deve-se ao fato de ele ser "uma versão do texto lido em abril de 1987 no ciclo 'Writers talk about themselves', dirigido por Walter Percy no *Fiction today* de New York", conforme informações do pé de página localizado na página 12 de *Prisão perpétua*. Não temos dados que comprovem a veracidade dessas informações as quais podem ser apenas um recurso de construção do conto, como tantas vezes ocorre nos textos de Ricardo Piglia.

desajeitado" (Piglia 1987: 146-147). Uma das cartas dessa mulher, interceptada por Arocena, antecipa a máquina de narrar: descreve um micro aparelho, parecido com uma TV, que nela fora implantado e lhe permitia ver as misérias do mundo. Em *Nome falso*, Anahí é María del Carmen Echevarre, mendiga e cigana, Cassandra que lê a morte na mão de Lisette (Piglia 1988: 23).

Se o narrador de "Num outro país" declara que começou a "roubar a experiência das pessoas conhecidas, as histórias que [...] imaginava que viviam quando não estavam com [ele]", *A cidade ausente* é o espaço urbano e textual que talvez responda à pergunta que inicia *Respiración artificial*.Nessa perspectiva, a frase "¿Hay una historia?" funciona como o motivo que desencadeia a própria história e assim favorece a restauração imaginária da experiência, por meio da produção de novos sentidos.

Sobre isso, é interessante observar as descrições que Junior faz do museu, como lugar que replica as histórias da máquina e como acervo que preserva as ilusões de realidade. No museu, ele vê o trem onde Erdosain se matou e o vagão em que a mulher suicida teria viajado. Vê ainda o espelho onde Clara Shultz se escondia, o quarto do Majestic, a ilha do Tigre, as sucessivas versões da história do anel. Ao pensar na cidade-campo de Macedonio e conhecer a rosa azul, desdobramento da rosa de cobre de Erdosain, a personagem configura um *alter ego* daquele Ricardo Piglia que escreveu *A cidade ausente* como a alegoria de um museu do escritor, lugar no qual se pode projetar as fantasias e engendrar outras narrações. Essa visão privilegiada de Junior pode ser comparada ao último relato da máquina que, sozinha, pisca sua luz azul-argentina no centro do museu de Buenos Aires.

A máquina descrita ao final do romance lembra a imobilidade aparente da tartaruga, postada sobre quatro patas no centro do museu e guardando no casco a memória da utopia lingüística primordial. Apesar de saber-se anacrônica e vigiada pelas câmeras de Fujita, ela recupera as lembranças de Erdosain, Raskolnikov, Molly, Hipólita, Eva Perón. Cansada de processar a memória alheia, a máquina sente que "no fio da noite cai esse tule de incrível cansaço" (136) mas insiste em se arrastar até a beira da água da linguagem e continuar narrando. O cadáver embalsamado reúne num último relato todas as histórias apócrifas ou biográficas que são contadas ao longo do romance, numa enunciação que resiste à morte, talvez porque fale sempre dela. À personagem Elena não é dado o direito de morrer feliz como Cósimo Schmitz, nem de desaparecer nas ilhas do Tigre, nos buracos do pampa ou nos vagões de trem. Ela também não pode reunir-se a

Macedonio na ilha dos amantes, pois é a sua ausência que provoca as narrativas. Na tensão do limite morte/vida, esperando "o término dos prazos" que nunca chega, Elena é o experimento de linguagem do porvir, bruxuleando azul no centro do museu. No futuro, tal como Lönnrot, ela nos espera– para que as histórias dos Steves continuem sendo contadas.

OBRAS CITADAS

Benjamin, Walter. "Alegoria e drama barroco". *Origem do drama barroco alemão*. Trad. S. P. Rouanet. São Paulo: Brasiliense, 1984. 181-258.

\_\_\_\_\_ "Paris, capital do século XIX". L. C. Lima. *Teoria da literatura em suas fontes*. Rio de Janeiro: Francisco Alves, 1975.

Calabrese, Omar. *A idade neobarroca*. Lisboa: Edições 70, 1987.

Campos, Haroldo de. *O seqüestro do barroco na formação da literatura brasileira: o caso Gregório de Matos*. Salvador: Casa de Jorge Amado, 1989.

Cunha, Antônio Geraldo da. *Dicionário etimológico Nova Fronteira da língua portuguesa*. Rio de Janeiro: Nova Fronteira, 1987.

Ferreira, Aurélio Buarque de Hollanda. *Novo dicionário da Língua Portuguesa*. Rio de Janeiro: Nova Fronteira, s.d.

Hernández, José. *Martín Fierro*. Trad. Walmir Ayala. São Paulo: Ediouro, 1991.

Hocke, Gustav. *Maneirismo: o mundo como labirinto*. Trad. Clemente. R. Mahl, São Paulo: Perspectiva, 1986.

Kafka. Franz. *A colônia penal*. Trad. T. Guimarães. São Paulo: Livraria Exposição do Livro, 1965.

Luna, Félix. *Breve historia de los argentinos*. Buenos Aires: Editorial Planeta, 11 ed. 1996.

Miranda, Wander Melo. *Corpos escritos: Graciliano Ramos e Silviano Santiago*. São Paulo: Editora da Universidade de São Paulo; Belo Horizonte: Editora Universidade Federal de Minas Gerais (UFMG), 1992.

Paz, Octavio. *Signos em rotação*. Trad. S. U. Leite. São Paulo: Perspectiva, 1990.

Piglia, Ricardo. *Prisão perpétua*. Trad. Sérgio Molina. São Paulo: Iluminuras, 1989.

\_\_\_\_\_ *Respiração Artificial*. Trad. Heloisa Jahn. São Paulo: Iluminuras, 1987.

\_\_\_\_\_ *Nome falso. Homenagem a Roberto Arlt*. Trad. Heloisa Jahn. São Paulo: Iluminuras, 1988.

\_\_\_\_\_ "O fim da viagem". *O laboratório do escritor*. São Paulo: Iluminuras, 1994. 7-33.

\_\_\_\_\_ *Crítica y ficción*. Cuadernos de extensión universitaria. Santa Fe: Universidad Nacional del Litoral, n. 9. 1986.

_____ Entrevista inédita, realizada por Maria Antonieta Pereira. Buenos Aires, 22 de Julho. 1996.

_____ "Heller: la carcajada liberal". *Los libros*. Buenos Aires: Editorial Galerna. Año 1, no. 1. 11-12. Julho 1969.

_____ "Mao Tse-tung: Práctica estética y lucha de clases". Ricardo Piglia (comp.). *Literatura y sociedad*. Buenos Aires: Editorial Tiempo Contemporáneo, 1974. 119-37.

_____ "Moedas falsas no mercado literário". Entrevista realizada por Maria Antonieta Pereira et al. *Suplemento Literário de Minas Gerais*. Belo Horizonte, n. 1168, p. 10-2, 3 ago. 1991.

_____ "Nueva narrativa norteamericana". *Los libros*. Buenos Aires: Editorial Galerna. Año 2, no. 11. 11-4. Setembro 1970.

_____ (comp.). *La Argentina en pedazos*. Buenos Aires: Ediciones de la Urraca, 1993.

_____ (comp.). *Las fieras*. Buenos Aires: Clarín/Aguilar U.T.E., 1993.

Poe, Edgar Allan. *Histórias extraordinárias*. Trad. B. Silveira. São Paulo: Abril Cultural, 1981.

Rodríguez Pérsico, Adriana. Introducción a *Cuentos morales*. Buenos Aires: Espasa Calpe Argentina, 1995.

# Los "usos" de Arlt[*]

*Rose Corral*

> No se puede ser un escritor sin tener enemigos; los enemigos son como la tradición, si no aparece hay que inventarla. (Pobre el escritor que no tiene tradición, decía Eliot).
> Ricardo Piglia. De una entrevista publicada en *Babel*

I

En *Presencias reales*, George Steiner sostiene que los mejores críticos han sido siempre los propios escritores, que retoman, incorporan o transforman en sus textos las obras de sus predecesores (Steiner 1991: 30-42). Este ejercicio de relectura y reevaluación de textos anteriores es, según Steiner, un "acto crítico de primer orden" en el que el texto pasado se convierte en un texto vivo, en una "presencia real" guiada por los objetivos del escritor en el momento de escribir. Son varios los ejemplos literarios que da Steiner de esta estimulante interacción entre obras del presente y del pasado: el *Ulises* de Joyce y la *Odisea*, *Retrato de una dama* de Henry James y *Middlemarch* de George Eliot, *Madame Bovary* y *Anna Karenina* y, apoyándose en un clásico de Borges, "Kafka y sus precursores", agrega que la cronología no es estricta y puede ser invertida, o sea que el presente también modifica el pasado. Siguiendo de cerca las ideas de T. S. Eliot, Steiner habla de la relación del escritor o del creador en un sentido amplio –ya que incluye en su reflexión otras artes: la pintura, la música, la

---

[*] Publicado en Rose Corral (editora), *Norte y sur: la narrativa rioplatense desde México*, México, El Colegio de México, 2000, pp. 153-60.

escultura– con las tradiciones anteriores, y destaca las múltiples e insospechadas formas en que ese diálogo toma cuerpo en sus propias obras. En la ciudad imaginaria que bosqueja en las primeras páginas de su libro, no tienen ya cabida los exégetas o la crítica externa, periodística o académica, porque la única lectura crítica legítima y que, en suma, vale la pena, es la que se origina en el seno mismo de la literatura, en síntesis: "El arte es la mejor lectura del arte" (Steiner 1991: 37).

No dudamos de que Ricardo Piglia suscribiría plenamente esta idea, sobre la que ha reflexionado en varias entrevistas y ensayos. Muy cerca estamos, en efecto, de su reiterada propuesta de llevar a cabo un estudio de lo que llama los "modos de leer" de un escritor, sus "modos de usar los textos" o también, con un sentido próximo, de "su posición frente a las tradiciones" (Piglia 1998: 1-3).[1] En su caso, habría que precisar que lo que le interesa es sobre todo la construcción de una tradición nacional del género narrativo. En un texto en el que reflexiona sobre la idea del canon (a partir del libro de Harold Bloom), Piglia coincide en buena medida con Steiner: "Es necesario sacar la discusión sobre los clásicos (es decir, sobre la tradición literaria) del ámbito cerrado del mundo académico y de sus exigencias y necesidades de renovación curricular. Son los escritores y sus obras y la invisible (y aparentemente inútil) experiencia literaria la que redefine y reestructura la herencia cultural y el valor de la literatura" (Piglia 1997a).

Este trabajo con la tradición recorre, a partir de los años setenta, prácticamente toda la obra de Piglia: no sólo sus textos de ficción sino también los textos críticos, prólogos, entrevistas, fragmentos de un diario, antologías; todos están en estrecha relación con la tradición. Si, por un lado, en el tan citado ensayo "Ideología y ficción en Borges" (1979) Piglia descifra con agudeza los linajes esenciales que recorren la escritura de Borges y sus "usos de la tradición", por otro, el relato "Homenaje a Roberto Arlt" (1975) es un excelente ejemplo del acto crítico, diálogo y reflexión a la vez, que caracteriza, según Steiner, a los grandes textos literarios.

Para Piglia, las reapropiaciones internas a la ficción y la función crítica del escritor, es decir, sus distintas intervenciones en el campo de la crítica y de la cultura, son en el fondo complementarias. La función crítica es esencial para "[definir] primero lo que llamaría una lectura estratégica, que consiste en la creación de un espacio de lectura para sus propios textos" (Piglia 1997b: 19). Obviamente, está pensando en un tipo de escritor y

---

[1] En este libro Piglia insiste en la necesidad de llevar a cabo una historia de esa "tradición de la crítica escrita por los escritores". Véase también Piglia 1997b.

ensayista cuyo modelo en Argentina es Borges y, en otras literaturas, Valéry o Eliot. En el caso de Borges, hoy se sabe que varias críticas y comentarios suyos están estrechamente vinculados a sus propias búsquedas literarias. Bastaría mencionar, por ejemplo, su temprana valoración del policial, considerado en los treinta como un género menor, pocos años antes de que empezara a escribir relatos que incorporan algunos de sus elementos o, en las páginas de *Sur*, sus numerosos comentarios sobre literatura fantástica.[2]

Durante tres décadas, probablemente ningún otro escritor argentino como Arlt ha suscitado tantas lecturas y relecturas por parte de Piglia, ni siquiera Borges, su contraparte en la célebre y polémica fórmula que desarrolla el personaje Renzi a lo largo de muchas páginas de *Respiración artificial*. Es cierto que en la construcción de genealogías y parentescos literarios, Piglia, como ningún otro escritor argentino, ha reunido, enfrentado o mezclado ideas y textos de ambos autores. Las huellas de Arlt son también perceptibles en sus textos de ficción, desde su primer relato, "La honda", y el epígrafe arltiano que abre *La invasión* -"A nosotros nos ha tocado la misión de asistir al crepúsculo de la piedad"-,[3] hasta su novela más reciente, *Plata quemada* (1997), cuyo título mismo es un guiño de complicidad con Arlt.

En otro terreno, no puede ignorarse tampoco su papel en la divulgación de su narrativa. En 1993 escribe una extensa introducción a una reedición de *El juguete rabioso* y en 1996, junto a Omar Borré, recopila en *Cuentos completos* una gran cantidad de relatos desconocidos y dispersos en

---

[2] Ver en Borges 1999 las notas a *Luis Greve, muerto* de Bioy, a *La amortajada* de Bombal, a la novela *After Many a Summer* de Huxley, que reivindican el género fantástico que muy pronto él mismo cultivaría.
[3] El epígrafe pertenece a una de las "autobiografías" de Arlt publicada en el libro *Cuentistas argentinos de hoy*, compilado por Miranda Klix (Claridad, Buenos Aires, 1929). Esta "Autobiografía" se reprodujo en México en el periódico *El Nacional* (suplemento dominical, 11 de junio de 1939) junto al cuento de Arlt "Los humillados", tal y como apareció en la compilación de Miranda Klix en 1929. Merece citarse la oración completa: "Creo que a nosotros nos ha tocado la horrible misión de asistir al crepúsculo de la piedad, y que no nos queda otro remedio que escribir deshechos de pena, para no salir a la calle a tirar bombas o a instalar prostíbulos" (Arlt y Borré 1985: 217-218). En *Nombre falso* (1975) Piglia vuelve a utilizar un epígrafe de Arlt ("Sólo se pierde lo que realmente no se ha tenido") que en este caso resulta ser apócrifo, recurso que está a tono con los experimentos de Piglia en este libro, en particular en "Homenaje a Arlt".

publicaciones periódicas de los años treinta, como *El Hogar* y *Mundo Argentino*.

Siguiendo la lógica pigliana que acabamos muy sumariamente de recorrer, parece claro que sus diversos acercamientos críticos a la obra de Roberto Arlt deben considerarse otras tantas "lecturas estratégicas" que han ido variando en función del camino seguido por su propia escritura, por los diferentes contextos políticos y culturales, así como por los debates o polémicas en que se insertan. Lo excepcional de estas lecturas está en la reactualización permanente de la obra de Arlt, en las variantes o giros, en suma, en una apropiación de la tradición en permanente evolución.

Piglia ha insistido en la palabra "uso" en oposición a "influencia", al referirse por ejemplo a Sarmiento: "Lo que inventa es un modo de leer la tradición. *Un uso que nada tiene que ver con la influencia*" (Piglia 1992a: 14) (énfasis nuestro). Frente a la influencia, vinculada a lo estático ("la copia más o menos directa de un modelo ajeno"), la noción de uso parece remitir a un concepto dinámico, de apropiación y transformación de géneros y obras anteriores. Piglia se ha referido a su relación con Borges precisamente como a una relación de "usos". Creemos entonces que se justifica explorar algunos de los "usos" de Arlt.

Insistiremos aquí en el período que abarca desde las nuevas hipótesis sobre Arlt, que formula en los años posteriores a la dictadura militar (1976-1983), hasta el mundo conspirativo y delirante de *La ciudad ausente* (1992) que sigue la tradición inaugurada por Arlt en los veinte con *Los siete locos*. Sin embargo, es necesario revisar las primeras estrategias para medir mejor estos cambios.

II

Desde sus inicios Piglia se dedicó a subvertir lecturas anteriores de Arlt, prejuicios que parecían inamovibles y, en particular, algunos de los estereotipos bien conocidos en esa época: Arlt, escritor realista, o Arlt, escritor de prosa descuidada, que "escribe mal", como él mismo dice en el prólogo a *Los lanzallamas*. La primera batalla ganada es la que gira en torno a lo que ha llamado, con razón, "la escritura desacreditada". Ya se refiere a este tema en su primer texto crítico, "Roberto Arlt: una crítica de la economía literaria" (Piglia 1973), y vuelve sobre él en un excelente ensayo: "Roberto Arlt: la lección del maestro" (Piglia 1981). Este último texto aparece cuando se publica, a cuarenta años de su muerte, la primera edición de la *Obra completa* de Arlt, prologada por Julio Cortázar. La respuesta sobre su vapuleado estilo la había dado un año antes en *Respiración artificial*:

Arlt no escribe "mal", se trata de una escritura hecha de restos, de fragmentos, una escritura híbrida que, de paso (y es su mejor defensa) entronca con la tradición argentina del libro "extraño", mezcla de géneros y materiales heterogéneos, presente ya en el *Facundo*.

Piglia legitima la escritura de Arlt al integrarlo a una especie de historia de los estilos literarios en la Argentina. Es probablemente el primero y el único, que sepamos, que se animó a defender –y sobre todo a definir– lo que parecía más vulnerable en la obra de Arlt, cosa que no hicieron ni Onetti ni Cortázar, pese a sus respectivos textos-homenaje al precursor. Si hoy nadie se refiere ya al estilo imperfecto de Arlt, cuya escritura, como es bien sabido, José Bianco todavía desautoriza en 1961[4], es por la fuerza y la persistencia de los argumentos esgrimidos por Piglia. En este sentido, tal vez el gesto esencial de Piglia ha sido, en una tremenda vuelta de tuerca, sacar su obra de la ilegitimidad y convertirla en una obra seminal, fundadora de múltiples linajes literarios.

No es difícil observar que casi siempre se las ha arreglado para situar a Arlt en el centro de los linajes explorados o actualizados. Eso es notorio en sus antologías, que repercuten evidentemente en el canon. En *Las fieras* (1993), por ejemplo, Piglia bosqueja una historia bastante heterodoxa del género policial en Argentina (y es un buen ejemplo, dicho sea de paso, de lo que entiende por "uso de un género", un uso siempre indirecto o sesgado). El cuento de Arlt se convierte en el título emblemático de la antología y se asocia a la serie negra, que siempre ha sido reivindicada por Piglia porque incide en la crítica de lo social, en la línea política del género abierta por Bertolt Brecht.[5] En las historietas de *La Argentina en pedazos*, del mismo año que *Las fieras*, arma el mapa más completo, hasta ese momento, de sus "modos de leer" a ciertos autores de la narrativa argentina, desde Echeverría hasta Manuel Puig. Pero en forma significativa, altera la secuencia cronológica de los textos representados, para cerrar esta breve historia nuevamente con un texto de Arlt: "La agonía del Rufián Melancólico". De esta manera pone de manifiesto su enorme actualidad, el carácter profético de la violencia de este fragmento de 1931, extraído de *Los lanzallamas*. Lo que empezó siendo una genealogía personal, ha logrado imponerse al cabo de los años, modificando los criterios habituales de valoración de la obra de Arlt.

---

[4] Cfr. Bianco 1961.
[5] Como bien lo ha señalado Walter Benjamin al analizar *La novela de los cuatro centavos*. Véase Benjamin 1969: 103-5.

En los ochenta, Piglia ataca por fin la cuestión del realismo de Arlt, para desbaratar las interpretaciones simplistas que lo vieron sólo como un testigo de su tiempo, un "cronista de los treinta". Las zonas que señala (la construcción del complot, la sociedad secreta, la "novela del Astrólogo", la conspiración y la paranoia, entre otras) están estrechamente asociadas a sus nuevas reflexiones sobre la literatura y la representación de lo real, sobre la política y la ficción en la posdictadura. El contexto, obviamente, ha cambiado: en el fondo, lee en Arlt el pasado reciente, la amenaza generalizada, la paranoia, las maquinaciones perversas del poder o del Estado que sintetizan la experiencia individual y social del período de la dictadura. Arlt se transforma nuevamente en un modelo del uso de lo político en la ficción. En una entrevista realizada en 1989 dice: "Arlt es la verdadera literatura política" (Piglia 1990: 192). Cabe preguntarse en qué sentido. Las respuestas que va formulando a lo largo de la década de los ochenta son varias. En esa misma ocasión precisa que por "verdadera literatura política" entiende una ficción que no refleja lo inmediato sino que transforma lo real: "A mí me parece que la ficción tiene otra manera de trabajar la política que cuando se la escribe con una óptica 'realista' o 'periodística' [...] [Arlt] nunca hablaba de Irigoyen, nunca hablaba de lo inmediato, nunca hablaba de lo que estaba pasando [...] pero fue Arlt el que captó el *núcleo secreto de la política argentina*, y escribió una novela que se lee hoy y parece que se escribió ayer" (Piglia 1990: 192-193) (énfasis nuestro).

Las novelas de Arlt, dirá también Piglia, son metáforas de sentido múltiple que narran las intrigas que sostienen el poder.[6] La "novela del Astrólogo" (que distingue ahora de la "novela de Erdosain", el personaje principal de *Los siete locos* y *Los lanzallamas*) reproduce y exacerba la ficción perversa del poder o del Estado: "La novela del Astrólogo, que es la obra maestra de Arlt para mí, trabaja sobre los mundos posibles: sobre la posibilidad que tiene la ficción de transmutar la realidad" (Piglia 1990: 32).

Tal vez la observación más aguda de Piglia, que constituye ya una proyección, más allá de Arlt, de su propia poética en gestación en esos años, es la que sostiene que Arlt convierte la conspiración o el complot en "forma y estrategia narrativa, en el fundamento de la ficción" (Piglia 1990:

---

[6] En el mismo ensayo, Piglia agrega: "Es absurdo pensar que *Los siete locos* es la crónica de los últimos años del gobierno radical [...]. El tratamiento casi onírico de lo político que se encarna en la figura insuperable del Astrólogo es lo que está en la base y es el motor de la ficción de Arlt" ("Roberto Arlt: la lección del maestro").

31). En varios sentidos, retoma lo medular de esta última lectura para construir su propia versión de la conspiración en *La ciudad ausente*. El procedimiento es claro: establece o construye primero el linaje (en una suerte de "laboratorio de la ficción" que arma de manera muy deliberada) para insertar después su propia obra.

La eficacia de lo político en la novela de Piglia está en usar y trabajar la trama en un doble sentido: como la trama narrativa, la sucesión y encadenamiento de las múltiples historias, y en el sentido de tramar, maquinar, intrigar. Los mecanismos de la ficción se cruzan con lo político. Ése sería el núcleo ficcional y paranoico de *La ciudad ausente*.

Son varios también los tópicos arltianos que retoma Piglia: la sociedad secreta de *Los siete locos* –"máquina de producir relatos" había dicho en 1984– se convierte literalmente, en su novela, en una "máquina de narrar", una máquina utópica que se opone, como el proyecto del Astrólogo, a la realidad siniestra, al "terror en las calles" o al clima de amenaza que recorre la ciudad. Los delirios de la máquina de *La ciudad ausente* así como la "magnífica locura" del Astrólogo arltiano trabajan sobre los "mundos posibles". Estos relatos, como en Arlt los cuentos del Astrólogo, "actúan, tienen poder, producen efectos".

Las lecturas que hace Piglia –y no sólo las de Arlt– exceden su modelo y amplían el alcance de los conceptos que se originaron en algunos textos para darles mayor fuerza y efectividad: "La crítica válida es aquella crítica que dedicada a la literatura genera un concepto que puede ser usado fuera de allí [...] para leer funcionamientos sociales, modos de lenguaje, estructura de las relaciones" (Piglia 1998: 36). Un año antes de publicar *La ciudad ausente*, afirma que la tradición del complot (o la "poética del complot") es una veta esencial de la literatura nacional: "Para nosotros [los escritores actuales], la literatura nacional tiene la forma de un complot: en secreto, los conspiradores buscan los rastros de la historia perdida" (Piglia 1992b: 66).

Este linaje que empieza a bosquejar con Arlt, se irá desarrollando y ampliando a otros autores argentinos después de haber publicado *La ciudad ausente*. Incluye a Macedonio con el *Museo de la novela de la Eterna*, a Cortázar y Marechal con *Rayuela* y *Adán Buenosayres*, a Borges con "Tlön, Uqbar, Orbis Tertius": "Hay complot en Arlt, en Cortázar [...], en Marechal, en Ernesto Sábato, y también, por supuesto, en Borges. El complot es la novela. Construir un complot y hacer una novela son, a menudo, el mismo tipo de operación" (Piglia 1997a: 18). ¿Será ésta una forma más del uso desplazado, desviado o inesperado que lleva a cabo un escritor con lo que lee? Es muy posible, y "Homenaje a Arlt" era ya una excelente muestra de estos usos ficcionalizados, no sólo de Arlt y de su obra sino también de Borges y de Onetti.[7]

## III

El presente modifica las lecturas del pasado, porque este pasado no es un hecho inamovible. Como ha dicho Eliot (y Piglia es un excelente lector de Eliot) en su texto esencial sobre "La tradición y el talento individual": "la tradición implica, en primer lugar, el sentido histórico [...] una percepción no sólo de lo que en el pasado es pasado, sino de su presencia" (Eliot 1994: 13). Presencias "reales" y distintas de Arlt en conjunción con los distintos presentes, "afirmación revitalizadora del pasado" (Steiner 1991), compañía deseada, homenaje "perpetuo", son algunas de las formulaciones que se nos ocurren para intentar definir esta relación entre Piglia y Arlt. Arlt forma parte de todas las tramas imaginarias que ha tejido Piglia con la tradición. Sólo nos parece posible acercar este vínculo Piglia-Arlt al que intentamos explorar en un trabajo anterior sobre Onetti y Arlt: las afinidades eran de otro orden, pero Arlt fue para Onetti, no lo que suele llamarse una influencia literaria, sino "una voz próxima", como escribimos entonces, que "parece haber interiorizado desde muy pronto y con la cual [Onetti] no dejó nunca de dialogar" (Corral 1992). Cuando escribió su conocida semblanza sobre Arlt en 1971, Onetti dijo que no había necesitado releer su obra: "esta preocupación es excesiva porque lo conozco de memoria, tantos persistentes años pasados" (365).

El escritor atesora en la memoria los autores queridos de la tradición y estos se vuelven –escribe Piglia– "como recuerdos personales [...] restos perdidos que reaparecen, máscaras inciertas que encierran rostros queridos" (Piglia 1992b: 62).

### Obras citadas

Arlt, Mirta y Omar Borré. *Para leer a Roberto Arlt*. Buenos Aires: Torres Agüero, 1985.

Benjamin, Walter. *Essais sur Bertolt Brecht*. París: Maspero, 1969.

---

[7] Como lo ha demostrado muy bien Jorge Fornet, el personaje principal es sin duda Arlt, pero la poética que rige el texto pertenece sobre todo a Borges; entre otros recursos clave hay que señalar la cita apócrifa o llevada hasta la parodia y el plagio (Fornet 1994).

Arlt, Roberto. "Autobiografía". Miranda Klix (comp.). *Cuentistas argentinos de hoy*, Buenos Aires: Claridad, 1929. Texto reproducido en Mirta Arlt y Omar Borré. Ob. cit. 217-218.

Bianco, José. "En torno a Roberto Arlt". *Casa de las Américas*, núm. 5. La Habana (1961): 45-57.

Borges, Jorge Luis. *Borges en Sur, 1931-1980*. Buenos Aires, Emecé: 1999.

Corral, Rose. "Onetti / Arlt o la exploración de algunos vasos comunicantes". Rafael Olea Franco y J. Valender (editores). *Reflexiones lingüísticas y literarias*, tomo 2. México: El Colegio de México, 1992. 251.

Eliot, T. S. "La tradición y el talento individual". *Los poetas metafísicos y otros ensayos sobre teatro y religión*, tomo 1. Buenos Aires: Emecé, 1944. 11-23.

Fornet, Jorge. "Homenaje a Arlt' o la literatura como plagio". *Nueva Revista de Filología Hispánica*, vol. 42, núm. 1 (1994): 115.

Onetti, Juan Carlos. "Semblanza de ingenio rioplatense". *Nueva novela latinoamericana II*. Jorge Lafforgue, comp. Buenos Aires: Paidós, 1972. 363-77.

Piglia, Ricardo. *Conversación en Princeton*. PLAS Cuadernos, 2. Princeton: Princeton University, 1998.

_____ *Crítica y ficción*. Buenos Aires: Siglo Veinte / Universidad Nacional del Litoral, 1990.

_____ "La biblioteca: una experiencia con el tiempo" y "Vivencia literaria (La cuestión del canon)". *La Página*, núm. 28. Santa Cruz de Tenerife (1997a): 18 y 73.

_____ "Los usos de Borges" [entrevista de Sergio Pastormerlo]. *Variaciones Borges*, núm. 3. Aarhus Universitat (1997b): 18.

_____ "Prólogo". *Cuentos completos* de Roberto Arlt, edición a cargo de Ricardo Piglia y Omar Borré, Buenos Aires: Seix Barral. 1996. 7-8.

_____ "Introducción". *El juguete rabioso* de Roberto Arlt. Buenos Aires: Espasa Calpe, 1993. 9-27.

_____ "La novela argentina". *Aguafuerte*, 2a. época, núm. 1. Facultad de Filosofía y Letras de la UBA (noviembre 1992a): 9-14.

_____ "Memoria y tradición". *Revista de la Cancillería de San Carlos*, núm. 13. Santafé de Bogotá (1992b): 62-66.

_____ "Ricardo Piglia". *Babel. Revista de libros* 3/ 21 (1990): 36-38.

_____ "Sobre Roberto Arlt". *Crítica y ficción*. Buenos Aires: Siglo Veinte / Universidad Nacional del Litoral, 1990. 27-38.

_____ "La literatura y la vida". *Crítica y ficción*. Buenos Aires: Siglo Veinte / Universidad Nacional del Litoral, 1990. 185-197.

_____ "Roberto Arlt: la lección del maestro". *Clarín*. Suplemento *Cultura y Nación* (23 de julio de 1981).

_____ "Roberto Arlt: la lección del maestro". *Clarín*, Suplemento "Cultura y Nación", 23 de julio de 1981.

_____ "Ideología y ficción en Borges". *Punto de vista* 2/ 5 (1979): 3-6.

_____ "Homenaje a Roberto Arlt". *Nombre falso*. Buenos Aires: Siglo XXI, 1975. 97-172.

_____ "Roberto Arlt: una crítica de la economía literaria". *Los Libros*, núm. 29. Buenos Aires (1973): 22-27.

Steiner, George. *Réelles présences. Les arts du sens*. París: Gallimard, 1991. [Trad. esp. *Presencias reales*. Barcelona: Destino, 1998.]

# Respiración profunda: una reflexión faulkneriana*

*Joseph Urgo*

LOS LECTORES DE FAULKNER CONOCEN ESTA FRASE: "CUANTO MÁS PEGADO está uno a los acontecimientos, más complejos y lejanos le parecen" (Piglia 86) o, como planteara Quentín, más confusamente se nos aparecen ("No, si hubiese estado allí, no lo habría visto con tal claridad" [Faulkner 1965: 167]). En *Respiración artificial*, Ricardo Piglia se hace eco de Faulkner de manera tan contundente que la referencia directa del narrador al "aire faulkneriano de esa historia" (16) se torna redundante. La respiración es un signo de la conciencia. La novela de Piglia plantea que la respiración, como una metáfora del pensamiento, debe mantenerse por medios artificiales para que la vida intelectual pueda continuar durante los períodos de crisis o represión política como los del llamado Proceso de Reorganización Nacional en Argentina. La respiración artificial en la novela es también faulkneriana. Esto se pone de manifiesto a través de una serie de conexiones con el escritor del Mississippi, cuya obra, testimonio de su práctica literaria, constituyó una amenaza a la ortodoxia estatal y espiritual. Debido a su proximidad con dicho autor, los críticos estadounidenses no pueden ver tan nítidamente las implicancias políticas de su escritura que sí observan los lectores foráneos. Sin embargo, si se lo considera a través de Piglia, resulta evidente que Faulkner se dirige de manera directa a

---

* Este ensayo fue publicado originalmente en *The Faulkner Journal*, XI, 1-2 (1995-1996): 51-58. Para la presente publicación, la traducción fue realizada por Isabel Quintana.

aquellos que intentaron respirar libremente bajo condiciones de represión intelectual.

Daniel Balderston, quien tradujo al inglés la novela de Piglia (la lengua en la que la leí), realiza la siguiente reflexión sobre el título: "La frase misma, *respiración artificial*, sugiere un cercano acróstico de *República Argentina*. La respiración artificial es una técnica para salvar a los que no pueden respirar por sí mismos; otros le transmiten la vida. Piglia parece considerar su labor de novelista como la de quien insufla vida en una Argentina moribunda, dando voz a los desaparecidos y reviviendo el pasado. Dicha metáfora es desesperada pero apropiada" (1988: 212).

La cita es la forma en que se revive artificialmente al discurso intelectual. Si mis palabras no son suficientemente fuertes para valerse por sí solas, puedo inhalar las de otros (las de Balderston, por ejemplo) y darle fuerza a mi exhalación para así poder hablar. Por otro lado, todo lenguaje puede ser considerado como una cita (o, tal vez, como una cita equivocada) cuya originalidad sólo se adquiere al precio del olvido.

Lo dicho hasta aquí no carece de significación. La obra de Piglia es una novela epistolar y es la escritura de la carta, precisamente, la que hace posible la respiración intelectual. La forma epistolar permite mantener una identidad colectiva al grupo de intelectuales representados en la novela (Payne 176) durante la época de la represión, aunque dicho acontecimiento nunca se menciona directamente. Así, el personaje que aspira a convertirse en un escritor tiene la "ilusión" de "escribir un libro enteramente hecho de citas" (Piglia 19-20); es decir, respirando desde el comienzo hasta el final de manera artificial. Pero el anhelo de construir una novela a partir de citas es también una cita. Johnny Payne nos recuerda que "Hannah Arendt, en su introducción al ensayo de [Walter] Benjamin, menciona que Benjamin nació escritor pero su gran ambición fue la de producir un trabajo hecho completamente de citas" (Payne 189). E incluso, la ambición central de la novela –ser en su totalidad un entramado de citas– es una cita. Piglia se exime de la problemática posmoderna en torno de la originalidad afirmando el origen de la novela como cita. Las condiciones en Argentina –los intelectuales con insuficiente aliento (y espacio)–[1] no son ni particulares, ni originales, ni locales, sino fenoménicas ("Sí: tal vez los dos somos papá. Tal vez nada sucede una vez y termina" [Faulkner 1965: 227-8]). Los textos de Faulkner plantean de manera insistente el tema de lo pertinente, y

---

[1] En el artículo original en inglés hay un juego de palabras entre *breath* (respiración) y *broad* (extensión) [n. de la t.].

establecen la técnica literaria de replantear dicha cuestión por medio de la repetición de la cita a lo largo de la narración: "Pero no es eso lo que quiere decir", dice Quentín de la señorita Rosa, "Lo que desea es que se sepa" (Faulkner 1965: 12). Las invocaciones que hace Piglia de Faulkner son similares al uso que hace Quentín de Rosa (y al uso que hace Faulkner de los recursos del Mississippi): "esas historias tejidas en la pobre tela del olvido... historias falsas, fraudulentas, artificiales" (Faulkner 1965: 205), que son, de alguna manera, suficientemente verdaderas.

Citar es también invocar o, mejor dicho, la cita puede utilizarse para invocar, y así, asegurar su mecánica. En la novela se respira un aire faulkneriano en una atmósfera llena de presencias fantasmales.

Entre algunas de dichas invocaciones podemos mencionar las siguientes:

"Tenía el aire involuntario de un conspirador de Dostoievski" (Piglia 28).
"Donde frecuenta a Nathaniel Hawthorne" (33).
"Habría que decir que con Hemingway se pasó del género epistolar al telefónico" (39-40).
"La realidad se les convierte instantáneamente en una especie de representación figurada de lo que fue para Herman Melville dedicarse a cazar ballenas en el mar blanco" (43).
"Mientras yo terminaba de tomar la cerveza mezclada con ginebra siguiendo el consejo del novelista inglés Charles Dickens" (47).
"Parecés el último de los mohicanos" (93).
"¿Seguís en Winnesburg, Ohio?" (el error de ortografía es relevante para la narrativa) (104).
"Estaba leyendo una novela de Bellow (*Mr. Sammler's Planet*)" (120).
"Hasta encontrar el libro de Donald Barthelme, *Come back, Dr. Caligari*" (122).
"Cuando terminé *El gran Gatsby*, sentí impulsos de ser orgulloso" (122).
"Tomé un libro al azar (*An Accidental Man*, de Grace Paley)" (122).
"¿Es ésa una ley o no es una ley? En literatura [...] lo más importante nunca debe ser nombrado" (180).
"Yo veo una línea..., digamos: Hamlet, Stephen Dedalus, Quentín Compson. Quentín Compson, explica Renzi, el personaje de Faulkner" (183).

Pero Faulkner debe ser explicado. Podemos pensar en una serie de sus personajes que respiran pesadamente o palpitan cuando están bajo presión. Pero a lo largo de la novela de Piglia no se puede omitir la costumbre curiosa de Shreve en ¡*Absalón, Absalón!*, la "respiración profunda" en la ventana en Cambridge que pospone la noche en que él y Quentín reconstruyeron la historia de la progenie de Sutpen. ¿Qué conexión hizo

Faulkner entre el mecanismo de la respiración y el de la racionalización?: Bayard intentando no palpitar; Temple sintiendo deslizarse rápidamente el aire cálido y frío a través de su nariz; el olor profundo que se asocia a los árboles, las flores y la gente; la respiración que afecta al pensamiento. Quentín y Shreve, cuyo aliento "se convertía, en la helada habitación donde no había dos, sino cuatro personas, en una nube de vapor. Los que respiraban no eran ya dos individuos, sino algo a la vez superior e inferior a mellizos" (Faulkner 1965: 254). Y el gran horror en Faulkner, la incapacidad en absoluto de respirar, la imposibilidad de hablar.

El senador, en *Respiración artificial*, teme perder la capacidad lingüística después de haber experimentado una comprensión intelectual: "Llegar a concebirla [a la Idea] [...] y no poder expresarla" (Piglia 56). El senador teme la represión. Al inhalar y luego fallar al exhalar, al ser incapaz de pronunciar, el *respirante* llevará el secreto a la tumba convirtiéndose así en la propia corporización de la pérdida. El predicamento de Benjy: "querer hablar" (en *El sonido y la furia*), ha cautivado a la crítica faulkneriana al sentirse identificada en su incapacidad horrorosa de hablar. Sin embargo, no se le ha prestado suficiente atención a la relación tan obvia entre el habla de Benjy y la represión. A él se lo castiga no por lo que dice sino por violar el uso del lenguaje. Las autoridades entienden su "querer decir" como un "intento de molestar". ¿Bajo qué condiciones el habla se convierte en lo suficientemente escurridiza como para merecer el castigo? ¿Cuándo el habla atrae la atención del Estado –al punto que Benjy es primero mutilado y luego encerrado al resultar incomprensible e incoherente? O, considerándolo desde el punto de vista de Benjy (y del senador), ¿qué entiende, finalmente, Benjy Compson que fuera tan importante como para arriesgar todo al intentarlo y lograrlo?: "Yo quería decirlo y la cogí y yo quería decirlo..." (Faulkner 1982: 50). El esfuerzo por hablar se interpreta como un ultraje; el mudo será entonces castrado por su transgresión. Benjy, en la escena, observa a las colegialas que escapan y trata de gritar: "Pero cuando respiré ya no pude echar el aire y gritar, y no me quería caer desde lo alto de la loma y me caí de la loma a los remolinos de formas brillantes" (Faulkner 1982: 50).

La sección con que se inicia *El sonido y la furia* es una mera cita, y la incapacidad de olvidar de Benjy, de experimentar cualquier pasado absoluto, lo ubica en la posición nada envidiable de encontrarse prisionero de una cita eterna. Palabras, sensaciones y experiencias desencadenan citas en la mente de Benjy en las cuales revive (aunque no recuerda) la cita original. El término español *cita*, más amplio, puede utilizarse para caracterizar la vida de Benjy. La traducción en inglés de *cita* es *quotation*, pero el término en español contiene otras denotaciones: cita amorosa (*date*), asignación y notificación. Benjamin Compson absorbe todo lo que lo rodea sin poder descartar nada; no puede hablar, ni olvidar, ni citar nada. Santiago Colás plantea que en *Respiración Artificial* Piglia utiliza la cita como un dispositivo estructural: "No es solamente una cita y un compromiso con el pasado, sino también una *cita –date–* con el futuro". Las diversas denotaciones de *cita* se entrelazan en la novela "como tantos modos de historizar el presente [...] como tantos modos de pensar el presente como un momento en el tiempo, ligado dialécticamente a un pasado y a su futuro, a un futuro y a su pasado" (Colás 142). Así, Piglia nos remite nuevamente a *El sonido y la furia* para pensar esa novela a partir de cuatro *citas* (7 de abril de 1928, 2 de junio de 1910, 6 y 8 de abril de 1928), como cuatro "modos" distintos "de pensar el presente como un momento en el tiempo". El agotamiento de Benjy pone en evidencia la imposibilidad de un presente eterno, de sobrevivir sin un sentido del pasado o de pérdida. Johnny Payne subraya el modo por el cual esta sensibilidad faulkneriana podría haber clarificado posiblemente el discurso de la vida intelectual durante la Argentina del Proceso: "En *Respiración artificial*, los intelectuales, escépticos con relación al futuro y críticos del pasado argentino, utilizan la escritura epistolar como una suerte de modesta ilusión que los aliente y sostenga en el presente, y los conduzca hacia la posibilidad de una vida pública renovada después de la dictadura" (Payne 175). De este modo, la escritura epistolar emerge en la novela de Piglia como un intento de decir sin degradarse, de explicar la relación del presente con el pasado sin salir de la historia, sin desaparecer o sufrir el destino del idiota Compson de Faulkner.

El deseo del senador consiste en explicar "la línea de continuidad, la razón que explica este desorden que tiene más de cien años". Su ambición es que pueda "formularse en una sola frase. No en una sola palabra porque no se trata de ninguna cosa mágica, pero sí en una sola frase que, expresada, abriría para todos la Verdad de este país" (Piglia 55). El contenido de esta búsqueda se clarifica a través de lo que Faulkner escribiera a Malcom Cowley: "Mi ambición", le dijo Faulkner a Cowley en 1948, "es colocar todas las cosas en una oración –no sólo el presente sino el pasado completo del cual aquél depende y que continuamente lo sobrepasa, segundo tras segundo" (Cowley 112). El presente está siempre en juego en Faulkner. La dimensión de la existencia yace bajo el sitio de las citas (citas del pasado, citas [*dates*] con el futuro) y de los requerimientos judiciales de las fuerzas que están en el poder. El sentido de la urgencia presente, de la necesidad de hablar antes de que falle la respiración, es lo que transmite tal poder en

Faulkner a pesar de los *lapsus*, los caprichos, las peculiaridades del uso y la gramática, las oraciones infinitas y sin pausa aparente.

En *Respiración artificial*, Piglia brinda un homenaje a su ancestro literario argentino, Roberto Arlt, con palabras que podrían también aplicarse a Faulkner: "Es un criminal del estilo. Hace lo que no se debe, lo que está mal, destruye todo lo que durante cincuenta años se había entendido por escribir bien en esta descolorida república [...] Cualquier maestra de la escuela primaria [...] puede corregir una página de Arlt, pero nadie puede escribirla salvo Arlt mismo [...] Arlt escribe contra la idea del estilo literario, o sea, contra lo que nos enseñaron que debía entenderse por escribir bien, esto es, escribir pulcro, prolijito, sin gerundios [...] sin palabras repetidas. Por eso el mejor elogio que puede hacerse de Arlt es decir que en sus mejores momentos es ilegible; al menos los críticos dicen que es ilegible: no lo pueden leer, desde su código no lo pueden leer" (Piglia 166-67).

La ambición de Faulkner –"poner todo en una oración"– es una enunciación contra el estilo literario, contra todo lo que nos enseñaron sobre una escritura correcta. En última instancia, constituye un anhelo imposible para un novelista que practica la plurivocidad. Como tal, la ambición sólo puede leerse como una expresión de futilidad, de falla ineluctable o –invocando a Faulkner y a Piglia– como una respiración forzada. Al poner todo dentro de una oración que pueda ser citada, memorable y que sea expresión del "orden que legisla la gran máquina poliédrica de la historia" (Piglia 65), o lo que el senador identifica como "*la gran construcción*" (Piglia 65), se eliminaría absolutamente la necesidad de hablar.

La crítica estadounidense privilegió el enfoque sobre los contenidos de las novelas de Faulkner: la zona sureña, las referencias específicas a lugares, acontecimientos y personas, los hechos importantes de la Confederación y del Mississippi, el polvo y la humedad, la esclavitud y los esclavos. Pero, como planteara McCaslin Edmonds: "Tenía que hablar sobre algo" (Faulkner 1967: 1.356) o, según Piglia: "el mayor esfuerzo consistía siempre en eludir el contenido, el sentido literal de las cosas" (119). La crítica literaria va más allá de lo que simplemente dice el escritor. Se debe ser capaz de "descubrir la clave, incluso en un mensaje que no estuviera cifrado" (Piglia 120). En general, los textos de Faulkner capturan a sus lectores, quienes terminan como Maggi, el tío del narrador de la novela de Piglia, intentando "descifrar en ellos la certidumbre de una vida y descubrir que son los documentos los que se han apoderado de mí y me han impuesto sus ritmos y su cronología y su verdad particular" (30-1).

Faulkner declaró en repetidas ocasiones que escribía sobre aquello que mejor conocía, cuestión que la crítica ha malinterpretado de forma reiterada al asumir literalmente tal declaración y al creer que lo que el escritor intentaba decir estaba escrito en un lenguaje codificado, sólo entendible para quienes hubieran nacido con tal capacidad, como si al estar más cerca de las cosas, éstas fueran menos oscuras y más simples.

Los estudiosos de la obra de Faulkner podrán reconocer en la novela de Piglia numerosos pasajes en los que se alude a la obra de dicho escritor: una mujer a la que se describe como un "emblema del remordimiento familiar" (Piglia 15), un lugar conocido como "Miss. Rebba, en Harlem" (83), el sentido de que "es tan poco lo que necesitamos para sostener las ilusiones de las que estamos hechos" (80), o que "nunca nos sucede nada que no hayamos previsto" (29). Estas observaciones de Piglia constituyen el centro de lo que Faulkner, en forma cifrada, escribió acerca de su época y su hogar en Estados Unidos: "Hay que hacer la historia de las derrotas" (18); "Sólo mi voz persiste, cada vez más parecida al graznido del pájaro" (77); "[los interlocutores] forman un dúo pedagógico perfecto" (144). Faulkner se dirige a Piglia por medio de la cita, la alusión o el eco, del mismo modo que lo hace Keats con Faulkner en *Desciende, Moisés*. McCaslin le explica a Isaac –quien cree que el poema de Keats es sobre una joven–: "Está hablando de la verdad. La verdad es una. No cambia. Abarca todas las cosas que tocan al corazón: honor, y orgullo, y piedad, y justicia, y valor, y amor" (Faulkner 1967: 1.356).

La verdad a la que Piglia apela a partir de Faulkner y a lo largo de *Respiración artificial* es una red vital de aliento y de actividad intelectual, la Verdad faulkneriana que considera a la actividad intelectual no como un adorno de la civilización sino como su corazón, como su sistema respiratorio que no puede detenerse sin destrozar la vida humana en su totalidad. El narrador hace encarnar a Quentín en una serie de Rosas y Sutpens: "De hecho, la historia de Enrique Ossorio se fue construyendo para mí, de a poco, fragmentariamente, entreverada en las cartas de Marcelo. Porque él nunca me dijo explícitamente: Quiero hacerte conocer esta historia, quiero hacerte saber qué sentido tiene para mí y lo que pienso hacer con ella. Nunca me lo dijo de un modo directo pero me lo hizo saber... Lo cierto es que yo fui reconstruyendo, fragmentariamente, la vida de Enrique Ossorio" (Piglia 31).

La producción de sentido, especialmente bajo condiciones en donde dicha práctica se encuentra amenazada por la represión o la ignorancia, corporiza y plantea todo aquello que le compete a la literatura. La novela de Piglia termina con una referencia a la forma en que Kafka anticipara el ascenso del nazismo alemán en su escritura. Para poder ver a Hitler en Kafka se necesita una clase de lectura que vaya más allá del mero contenido de la obra: "¿O sólo leemos lo que hemos leído, una y otra vez, para buscar en las palabras lo que sabemos que está en ellas, sin que sorpresa alguna pueda variar el sentido?" (Piglia 261).

La novela de Piglia exige que los intelectuales sigan respirando, inhalando (leyendo con cuidado y de manera abarcadora) y exhalando, o produciendo sentido a medida que se topan con él.

En Piglia, Faulkner reaparece de forma apremiante, como un recurso en una época en que las ideas están ampliamente diseminadas y devaluadas de manera sistemática. Las fuerzas que pujan por liberarse de todo dogmatismo (relativismo, perspectivismo y antiautoritarismo) vuelven a emerger como el origen del aburrimiento milenario. Faulkner escribió con una intensidad que frecuentemente excedió sus materiales, con una pasión capaz de transformar lo mundano en un acontecimiento epocal, tal como la historia del joven retardado que invoca la angustia humana en su intento por hablar, al entender y caer en el eterno presente de las sombras. A principios del Siglo XX la actividad intelectual se halla sitiada; el valor del arte –de la imaginación humana– es sospechoso de constituir un gasto más de energía, tiempo y dinero en una época en que la energía, el tiempo y el dinero se encuentran en exceso. Siguiendo a Faulkner (y a Piglia) podemos imaginar la respuesta, el "no" a la asfixia en el espeso aire de la literatura.

### Obras citadas

Balderston, Daniel. "Latent Meanings in Ricardo Piglia's *Respiración artificial* and Luis Gusmán's *En el corazón de junio*". *Revista Canadiense de Estudios Hispánicos*, 12.2 (1988): 207-19.

Colás, Santiago. *Postmodernity in Latin America: The Argentine Paradigm*. Durham: Duke UP, 1994.

Cowley, Malcolm. *The Faulkner-Cowley File: Letters and Memories 1944-1962*. Nueva York: Penguin, 1978.

Faulkner, William. *Absalom, Absalom!* Nueva York: Vintage Books, 1936. [Trad. cast. *¡Abasalón, Absalón!* Buenos Aires: Emecé, 1965.]

\_\_\_\_\_ *Desciende, Moisés. Obras escogidas*. Tomo I. Madrid: Aguilar, 1967.

\_\_\_\_\_ *The Sound and the Fury*, edición crítica de David Minter. Nueva York y Londres: Norton, 1994. [Trad. cast. *El sonido y la furia*. Buenos Aires: Hyspamérica, 1982.]

Payne, Johnny. "Epistolary Fiction and Intellectual Life in a Shattered Culture: Ricardo Piglia and John Barth". *TriQuarterly* 80 (1991): 171-205.

Piglia, Ricardo. *Respiración artificial*. Buenos Aires: Pomaire, 1980.

*Quinta parte*
*Lecturas y relecturas*

# Historia y novela, política y policía

*Juan José Saer*

De algún modo, todas las palabras que figuran en el título de este artículo, hasta la conjunción *y*, se refieren a cosas parecidas. La conjunción, por ejemplo, sirve para *poner en relación* sujetos o acciones diferentes, y esa relación conduce inmediatamente a *relato* (referido), lo cual a su vez nos lleva como jugando a *novela*. Por otra parte, ya sabemos que *historia* designa a la vez, en muchos idiomas, la relación de una serie de hechos, tanto reales como ficticios, efectivamente sucedidos o puramente imaginarios, de manera que en ciertos casos historia y novela pueden ser considerados como sinónimos. En cuanto a historia y *política*, sería superfluo exponer, por ser tan evidente, la esencia común que involucra a los dos términos, pero no está de más recordar que política y *policía* provienen de la misma raíz, la *polis* griega, y que, en castellano, a finales del siglo XIV, las dos palabras significaban lo mismo. Todo este preciosismo etimológico que, para ser francos, presenta un interés de lo más moderado, tiene como único fin incitar a la prudencia cuando se encara la resbalosa discusión sobre las implicaciones entre la historia, la política y la ficción.

La relectura de *Respiración artificial*, la novela de Ricardo Piglia, con motivo de su reciente reedición por Seix Barral, en Buenos Aires, y de su publicación en Francia y en España, incitó estas reflexiones. Conviene precisar que el libro apareció por primera vez en Buenos Aires hacia 1980, en plena dictadura militar, y que por lo tanto fue escrito durante los años más sangrientos y tenebrosos que atravesó la Argentina en el siglo XX. Por sus temas, sus reflexiones, sus alusiones, sus referencias culturales, es posible considerar el libro, en el contexto en que fue escrito y publicado por primera vez, como un acto de resistencia a la censura y al terrorismo de estado, y en ese sentido, la entusiasta (y numerosa) acogida que le dieron sus lectores revela el carácter necesario y puntual de la cita de toda una generación con *Respiración artificial*. La cultura argentina lo recibió con la misma urgencia y el mismo reconocimiento con que el que se está ahogando recibe el primer soplo de aire puro cuando sale a la superficie. Pero esa coincidencia momentánea entre un libro de ficción y sus lectores, no es el criterio principal para juzgar su valor intrínseco. Veinte años más tarde, con el cambio de circunstancias, la posición del libro ha cambiado; su representatividad generacional, política, moral, etc., ha pasado a un segundo plano y podemos decir que, para los lectores de hoy, "sólo" queda la novela.

Frente a las vanas divagaciones actuales sobre la novela histórica, que revelan casi siempre la misma pobreza conceptual tanto acerca de la historia como de la ficción, *Respiración artificial* opone una estrategia narrativa radicalmente distinta, consistente en proponerse la historia no como objeto de representación, sino como *tema*. Y aplicando la vieja regla que induce a ir a buscar en otros campos que los tradicionales del relato (como las primeras novelas en la epopeya y más tarde en la crónica) sus recursos formales, la novela de Piglia se nutre en la reflexión, en la confrontación de ideas, que durante largo tiempo estuvieron desterradas de la academia narrativa, e inventa, para una época en la que en Argentina estaba prohibido argumentar, la *novela-ensayo*. Al cabo de veinte años, es esa aparente hibridez lo que la sostiene como novela.

La pretendida novela histórica se propone reconstituir un momento del pasado, empresa cuya imposibilidad salta tan inmediatamente a la vista que no requiere mayores explicaciones. El punto de partida de toda novela es el presente de la escritura, y lo que transporta el texto narrativo son las pautas sensoriales, emocionales, intelectuales de ese presente y ninguna otra cosa, cualquiera sea la época –pasada, presente o futura– que elija el relato para instalar su ficción. De modo que una novela escrita hoy en día y que transcurra en la edad media, es sólo la proyección de un individuo actual en una fantasmagoría que él confunde con la edad media, y a la cual sería tan inoportuno aplicarle el epíteto de "histórica" como a un baile de máscaras.

El libro de Piglia opera exactamente al revés: es la ominosa realidad del presente lo que exige una urgente meditación, y tanto el pasado como el futuro (uno de sus personajes, que justamente ha vivido en el siglo XIX, se propone escribir una historia del porvenir) son convocados para intentar la elucidación de ese presente. En su relato, la inmediatez del terror determina la forma narrativa, que consiste en un entrecruzamiento de espacios y de tiempos, y en una proliferación hormigueante de historias contadas íntegramente o apenas esbozadas, explícitas o sugeridas, denunciadas o insinuadas. Por otra parte, bajo el terror, lo real y lo ficticio, lo histórico y lo narrativo, lo político y lo policial, se entremezclan y se confunden, y la novela abunda en medias palabras y en recelos, en sospechas y en ironías, en esperas inciertas y en misterios no resueltos. Y es esa ambigüedad que sigue vibrando por debajo de la reflexión lo que, justamente, la justifica no como pretendida novela histórica, sino, mejor todavía, pura y simplemente como novela.

# *Respiración artificial* veinte años después*

*Rita De Grandis*

Situaré mi lectua de *Respiración artificial* (1980) en una óptica que no difiere totalmente de la que hice hace ya diez años, sino que incluye aquella perspectiva, en la medida en que me identifica con ciertas tomas de posición ideológico-formales y metodológicas.

Tanto dentro como fuera del país, la significación de *Respiración artificial* fue analizada en relación con los horrores del "panopticón" del estado terrorista argentino. Desde el punto de vista de su estructura formal, y pese a las declaraciones de su propio autor, parte de la crítica asoció el texto con la metaficción posmoderna –por sus procedimientos de cita y autorreferencialidad, entre otros–, que caracterizan lo que se ha dado en llamar estética posmoderna (Marta Morello-Frosch 1985, Santiago Colás 1994, María Cristina Pons 1998, Maristany 2000). Pocas veces una novela irrumpe en el campo intelectual con la fuerza con que lo hizo *Respiración artificial*, al menos desde la época del *Boom*, cuando la literatura sí interpelaba al campo intelectual. *Respiración artificial* fue compuesta y publicada durante el Proceso (1976-1983) –como el propio régimen se autodenominó–; sin embargo, sólo después de ese período fue posible la aparición de la crítica. El relato aborda directa o indirectamente la problemática política del momento argentino, y es comparable en ciertos

---

* Este trabajo es una reescritura de la ponencia leída en el encuentro realizado por Jorge Fornet "El escritor y sus fantasmas", en La Habana, entre el 27 y el 30 de noviembre de 2000.

aspectos con *Cuerpo a cuerpo* de David Viñas, aunque esta última haya sido publicada en México (Bratosevich 1997: 125).

Mi lectura de *Respiración artificial* en la década de 1980 fue, por un lado, autocentrada –tomaba en cuenta los procedimientos de productividad textual y la intertextualidad como principio de composición y producción de sentidos–; por otro lado, abordaba la cuestión nacional, esto es, cómo el relato dialoga y polemiza con las diatribas culturales e ideológicas vanguardistas que se iniciaron en la década de 1920, con el sistema literario argentino en su conjunto, y, en particular, con los debates en torno de los orígenes de la nación moderna en el siglo XIX (De Grandis 1993a). Esta lectura identificaba la polémica como una línea de fuerza, una estructura argumentativa y un tropo de la literatura y de la "imaginación" nacional, para usar la terminología de Benedict Anderson (1991). Dentro de esta perspectiva, el sentido de la novela, el contexto de su enunciación y las condiciones de su producción debían buscarse en el intertexto privilegiado que constituyó la Revolución Cubana como interpretante ideológico, que posibilitó las lecturas "marxistas", "revisionistas" o "revolucionarias" del peronismo realizadas por el grupo *Contorno* en los años cincuenta y sesenta, hasta el estallido de dichas interpretaciones, hacia fines de los años setenta y ochenta, cuando se produce la caída del gobierno peronista y de las democracias sociales del continente (De Grandis 1993a, Terán 1991, Sigal 1991). En ese campo de posiciones y contraposiciones estético-ideológicas, la novedad de la propuesta narrativa de Ricardo Piglia en *Respiración artificial* residió en que logró una nueva interpretación como síntesis superadora de esos antiguos conflictos ideológicos y estéticos.[1] Y lo hizo desde la literatura, especialmente a través de las figuras de Roberto Arlt y Jorge Luis Borges, que constituyen para el escritor la personificación de la paradoja nacional moderna. Desde esta perspectiva, Arlt es el verdadero escritor moderno que produjo la literatura argentina del siglo XX y Borges, un escritor que cierra el siglo XIX, y no hace sino homenajear al único contemporáneo del que se siente par. Así, a la interpretación dicotómica de Arlt *versus* Borges, que instaurara *Contorno*, le sucede una de mutua interdependencia, de ironía y de necesidad dialéctica. Si la modernidad de Arlt radica en que escribió fuera del interpretante europeísta –puesto

---

[1] Esta síntesis superadora de conflictos no es privativa de *Respiración artificial*; está presente en otras obras del autor: cuentos como "Luba" y "Las actas del juicio", los ensayos de *Crítica y ficción*, y varias de sus entrevistas (que constituyen en sí mismas uno de los géneros practicados por el escritor) son buenos ejemplos de esta propuesta narrativa.

que careció de esa aspiración y del arrogante bilingüismo de los escritores decimonónicos–, la de Borges consiste en usar en clave irónica dichas pretensiones. De este modo, Piglia cancela la interpretación "parricida" de la generación de *Contorno*, por la cual Borges resulta demonizado y Arlt, su contrapartida: cara y ceca de la misma moneda. Ambos escritores condensan la polémica del campo intelectual ante el imperativo ideológico del compromiso sartreano del escritor con su época, que caracteriza el período. Así, Piglia propone una evaluación crítica de dichas interpretaciones, configurando un nuevo perfil estético e ideológico que desarticula los enfrentamientos anteriores, sobre los que se había fundado esa modalidad cultural propia, y que tendrá resonancias particulares en las décadas posteriores a la dictadura.

Sin perder de vista el énfasis estético-ideológico, hoy mi mirada se dirige una vez más a la cuestión nacional. *Respiración artificial* ofrece relecturas y reescrituras a través de las cuales el siglo XIX se inscribe en la novela, pero además ha potenciado y engendrado un sinnúmero de lecturas de ese período durante los años ochenta y, en particular, los noventa. El siglo XIX se ha convertido en clave interpretativa de los males nacionales en notas periodísticas y en el campo de la ficción narrativa –parte de la producción de Beatriz Sarlo, José Pablo Feinmann y Andrés Rivera es un buen ejemplo de ello. Incluso cierta literatura de mujeres de estas últimas décadas ha vuelto su mirada al siglo XIX para desenterrar los amores de nuestros próceres.[2]

En los años ochenta y noventa –y en particular en el último lustro de los noventa–, el siglo XIX recobró una presencia sobrecogedora como horizonte de referencia explicativo y comparativo en los textos periodísticos, ensayísticos y novelísticos de autores argentinos. Así, en una nota para *Clarín* del mes de mayo de 2000, Beatriz Sarlo traza una analogía entre Alberdi y el presente panorama político argentino, marcado por las profundas diferencias que existen entre Buenos Aires y el resto del país, a propósito del abanico político y la representatividad de las nuevas alianzas entre el radicalismo y el Frepaso. La comparación con Alberdi se fundamenta en un rasgo político que él había anticipado y que se proyecta en la actualidad: para Alberdi la Revolución de Mayo había dado origen a

---

[2] Me refiero a *La amante del Restaurador*, de María Esther de Miguel (1998), a *Ana y el Virrey*, de Silvia Miguens (1998), entre muchas otras novelas. También a primeras ediciones en castellano de relatos del siglo XIX, como *Pablo o la vida en las pampas*, de Eduarda Mansilla de García, la primera novela de una mujer argentina escrita en francés en 1868.

la división entre Buenos Aires y el interior (Beatriz Sarlo 5). Curiosamente, esta misma referencia a Alberdi y a los políticos de la Generación de Mayo es una de las relaciones centrales que articulan el ensayo *La sangre derramada,* de Feinmann (1998), en el desarrollo de su tesis sobre la insuficiencia histórica de la modernidad argentina.

Releer *Respiración artificial* en el año 2000 implica ubicar su lectura no ya como una respuesta en clave al Proceso, sino dentro de la dinámica particular que la literatura nacional ha adquirido en este momento de su desarrollo histórico, signado por la continuación, consolidación y crisis de los procesos democráticos internos, en el marco internacional de la hegemonía de una economía de librecambio de corte neoliberal que afecta el desarrollo de las democracias locales. Desde esta coyuntura histórica, *Respiración artificial,* así como *La ciudad ausente* (1992) y algunos cuentos del autor, ocupan una posición clave dentro del campo intelectual, y mantienen su carácter de textos fundamentales para entender no sólo la década de 1980, como sostiene De Diego, sino la de 1990 y lo que va del nuevo siglo XXI. En *¿Quién de nosotros escribirá el Facundo?* (2001) –el título es una frase de *Respiración artificial*–, José Luis de Diego corrobora la preeminencia de Ricardo Piglia en el campo literario de los años ochenta, "por sus operaciones críticas de recanonización de escritores del pasado y de canonización de algunos de sus contemporáneos" (de Rodolfo Walsh y Manuel Puig, de Andrés Rivera y de Juan José Saer); y también por sus intervenciones con *Respiración artificial* y *Crítica y ficción* sobre los legados de Arlt y Borges, por su revalorización de Macedonio desde numerosos artículos críticos y, más tarde, en *La ciudad ausente,* y por su actitud casi desdeñosa con relación a Julio Cortázar (De Diego 274). A su vez, numerosos escritores exiliados subrayaron el papel central de Ricardo Piglia, aun cuando algunos de ellos consideraran que su poética era "demasiado intelectualizada y por momentos hermética" (Osvaldo Soriano y Tomás Eloy Martínez) (De Diego 275). Nicolás Bratosevich, por su parte, afirma que *Respiración artificial* y *La ciudad ausente* instalan "sobre un nuevo círculo de volcán" el mapa político-social argentino actual (Bratosevich 126).

Por una literatura nacional en tiempos de democracias globales

De acuerdo con Benedict Anderson, por extraño que parezca, en una época caracterizada por una visión negativa hacia los nacionalismos, cuando "es tan común que los intelectuales progresistas, cosmopolitas (¿sobre todo en Europa?) insistan en el temor y el odio a los otros, y a sus afinidades con el racismo, convendrá recordar que las naciones inspiran amor, y a menudo un amor profundamente abnegado" (Anderson 2000). Desde otro ángulo de la crítica, y dentro del debate que la noción de poscolonialismo ha suscitado particularmente en la tradición británica, hay una literatura –como la de Salman Rushdie en Inglaterra, que en Canadá estaría representada por Michael Ondaatje, entre los más conocidos– que de alguna manera se concibe como no-nacional. Sus escritores representan los movimientos migratorios y la diáspora de estas últimas décadas, que han complicado y complejizado la cuestión nacional. A contrapelo de estas tendencias se yergue esta otra literatura, una que no puede pensarse sino dentro de sus propios límites nacionales.

En gran parte, la vigencia de *Respiración artificial*, y, en especial, su persistente resonancia en las décadas posteriores a la dictadura, radican precisamente en ese carácter nacional inscrito en la novela, que se conectará con toda una gama de producción ideológica y estética,[3] revelando una vez más la ambigüedad inherente a la literatura, la política de los géneros y sus estéticas de apropiación. En *Encuesta a la literatura argentina contemporánea* (1981) Piglia sostiene que sólo se puede pensar una obra en el interior de la literatura nacional, porque es desde ahí que se "organiza, ordena y transforma la entrada de los textos extranjeros y [se] define la situación de lectura" (137). Esta idea rige el desenvolvimiento de la trama en *Respiración artificial*, puesto que la adopción del modelo europeo como propio es el eje temático sobre el cual los personajes discurren y evalúan la cultura y literatura nacionales (De Grandis 1993a: 122-24). Como señala Anderson para el caso de las Américas, tal europeísmo había permitido esas "vidas paralelas" de la primera *intelligentsia* criolla, por cuanto significó compartir una lengua, una religión y una cultura con las metrópolis bajo las cuales, paradójicamente, se habían hecho posibles las primeras imágenes nacionales e independentistas, en el momento mismo de la ruptura con esas metrópolis. Y de esta tensión entre ruptura y continuidad nace y se desarrolla la "imaginación" nacional, como una de las modalidades propias de interpretación (Anderson 270-72). En *Respiración artificial* volver al siglo XIX permite inscribir y conectar el presente de enunciación del relato

---

[3] He comparado la obra de Piglia en particular con *La sangre derramada* de José Pablo Feinmann dentro de un manuscrito mayor sobre la obra de José Pablo Feinmann, en preparación (De Grandis 2002). Situado en la misma comunidad imaginada, el ensayo de Feinmann recurre al archivo subjetivo del mito individual y colectivo, y a la historia social y cultural de la que todos somos deudores, respondiendo a la pregunta "¿Quién de nosotros escribirá el Facundo?" en ese movimiento de autorreferencialidad constante con que la literatura nacional configura escenas interpretativas en sus nuevas encrucijadas históricas.

–fines de la década de 1970– con los orígenes del estado moderno. Ahora bien, en la escena democrática que se instala después de la dictadura, este siglo XIX invita a ser leído no ya como una alegoría del Proceso, sino como una constante interrogación sobre estado, nación y literatura que el nuevo contexto de su lectura, inevitablemente cronotópica, inaugura. De este modo, el siglo XIX establece una relación dialéctica entre el liberalismo de ambos siglos, y de esa relación emana una cierta conciencia histórica que ilumina la inteligibilidad de su nueva temporalidad de lectura. Alrededor de ese siglo y a través del mismo se condensa en el campo intelectual un debate importante sobre las relaciones entre estado y nación, democracia y gobierno, cultura y literatura. En *Respiración artificial* se analizan algunos acontecimientos ocurridos en la época de Rosas, siguiendo de este modo la tarea de Sarmiento, Mármol, Alberdi, entre otros, y en el proceso se busca en el pasado las raíces de la situación presente, "como episodio insertado en la corriente de la historia nacional, o como fruto de una involución patológica" (Pons 45). Y la nueva figura del intelectual que se va bosquejando, como aquélla del siglo XIX, busca coadyuvar en el proceso de formación de la nación. De ahí que en la posdata de una de las cartas cifradas que Arocena reordena en su escritorio, el narrador acota: "A veces (no es joda) pienso que somos la generación del 37. Perdidos en la diáspora. ¿Quién de nosotros escribirá el *Facundo*?" (102); interrogación que alude a toda una generación del campo intelectual que se identifica con sus predecesores en el gesto de reafirmar un lugar de pertenencia y autolegitimación.

En *Respiración artificial* la inscripción del siglo XIX se manifiesta en los procedimientos formales que se utilizan: por ejemplo, la inclusión de algunos géneros. Emilio Renzi expresa su deseo de escribir una novela epistolar, un género popular decimonónico; también predominan "otras formas narrativas como la biografía o autobiografía, el diario, la narración dialogada..." (Pons 119) El mismo Piglia, señala Fornet, quería dar a su obra la forma del archivo, o de una caja de materiales diversos, como diarios, cartas, documentos, para acercarse al tema de la historia del siglo XIX (Fornet 16). En cuanto al género utópico, Bratosevich nos recuerda que "Piglia no sólo vuelve a derribar la apretada concepción clásica de utopía, sino también la romántica de nuestro siglo XIX, sustituyéndolas por el Deseo de un futuro de liberación [...] a cuyo sostén se aferra su escritura" (Bratosevich 152). En *Respiración artificial* se recupera el pensamiento utópico que había dominado en Europa en los siglos XVIII y XIX, y que va a marcar la trayectoria intelectual de la generación del 37, tanto en quienes estuvieron relacionados con ella estrechamente, como en quienes tangencialmente adscribieron a los postulados básicos de dicha generación. "Echeverría, Sarmiento y Alberdi transitan un discurso utópico que, a pesar de que se distancia de las convenciones, preserva el espíritu crítico de sus congéneres." (Adriana Rodríguez Pérsico 7) La reutilización del género utópico disperso en la escritura de *Respiración artificial*, como en sus antecesores decimonónicos, configura escenas o núcleos en los que puede leerse un modelo de país, un tipo de fundación: "El tiempo 'real' de la novela irá desde marzo de 1837 a junio de 1839 (Bloqueo francés, Terror). Durante ese lapso, por medio de un procedimiento que debo resolver, el protagonista encuentra (tiene en su poder) documentos escritos en la Argentina en 1979. Reconstruye (imagina) al leer, cómo será esa época futura" (102).

Así, la reutilización de procedimientos narrativos y de contextos históricos del siglo XIX es la forma en que *Respiración artificial* mantiene su continuidad con la literatura de los albores de la nación, y su relación dialéctica con la misma y con aquel siglo como clave de interpretación del presente.

La inscripción del siglo XIX en una nueva alegoría nacional. Defensa de la alegoría

Como anticipáramos, la naturaleza alegórica o cuasi alegórica de *Respiración artificial* en relación con el Proceso ha sido estudiada, entre otros, por Kathleen Newman y Santiago Colás. Kathleen Newman afirma que, si la novela logró ser publicada en la Argentina sin censura, fue por el carácter alegórico que se desprende de su estructura narrativa, que apela a lectores altamente educados, capaces de descifrar la referencialidad del texto. Su composición, integrada por cartas, fragmentos de diarios, conversaciones contadas en otras conversaciones (estilo indirecto), y alusiones filosóficas y literarias, posibilitó una clara lectura condenatoria de militares y paramilitares. El lector sabe que Piglia está contando la historia de Maggi para dar cuenta de la historia reciente y para abordar la historia de la izquierda. Así, la pregunta con que se abre la novela: "¿Hay una historia?" no refiere sólo a la tragedia de Maggi, sino a la inteligibilidad de la historia argentina. Por eso *Respiración artificial* requiere ser leída como una novela política/policial ("Nadie sabe leer. Porque para leer, dijo Tardewski, hay que saber asociar") (Newman 1986: 217). Además, para Newman, las diversas y contradictorias textualidades con las cuales Piglia construye una filosofía de la historia, significan un alejamiento de la definición marxista de cambio histórico con las que la izquierda operó en los sesenta y los setenta. Por su parte, Nicolás Bratosevich señala que *Respiración artificial* orienta de un modo oblicuo a su lector para entender la propia novela como "otro (anti) diálogo con el discurso de la dictadura.

La historia se construye como 'ocultamiento de un relato'" (frase tomada de una declaración de Tomás Eloy Martínez en *Página 12*, 28-II-93) (Bratosevich 129). De modo similar, Santiago Colás retoma la pregunta inicial de la novela –"¿Hay una historia?"–, y en la respuesta –"En abril de 1976"–, identifica una dimensión alegórica referida al Proceso. Aunque su análisis no se concentre en este tema, lo involucra inevitablemente en la descripción de las alusiones oblicuas a los crímenes ocurridos.

Una de las figuras de representación de esa historia es la genealogía familiar, que se desvía de la norma en la medida en que no se corresponde con el modelo patriarcal que sustentó el discurso de la Historia de los militares ni con el de la familia tradicional. *Respiración artificial* desplaza ambos modelos genealógicos, y en su lugar propone una genealogía más bien incompleta, que procede indirectamente de tío (Maggi) a sobrino (Renzi), y que además se justifica con el discurso de la crítica o teoría literaria: "Alguien, un crítico ruso, el crítico ruso Iuri Tinianov, afirma que la literatura evoluciona de tío a sobrino (y no de padres a hijos)" (44). La genealogía va también de yerno (Marcelo Maggi) a suegro (Luciano Ossorio): ambos comparten su pasión por la historia.

Además, la paternidad se manifiesta como ausencia: Luciano Ossorio no había conocido a su padre porque éste había muerto en un duelo por proteger a su abuelo Enrique Ossorio. Enrique, a su vez, tampoco había conocido a su padre porque éste había muerto antes de que su hijo naciera, fruto, además, de una relación ilegítima e incestuosa con su prima. Es ésta una genealogía hecha de desvíos en la estructura de parentesco, que requiere un lector avezado al modo del detective de la novela político/policial de la que habla Newman, que pueda descifrar la clave, saber dónde buscar y qué ver (Newman 217).

La significación alegórica, además, puede verse mejor en otro de los grandes procedimientos formales de *Respiración artificial* que es el de la cita y sus ambigüedades; una cita que se construye como encuentro fallido entre el sobrino Emilio Renzi y el tío desaparecido Marcelo Maggi. Al mismo tiempo, la urdimbre de citas, como apropiación de textos ajenos, es el modo de construcción del relato (De Grandis 1993b, Colás 121-48).

María Cristina Pons y Marta Morello-Frosch también leen en clave alegórica el presente afirmando que "el entretejido o yuxtaposición de historias, ideas, reflexiones y citas hace posible que, a pesar del cambio de las voces narrativas, 'la historia' sea la que mantiene el hilo conductor del texto, más que las voces narrativas básicas" (Pons 118). La tarea narrativa de ordenar datos y de interpretarlos a partir de textos preexistentes que configuran un nuevo discurso es el modo en que se actualiza el pasado, reconstruyendo una nueva significación para un nuevo grupo (Morello-Frosch 201). Por último, para Daniel Balderston, Piglia considera que su misión como novelista es insuflar vida a los muertos y a los agonizantes en la Argentina: dar voz a los desaparecidos, resucitar el pasado. Una metáfora desesperada pero apropiada para el contexto narrativo (Balderston 215).

Hasta aquí hemos bosquejado brevemente algunas interpretaciones de *Respiración artificial* en relación con la cuestión nacional y su dimensión alegórica referida al Proceso.

RESPIRACIÓN ARTIFICIAL COMO NOVELA FUNDACIONAL

Si bien estas lecturas alegóricas o cuasi alegóricas –alegoría como relación metafórica más que metonímica–[4] son perfectamente aceptables, hoy estamos, como señala también Bratosevich, bajo nuevas condiciones como "para refrendar aquella opinión sobre lo parcial de la explicación por el expediente de la autocensura en la novela pigliana del ochenta" (Bratosevich 126). Ya estamos muy lejos de los años tempranos del Proceso; el sistema constitucional democrático tiene una duración inédita para la Argentina y, por lo tanto, las posibles interpretaciones de la novela van más allá de las referencias a la coyuntura.

---

[4] Para Doris Sommer, en lugar de designar una relación metafórica paralela de un término por otro (amor por política, erotismo por nacionalismo), la alegoría designa una relación metonímica donde un término se superpone al otro.
La crítica de Sommer radica principalmente en que tal división está motivada por cierta culpa frente a las dificultades de lectura que ofrecen las literaturas del "Tercer mundo". Además, cierto velo exótico parece recubrir a la literatura del "Tercer mundo", y en realidad, esta noción resulta demasiado abarcadora –hay textos que no son alegorías nacionales–, y demasiado estrecha –ya que todavía se escriben alegorías nacionales en el "Primer mundo", como ocurre con Pynchon y Grass, entre otros. Para Sommer, la combinación de alegoría y dialéctica –aunque parezca un oxímoron para lectores acostumbrados a definiciones estándares– fue la base por la cual Benjamin intentó recuperar el concepto para la escritura histórica en contra de la noción de símbolo, en la polémica con los románticos (Sommer 42-43).
Para Aijaz Ahmad, la descripción y definición que Jameson hace de las literaturas de los países "subdesarrollados" como alegorías nacionales revela el etnocentrismo y la miopía cultural de las humanidades en los Estados Unidos, además de totalizar un fenómeno histórico en términos de oposiciones binarias (nacionalismo / posmodernismo en este caso), como si el nacionalismo fuera una unidad homogénea (Ahmad 1995: 78-9).

El siglo XIX a través de sus procedimientos formales en clave paródica (el relato familiar y genealógico, la relación familia-estado, el género epistolar, la novela utópica, la figura del archivo) potencia el dinamismo interpretativo del campo intelectual en su totalidad. Alegoría y fundación[5] mantienen una relación estrecha y productiva en relación a la literatura latinoamericana del siglo XIX, como ha sido estudiado, entre otros, por Jean Franco (1989), Doris Sommer (1991) y Adriana Rodríguez Pérsico (1993).

A pesar de su hermetismo referencial,[6] *Respiración artificial* relanza en la escena nacional democrática el relato fundacional, por cuanto su aparición no sólo coincide con la apertura del ciclo democrático en la Argentina de los ochenta,[7] sino que emana de esa inextricable relación entre política y ficción bajo la cual se escribieron los textos mayores de la imaginación nacional en el siglo XIX, y establece con ellos una filiación particular que confirma su rasgo fundacional. De ese carácter fundador se desprende una voluntad reparadora, no como un intento de armonizar

---

[5] Uso fundación o fundacional según la terminología empleada por Doris Sommer, en el sentido de cómo la literatura participa estrechamente en la formación de la nación, y dentro de esa formación en el desarrollo de un consenso imaginario para establecer una comunidad política.

Estudiando las raíces culturales del nacionalismo, Anderson le acuerda una importancia particular a la relación entre ficción y política que nace del nuevo papel que adquiere la prensa escrita en el siglo XIX. El surgimiento del periódico que a su vez está asociado con una idea de tiempo descrita en lo que para Benjamin es el tiempo homogéneo y vacío, es para Anderson responsable del poder que adquiere el libro en la formación de la imaginación nacional. Sommer, por su parte, comprueba esta función de la literatura en América Latina en el siglo XIX, que en efecto está fuertemente involucrada con el desarrollo del nacionalismo y queda sellada aún más por el hecho de que muchos de los escritores fueron a su vez políticos; algunos de ellos llegaron a ocupar cargos presidenciales, como, en la Argentina, Mitre y Sarmiento; en Venezuela, Rómulo Gallegos, y en la República Dominicana, Juan Bosch.

[6] No se trata aquí, como en el caso de las novelas estudiadas por Sommer, de folletines o de la estética del realismo decimonónico de tradición mimética, sino más bien de un estilo vanguardista, como el propio Piglia define hoy a la vanguardia: un estilo.

[7] Me refiero a los últimos años de la dictadura antes de las elecciones presidenciales en que el radical Raúl Alfonsín derrotó al candidato peronista Italo Luder, clausurando de este modo el gobierno militar. La publicación de la novela coincidió, en el ámbito cinematográfico, con *No habrá más penas ni olvido* (1983) —entre otros filmes—, que también construía desde el relato fílmico la experiencia política del peronismo de los setenta.

las partes en discordia y ofrecer una reconciliación –diríamos, "la obediencia debida"–, como señala Doris Sommer a propósito de los "romances fundacionales" (*Soledad* de Mitre y *Amalia* de Mármol, entre otros), sino como síntoma de una ausencia que la literatura intenta nombrar.

El gran éxito de venta de la novela y su canonización obedecen a que *Respiración artificial* desarrolló una fórmula estético-ideológica para explicar los continuos conflictos que aquejan a la Argentina, convocando así a sectores intelectuales partícipes de la experiencia histórica de los setenta, que se sintieron invitados a desentrañar la complejidad de su propia historia fratricida. Esto explica en parte su significación "nacional" y su profunda legitimidad emotiva, que continúa generando nuevas interpretaciones y producciones en el contexto de la continua crisis por la que atraviesa la Argentina democrática de fines de los noventa y principios del nuevo siglo. Su carácter fundacional, que se advierte como efecto de lectura, *a posteriori*, está indicado textualmente por la referencia temporal a abril de 1976, que expresa la voluntad historicista fundante. La fecha se convierte en emblema que provee una conexión esencial con lo real histórico.[8] Este tropo inevitablemente evoca otro gran relato fundacional: "La noche del 4 de mayo de 1840 a las 10 de la noche" (Mármol 5), el comienzo de *Amalia* cuya fecha para el lector de entonces está irremediablemente asociada con la escalada del terror rosista contra la élite tradicional, del mismo modo que "el 24 de abril de 1976" remite a la toma del poder por parte de la Junta militar el 24 de marzo de ese año.[9] En *Respiración artificial* esta fecha no sólo funda la historia del Proceso; inscribe además el relato en una tradición literaria nacional, y sobre todo manifiesta su voluntad de adhesión a esa comunidad nacional.

Enrique Ossorio es un personaje dual, posible doble agente de Rosas, antirrosista al servicio de Rosas, y nos recuerda al héroe de *Amalia*, Daniel Bello, quien también es un personaje doble al servicio y en contra de Rosas, pero que en realidad está lejos de ser un héroe, ya que sus tácticas son las

---

[8] Como señala Adriana Rodríguez Pérsico para las *Bases* de Alberdi, las fechas no sólo indican un hecho sino que concentran una totalidad: "Mayo, la historia, la idea, la tradición, la infancia y también la primera gran fractura que divide los tiempos de la patria en un antes y un después, forja en moldes indelebles la identidad nacional" (57).

[9] Aquí es cuando Anderson compara a Michelet y Renan; Michelet sostiene que es necesario recordar la experiencia todavía muy cercana a los hechos, y Renan, mucho más tarde, habla de la necesidad de olvidar para construir una nación. Y en esta dialéctica entre el recuerdo y el olvido se construye la imaginación nacional (Véase capítulo XI "La memoria y el olvido" de *Comunidades imaginadas*).

de alguien que *resiste*, y que afirma con la palabra lo que luego desmiente con los hechos, un personaje cuyo pragmatismo y astucia como modos de supervivencia condicen con la política de la época: "En cuanto a mí, nací Enrique *de* Ossorio, pero he desechado esa partícula cuyas resonancias ofenden la razón de mi época: las virtudes del linaje no me parecen a la altura de los tiempos, ni de mis ambiciones, y prefiero debérmelo todo a mí mismo.

"En cuanto a mí, Enrique Ossorio, he sido un traidor y un espía y un amigo desleal y seré juzgado tal por la historia, como soy ahora juzgado así por mis contemporáneos" (99).

Además, el hecho de que Enrique Ossorio se refugie en lo de su prima bien puede relacionarse con la historia de Eduardo Belgrano, cuando se refugia en la casa de la prima de Daniel, Amalia. Así, *Respiración artificial*, a la vez que establece una conexión con *Amalia*, rompe con sus procedimientos formales e ideológicos, puesto que se aleja del panfletarismo del siglo XIX, que aunque frecuentemente brillante, peca sobre todo por la seguridad de sus explicaciones y por las soluciones inmediatas que ofrece para enfrentar a Rosas. No obstante, convocar a *Amalia*, establecer una serie de paralelismos con esta novela política que narra eventos de un pasado inmediato, expresa una voluntad de incorporarse a la literatura fundacional. Así se abre otra etapa del derrotero nacional que va del rosismo (y, sinópticamente, de las Invasiones Inglesas y de la campaña de Belgrano) al terrorismo de estado de la Junta militar de 1976. A las interrogaciones sobre los antagonismos ideológicos del siglo XIX, se le superponen las interrogaciones sobre los antagonismos sucesivos del siglo XX. Pero por sobre todo vuelve a fundar un modelo literario para explicar la política de una época. Y, por un principio de reiteración semántica, que apunta al significado de la obra en función del cual esos atributos existen y revelan su pertinencia estética, ese carácter fundante se revela una y otra vez en los abigarrados procedimientos de su *mise en abyme*. Así, Renzi tiene la intención de escribir *La prolijidad de lo real* como un relato familiar que sea a la vez un relato nacional. Este proceso de alegorización familiar abunda en la literatura hispanoamericana del siglo XIX y principios del XX,[10] y en *Respiración artificial* se expresa en la genealogía familiar de los tres Ossorio, fuertemente vinculados con la historia argentina (el rosismo, el ciclo de 1880 brevemente, y el ciclo actual

---

[10] La *Quijotita* de Fernández de Lizardi en México (Jean Franco 1991), *Cecilia Valdéz* de Cirilo Villaverde, *Sab* de Gertrudis Gómez de Avellaneda y *Martín Rivas* de Alberto Blest Gana, por mencionar sólo algunos (Doris Sommer 1991).

hasta el momento de enunciación del relato, 1979). El primer Ossorio es además un personaje intratextual e intertextual. En efecto, al explorar la habitación de Maggi, el historiador, su sobrino, Renzi, encuentra los siguientes libros:

> "*Vida de Juan Manuel de Rosas a través de su correspondencia*, de Irazusta; *Los antecedentes de Pedro de Angelis*, de Ignacio Weiss; *La vida cotidiana en los Estados Unidos (1830-1860)*, de Robert Lacour; *Alberdi y su tiempo*, de Mayer..." (178)

Todos constituyen un material precioso para la reconstrucción histórica que Marcelo estaba intentando a propósito del itinerario de Enrique Ossorio. Hay una simbiosis histórica entre las épocas y sus protagonistas, que Enrique Ossorio, el desterrado, intenta practicar a conciencia: se propone escribir en el siglo XIX una novela utópica que se desarrolle en 1979, esto es, pone en relación de espejo el terror argentino del rosismo, pero también del yrigoyenismo, y el de los años del Proceso:

> "15-7-1850
>
> "La utopía de un soñador moderno debe diferenciarse de las reglas clásicas del género en un punto esencial: negarse a reconstruir un espacio inexistente. Entonces: *diferencia clave*: no situar la utopía en un lugar imaginario, desconocido (el caso más común: una isla). Darse en cambio cita con el propio país, en una fecha (1979) que está, sí, en una lejanía fantástica. No hay tal lugar: en el tiempo. *Aún* no hay tal lugar. Esto equivale para mi al punto de vista utópico. Imaginar la Argentina tal cual va a ser dentro de 130 años: ejercicio cotidiano de nostalgia, *roman philosophique*." (104)

*Respiración artificial* evoca a Alberdi de un modo crucial y problemático a la vez. Como lo ha demostrado José Sazbón, el personaje de Enrique Ossorio –"una representación del mismo Alberdi como el gran desterrado de la historia argentina" y su amigo en la ficción– reproduce su situación histórica "como secretario de Lavalle en 1839, su formación intelectual con predominio de historicismo, su composición de una novela filosófica, *Peregrinación de Luz del día...*" (De Grandis 1993a: 132). En la Argentina, el pensamiento utópico que encuentra en Alberdi uno de sus mayores exponentes, lejos de ser producto del descreimiento de la Historia como arguyen ciertas posturas posmodernas, sería más bien el resultado de la crítica a la modernidad latinoamericana y a los proyectos nacionales a que diera lugar. En *Respiración artificial* este constante y desgarrado cuestionar de la Historia que es heredera del iluminismo europeo, incorpora las paradojas y contradicciones que engendra; es el modo en que la literatura se ofrece como una forma de autoconocimiento.

La maestría con la que Piglia maneja, en *Respiración artificial*, las técnicas estilísticas asociadas a la estética de la posmodernidad, y la singularidad de las posmodernidades latinoamericanas con respecto al resto de las occidentales[11] ha sido suficientemente abordada. Se trata aquí de describir y comprender el dinamismo de la "imaginación" nacional y el estilo –en un sentido amplio– de su literatura. Ese estilo está hecho con fragmentos del discurso social y de códigos culturales y políticos propios, con los que la literatura se imagina a sí misma y funda una forma de autoconocimiento. *Respiración artificial* pone en funcionamiento el macrotexto cultural y político del siglo XIX: sus textos canónicos, literarios, políticos y filosóficos, y establece un nuevo diálogo entre ese pasado y el presente. A través del siglo XIX se restituye el papel central de la relación entre literatura y política, que en este caso debe ser leída como una interrogación constante y como la operación contra el lenguaje autoritario, contra la lengua monológica del estado. En *Respiración artificial* la operación de estetización crítica de la política –lejos de contribuir a garantizar la armonía y cohesión de la comunidad imaginada– es un llamado a su cuestionamiento; en "Política y ficción: un entrevero argentino", Piglia sostiene que esos dos términos son antagónicos:

"La literatura trabaja la política como conspiración, como guerra; la política como gran máquina paranoica y ficcional. Eso es lo que uno encuentra en Sarmiento, en Hernández, en Macedonio, en Lugones, en Roberto Arlt, en Manuel Puig [...] En la historia argentina la política y la ficción se entreveran y se desvalijan mutuamente, son dos universos a la vez irreconciliables y simétricos" (292).

Así, en *Respiración artificial*, el entramado de textos y reflexiones sobre el siglo XIX no se ofrece como elemento de identidad ontológico, sino como un referente saturado de textos desde los que se examinan los entrejuegos con que las apropiaciones de lo foráneo se recodifican, transforman, y entran a desempeñar una nueva función local, explicables en coyunturas socio-históricas concretas.

---

[11] Las posmodernidades latinoamericanas se manifiestan conjuntamente con un referente político concreto: confróntese la tesis de Colas, siguiendo a Yúdice, o la de Bratosevich siguiendo a Irlemar Chiampi y a Julio Ramos, sobre el neobarroco latinoamericano.

En "Una propuesta para el próximo milenio" (1999), Ricardo Piglia reflexiona acerca de la escritura o reescritura de la Historia en los albores del siglo XXI. Retoma el título de *Seis propuestas para el próximo milenio* que Italo Calvino preparara para una serie de conferencias en la Universidad de Harvard. Finalmente, "las seis propuestas previstas (la levedad, la rapidez, la exactitud, la visibilidad, la multiplicidad...) quedaron reducidas a cinco, que son las que se encontraron escritas después de la muerte de Calvino" (166). Piglia se propone escribir la que falta: "¿Cuál sería la sexta propuesta no escrita para el próximo milenio?" (166) Y lo fundamental de su interrogación es que se sitúa en un territorio marginal, un suburbio, un margen (otra vez la evocación borgeana, y la idea de la modernidad periférica de Beatriz Sarlo).

"¿Y cuál sería esa propuesta escrita desde Buenos Aires, escrita desde este suburbio del mundo? ¿Cómo veríamos nosotros el futuro de la literatura o la literatura del futuro y su función?" (166) Piglia vuelve a plantear la cuestión nacional desde la literatura y desde una localidad que posibilita una mirada "específica", "diferente", "al sesgo", "desde el borde de las tradiciones centrales" (166). Y ese lugar ex-céntrico le daría el valor suplementario de imaginar una literatura especulativa, una especie de "versión utópica de *Pierre Menard, autor del Quijote*".

No se trata tanto de "cómo reescribiríamos literalmente una obra del pasado" sino, y aquí Piglia vuelve a Macedonio Fernández y a la utopía, de "cómo reescribiríamos imaginariamente la obra maestra futura" (166). Y la función utópica de la literatura serviría para adueñarse de ese lugar límite en donde el lenguaje se hace trizas y se desvanece en silencio, en ausencia de lenguaje. En ese lugar polisémico, Piglia alude a los años del Proceso, por cuanto escribir desde la Argentina "nos enfrenta con los límites de la literatura"; entre esos límites se halla el que impone el horror de la represión clandestina –"una experiencia que a menudo parece estar más allá del lenguaje"–, como si el lenguaje tuviera a su vez un límite, "una frontera después de la cual está el silencio". Muchos escritores del siglo XX han enfrentado esta cuestión: "Beckett, Kafka, Primo Levi, Ana Ajmatova, Marina Tzvetaieva, Paul Celan. La experiencia de los campos de concentración, la experiencia del Gulag, la experiencia del genocidio. La literatura prueba que hay acontecimientos que son muy difíciles, casi imposibles de transmitir; supone una relación nueva con el lenguaje de los límites" (166). Para ilustrar esta experiencia, Piglia reconoce en Rodolfo Walsh al escritor nacional que nombra ese límite. "Walsh escribe: 'Hoy en el tren un hombre decía "Sufro mucho, quisiera acostarme a dormir y despertarme dentro de un año"'. Y concluye Walsh: 'hablaba por él pero también por mí'" (167). En ese movimiento de darle la palabra al otro se puede relatar el "punto ciego de la experiencia", y se instaura la idea del desplazamiento y la distancia que, según Piglia, se convierten en una lección de historia pero también de estilo, porque "condensa[n] un sentido múltiple en una sola escena y en una voz" desde donde se puede reescribir la historia de la experiencia. Esta sería la sexta propuesta que Piglia agregaría a las de Calvino: la idea de desplazamiento y de distancia. Si el estilo es el movimiento hacia esa otra enunciación, la literatura sería entonces "el lugar en el que siempre es otro el que viene a decir. 'Yo soy otro', como decía Rimbaud" (167). Desplazamiento y distancia, experiencia y terror, elementos claves de su sexta propuesta y de su discurso crítico y ficcional con los que se construyen alegorías que resumen sentidos codificados convertidos en patrimonio de la literatura nacional. Su insistencia en la experiencia del horror describe una condición (¿una formación sintomatológica?), ya que alude a los excluidos y a las demandas de la cultura de nuestra época que casi nos obliga a vivir sin parámetros y sin memoria, sumergidos en el instante vertiginoso de la información y comunicación informática, donde el tiempo se funde en el instante que pone en peligro a la literatura y al autor:

"En el año 2100, cuando el nombre de todos los autores se haya perdido y la literatura sea intemporal y sea anónima, esta pequeña propuesta [...] será, tal vez, un *website* llamado *Las seis propuestas* que para ese entonces serán leídas como si fueran consignas en un antiguo manual de estrategia usado para sobrevivir en tiempos difíciles" (167).

Paradójicamente, y en estos tiempos difíciles, Piglia hace una vez más un llamado a la literatura nacional, a su territorialidad específica, al autor como el narrador benjaminiano de la experiencia que garantice la supervivencia de la comunidad; y, a la vez, vaticina la desaparición del autor. Como relato fundacional, *Respiración artificial* permite ese enraizamiento en una comunidad nacional que las democracias globalizadas amenazan y han hecho entrar en crisis. A fines del siglo XX, como en el siglo XIX, la relación entre estado, nación, democracia y gobierno, cultura y literatura son núcleos de un debate central para el campo intelectual. En este debate se impone una vez más una cuestión de límites. Queda abierta así una brecha, un borde, una frontera entre una máquina del estado neoliberal democrático actual, represivo y excluyente, y la imaginación nacional que tuvo su última etapa de fundación en el estado terrorista de los setenta, cuya profunda marca ha sido olvidada por el neoliberalismo. Pero la violencia retorna en nuevas formas. ¿Quién escribirá entonces y qué modalidades adquirirá el relato fundacional de la experiencia democrática finisecular, de sus violencias y exclusiones? Entre los escritores y críticos convertidos en profesionales del aparato cultural o académico se instaura otra brecha, otro borde, otra frontera por zanjar y que consiste en la lucha por resistir la integración y por nombrar a ese Otro anónimo y rumoroso presente en los múltiples e imbricados discursos sociales en los que estamos inmersos.

OBRAS CITADAS

Ahmad, Aijaz. "Jameson's Rhetoric of Otherness and the 'National Allegory". Bill Ashcroft, Gareth Griffiths, Helen Tiffin, eds. *The Post-Colonial Studies Reader*. Londres y Nueva York: Routledge, 1995. 77-84.

Anderson, Benedict. *Comunidades imaginadas*. Buenos Aires: Fondo de Cultura Económica, 1993.

Balderston, Daniel. "Latent Meanings in Ricardo Piglia's *Respiración artificial* and Luis Gusmán's *En el corazón de junio"*. *Revista Canadiense de Estudios Hispánicos* 2 (1988): 207-19.

Bratosevich, Nicolás y Grupo de Estudio. *Ricardo Piglia y la cultura de la contravención*. Buenos Aires: Atuel, 1997.

Colás, Santiago. *Postmodernity in Latin America. The Argentine Paradigm.* Durham y Londres: Duke University Press, 1994.

De Diego, José Luis. *¿Quién de nosotros escribirá el Facundo? Intelectuales y escritores en Argentina (1970-1986)*. La Plata: Ediciones Al Margen, 2001.

De Grandis, Rita (a) *Polémica y estrategias narrativas en América Latina*. Rosario: Beatriz Viterbo Editora, 1993a.

\_\_\_\_ (b) "La cita como estrategia narrativa en *Respiración artificial"*. *Revista Canadiense de Estudios Hispánicos* 2 (1993b): 259-69.

\_\_\_\_ "Crítica y violencia en *La sangre derramada* de José Pablo Feinmann. Historia, política y cultura" (manuscrito), 2002.

De Miguel, María Esther. *La amante del Restaurador*. Octava Edición. Buenos Aires: Planeta, 1998.

Franco, Jean. *Plotting Women: Gender and Representation in Mexico*. Nueva York: Columbia University Press, 1991.

Mansilla de García, Eduarda. *Pablo o la vida en las pampas*. Primera edición. Buenos Aires: Confluencia, 1999.

Maristany, José Javier. *Narrraciones peligrosas: resistencia y adhesión en la época del proceso*. Buenos Aires: Biblos, 2000.

Mármol, José. *Amalia*. Buenos Aires: Centro Editor de América Latina, 1967.

Miguens, Silvia. *Ana y el Virrey*. Buenos Aires: Planeta, 1998.

Morello-Frosch, Marta. "Significación e Historia en *Respiración artificial* de Ricardo Piglia". Hernán Vidal, ed. *Fascismo y experiencia literaria:*

Reflexiones para una recanonización. Minneapolis, Minnesota: Institute for the Study of Ideologies and Literatures, 1985. 489-500.

Newmann, Kathleen. "Historical Knowledge in the Post-Boom Novel". Daniel Balderston, ed. *The Historical Novel in Latin America: A Symposium*. Gaithersburg, Maryland: Ediciones Hispamérica, 1986. 200-19.

Piglia, Ricardo. *Respiración artificial*. Prólogo de Jorge Fornet. Cuba: Casa de las Américas, 2000.

\_\_\_\_\_ "Una propuesta para el próximo milenio". *Argentinos: retratos de fin de milenio*. Viva. La revista de *Clarín*. Buenos Aires, 1999. 166-67.

\_\_\_\_\_ "Política y Ficción. Un entrevero argentino". *Unidos* 10 (junio 1986): 292-302.

\_\_\_\_\_ "Encuesta a la literatura argentina contemporánea". Buenos Aires: Centro Editor de América Latina, 1981. 137-40.

Pons, María Cristina. *Más allá de las fronteras del lenguaje. Un análisis crítico de Respiración artificial de Ricardo Piglia*. México: Universidad Nacional Autónoma de México, 1998.

Rodríguez Pérsico, Adriana. *Un huracán llamado progreso. Utopía y autobiografía en Sarmiento y Alberdi*. Washington: Interamer, OEA, 1993.

Rojinsky, David M. "*Respiración artificial* as Unwitting Oracle to a Catastrophic future". Ponencia leída en *State and Society in Latin America: An Interdisciplinary Conference*. University of Calgary, 31 de enero de 2003.

Sarlo, Beatriz. "Yo he nacido en Buenos Aires". *Clarín. Suplemento Zona*. (domingo, 14 de mayo de 2000): 5.

Sigal, Silvia. *Intelectuales y poder en la década del sesenta*. Buenos Aires: Puntosur, 1991.

Sommer, Doris. *Foundational Fictions. The National Romances of Latin America*. Berkeley, Los Angeles y Londres: University of California Press, 1991.

Terán, Oscar. *Nuestros años sesentas*. Buenos Aires: Puntosur, 1991.

# Lecturas repetidas*

*Daniel Balderston*

EN UNA NOTA DE PIE DE PÁGINA DE *RICARDO PIGLIA Y LA CULTURA DE LA contravención*, Nicolás Bratosevich comenta el estreno de la ópera *La ciudad ausente* (libreto de Piglia y música de Gerardo Gandini) en octubre de 1995 y las notas críticas en los días siguientes: "Los días han corrido otra vez, y en vísperas de la tercera función ha cundido tinta crítica sobre la ópera, de una variedad de tesituras bastante poco concertante: desde la exaltación entusiástica [sic] sin reticencia en varios periódicos, hasta el juicio, en otro, que la signa como 'equivocación' artística y 'lindante con la somnolencia'. ¿Qué se está jugando en todo esto? ¿Y no será, como también ha podido leerse, que falta todavía una interpretación 'de fondo', más arriesgada, sobre su mensaje operístico total (lo cual contribuiría a una evaluación más ajustada, acaso, de sus aciertos y posibles desaciertos)?" (259-60)

No me voy a ocupar de la ópera aquí –en su momento publiqué una nota entusiasta en *Hispania*, la revista de la American Association of Teachers of Spanish and Portuguese– pero sí del problema de la recepción de Piglia, que, todos sabemos, ha sido un campo de batalla. No propongo, evidentemente, estudiar la totalidad de la crítica publicada en torno de dicha obra, pero sí mencionar algunas de las pautas principales de esas lecturas.

---

* Ponencia leída en el encuentro realizado por Jorge Fornet "El escritor y sus fantasmas", en La Habana, entre el 27 y el 30 de noviembre de 2000.

Bratosevich, al comentar las notas sobre la ópera en los diarios, afirma que eran notas a favor o en contra. Esa estructura ha funcionado de manera terriblemente reduccionista en cierta crítica de la obra de Piglia, más en la prensa periódica que en los medios académicos. La *petite histoire* a la que obedecen tanto el falso "escándalo" del Premio Planeta, el dúo dinámico Piglia vs. Aira, o aún los comentarios de Beatriz Sarlo y otros sobre Piglia, Saer y el mercado, dependen, no de una indagación en la obra, sino de su aceptación o rechazo. Es decir, de una cuestión de modas.

Hace poco supe de una conversación entre dos críticas argentinas (amigas de la adolescencia) radicadas ambas en el exterior (en diferentes países de América). Una menciona a Piglia. Dice la otra: "Pero a Piglia no se lo puede leer. ¿Hace mucho que no lo releés?" La primera piensa (pero no lo dice): "No, no hace mucho, y no me parece ilegible". Aclaro: para mi amiga número dos, Piglia es ilegible porque ella es una defensora a muerte de César Aira. Por motivos para mí inexplicables, el defender de manera incondicional a uno impide que se pueda leer al otro. Esto no es crítica literaria. Es publicidad, es amiguismo, son las intrigas del mundillo en que estamos insertos.

Aunque Ricardo Piglia comenzó a publicar obras de narrativa breve en los sesenta –y un texto que ahora reconocemos como una obra maestra, "Homenaje a Roberto Arlt", de *Nombre falso*, en 1975– es a partir de la publicación de *Respiración artificial*, en 1980, cuando comienza a comentarse seriamente su obra. Presenté mi primera ponencia sobre esa novela en marzo de 1983, y aquella lectura (después incorporada a un ensayo sobre Piglia y Gusmán) es bastante característica de su momento: se lee la novela para descubrir las referencias soterradas a la realidad política de la Argentina del Proceso militar. Lo que no sorprende en marzo de 1983 pocos meses después de la aventura de las Malvinas y meses antes de las elecciones que llevaron a Raúl Alfonsín a la presidencia en diciembre del mismo año–, tal vez sorprenda ahora por su persistencia. Aun en trabajos recientes sobre la obra de Piglia, una de las constantes –y hasta un lugar común– de la crítica es el hábito de buscar esa referencialidad. Ricardo Piglia protestó –en una entrevista interesantísima con Marina Kaplan publicada en 1989– porque esa lectura fijaba excesivamente el significado de su novela, pero también hay lecturas posteriores –la de Jorgelina Corbatta es un ejemplo adecuado– que vuelven a *Respiración artificial* (y a *La ciudad ausente*) sólo para ver la presencia oculta de la guerra sucia. Creo que se justificaba ese análisis en su momento, pero resulta extrañamente anacrónico ahora, en parte por el esfuerzo arqueológico que representará para lectores jóvenes que no vivieron en la Argentina del Proceso militar (como resultan anacrónicas, pero en un registro muy diferente, las referencias en *Rayuela* a la actualidad de entonces).

Habría que aclarar que ha habido otras líneas de investigación. Santiago Colás y Nicolás Bratosevich estudian a Piglia como un fenómeno de la posmodernidad. Gabriel Giorgi ha escrito un artículo muy bueno sobre uno de los cuentos de *La invasión* tomando en cuenta las propuestas de la teoría *queer* (una línea que podría desarrollarse de modo fructífero con respecto a *Plata quemada*). Amy Kaminsky ha mencionado de paso que la mujer/máquina de *La ciudad ausente* podría considerarse una forma de los *cyborgs* de la teoría feminista radical de Donna Haraway. Y ha habido un diálogo –muy poco afortunado a mi parecer– sobre Piglia y Saer como fenómenos del mercado en la revista *Punto de vista*. Pero no creo exagerar cuando digo que la línea principal de la crítica en torno de la obra de Piglia ha sido una reflexión sobre la relación entre literatura e historia (o entre literatura y política). Ahora bien, no soy enemigo de esas lecturas contextuales –las he practicado no sólo en mis escritos sobre Piglia, sino también en los que versan sobre Borges y Roa Bastos, entre otros– pero me parece que son muchas lecturas que se parecen entre sí y que no avanzan para abrir terrenos nuevos, para ver la cuestión desde otro ángulo. Por lo tanto, lo que voy a hacer en las próximas líneas es un rápido examen de unos acercamientos que me parecen interesantes, que prometen.

Primero quisiera comentar el prólogo de Adriana Rodríguez Pérsico a *Cuentos morales*, la antología de relatos de Piglia que publicara Espasa Calpe en 1995. Rodríguez Pérsico comenta lúcidamente varios momentos de la práctica narrativa y ensayística de Piglia (y los nexos entre ellas) y concluye: "Piglia piensa la literatura en términos de una utopía privada: la literatura delimita un territorio intocado de libertad; en esto reside su capacidad de cuestionamiento y su potencialidad para adelantar conflictos del afuera. En el fascinante ejercicio de su práctica, el escritor está atado fatalmente a su presente, obligado a hablar de la actualidad a la que pertenece aunque no se lo proponga. Por su parte, el lector no sale indemne al concluir una lectura. Cada vez que esto sucede se renueva el milagro de la literatura; en este sentido, la narrativa de Piglia ejemplifica un modo de hacer literatura que, a la vez, golpea la reflexión y nos conmueve. Quizás el motivo de esta doble apelación se encuentre en el hecho de que su literatura emerge del seno de la vida colectiva" (32-3).

Si entiendo bien, la propuesta de Rodríguez Pérsico no descarta el peso de la actualidad –o mejor dicho de la doble actualidad del momento de composición y del momento de la recepción–, pero en vez de ser algo estable o fijo, esa referencialidad "golpea la reflexión": desestabiliza, asombra, escinde. El lector habita por un momento lo que Genette llamó "utopía literaria" en su primer ensayo sobre Borges. Lo que Rodríguez Pérsico llama "territorio intocado de libertad" es ese no lugar que es la utopía. Recuerdo —y supongo que muchos recuerdan— la sensación de asombro y liberación que proporcionaba la lectura de *Respiración artificial* poco después de su publicación. Y no creo que esa sensación de liberación dependa del todo de la coyuntura. La escritura feroz de *Respiración*, que va desde el epígrafe de Eliot hasta la reflexión sobre la cita famosa de Wittgenstein ("Sobre aquello de lo que no se puede hablar, lo mejor es callar"), habla de las condiciones de posibilidad de la obra. Y no en sentido puramente negativo. Recuerdo que en 1993, en mi primera visita a La Habana, fui a una función de *La niñita querida* de Virgilio Piñera, y nunca olvidaré la reacción de asombro y de alegría que producía un cartel que bajaba periódicamente. "Lo que se sabe no se pregunta": como la frase de Wittgenstein, el acto de no hablar o de no preguntar no es la mudez sino la plenitud de la reflexión. Lo que Rodríguez Pérsico llama "utopía privada" es esto, y no creo que dependa sólo del momento de la composición, porque es una experiencia compartida a la vez que privada, y como tal es una experiencia móvil, capaz de renovarse constantemente.

En la entrevista con Kaplan, Piglia dice: "Creo que se escribe en código en toda obra de ficción en el contexto que fuera. No creo que la manera en que la ficción opere para borrar materiales políticos varíe en situaciones autoritarias. Quizá el tipo de código es diferente en estos casos, y eso sería un tema interesante para la investigación: si hay diferentes tipos de códigos según los diferentes contextos en que trabaja el novelista. Creo que la ficción siempre funciona por códigos y construye jeroglíficos a partir de la realidad social. La literatura nunca es directa [...] Lo que creo es que los contextos políticos definen los modos de leer".

Esta cita es importante porque se relaciona con una idea que Piglia desarrolló después, en "Tesis sobre el cuento": "El cuento es un relato que encierra un relato secreto. No se trata de un sentido oculto que depende de la interpretación: el enigma no es otra cosa que una historia que se cuenta de un modo enigmático. La estrategia del relato está puesta al servicio de esa narración cifrada. ¿Cómo contar una historia mientras se está contando otra? Esa pregunta sintetiza los problemas técnicos del cuento" (94-95).

Años antes, en la nota preliminar a su relato "Mata-Hari 55", Piglia había escrito: "La realidad, es sabido, tiene una lógica esquiva, una lógica que parece, a ratos, imposible de narrar" (Piglia 1987: 185). La "lógica esquiva", la "narración cifrada": constantes de la obra de Piglia, esas maneras diversas de decir que la literatura no es directa.

Ahora bien, ¿desde dónde se narran hechos reales en el universo de Piglia? No en los intersticios de la cotidianeidad, como quiere Arocena. No, se escribe lo real desde la literatura, como muy bien lo ha expresado Jorge Fornet en su artículo sobre "Homenaje a Roberto Arlt". Lo real, que según Piglia en "Mata-Hari 55" "parece a ratos imposible de narrar", es lo que se narra oblicuamente. Como el Borges de "El Aleph" que nos confiesa que el "problema central" de su narración "es irresoluble: la enumeración, siquiera parcial, de un conjunto infinito" (625), la aparente imposibilidad es el punto de partida.

José Javier Maristany escribe en su libro *Narraciones peligrosas*, al final de uno de los capítulos sobre *Respiración artificial*: "el texto oculta y hace ver al mismo tiempo: es elíptico y explícito. Su aparente desarticulación como un *collage* de textos heterogéneos desvinculados entre sí adquiere sentido cuando logramos percibir su interrelación funcional y su filiación genérica con las prácticas discursivas que constituyen la trama textual de la sociedad" (82).

Las palabras claves aquí me parece que son "interrelación funcional", que se vinculan con "elípitico y explícito". Aunque Maristany trabaja el tema del contenido político (el subtítulo de su libro es: *Resistencia y adhesión en las novelas del Proceso*), lo hace de manera mucho más sutil que, por ejemplo, el Balderston de 1987 o Corbatta, de 1999. La referencialidad no funciona de modo sencillo para Maristany. Me parece que al hablar de "interrelaciones", y al admitir la heterogeneidad y naturaleza elíptica de los textos, logra complejizar bastante la interpretación de la obra.

Si bien la obra de Piglia puede leerse en la tradición de la novela política, las maneras de leer lo político no son unívocas o fijas. Lejos de los años 1976 o 1980, este breve trabajo propone leer la producción de esos años con los ojos de ahora, menos apasionados, tal vez, y más escépticos.

OBRAS CITADAS

Balderston, Daniel. "El significado latente en *Respiración artificial* de Ricardo Piglia y *En el corazón de junio* de Luis Gusman". *Ficción y política: La narrativa argentina durante el proceso militar*. Beatriz Sarlo (comp.). Buenos Aires. Alianza 1987. 109-21.

Borges, Jorge Luis. "El Aleph". *Obras completas* (Tomo I). Barcelona: Emecé, 1996.

Bratosevich, Nicolás, y Grupo de Estudio. *Ricardo Piglia y la cultura de la contravención*. Buenos Aires: Atuel, 1997.
Corbatta, Jorgelina. *Narrativas de la guerra sucia en Argentina*. Buenos Aires: Corregidor, 1999.
Colás, Santiago. *Postmodernity in Latin America: The Argentine Paradigm*. Durham: Duke University Press, 1994.
Fornet, Jorge. "'Homenaje a Roberto Arlt' o la literatura como plagio". *Nueva Revista de Filología Hispánica* 42/1 (1994): 115-41.
Giorgi, Gabriel. "Mirar al monstruo: homosexualidad y nación en los sesenta argentinos". *Sexualidad y nación*. Daniel Balderston, comp. Pittsburgh: IILI-Biblioteca de América, 2000. 243-60.
Kaminsky, Amy. *After Exile: Writing the Latin American Diaspora*. Minneapolis: University of Minnesota Press, 1999.
Kaplan, Marina. "Between Arlt and Borges: An Interview with Ricardo Piglia". *New Orleans Review* 16/2 (1989): 64-74.
"Literatura, mercado y crítica. Un debate". *Punto de vista* 66 (abril de 2000).
Maristany, José Javier. *Narraciones peligrosas: Resistencia y adhesión en las novelas del Proceso*. Buenos Aires: Editorial Biblos, 1999.
Piglia, Ricardo. *Cuentos morales*. Buenos Aires: Alianza, 1987.
\_\_\_\_ "Tesis sobre el cuento". *Formas breves*. Buenos Aires: Temas, 1999. 89-100.
Rodríguez Pérsico, Adriana. "Introducción". *Cuentos morales*. Ricardo Piglia. Buenos Aires: Espasa-Calpe, 1994. 10-34.

# La eterna ironía de la comunidad

*Germán García*

L*A CIUDAD AUSENTE*, QUE LEÍ POR PRIMERA VEZ HACE DIEZ AÑOS, ME encandiló con la multiplicidad de resonancias y alusiones. Además, la evocación de la figura y el nombre de Macedonio Fernández produjo en mi lectura una *fascinación* que me impidió entender su peso relativo en el conjunto de la novela.

Una lectura realizada diez años después, en una edición diferente, se desliza sobre una superficie cuya extraña belleza pasó desapercibida la primera vez. *Junior* es un hijo que, a su vez, tiene una hija que vive en Barcelona con su madre: "Su hija tenía cuatro años, y Junior la extrañaba tanto que soñaba con ella todas las noches. La quería más de lo que había podido imaginar y pensaba que su hija era una versión de sí mismo. Ella era lo que él había sido, pero viviendo como una mujer. Para escapar de esa imagen dio dos veces la vuelta a la República, moviéndose en tren, en autos alquilados, en ómnibus provinciales" (9). La ausencia de la hija, y los sueños que produce esa ausencia, son la causa de los movimientos del relato que conducen a *El Mundo*, donde Emilio Renzi lo lleva a recorrer la redacción "para que conociera a los otros prisioneros".

La palabra "prisioneros" altera la descripción de la redacción, introduce de manera alusiva otra dimensión en la que Junior, el recién llegado, parece moverse con soltura: "A los dos meses era el hombre de confianza del director y estaba a cargo de las investigaciones especiales. Cuando se quisieron acordar, él sólo controlaba todas las noticias de la máquina" (10). Incluso, Junior se anticipa a los hechos que publica, por eso "pensaron que trabajaba para la policía". Junior y su padre parecen repetir una historia con mujeres e hijas ausentes, que serán sustituidas por *voces* (objetos imposibles de perder, dice Freud, cuando habla de la melancolía). El padre quería borrar los rastros de su vida "y vivir como un lunático en un mundo desconocido, enganchado a las voces que le llegaban de su país. Esa pasión paterna explicaba, según Renzi, la velocidad con la que Junior había captado las primeras transiciones defectuosas de la máquina de Macedonio" (11). La máquina *de* Macedonio, por la consabida duplicidad del genitivo, es tanto una identidad como una posesión. Es lo que Macedonio Fernández llamó "dos psiquis en un cuerpo", como la relación que mantiene Junior con su hija ausente. A partir de esto, los relatos de mujeres ocupan la máquina, son una máquina: "Hablaba en clave, con el tono alusivo y un poco idiota que usan los que creen en la magia y en la predestinación. Todo quería decir otra cosa, la mujer vivía una especie de misticismo paranoico" (13).

Esa mujer, como otras que aparecen en la novela, configura un relato que atrapa a los hombres en la extrañeza adivinatoria del lenguaje: "De golpe se le ocurrió que la mujer estaba en un manicomio. Una loca que lo llamaba desde Vieytes para contarle una historia rarísima sobre un gángster coreano que cuidaba el Museo" (14).

Como ocurre en *Museo de la Novela de la Eterna*, la ciudad es sustituida por un espacio topológico y se convierte en ausente en tanto su presencia es alegórica. "'El lenguaje mata', leyó Junior. 'Viva Lucía Joyce'. Se miró a la cara en el espejo y le pareció que estaba atrapado en una telaraña" (21).

Las palabras, las voces que sustituyen la ciudad y que la transfiguran en un espacio alegórico, vienen de mujeres: "Bailé en el Maipú, yo, bajaba toda desnuda llena de plumas. Miss Joyce. Que quiere decir alegría. Cantaba en inglés" (23).

Canto XXXIV

En la página 152 de *La ciudad ausente*, poco antes del final, encontraremos entre paréntesis un verso de Dante: "Io non mori e non rimasi vivo" ("No morí y no permanecí vivo", según la versión de Nicolás González Ruiz). La lectura del *Canto* revela sorprendentes resonancias, que se expanden en la trama de la novela.

Por ejemplo, leemos en Dante: "ver me pareció una máquina". Sabemos que la máquina juega en la novela como un elemento *éxtimo*: en tanto que objeto es una parte de la narración, en tanto que metáfora es exterior; tan íntima y extraña como los relatos de esas mujeres que parecen estar constituidos por el "nudo blanco" del lenguaje mismo.

Además el verso "No morí y no permanecí vivo" que aparece en la novela es la respuesta en el *Canto* a la metamorfosis del "ángel más bello" en una criatura espantosa que, entre otras monstruosidades, tenía "...dos grandes alas del tamaño que convenía a pájaro semejante".

En la novela ese pájaro aparece en la página 109, pero transfigurado en un *pájaro mecánico*: las dos figuras del *Canto XXXIV* se convierten en una sola.

La historia del pájaro mecánico, su descripción y su función como metáfora ocupan tres páginas y concluyen en el apartado 2 del capítulo "Pájaros mecánicos". El apartado 2, al comienzo, dice: "Había un mensaje implícito que enlazaba las historias, un mensaje que se repetía. Había una fábrica, una isla, un físico alemán. Alusiones al museo y a la historia de la construcción. Como si la máquina se hubiera construido su propia historia" (97).

A diferencia de la verdad policial que busca la adecuación entre la cosa y su designación, la máquina inventa los hechos y se inventa a través de ellos, pero además es la panza de la araña (como diría Jacques Lacan del Otro tachado) que no podría entrar en la consistencia de la trama; pero que tampoco podría separarse de ella. La trama es inconsistente, pero no por eso es completa, puesto que la máquina de Macedonio produce relatos de relatos en una infinitud suspendida.

Esa inconsistencia supone un *décalage* entre el lenguaje y la realidad: "—La policía –dijo– está completamente alejada de las fantasías, nosotros somos la realidad y obtenemos todo el tiempo confesiones y revelaciones verdaderas. Sólo estamos atentos a los hechos. Somos servidores de la verdad" (96).

Poco después "Junior empezaba a entender. Al principio la máquina se equivoca. El error es el primer principio. [...] El sentido futuro de lo que estaba pasando dependía de ese relato sobre el otro y el porvenir. Lo real estaba definido por lo posible (por el no ser). La oposición verdad-mentira debía ser sustituida por la oposición posible-imposible" (98).

Cuando Jacques Lacan define a lo real como imposible –en sentido lógico– se refiere a que lo "percibimos" como contradicción, falla, tropiezo. Lo posible como real es el *encuentro*, algo que definiríamos en la dimensión del amor: la mirada de Beatrice, ya que estamos en Dante. Pero en esa posibilidad se encuentra la dimensión del objeto que Jacques Lacan llama *a*, y que sólo da consistencia al discurso al excluirse del mismo.

Pero en *La ciudad ausente* más que de la mirada se trata de la *voz*, de las voces femeninas y sus relatos situados fuera del tiempo: "En principio se trataba de autómatas. El *autómaton* vence al tiempo, la peor de las plagas, el agua que gasta las piedras. Después descubrieron los nudos blancos, la materia viva donde se han grabado las palabras. En los huesos del lenguaje no muere, persiste a todas las transformaciones" (116).

Volvemos al *Canto XXXIV*, que comienza así: "*Vexilla regis prodeunt inferni*[1] hacia nosotros. Mira hacia delante –dijo mi maestro–, si puedes distinguirlos".

En esta frase se anuncia lo que será la aventura de Junior. El infierno narrado en *La ciudad ausente* (el narrador también tiene maestros, entre los que se encuentra James Joyce) está situado fuera y dentro de la ciudad, como se muestra a partir del capítulo llamado "La grabación", que comienza con la evocación del primer anarquista argentino y de las luchas políticas, así como de los crímenes y las crueldades más diversas: "esto es como el infierno del Dante, dice" (35).

Las huellas de ese infierno, que son las de la historia, dibujan su topografía: "en el invierno, se veía, eso, en las praderas de Las Lomitas. Que se había quemado el pasto con la helada y se notaban todos los pozos, principalmente los que estaban con cal, se notaban uniformes, unos de una forma, otros a lo largo, se notaba mucha cantidad, le puedo decir. Un mapa de tumbas como vemos acá en estos mosaicos, así, eso era el mapa, parecía un mapa, después de helada la tierra, negro y blanco, inmenso, el mapa del infierno" (38).

El museo y las musas

Así como la ciudad ausente es el reverso de la presencia del Museo, la ausencia de las mujeres retorna en los relatos de la máquina, cuyos desvaríos arrasan la verdad policial que intentaría reducir el sentido (*Sinn*) a la referencia (*Bedeutung*). Esta pasión policial, como sabemos, llegado el caso fabrica la referencia que le falta para fortalecer su evidencia.

Las Musas –Elena para Macedonio, Lucía para Joyce y algunas otras que traman el relato– han superado los problemas de la nena con el lenguaje, al punto de conocer los secretos de los nudos blancos. Esos nudos

---

[1] "Los estandartes del rey del infierno avanzan".

blancos que constituyen el código del lenguaje y que al igual que el código genético, están grabados en los huesos para la eternidad.

La verdad policial se encuentra con algo que escapa a su lógica, sin poder cercar el sentido con la evidencia de ningún referente: "la inteligencia del Estado es básicamente un mecanismo técnico destinado a alterar el criterio de realidad. Hay que resistir. Nosotros tratamos de construir una réplica microscópica, una máquina de defensa femenina, contra la experiencia y los experimentos y las mentiras del Estado" (142). La lógica masculina constituye al Estado, pero la máquina excede esa lógica con sus relatos. La defensa femenina fue descripta por Hegel como "la eterna ironía de la comunidad".

"Lituraterre"

Con esta palabra inventada, en los inicios de los años setenta, Jacques Lacan vuelve sobre "La instancia de la letra" y, de paso, responde a las críticas de Jacques Derrida . En "La instancia" había comparado el modo de escritura griego y el chino: "es vuestra figura la que traza nuestro destino en la escama quemada de la tortuga , o vuestro relámpago el que hace surgir de una innumerable noche esta lenta mutación del ser"

Esta frase –según el comentario de Eric Laurent– hace referencia a la escritura china, que deriva de una práctica adivinatoria que consiste en poner el caparazón de la tortuga al fuego, y adivinar el destino, el mensaje de los dioses.

Leemos en *La ciudad ausente*: "A veces llegan cartas escritas en signos que ya no se comprenden. A veces un hombre y una mujer son amantes apasionados en una lengua, y en otra son hostiles y casi desconocidos. Grandes poetas dejan de serlo y se convierten en nada y en vida ven surgir otros clásicos (que también son olvidados). Todas las obras maestras duran lo que dura la lengua en la que fueron escritas. Sólo el silencio persiste claro como el agua, siempre igual a sí mismo" (121).

Son las mujeres las que están en conexión con la escritura adivinatoria que se lee en las tortugas: "Grete Müller revelaba fotos que había sacado esa noche en el acuario. En el caparazón de las tortugas se dibujaban los signos de un lenguaje perdido. Los nudos blancos habían sido, en el origen, marcas en los huesos" (80).

El narrador es guiado en este lenguaje, en un cruce por las islas, con las referencias de Macedonio Fernández y de James Joyce. Se podría leer el *Ulises* como una serie de discursos masculinos que organizan espacios sociales (la universidad, el prostíbulo, la taberna, la redacción, etcétera) que serán disueltos en el monólogo de Molly Bloom, desde ese espacio de adivinaciones que es la cama del sueño, del deseo y del placer. En cuanto a Macedonio Fernández, la femineidad es el silencio que impulsa la construcción de objetos verbales cuyos contornos emergen de la ausencia. Entre Macedonio Fernández y James Joyce pasa el río de una adivinación que siempre resulta fallida para los hombres, en tanto proviene del silencio de una mujer, o de los desvaríos del goce femenino. Es aquí donde el silencio de Elena o la palabra atópica de Molly, se convierten en "la eterna ironía de la comunidad" (para volver a Hegel).

En la reflexión de Hegel la "ley humana" de la comunidad se organiza desde el gobierno viril, que atenta contra la felicidad familiar (donde se refugia la singularidad, y la femineidad). Pero la mujer, como Antígona sobre quien Hegel habla un poco antes, tiene su modo de vengarse: "Esta femineidad –la eterna ironía de la comunidad– modifica a través de la intriga el fin universal del gobierno en un fin privado, transforma su actitud universal en la obra de tal individuo determinado e invierte la propiedad universal del Estado en una posesión y ornamento de la familia. La femineidad ridiculiza así la grave sabiduría de la edad madura, que muerta para la singularidad –el placer y el goce, así como efectiva actividad– sólo piensa y se preocupa por lo universal" (322).

Hegel, sin duda el que sabe poner palabras a la revuelta romántica, muestra aquí los fundamentos del *Sturm und Drang*: la singularidad femenina que se extiende a la juventud en su conjunto, frente a la gravedad universal de la sabiduría madura, definida como muerta para el placer, el goce y la actividad. Como diría Macedonio Fernández, esto sí que es "codear afuera a Kant".

*La ciudad ausente*, en diversas figuras femeninas, pone en escena otro momento de esa dialéctica entre lo universal y lo singular, al introducir la singularidad en las *marcas* mismas del lenguaje, *marcas* sobre el caparazón de la tortuga, que la mujeres pueden descifrar. Estas Evas futuras descienden del silencio de Elena y del monólogo (nada del diálogo de la comunidad de los hombres) que fluye de la soledad del deseo de Molly Bloom: "Estoy llena de historias, no puedo parar, las patrullas controlan la ciudad y los locales de la 9 de Julio están abandonados, hay que salir, cruzar, encontrar a Grete Müller que mira las fotos ampliadas de las figuras grabadas en el caparazón de las tortugas, las formas están ahí, las formas de la vida, las he visto y ahora salen de mí, extraigo los acontecimientos de la memoria viva, la luz de lo real titila, débil, soy la cantora, la que canta, estoy en la arena cerca de la bahía, en el filo del agua puedo aún recordar las viejas voces perdidas, estoy sola al sol, nadie se acerca, nadie viene, pero voy a seguir, enfrente está desierto, el sol calcina las piedras, me arrastro a veces, pero voy a seguir, hasta el borde del agua, sí".

*La ciudad ausente* termina así. Y se puede empezar a leer otra vez: "Junior decía que le gustaba vivir en hoteles porque era hijo de ingleses".

OBRAS CITADAS

Alighieri, Dante. *Obras Completas*. Madrid: BAC, 1994.
Hegel. *Fenomenología del espíritu*. A. Llanos, trad. Buenos Aires: Rescate, 1991.
Lacan, Jacques. "Lituraterre". *Autres Écrits*. París: Le Seuil, 2001.
Piglia, Ricardo. *La ciudad ausente*, tercera edición. Buenos Aires: Seix Barral, 1997.

# Conversación imaginaria con Ricardo Piglia*

*Jorge Fornet*

¿CUÁNDO Y CÓMO EMPEZASTE A ESCRIBIR?

En el sesenta fui a estudiar Historia en La Plata porque quería convertirme en escritor y pensaba (con razón) que si estudiaba Letras me iba a costar seguir interesado en la literatura. Y todo anduvo bien porque la historia me permitía mantener esa relación de distancia y de cercanía con la literatura que yo andaba buscando. Un historiador es lo más parecido que conozco a un novelista. Los historiadores trabajan con el murmullo de la historia, sus materiales son un tejido de ficciones, de historias privadas, de relatos criminales, de estadísticas y partes de victoria, de testamentos,

---

* Esta conversación fue anteriormente publicada en *Ricardo Piglia*, edición al cuidado de Jorge Fornet, serie Valoración Múltiple, Bogotá: Casa de las Américas, 2000. Es una conversación imaginaria armada con fragmentos de las siguientes entrevistas: Berg: "El debate sobe las poéticas y los géneros"; Briante: "Todo escritor es un teórico"; Campos: "R. P.: viento de historias"; Costa: "Entrevista"; Cueva: "Datos para una ficha"; Kaplan: "Between Arlt and Borges"; Magaña: "Entrevista con R. P."; Marimón: "Borges es, como Brecht y Pound, un escritor antiburgués"; Marimón y Saavedra: "R. P., el nuevo best-seller"; Margulis: "La literatura, zona secreta"; Pipino: "R. P.: La temática de la revolución ha desaparecido", "Ricardo Piglia"; Saavedra: "R. P.: el estado de la novela"; Viereck: "De la tradición a las formas de la experiencia"; Villegas: "¿Qué es un cuento?". También se utilizaron algunas de las entrevistas (o notas) aparecidas en *Crítica y ficción*, a saber: "La lectura de la ficción", "Sobre Roberto Arlt", "El laboratorio de la escritura", "Novela y utopía", "Una trama de relatos" y "La literatura y la vida". Fueron de provecho, además, momentos del diálogo entre Piglia y Juan José Saer que conforma el volumen *Por un relato futuro*, y del ensayo del propio Piglia titulado "La ficción paranoica". Para las referencias completas, véase la Bibliografía.

de informes confidenciales, de cartas secretas, delaciones, documentos apócrifos. La historia es siempre apasionante para un escritor, no sólo por los elementos anecdóticos, las historias que circulan, la lucha de interpretaciones, sino porque también se pueden encontrar multitud de formas narrativas y de modos de narrar.

En noviembre de 1961 escribí mi primer relato, "La honda". Estaba leyendo *In our time* y había quedado totalmente enganchado con el tono medio esquizo de esos cuentos de Hemingway. Hacía minimalismo postalcohólico a la Carver pero sin darme cuenta. Uno empieza y ya está en una tradición (aunque esa tradición todavía no exista). El relato cuenta la historia de un obrero que delata a unos chicos, de modo que el tema viene de Arlt. Creo, todavía hoy, que se trata de uno de los mejores cuentos que he escrito. En 1962, con "Mi amigo", gané un concurso y publiqué mi primer cuento, que en realidad era el segundo que escribía. Ganar un concurso es algo que a todo escritor argentino le ha pasado alguna vez, al comienzo, en el medio o al final; siempre se termina por recibir algún premio. Es una humillación por la que uno tiene que pasar, si quiere ser un escritor realmente argentino. Lo mejor que escribí en esos años fue "Las actas del juicio", un cuento de 1964 sobre la muerte de Urquiza; en aquel entonces me veía mucho con Miguel Briante y me acuerdo que la noche en que yo le leí ese relato, él me leyó "La vasca", y el comentario implícito era que nosotros éramos lo mejor que le había pasado a la narrativa argentina desde el debut de Eugenio Cambaceres. Cuando terminé de escribir los relatos de *La invasión* lo mandé al premio "Casa de las Américas" y obtuve una primera mención. El libro se editó en La Habana en 1967. Enseguida lo publicó Jorge Álvarez. Si uno compara ese período con el actual, no puede menos que recordarlo con nostalgia: se podía publicar con relativa facilidad, lo que si bien no mejora la literatura ayuda a difundirla.

Mi amistad literaria más decisiva fue la que mantuve con Steve Ratliff, un inglés, que en realidad no era inglés, había nacido en Nueva York, pero todos lo llamaban "el Inglés", vivía en Mar del Plata y yo lo conocí jugando al ajedrez. Fue una especie de maestro involuntario, por él conocí la literatura norteamericana y de un modo irónico y agresivo Ratliff orientaba mis lecturas. Era un hombre culto y refinado, seducido por el mito, tan norteamericano, de la experiencia vivida; se embarcó para conocer el mundo y anduvo navegando cerca de un año y tuvo una trágica historia con una mujer en Buenos Aires y ya no se fue de la Argentina. Era una suerte de gran escritor fracasado, si es posible el oxímoron o si la definición no es una tautología. Jamás publicó un libro, sólo publicó una vez un relato en el *New Yorker*, pero se pasó la vida escribiendo. En la correspondencia de Aiken aparece varias veces. Empezó a prestarme libros de Faulkner, de Ford Maddox Ford, de Robert Lowell. Tenía sus teorías, que no estaban nada mal, y se reía de Gide, de Hamsun, de Pär Lagerkvist y de los escritores que circulaban en aquel tiempo. "La literatura norteamericana es toda la literatura universal en un solo idioma", me decía. Estaba citando a Borges, pero yo en esa época no me daba cuenta. Él fue quien leyó mis primeros relatos y leyó todas mis cosas hasta que murió de cirrosis alcohólica. Nunca publicó un libro, pero se pasó la vida escribiendo y jamás encontré a nadie que tuviera un talento literario tan refinado. Gracias a él conocí a Martínez Estrada, que fue el primer escritor al que vi personalmente.

*¿Qué te ofrecía la literatura norteamericana aparte de la ligazón emocional que producía el que te la hubiera proporcionado tu amigo Ratliff?*

Un modelo de narrar, un tipo de relato con mucha intriga y mucho *plot*. Esa especie de "buena conciencia narrativa" que es la tradición de la literatura norteamericana. Narrar y narrar. Eso es lo que yo buscaba ahí, y eso era lo que encontraba. Carson McCullers, Hortense Calisher, Raymond Chandler, Flannery O'Connor, Philip Dick, podría seguir toda la tarde nombrando a los grandes narradores norteamericanos que empecé a leer en aquellos tiempos. Mientras terminaba la secundaria me había puesto a estudiar inglés. Ratliff me prestó a *Gatsby* en una vieja edición de Scribner's toda anotada y forrada de verde. Me puse a estudiar este libro y al tiempo ya lo pude leer. Sin embargo, el primer texto que leí completo en inglés fue el cuento de Hemingway "After the storm".

*Escribir un diario, como lo haces desde casi cuarenta años, es un intento de escribir tu propia historia, ¿no?*

Mi historia como si fuera la de otro. El diario, sin duda, es un género cómico. Uno se convierte automáticamente en un *clown*. Un tipo que escribe su vida día tras día es algo bastante ridículo. Es imposible tomarse en serio. La memoria sirve para olvidar, como todo el mundo sabe, y un diario es una máquina de dejar huellas. Me gustan mucho los primeros años de mi diario porque allí lucho con el vacío total: no pasa nada, nunca pasa nada en realidad, pero en ese tiempo me preocupaba, era muy ingenuo, estaba todo el tiempo buscando aventuras extraordinarias. Empecé a robarle la experiencia a la gente conocida, las historias que yo me imaginaba que vivían cuando no estaban conmigo. Escribía muy bien en esa época, dicho sea de paso, mucho mejor que ahora, tenía una convicción absoluta, que es siempre la mejor garantía para construir un estilo.

*¿Y qué relación mantienes actualmente con el diario?*

La relación ha ido cambiando y ahora es un poco el laboratorio de la ficción. Siempre digo que voy a publicar dos o tres novelas más para hacer posible la edición de ese diario que se ha convertido en el centro de mi escritura y que preparo como una obra póstuma. La forma del diario me gusta mucho, la variedad de géneros que se entreveran, los distintos registros. El diario es el híbrido por excelencia, es una forma muy seductora: combinan relatos, ideas, notas de lectura, polémica, conversaciones, citas, diatribas, restos de la verdad. Mezcla política, historias, viajes, pasiones, cuentas, promesas, fracasos. Me sorprendo cada vez que vuelvo a comprobar que todo se puede escribir, que todo se puede convertir en literatura y en ficción. Los amores, las ideas, la circulación del dinero, la luz del alba.

*Me gustaría saber qué autores o textos están más cercanos a tu producción literaria o a tu novelística, si se quiere, en el sentido de los que sientes más emparentados contigo.*

Yo diría que hay dos posibles respuestas, porque unos son los textos que admiro, que no siempre son los mejores textos o son los textos que más me han influido. Entonces, habría que hacer una distinción entre los textos que uno admira y los textos que uno usa, como una manera de entender la relación de un escritor con la literatura. Por ejemplo, yo admiro muchísimo la obra de Gombrowicz y no siento que la obra de él esté ligada a mi propia producción. Está ligada, claro, a mi manera de entender la literatura y a mi manera de leer otros textos. Pavese fue un escritor importantísimo para mí. Lo leía como si fuera un escritor norteamericano, que además escribía un diario. Pavese usaba un tono norteamericano (el tono de James Cain, como él mismo reconoce) para narrar historias que siempre he admirado (como "La casa en la colina" o "La campera de cuero"). *El oficio de vivir* fue un libro clave para mí: la conexión entre teoría y narrativa norteamericana (y el diario como forma) ya está ahí. El diario es interesante, en distintos sentidos. A mí me interesan mucho los escritores que escriben diarios. No sé si me interesan porque escriben diarios o si son muy buenos escritores que me gustan y que aparte escriben diarios. Pero, por ejemplo, Pavese, Brecht, Kafka... Siempre estoy buscando diarios de escritores. Pero, en cambio, lo que escribo tiene más relación con ciertos textos menores del género policial, con ciertos escritores de "segunda clase", digamos así; incluso con modos de narrar que vienen de otro lugar, que pueden ser ciertas formas de investigación. Pero yo quiero decir que un escritor como Chandler, con esa manera de avanzar siempre con enigmas que no se resuelven, con esa manera particular de establecer una relación entre el que narra y el enigma, ha sido importante para mí. Entonces, los géneros han tenido mucha importancia, me han ayudado a narrar. Quizá me han ayudado a narrar más que Joyce, a quien tengo como un punto de referencia central con relación a muchas cuestiones. Por eso, te hacía esa distinción, que yo creo es útil, entre los textos que uno admira y los textos que uno usa, que no siempre se superponen.

*¿Y qué pasa con los escritores cronológicamente cercanos a ti?*

Bueno, con algunos de ellos me siento muy ligado. En la literatura argentina, fundamentalmente, Saer y Puig, dos escritores con los que me siento muy cercano, aunque las escrituras no sean asimilables. Pero son escritores a los que siempre me he sentido muy próximo. Fundamentalmente, ellos dos, en lo que podríamos llamar la "literatura actual en la Argentina". Y después, digamos, escritores contemporáneos que me interesan mucho como [Thomas] Pynchon, de Estados Unidos; Thomas Berndhart, de Alemania; Peter Handke... Hay una novela chilena que me gusta mucho, que es *Eloy*. Hay algunos escritores latinoamericanos de los que me siento cerca como Skármeta, Dorfman, Moreno-Durán, con una ligazón fraterna más allá de las diferencias de escritura, como me pasa también con otros latinoamericanos como José Agustín, Gustavo Sáinz..., bueno, José Emilio Pacheco es uno de los que más me interesa: *Morirás lejos* es una novela con la que me siento muy emparentado. Después, un novelista venezolano que se llama [José] Balza, también me interesa, en fin. Ahora, si uno trata de evitar el catálogo de nombres, que no nos sirven demasiado, pues podría empezar a nombrarte escritores y yo pienso que eso no nos ayudaría mucho, porque nos construiría una biblioteca móvil y esta biblioteca –si nos volvemos a ver dentro de dos meses– podría cambiar, en el sentido de que uno no necesariamente lee siempre los mismos textos o está ligado a ciertos textos. O sea, hay textos que permanecen en la biblioteca de uno que... Bueno, en mi caso, Brecht es un escritor muy importante por esa combinación que tiene, ¿no? Porque Brecht se conecta, para mí, con una serie de otros escritores que yo admiro muchísimo, como pueden ser Tretiakov, Sklovski y los rusos de la vanguardia del veinte. También con Benjamin. Entonces, Brecht me sirve como una especie de nudo con la literatura norteamericana en un sentido que a él le interesaba mucho (Hemingway o Hammett) y con esas tradiciones de la vanguardia, de la gran vanguardia de los veinte. Brecht, los rusos, es decir, Maiakovsky, Eisenstein, Meyerhold... ese tipo de línea me interesa muchísimo. Esos son los escritores que permanecen y que yo los vengo leyendo de nuevo desde hace muchísimo tiempo.

*Además de estos autores, en tu obra también están presentes Arlt y Borges...*

Cruzar a Arlt con Borges, para usar una metáfora positivista, es una de las grandes utopías de la literatura argentina. Creo que esa tentación, más o menos consciente, está en Onetti, en Cortázar y en Marechal. Arlt y Borges son los dos grandes escritores argentinos y, en algún sentido, a partir de ellos se arman todas las genealogías, los parentescos y las intrigas de la literatura argentina contemporánea.

*Pero ¿qué sucedió con Arlt? ¿Cómo se descorrieron para él los velos de la realidad?*

Arlt profundizó, diría yo, una gran tradición de la literatura argentina. Desde *Amalia* las novelas argentinas han establecido una relación específica entre ficción y política. Bello, el héroe de Mármol, es el conspirador demoníaco en estado puro, una especie de doble del Astrólogo. Lo interesante es que las novelas han hecho del complot la clave de la interpretación de la sociedad. Arlt es el que lleva a la perfección ese trabajo con la falsificación y la política perversa, pero yo veo ahí una gran tradición de la literatura argentina. Muchos escritores han sido capaces de percibir en el presente las líneas básicas de la realidad futura. Las novelas de Arlt parecen alimentarse del presente, quiero decir, de nuestra actualidad. Si hay un escritor profético en la Argentina, ése es Arlt. No trabaja con elementos coyunturales, sino con las leyes de funcionamientos de la sociedad. Arlt parte de ciertos núcleos básicos como las relaciones entre poder y ficción, entre dinero y locura, entre verdad y complot, y los convierte en forma y estrategia narrativa, los convierte en el fundamento de la ficción. Yo creo que Arlt es uno de los pocos que marca su estilo a partir de la mezcla, del entrevero, a diferencia de Borges, que más bien es el descarte, la precisión. Ahora, si la lectura de Arlt tenía que ver con un tratamiento de lo real, de lo social, que escapara del realismo en el sentido más inmediato, del costumbrismo, en el caso de Borges lo que a mí me interesa mucho es un tipo de construcción que ficcionaliza la teoría, que trabaja la posibilidad de conceptualizar a partir de la ficción. La pasión de las ideas: yo creo que ésa es la gran marca de Borges, al menos para mí.

*¿Cómo funciona el plagio, la cita, la parodia, la traducción? ¿Cómo se pueden establecer relaciones con el texto del otro?*

Yo creo que por allí es donde Borges toca ciertas cuestiones claves que hacen una crítica implícita al funcionamiento de la sociedad, en tanto que pone en cuestión el concepto de originalidad, de propiedad privada, y trabaja rompiendo cierto tipo de código interno del sistema literario. El apócrifo, en Borges, invierte todo el código de la circulación de la cultura. Todo el sistema de la autoridad de la cita, del respaldo cultural como lugar del intelectual –que sería la figura del traductor, de aquel que trae las ideas y se apoya en ellas–, se cierra en Borges. El apócrifo es el lugar, en Borges, de la crítica y la clausura de esa tradición. Yo por un lado veo en todo el manejo de la erudición de la cultura algo un poco delirante, una tradición argentina. Se encuentra en Lugones, en Sarmiento, en Martínez Estrada, en el mismo Arlt. Borges lleva al límite esa tradición, la vacía casi; es la erudición como pura forma. Ahora, en mi caso, es una relación rara con lo que podríamos llamar la *cultura olvidada*.

*¿Cómo entender tu hipótesis de que Borges, como Brecht y Pound, es un escritor anicapitalista?*

Si el centro de la ideología borgeana es el problema de la herencia y el linaje, habría que decir que su ideología básica es precapitalista, y en esa dirección es antiburguesa. Por un lado, a partir de aquí se podrían empezar a comprender las posiciones políticas de Borges, pero sobre todo, y esto es fundamental, a partir de aquí se puede comprender también su modo de reflexionar sobre la literatura y su ideología literaria. En lo que se refiere a esta última, Borges es señaladamente anticapitalista y antiburgués. ¿Cómo entender, si no, que él no crea en la propiedad ni en la originalidad de la literatura, que son los rasgos que definen la ideología literaria burguesa? Tal vez por esto se pueda comprender, además, que Borges no haya escrito una novela, un género burgués, si los hay. Y desde este punto de vista, me parece interesante reflexionar sobre la relación de Borges con Pound y Brecht. En su manera de pensar la literatura, los tres trabajan en la misma dirección: la cita, la parodia, el plagio, el apócrifo, la traducción, les son preocupaciones comunes. En los tres hay un trabajo literario que descarta las nociones de propiedad y originalidad; anticapitalistas lo son desde distintas perspectivas. Si Brecht formula un elogio del plagio y descarta la propiedad literaria, es porque habla –y practica la escritura– desde el socialismo y el marxismo. Pound y Borges serían anticapitalistas desde otra posición que, en un sentido, podríamos llamar arcaica. Ese arcaísmo, por otra parte, explicaría sus posiciones políticas.

*¿Finalmente te inclinas más por el mundo de Arlt?*

Bueno, yo creo que ahí existen estrategias de combate, disputas por los linajes, reestructuraciones de la literatura argentina. Y cada uno se crea su propio espacio, dentro del cual se instala, o imagina que se instala, y elige, de un modo siempre arbitrario, su propia herencia. Cada uno tiene su propio Arlt, como cada uno tiene su propio Faulkner. La cuestión es lo que se encuentra en un escritor, de qué manera uno se apropia y lo transforma. Elegir a Arlt era una manera de enfrentar ciertas lecturas de Arlt que tendían a trivializarlo. El mito de que escribía mal, por ejemplo.

*¿Dirías, como Pavese, que todo escritor tiene un mito de origen?*

Y, sí. Un mito retrospectivo. Uno siempre se inventa un mito de origen, una ficción personal donde se cuenta la entrada en la literatura.

*Que en tu caso sería el diario.*

Claro, un diario que es una ficción, un diario que quizá no existe. Un diario que yo, para seguir la tradición, tendría que pedir que se queme cuando me muera. De todos modos, yo digo que voy a escribir tres o cuatro novelas en mi vida para hacer posible que ese diario, si existe, se publique. Porque, en fin, aquí el mito consiste en decir que ese diario es mi obra maestra.

*Alguna vez dijiste que los escritores han forjado una imagen de sí mismos como seres especiales para poder pelear mejor su lugar en el mercado...*

También. Pero no sé si en el mercado. Los escritores construimos tramas imaginarias, lazos, con otros escritores, y ése es un gran espacio de lucha de las poéticas de cada uno. El modo como uno construye una tradición tiene que ver con el modo en que uno espera ser leído. Borges insistía con Wells, con Chesterton, con Stevenson, porque él quería ser leído en ese contexto y no en el de Dostoievsky o Proust. Era ahí donde sus textos podían encontrar un espacio de funcionamiento. Pero, en el fondo, uno sólo puede pensar su obra en el interior de la literatura nacional. La literatura nacional es la que organiza, ordena y transforma la entrada de los textos extranjeros y define la situación de lectura. Que yo diga, por ejemplo, que me interesa Brecht o William Gaddis no significa nada; habría que ver más bien desde dónde los leo, en qué trama incluyo sus libros, de qué modo ese contexto los contamina, de qué forma puede "recibir" su escritura la lengua nacional. En el fondo uno se apropia de ciertos elementos de las obras extranjeras para establecer parentescos y alianzas que son siempre una forma de aceptar o de negar tradiciones nacionales. Si pensamos en la literatura argentina, ¿cuántos libros se pueden leer por lo que valen, es decir que uno puede leerlos en lugar de cualquier otro libro de cualquier otra literatura? Digamos que hay veinte, no creo que haya más de veinte, empezando por el *Facundo*, ponele veinte. Quince libros, te diría para ser exactos, yo creo que eso es toda la literatura argentina. Dicho esto diré que trato de pensar mis textos en relación con lo que llamaría la gran tradición de la novela argentina. Una tradición que nace en *Facundo*, en *Una excursión a los indios ranqueles*, en *Peregrinación de luz del día*: libros más o menos desmesurados, de estructura fracturada, que quiebran la continuidad narrativa, que integran registros y discursos diversos. Basta pensar en *Museo de la novela de la Eterna*, en *Adán Buenosayres*, en *Los siete locos*, en *Rayuela*, en *Historia funambulesca del profesor Landormy* para ver que la tradición fundamental viene de ahí. Borges se integra a su manera: minimiza y condensa las grandes líneas. Por eso "Pierre Menard, autor del *Quijote*" es su gran contribución a la novela argentina.

*¿Perteneces a algún grupo?*

El último grupo literario al que pertenecí fue el de la revista *El Traje del Fantasma* que editamos (1985-1988) con Juan José Saer y Juan Carlos Martini. No sé si una revista que sólo publicaba necrológicas y panfletos alcanza para construir un grupo.

*¿Cuáles son los rasgos definitorios de tu estilo?*

La ambición de escribir contra todos los estilos. (Para escribir hay que saber lo que no se quiere hacer; en mi caso no quiero el estilo canchero y "elegante" que define la media de la ex literatura argentina desde que se murió Roberto Arlt; ni el tono semiparódico y "popular" de los discípulos involuntarios de Bustos Domecq; ni las jergas de clase media de los *ghettos* parapsicológicos. Podríamos seguir toda la tarde definiendo lo que no quiero hacer y ése sería mi estilo). Yo creo que uno tiene que avanzar en contra de los estereotipos, y los lugares de polémica que suscita un libro son a menudo un signo de que uno se mueve en buena dirección. Justamente aquello que produce resistencia puede ser el índice de que uno no acata los lugares comunes. Un escritor, para mí, es alguien que deja una marca, que construye un mundo propio, que no se confunde en la maraña monótona de los libros que circulan. Después vienen los que dicen que me gustó poco o mucho lo que hace este tipo, pero ésa es otra discusión. Por eso hay luchas, porque imponer un tipo de valorización es imponer una poética. Un escritor siempre tiene enemigos, porque su obra anula y cuestiona otras poéticas, impone sus propias jerarquías, su propio sistema de valores. La literatura es una sociedad sin Estado. No hay ningún poder que medie en los conflictos o que pueda imponer algo coercitivamente. Sobre ese vacío se construyen las grandes batallas privadas y las mejores ideologías literarias. Nabokov puede decir que Faulkner es un escritor regionalista y Gombrowicz puede decir que Nabokov escribe como una tía solterona. Nadie garantiza el valor, nadie lo puede imponer, la literatura es como una economía donde cada uno fabrica su propia plata. No hay Banco Central, los billetes son privados, circulan, cada uno les imprime su propia cara. Al final, algunos se exhiben en una vitrina y ése es un clásico. Por mi parte, creo que me muevo ahí, buscando la narración fuera de la literatura, fuera del relato literario establecido, que ha quedado muy circunscrito; entonces, creo que hay formas de narración en la historia, formas de narración que están presentes en la payada popular, o en la novela policial; yo uso mucho esa forma de investigación. Al mismo tiempo considero que el lector es mejor que uno; no que el lector es un estúpido, como creen algunos; que el lector es un boludo y, entonces, tenés que escribir fácil porque el lector es un oligofrénico. Yo creo que el escritor tiene que pensar que el lector es mejor, más culto, más piola, más inteligente. Entonces, la crisis que pasamos es la crisis de si la cultura literaria no va a quedar reducida a la universalidad, no va a quedar reducida a nosotros, los escritores, a los críticos, y si la cultura viva va a estar metida entre las manos de los medios; ése es el punto, me parece, que nos pasa a todos por la cabeza ahora.

*Se dice que todo escritor tiene sus temas, constantes que definen su obra... ¿Cómo definirías los tuyos?*

¿Qué es un tema? No creo que la literatura sea una cuestión de temas. Mis relatos cuentan, a la vez, siempre lo mismo, pero no sabría decir de qué se trata. ¿Existiría, entonces, una constante? En ese caso no sería temática sino técnica: he tratado de construir mis relatos a partir de lo no dicho, de cierto silencio que debe estar en el texto y sostener la tensión de la intriga. No se trata de un enigma (aunque puede tomar esa forma), sino de algo más esencial: la literatura trabaja con los límites del lenguaje, es un arte de lo implícito. Ésta es una poética aprendida en Stendhal, en Hemingway; para ellos la ficción consiste tanto en lo que se narra como en lo que se calla. En este sentido hay una frase de Musil sobre *El hombre sin cualidades* que podría, quizá, servir para definir esto que digo: "La historia de esta novela se reduce al hecho de que la historia que en ella debía ser contada no ha sido contada". Yo creo que desde el punto de vista técnico uno puede tomar como ejemplo una anécdota que escribe Chéjov en un diario de notas: alguien va a Montecarlo y se engancha en una partida, gana una buena cantidad, de dinero, va a su casa y se suicida. Esa es la idea del cuento de Chéjov. Yo creo que ahí se puede ver bien cómo funciona un cuento. Por un lado, altera primeramente la lógica estereotipada que sería que alguien pierde y se suicida. Y por otro lado, me parece que ahí se ve bien lo que para mí es el elemento central del relato clásico: siempre se cuentan dos historias. Hay una historia *uno*, digamos, que actúa en la superficie del texto y que sería en este caso el relato del juego, y después hay otra que se encuentra cifrada, que es la historia del suicidio, y el final es la aparición de la historia *dos* en primer plano; la hipótesis sería, pues, que hay siempre dos historias, una de las cuales se encuentra cifrada, y que el final sorpresivo del cuento no es sino la aparición de la segunda historia en el primer plano. Uno puede ver, entonces, la historia del cuento como una historia donde la historia *dos* no pasa al primer plano de un modo tan directo, como por ejemplo, Hemingway. La teoría del iceberg sería una teoría donde la historia *dos* está tan cifrada que no emerge al primer plano en el final como el cuento clásico de Poe, pero, no obstante, tiene que estar la historia *dos* dentro del relato dándole tensión. En "El río de dos corazones", por ejemplo, que es una historia de pesca, se cuentan muy cuidadosamente todos los elementos con los cuales se construye un día de pesca. Pero en realidad está todo puesto de un modo muy obsesivo porque –vos te vas enterando de un modo muy sutil– el protagonista acaba de llegar de la guerra y está totalmente alterado y casi sicótico por las experiencias que ha pasado. Esta historia casi no se cuenta en el relato de Hemingway pero lo que pasa, si esa historia funciona, es que todo el relato tiene la tensión de alguien que está luchando contra la locura, y por eso la minuciosidad con que se cuentan hechos triviales. Ahí podría encontrar uno el movimiento de transformación del cuento moderno, que no tiene historia sorpresiva al final, donde la historia *dos* está presente muy elusivamente. En Borges esto está muy claro. Yo creo que en Borges la historia *uno* es siempre un género y la historia *dos* es siempre la misma: una historia de repeticiones, con dobles y laberintos.

*¿Cuál es la diferencia entre un relato corto y uno largo, tanto a nivel de la escritura como de la reescritura?*

Un cuento se escribe de una vez. Ésa es la primera diferencia. Hay varias tentativas previas pero el relato propiamente dicho se resuelve en una sola vuelta. Después se puede corregir, incluso reescribir íntegro, pero la construcción se resuelve de una vez. Una novela es un trabajo de años, un trabajo de acumulación, de saturación. Esa combinación de dos historias en una me parece que es la técnica básica del relato breve. Todo el problema está en la condensación y en la síntesis. En la novela, se trata más bien de hacer proliferar las historias, ramificarlas, interrumpirlas, retomarlas, volverlas a contar.

*¿Cuál es tu método de trabajo?*

Hago planes y esquemas, sobre todo cuando estoy escribiendo. En general nunca los uso después. Me gustaría publicarlos alguna vez (o escribir un relato que tuviera esa forma); son anotaciones enigmáticas, fragmentos de anécdotas, cronologías, diálogos, frases aisladas. En realidad, son un modo particular de escritura, una forma que tiene su propia vida. Leo, por supuesto, mientras escribo, pero si tengo que pensar en un texto ligado a la escritura, tengo que nombrar el *Diario* de Kafka: ése es un libro que sólo leo cuando estoy escribiendo. Escribir es, sobre todo, corregir, no creo que se pueda separar una cosa de otra. De todos modos, cuando el texto está terminado hay un trabajo de corrección que es bastante singular. Uno hace el esfuerzo de ponerse en el lugar de una especie de lector perfecto, capaz de detectar todas las fallas y los nudos del texto, y trata de leer lo que ha escrito como si fuera de otro. En este sentido la corrección es una lectura utópica y tan interminable como la escritura misma. Trato de escribir de manera regular pero eso funciona por épocas. Cierta disciplina de trabajo ha sido fundamental en mi formación como escritor. Joyce insistía, de un modo un poco maniático, en que había empleado veinte mil horas para escribir *Ulises*. Sería ridículo pensar que veinte mil horas de trabajo aseguran la escritura de un libro como *Ulises*, pero a la vez hay que decir que ese tiempo está en la textura del libro y eso es (también) lo que leemos al leer esa novela.

*¿Cuál crees que sea la especificidad de la ficción?*

Su relación específica con la verdad. Me interesa trabajar esa zona indeterminada donde se cruzan la ficción y la verdad. Antes que nada porque no hay un campo propio de la ficción. De hecho todo se puede ficcionalizar. Cada vez estoy más convencido de que se puede narrar cualquier cosa: desde una discusión filosófica hasta el cruce del río Paraná por la caballería desbandada de Urquiza. Sólo se trata de saber narrar, es decir, ser capaz de transmitir al lenguaje la pasión de lo que está por venir.

*Hay quienes, de afuera, te señalan como un teórico de la literatura.*

Bueno, todo escritor es un teórico de la literatura. Puede manejar teorías equivocadas o idiotas, ése es otro asunto. Pero un escritor, si realmente escribe, quiero decir si no se limita a redactar libros, hace una experiencia de reflexión sobre la literatura, siempre. Hay una relación entre la teoría y la escritura que está siempre allí, lo cual es muy diferente a pensar que un escritor tiene una especie de tesis por probar con los libros. Yo creo que cuando uno corrige, por ejemplo, tiene una teoría del estilo, aunque no lo sepa. Cuando resuelve cerrar un relato de una manera y no de otra, tiene una teoría de la estructura. Esto me parece que es obvio, ¿no? Cualquiera que escribe lo sabe. Después, por supuesto, circula una teoría, muy sofisticada y muy elaborada, sobre los escritores ingenuos e inocentes, pero no creo que existan escritores sin teoría: en todo caso la ingenuidad, la espontaneidad, el antiintelectualismo son una teoría, bastante compleja y sofisticada, que ha servido para arruinar a muchos escritores. No camino por esa vereda, como decía Macedonio, que de esas cosas sabía algo.

*Los escritores argentinos suelen fundamentar sus libros con la literatura europea y la suya propia, pero asoman poco a la latinoamericana, a excepción, cierto, de quienes vivieron el exilio en México o Venezuela, por ejemplo. Tú no eres la excepción. ¿Puedes hablarnos un poco de esto?*

No quiero ser conciliador. La literatura argentina tiene una cualidad y un defecto. Está construida sobre la "llanura" y el vacío, y eso le ha dado tal vez la ilusión de ser autosuficiente, creer que basta eso para legitimarse como escritor; Marechal, Macedonio, no han necesitado de una suerte de reconocimiento latinoamericano. Yo creo que eso ha tenido que ver con el mercado argentino, que ha permitido tradicionalmente a los escritores encontrar un público; los autores no han sentido que el suyo era un sitio claustrofóbico. Por lo menos la cultura dominante en la Argentina, que es la tradición en la que estamos metidos (Roberto Arlt, Borges, Marechal), es evidente que no tiene nada que ver con la tradición dominante en América Latina. Comparás a Roberto Arlt con Lezama Lima, o con Guimarães Rosa, o con Rulfo, y te parece un escritor ruso que está escribiendo en una lengua medio porteña; eso es nuestro, somos nosotros; entonces, qué le vamos a hacer; somos así. No nos podemos disfrazar de latinoamericanos para hablar con los latinoamericanos; tenemos que decir: nosotros somos este híbrido raro. Borges es argentino como el dulce de leche, y habla de Babilonia. No disfrazarnos de latinoamericanos, no hacernos los europeos y hablar con los latinoamericanos, integrarnos en lo posible, desde lo que somos. Yo no pienso las cosas en términos de literatura latinoamericana. Cada vez más lo latinoamericano es una categoría en crisis. La categoría de latinoamericano es una categoría del *boom* para vender y unir escritores. Si uno tuviera que pensar una especie de ordenamiento, tal vez tendría que hablar de áreas culturales o lingüísticas. Y podría hablar de una literatura del Caribe, una literatura del Río de la Plata; la noción de literatura latinoamericana es un concepto demasiado amplio y tal vez en el futuro se analice con más autoridad y hondura la existencia de tradiciones regionales. Habrá que tomar en cuenta áreas más restringidas. Por ese lado se podrían encontrar tradiciones más próximas, trabajos con determinado tipo de transformaciones lingüísticas, más ligados a ciertos espacios que no pueden definirse en términos políticos o geopolíticos antagónicos, sino con el orden que tiene la literatura... De todos modos uno podría pensar que existen en la literatura latinoamericana ciertas poéticas de la novela que son dominantes y que no son las que más me interesan. Estoy más ligado a escritores como Cabrera Infante o Roa

Bastos o Pacheco. Están más próximos a aquellas cuestiones que uno considera pertinentes en la discusión del relato, hoy... Pero uno podría ver la perspectiva del realismo mágico como una suerte de poética dominante, en cierto sentido, respecto a lo que es la otra poética de la novela, que tiende a ver la relación entre las que serían las tradiciones culturales orales, prehispánicas incluso, y el español. Y la elaboración del bilingüismo que esto supone: el guaraní en el caso de Roa, el quechua en el caso de Arguedas, cierto tipo de habla popular campesina en el caso de Guimarães Rosa o de Rulfo. Y de este tipo de tensión casi bilingüe, surge un hecho: las formas europeas quedan sometidas a un tipo de control que generaría un tipo particular de novela. Yo creo que ésas son las dos grandes poéticas del *boom*. Nosotros no tenemos nada que ver con eso, nosotros estamos en otro mambo, el mambo de la cultura de masas: cultura de masas y alta cultura, ése es el problema. Lo último que yo diría es que la relación de la literatura argentina con la europea (en especial la francesa, la inglesa o la italiana) la vemos menos extranjera que la relación con la literatura latinoamericana.

*Partiendo de lo que llamas uso de fragmentos de géneros, bueno, hay lecturas que hoy suenan algo clásicas. Me refiero a aquellas lecturas que consideraban al policial como un género marginal o menor. Ahora se podría afirmar que ha dejado de serlo y es un género muy fuerte, uno de los registros dominantes en la literatura.*

El género ha conseguido un cierto lugar, el cine ha contribuido mucho. Desde entonces ha pasado a formar parte de un imaginario que excede a la literatura. Además, ha sido sancionado o legalizado por grandes escritores contemporáneos como Faulkner, Nabokov o Gombrowicz. Por una parte, es un género que está muy ligado a la posibilidad de hacer literatura social, porque narra la sociedad vista desde el crimen y, cada vez más, la sociedad debe ser vista desde el crimen. Por otra parte, me parece que es un género que plantea los problemas de la narración, aquellos que enfrenta cualquier narrador, y los propone como tema. El problema central que tiene un narrador –qué es lo que narro, lo que dejo de narrar– es secreto; el suspenso, el misterio, se convierte en el tema del relato policial, en el sentido de que eso es el enigma; entonces, en realidad, todo escritor está siempre escribiendo, en algún sentido, una novela policial. Porque siempre está enfrentando la cuestión de qué escamoteo, qué verdad digo, qué elemento es el que funciona como enigma o suspenso, quién es el personaje que va aprendiendo lo que va sucediendo en el texto. Lo que pasa es que el género policial ha hecho de eso una intriga fuerte, llena de cadáveres. Pero si uno lo lee desde una perspectiva técnica, los cadáveres están ahí nada más que para plantear estos problemas: cómo avanzo en la narración, cómo introduzco un elemento que hace virar el relato. Todas esas cuestiones tienen que ver con cualquier historia que uno cuente, y eso explica un poco el hecho de que sea un género que tiene un lugar tan importante. Porque es muy artístico, está siempre planteando los problemas de la construcción, que era lo que le gustaba a Borges. Él insistía mucho sobre esto, lo decía a su manera, "me gustan porque tienen trama, historia"; lo que quería decir es que son relatos bien construidos. Y lo son porque se plantea el problema de la construcción como anécdota, eso es lo interesante. Yo insisto mucho en que el canon del policial está centrado básicamente en la figura del detective. El género policial es el invento de Poe y el invento de Poe es el detective. Porque el relato de investigación siempre hubo, por eso se equivocan los que creen o hacen ese juego de ir a buscar policiales a la *Biblia*.

En **Nombre falso** *se dice que el crítico puede aparecer como el detective que "percibe sobre la superficie del texto los rastros o huellas que permiten descifrar su trama". ¿El crítico como detective?*

A menudo veo a la crítica como una variante del género policial: el crítico como detective que trata de descifrar un enigma aunque no haya enigma. El gran crítico es un aventurero que se mueve entre los textos buscando un secreto que a veces no existe. Es un personaje fascinante: el descifrador de oráculos, el lector de la tribu. Benjamin leyendo el París de Baudelaire. Lönrot que va hacia la muerte porque cree que toda la ciudad es un texto. En más de un sentido, el crítico es el investigador y el escritor es el criminal. Se podría pensar que la novela policial es la gran forma ficcional de la crítica literaria. O una utilización magistral, por Edgar Poe, de las posibilidades narrativas de la crítica y su mundo. Es la representación paranoica del escritor como delincuente que borra sus huellas y cifra sus crímenes perseguido por el crítico, por el descifrador de enigmas. La primera escena del género, en "Los crímenes de la rue Morgue", sucede en una librería donde Dupin y el narrador coinciden en busca del mismo texto inhallable y extraño. Dupin es un gran lector, un hombre de letras, el modelo de crítico literario trasladado al mundo del delito. Dupin trabaja con el complot, la sospecha, la doble vida, la conspiración, el secreto: todas las representaciones alucinadas y persecutorias que el escritor se hace del mundo de la literatura, con sus rivales y sus cómplices, sus sociedades secretas y sus espías, con sus envidias, sus enemistades y sus robos. En el fondo todos los relatos cuentan una investigación o cuentan un viaje. Alguien, por ejemplo, cruza la frontera, alguien pasa al otro lado. Por eso Godard decía que Alphaville y Río Bravo, de Hawks, eran la misma película. Yo diría que el narrador es un viajero o es un investigador y a veces las dos figuras se superponen. Me interesa mucho la estructura del relato como investigación: de hecho es la forma que he usado en *Respiración artificial*. Hay como una investigación exasperada que funciona en todos los planos del texto. Yo digo que en ese sentido es una novela policial. En definitiva no hay más que libros de viajes o historias policiales. Se narra un viaje o se narra un crimen; ¿qué otra cosa se puede narrar?

*¿Por cuál de tus libros sientes preferencia?*

Hay un texto que está entre lo que a mí más me gusta de lo que he escrito: "Homenaje a Roberto Arlt". Este me permite romper con determinado tipo de concepción de la ficción que yo tenía hasta ese momento. Significa la apertura de un camino. Por eso yo valoro mucho la escritura de esa *nouvelle*, en tanto ahí se produce un punto de viraje respecto de lo que yo venía haciendo. Y desde allí a la novela había que seguir ese camino. Ese era un poco el asunto para mí. En "Homenaje a Roberto Arlt" he tratado de manejar ciertos modos de narrar implícitos en la crítica. La ficción de la crítica, digamos. La crítica como ficción. El modelo de la investigación crítica como forma de narrar, la busca del texto perdido. Y el texto apócrifo. El trabajo con los textos falsos de un escritor verdadero. Y, por supuesto, es un relato policial, un relato sobre la falsificación, la estafa, el robo. Yo quería contar la historia de un tipo al que lo único que le había pasado en la vida era que había conocido a Arlt. Es la vida de muchos que viven en el anonimato de la ciudad, y que conocieron a alguien y que hablan de eso todo el día. Quería escribir sobre alguien que en un bar, el Ramos, se hacía pagar copas, y a cambio hablaba de Arlt. Kostia. Empecé esta historia y de ahí surgió la necesidad de crear a un Arlt que era el Arlt que inventa ese tipo. Y seguí adelante con esa línea. Ese fue el origen del relato, que después se transformó en esto que es ahora.

*¿Te sorprende el espacio de lectura ganado por* Respiración artificial*?*

Me sorprende porque nunca pienso en eso. Tengo más bien la impresión de que soy leído por los mismos lectores que pierden mis libros y los vuelven a comprar. En este país circulan más los estereotipos que los textos. Por ejemplo, todos admiten que un escritor tiene que buscar el éxito; ¿por qué? El reconocimiento, la legitimidad, las ventas, pertenecen a un orden externo a la literatura, a un mundo de pura ideología, fundado en el malentendido. En qué momento se decanta un libro y es bien leído, es algo que al escritor se le escapa.

*Se ha puesto el acento sobre el aspecto teórico de la novela, sobre todo por la segunda parte.*

## Conversación imaginaria con Ricardo Piglia

Con esa novela se ha producido una especie de debate que no hace más que reproducir, transformado, el debate que se narra en el libro, lo cual me convierte, inesperadamente, en un escritor realista. Se ha creado cierto desconcierto con lo que son ciertos tipos de costumbres de lectura, sobre las cosas que se pueden hacer o no se pueden hacer en una novela. Porque yo creo, por supuesto, que se puede narrar todo. Depende de la destreza que tenga el que narra. El debate se arma porque en la novela hay personajes que discuten teorías y deliran y ficcionalizan la teoría, lo que en la literatura se viene haciendo desde Cervantes, para no ir más lejos. Pero ese libro me parece todavía demasiado tradicional. Habría que escribir una novela que se leyera como un tratado científico y como la descripción de una batalla pero que fuera también un relato criminal y una historia política. Arlt era capaz de hacer eso pero se murió muy joven.

*¿Escogiste los nombres de Emilio y Marcelo por alguna razón en particular?*

Te diré qué pensaba entonces, lo cual nunca importa mucho. Emilio es mi segundo nombre y Renzi mi segundo apellido. Me llamo Ricardo Emilio, y Renzi es el apellido de mi madre. De manera que Emilio Renzi ha sido un personaje en todas las cosas que he escrito; aparece de entrada en los primeros relatos de *La invasión* y ha habido incluso algunos ensayos firmados por él. Es una especie de doble irónico que tiene ese nombre secreto, por así decirlo. De manera que el nombre Emilio circula por las cosas que escribo. En cuanto a Marcelo, pensaba que suena a cosa risible, de Marcel Proust, desde luego. Yo tenía en mente un historiador proustiano, la contradicción que supone un historiador proustiano. ¿Cuál es la relación entre el recuerdo proustiano y la reconstrucción del pasado por un novelista, por una parte, y su equivalente realizado por un historiador? Ahí es donde tiene importancia el nombre de Marcelo, pero es casi un chiste privado, ¿no? Bueno, hay una tensión entre Maggi y Renzi que era bastante importante para mí cuando escribía la novela. Es una tensión entre historia y literatura que está muy clara en el libro. Renzi lo estetiza todo. Renzi es como una parte de mí que yo controlo. Es un personaje que yo miro con mucha ironía. En el fondo sólo le interesa la literatura, vive y mira todo desde la literatura, y en este sentido ironizo también sobre mí mismo. Todo lo que no es literatura me aburre, como decía un checo. Yo quisiera operar libremente en un mundo de referencias y citas literarias. A veces creo que todo lo que importa es el estilo, o la literatura, y que lo demás no importa. Entonces, para controlar mi tentación de verlo todo en términos de literatura, y pensar que en definitiva lo único importante en la vida es el estilo, lo cual es mi tendencia natural, pongo todo eso en Renzi; pero es que hay ahí toda una genealogía literaria que viene del

Stephen Dedalus de Joyce, del Quentin Compson de Faulkner, el joven esteta, frágil y romántico que trata de ser despiadado y lúcido. Ese personaje se enfrenta con el horror y la desilusión. Antes que nada yo diría que es una forma de enfrentar la experiencia. *Respiración artificial* se escribió como la educación de Renzi, la educación de un tipo que mira el mundo desde la literatura y que pasa por una iniciación. Ese sería el punto en que el personaje se construye. Después es un tono, un efecto de estilo. Maggi se ríe de esa mirada estetizante, y en algún sentido esa tensión es la novela. Así, mi tendencia espontánea, la visión estética, se equilibra con otra cosa que es también muy importante para mí, la mirada histórica. De modo que lo que en mí funciona como una contradicción aparece ficcionalizado en la novela, en las figuras de Maggi y Renzi, como una pugna entre una concepción histórica y una interpretación estética. Esa tensión, que es la tensión Kafka-Hitler, sirvió de ímpetu para escribir. Ahora, esas cosas se resolvieron; así es como funciona el escribir; ellas hallaron sus propias formas de expresión.

*La digresión, creo, es una base de tu narrativa.*

Es *la* base.

*En* Respiración artificial *se habla de cómo se lleva a cabo un descubrimiento crítico. ¿Cómo describirías la aparición de una idea para un texto crítico y cómo su aparición para un texto de ficción?*

En el caso de la crítica, al menos para mí, se trata siempre de una constelación de lecturas que de pronto se organizan y producen algo nuevo. En el caso de la ficción, lo primero que me aparece son más bien ideas de forma. Empiezo por encontrar modos de narrar, construcciones, nociones de principio... Por ejemplo, en *Respiración artificial* lo primero fue la idea de usar la forma del archivo como modelo de relato. Me interesaba la tensión entre materiales diferentes que conviven enlazados por un centro, que es justamente lo que hay que reconstruir. Es una especie de novela policial al revés, están todos los datos, pero nunca se termina de saber del todo cuál es el enigma que hay que descifrar. Se puede decir que empecé a escribir la novela para darle un espacio al archivo. En este sentido, yo diría que la teoría para un escritor funciona sobre todo en el plano de la forma. La teoría es la técnica, es ahí donde se puede pensar en lo que se quiere hacer. Después la escritura tiene su propia lógica y las cosas ya no son tan claras.

*¿Puedes escribir crítica y ficción a la vez?*

Sí, y no encuentro ahí ninguna contradicción. Al contrario, te diría que las dos prácticas se han ido relacionando e influyendo mutuamente. He usado ciertas formas relativamente ficcionales, por ejemplo, el diario, para escribir algunos de mis ensayos, y he hecho circular por mis novelas reflexiones y debates, y sobre todo formas, que vienen de la crítica. No son lo mismo, obviamente, y creo que hay que mantener la especificidad de cada una, pero las relaciones son múltiples. Yo recordaba la otra noche el capítulo de la biblioteca en el *Ulises* de Joyce, la discusión sobre Hamlet. Ese puede ser un ejemplo del uso de la reflexión crítica en la ficción. Conozco pocos relatos tan apasionantes y de una densidad abstracta tan perfecta como la reconstrucción del París de Baudelaire por Walter Benjamin.

*¿Qué te produce la lectura de un brillante libro crítico?*

Antes que nada un inmenso placer intelectual. Un gran crítico es el lector de la tribu. Se opone al lugar común y a los usos no convencionales de la literatura y por lo tanto se opone a las formas ideológicas dominantes. Los grandes trabajos críticos, digamos, *Los arcaístas y Pushkin*, de Tinianov, o *Mímesis*, de Auerbach, son siempre productivos. Producen lecturas y cambios en la percepción de la literatura.

*Se dice que la escritura de ficción puede ser catártica. ¿Estás de acuerdo? ¿Crees que la escritura de la crítica también podría ser catártica?*

No estoy muy de acuerdo con la teoría de la catarsis. En cuanto a la crítica, creo que es una de las formas modernas de la autobiografía. Uno escribe su vida cuando cree escribir sus lecturas. ¿No es la inversa del *Quijote*? El crítico es aquel que reconstruye su vida en el interior de los textos que lee. La crítica es una forma posfreudiana de la autobiografía. Una autobiografía ideológica, teórica, política, cultural. Y digo autobiografía porque toda crítica se escribe desde un lugar preciso y desde una posición concreta. El sujeto de la crítica suele estar eludido, enmascarado, tapado por el método (a veces el sujeto es el método) pero está siempre presente. Reconstruir su historia y su espacio es el mejor modo de leer crítica. ¿Desde dónde se lee? La crítica habla siempre de eso.

*Se dice también que el escritor que escribe crítica tiene una competencia por encima del crítico que sólo hace crítica. Él es un productor de textos y esto le confiere un conocimiento interno de las obras literarias. ¿Estás de acuerdo?*

En términos generales, sí. Admiro mucho los ensayos críticos de Brecht, Pound, Gombrowicz, Borges. Tienen un modo de reflexionar sobre la literatura que me parece fundamental. En ellos hay gran precisión técnica, acompañada de una estrategia de provocación. En general, la crítica que escriben los escritores pone en primer plano el problema del valor de los textos; el juicio de valor y el análisis técnico más que la interpretación. Los escritores intervienen abiertamente en el combate por la renovación de los clásicos. Abogan por la relectura de las obras olvidadas, por el cuestionamiento de las jerarquías literarias. La lectura que hace Pound de *Bouvard y Pécuchet*, el panfleto de Gombrowicz contra la poesía, el modo en que Borges lee la gauchesca, los ataques de Nabokov a Faulkner: se trata siempre de poner en cuestión las normas cristalizadas, de provocar un desvío. Los escritores son los estrategas en la lucha por la renovación literaria. Muy difícilmente se va a encontrar a un crítico iniciando ese combate.

*También mencionaste antes el elemento de la verdad.*

Interesante cuestión. ¿Cuál es el lugar de la verdad en la literatura? La ficción sin duda trabaja con la verdad pero a la vez construye un discurso que no es ni verdadero ni falso, ni pretende serlo. Y en ese matiz indecidible entre la verdad y la falsedad se juega todo el efecto de la ficción. Es falso, pero también es verdadero. Y a la inversa. Mientras que la crítica trabaja con la verdad de otro modo. Trabaja con criterios de verdad más firmes y a la vez más nítidamente ideológicos. Todo el trabajo de la crítica consiste en borrar la incertidumbre que define a la ficción. El crítico trata de hacer pasar su discurso por un discurso verdadero, y convencer a los demás de que es un discurso verdadero. La ilusión de objetividad de los críticos es, por supuesto, una ilusión positivista. El campo de la literatura es un campo de lucha, no hay lugar para la neutralidad. "¿La verdad para quién?", decía Lenin. Esa me parece una buena pregunta para la crítica literaria.

*En cierto momento hablaste de Arlt como de un visionario, y en tu "Homenaje", Kafka es el visionario. ¿Es para ti el escritor de ficción, sobre todo, un visionario?*

La escritura de ficción se instala en el futuro. Todas las novelas, en un sentido, suceden en el futuro. La literatura trabaja con lo que todavía no es, trabaja con lo que está por venir. Es una fiesta y un laboratorio de lo posible, como decía Ernst Bloch. Las novelas de Arlt, como las de Macedonio Fernández, como las de Kafka o Thomas Bernhard, son máquinas utópicas negativas y crueles que siempre se actualizan y renuevan.

*Si el escritor de ficción es un visionario, ¿Qué es el crítico?*

Es el que registra el carácter inactual de la ficción, de sus desajustes respecto al presente. Las relaciones entre la historia y la literatura, entre la ficción y la sociedad, son bastante menos lineales y directas de lo que se suele creer. La literatura elabora los materiales ideológicos y políticos de un modo casi onírico; los transforma, los disfraza, los pone siempre en otro lugar. Son los periodistas los que en general les exigen a los escritores que hagan el trabajo que ellos no hacen. Quieren que hablen de un modo directo y claro de la realidad inmediata. Las relaciones de la literatura con la realidad son siempre elípticas y cifradas.

*¿Podrías hablar un poco de* Prisión perpetua*?*

Es un homenaje a la literatura norteamericana y, como se sabe, desde Melville hasta Borroughs, lo único que han hecho los narradores norteamericanos es decir que hay que estar totalmente loco para ponerse a contar una historia. En la literatura norteamericana el narrador omnisciente se convierte en un sicótico. Entonces lo que yo cuento en *Prisión perpetua* es, en realidad, una ficcionalización de una experiencia real, que es mi relación con la literatura norteamericana. Lo que pasa es que yo la cuento como si fuera la relación con un personaje concreto, el escritor norteamericano. En *Prisión perpetua* el comienzo es el verdadero comienzo de mi Diario de vida, pero después empiezo a contar ciertos datos y fragmentos de esa experiencia de iniciación en la literatura norteamericana. Hay muchos fragmentos que no tienen nada que ver con el Diario, pero yo los incluí con el mismo tono que el resto del Diario.

*La primera ficción consiste en que tú mismo te transformas en personaje.*

Sí, es un tema que me ha interesado siempre y que descubrí tardíamente. Hablo de esa indecisión entre lo que uno vive y lo que uno imagina que ha vivido o que quiere vivir. Lo interesante es que uno lo hace, al comienzo, sin darse cuenta. Cuando te das cuenta de que estás haciendo ficción es que eres ya un escritor maduro, empiezas a percibir que en muchos casos has hecho una vida que realmente no has vivido. Un ejemplo es justamente el relato de *Prisión perpetua*, que por supuesto es una autobiografía falsa, porque ese escritor norteamericano nunca existió y toda esa historia que yo cuento como una autobiografía es, en realidad, una ficción que está construida sobre la idea de que se trata de un texto que yo leí en Estados Unidos, cosa que nunca ocurrió. Lo que te digo es un secreto, porque nadie lo sabe. En ese relato yo cierro esa tensión entre la vida que uno quiere vivir y la vida que vive, y la escritura. A mí me interesan mucho las vidas posibles, las construcciones imaginarias de la propia vida, y me parece que en un Diario está todo eso. O sea: el sujeto dice la verdad, el sujeto es el sujeto de la verdad. Entonces, ahí hay un corte con la ficción, donde en realidad uno podría preguntarse qué es la ficción. Porque el sujeto de la ficción puede contar la batalla de San Lorenzo, perfectamente real y verdadera, con todos los datos, pero el sujeto que habla no existe.

Mientras que el sujeto de la ficción verdadera, o sea, el sujeto de la verdad de la autobiografía, como hago yo en *Prisión perpetua*, es el sujeto que habla, existe, y por lo tanto le creo. Por eso todo el mundo cree que hay un personaje que se llama Ratliff, porque usé una estrategia para hacer verosímil la cuestión. En un reportaje dije que había conocido a un tal Ratliff, entonces no hay manera de que la gente vaya a dudar que existió. Aunque cualquiera que lea ese relato se da cuenta que es un poco raro lo que le pasó con esa mujer, que además es la historia de *El gran Gatsby*, de Scott Fitzgerald. Pero si uno dice una cosa en un reportaje, que es un lugar o un espacio de la palabra verdadera, y después trabaja en un relato autobiográfico, no hay duda posible.

*¿Hubo una idea, una imagen, una anécdota que funcionara como disparador inicial de* La ciudad ausente*?*

Creo que uno trabaja con un estímulo inicial que, de una manera rápida, podríamos llamar una metáfora o que, de un modo un poco más abierto, podríamos decir que es como un lugar de condensación. En mi caso, pensaba en la idea de la novela como una máquina femenina, tomando eso literalmente. Me interesa mucho lo de tomar literalmente ciertas expresiones y hacer de esa literalidad el origen de un relato. Yo siempre digo que, a mi juicio, Kafka escribe *La metamorfosis* porque toma literalmente la expresión "soy como un bicho", creo que muchas veces los relatos empiezan así. Basta atender a la literalidad de alguna expresión para salir de ahí con una historia. En mi caso era la idea de una mujer/máquina que produce relatos. Desde luego que esa idea se inscribe en una serie, ¿no? Desde Scherezada a Molly Bloom, pasando por la Hipólita de Arlt, que es uno de los grandes narradores de ese texto. Por otro lado, estaba la figura de Macedonio Fernández que, para mí, funciona como la vida de escritor que habría que escribir en este país, en el sentido de que fue alguien que hizo de la novela una tarea de toda la vida y que ha puesto en esa novela lo que es uno de los fundamentos de la escritura novelística: la idea de que un hombre pierde a una mujer y hace un complot; es decir, un hombre hace un complot porque pierde a una mujer. Pero también *La ciudad ausente*, que es la historia de una máquina de narrar, puede ser leída como la historia de una mujer sicótica que se cree una máquina de narrar. Yo pienso que la novela puede entenderse de una manera más realista, como el monólogo interior infinito de una mujer internada en una clínica, que cree ser una máquina. La locura es una realidad virtual; aquel que uno llama loco es el que vive en un mundo paralelo, y eso es muy fascinante para un escritor porque la ficción es en realidad una sicosis controlada. Uno va y vuelve a un espacio del que otro no vuelve. Si nos pusiéramos en ese plano podríamos decir que la literatura tiene que ver con esa experiencia, pero no en el sentido romántico de que para ser un escritor hay que estar loco y ese tipo de cosas... Yo soy lo contrario de eso, pero sí me interesan los mecanismos alternativos en la construcción de realidades ficcionales, lo que es común en la demencia y en la literatura. No sé qué sentido tiene en mi literatura que aparezcan esos personajes sicóticos. No sé qué motivo hay. Sobre todo en *La ciudad ausente*... No sé por qué en mi narrativa aparecen esas experiencias límites. Espero no volverme loco.

*Debes de tener una relación muy particular con el* Quijote.

Para mí es la mejor novela que se ha escrito nunca. Una de las ilusiones que tengo es escribir un libro sobre el *Quijote*, un ensayo. Yo creo que es lo que me gustaría hacer... Porque el *Quijote* es *la* novela. Es un libro, el libro donde está todo... Lo que nosotros hacemos no son más que variaciones.

*No sabes si Don Quijote encuentra refugio en la lucidez o en la locura.*

En realidad es porque, como dice Cervantes, la distinción entre ficción y locura es incierta, son campos inciertos: no se puede establecer una distinción clara entre realidad y ficción. Ese es el tema de la novela. El tema de la novela es el de un sujeto que no se siente bien en la realidad y trata de pasar a otra, porque ésta es para él insoportable. No es solamente el tema del *Quijote*, es el tema de la novela como género. Otros escritores tienen esa experiencia de otras maneras, van a cazar ballenas, tratan de entrar en un castillo, no sé, cada uno encuentra el modo de buscar una solución al dilema de cómo salir de lo real.

*Hay como un gesto macedoniano en tu escritura, esa manía por la corrección permanente.*

Bueno, claro, es lo que a mí me gusta. Es lo que yo veo de Macedonio en esta novela. Yo digo que lo que tiene Macedonio Fernández es la postergación. Él era un personaje increíble, no sé si has visto cómo anunciaba los libros. Por ejemplo, *Museo de la novela de la Eterna*, la venía anunciando desde 1924 en los periódicos: "El mes próximo aparecerá..." Toda la vida se pasó escribiendo la novela, y toda la vida se pasó anunciando la aparición del libro, con un mecanismo bien vanguardista. Creo que es una gran lección para esta época, donde, como decía bien Lamborghini, los escritores primero publican y después escriben.

*Además de la historia, te ha interesado la política... ¿Cómo ingresa o de qué manera está presente esa dimensión en tu narrativa?*

Para mí es un elemento que forma parte de la ficción. Por otro lado, pienso que todos los grandes textos son políticos. Hay una política en el crimen y una política en el lenguaje y una política en el dinero y en el robo, y una política en las pasiones. Y de eso hablan siempre los grandes relatos. Son modelos del mundo, miniaturas alucinantes de la verdad. Como decía Ernst Bloch: "El carácter esencial de la literatura es tratar lo todavía no manifestado como existente". Hay siempre un fundamento utópico en la literatura. En última instancia, la literatura es una forma privada de la utopía. Cuando yo digo utopía pienso en la revolución. La Comuna de París, los primeros años de la Revolución Rusa, eso es la utopía. Y eso es la política. Ser realista es pedir lo imposible. Baudelaire y Marx tenían los mismos enemigos. ¿O vamos a entender ahora la política como la renovación parcial de las cámaras legislativas o los vaivenes de la interna peronista? En este país hay que hacer la revolución. Sobre esa base se puede empezar a hablar de política. De lo contrario, prefiero conversar sobre la variante de Kasparov en la formación Scheveningen de la Defensa Siciliana o sobre el empleo del subjuntivo en la prosa de Musil. Me parecen temas mucho más interesantes y provechosos.

*¿Te parece un debate clausurado?*

Todo lo contrario. Algunos han perdido las ilusiones, se han vuelto sensatos y conformistas. Corren el riesgo de convertirse en funcionarios del sentido común. Para pensar bien, quiero decir, para ser lo contrario de un bien pensante, hay que creer que el mundo se puede cambiar. Hay que estar en un lugar excéntrico, opuesto al orden establecido, fuera de todo. No tengo confianza en nada ni soy un hombre optimista, pero justamente por eso creo que hay que aspirar a la utopía y a la revolución. "Sólo por amor a los desesperados conservamos todavía la esperanza", solía decir un amigo de Brecht.

### Fuentes de esta conversación

Berg, Edgardo H. "El debate sobre las poéticas y los géneros: diálogos con Ricardo Piglia". *Celehis. Revista del Centro de Letras Hispanoamericanas*, 2 (1992): 183-98.

Briante, Miguel. "Todo escritor es un teórico". *Tiempo Argentino. Cultura*, (Buenos Aires, 2 de septiembre de 1984): 2-3.

Campos, Marco Antonio. "Ricardo Piglia: viento de historias". [Reproducida como apéndice de la compilación *Cuentos con* rostros]. Sábado (suplemento *Uno más uno*) 800 (México, 30 de enero de 1993): 1-3.

Costa, Marithelma. "Entrevista". *Hispamérica* 44 (1986): 39-54.
Cueva, Herman Mario. "Datos para una ficha. Ricardo Piglia". *Crisis* 33 (1976): 80.
Kaplan, Marina. "Between Arlt and Borges: an Interview with Ricardo Piglia". Daniel Balderston, trad. *New Orleans Review* 16/2 (New Orleans, 1989): 64-74.
Magaña, Edmundo. "Entrevista con Ricardo Piglia". *La Jornada Semanal* 201 (México, 1993): 28-33.
Marimón, Antonio: "Borges es, como Brecht y Pound, un escritor antiburgués". *Sábado* [suplemento *Uno más uno*] (México, 10 de mayo de 1980): 7-8.
Marimón, Antonio y Saavedra, Guillermo: "Ricardo Piglia, el nuevo best-seller". *Nuevo Periodista* 194 (Buenos Aires, 1998): 50-53.
Margulis, Alejandro. "La literatura, zona secreta". *La Nación*, sección 7 (Buenos Aires, 6 de noviembre de 1994): 4.
Piglia, Ricardo. "La lectura de la ficción", "Sobre Roberto Arlt", "El laboratorio de la escritura", "Novela y utopía", "Una trama de relatos", "La literatura y la vida". *Crítica y ficción*. Santa Fe: Universidad Nacional del Litoral, 1986.
\_\_\_\_ *Por un relato futuro; diálogo Ricardo Piglia-Juan José Saer*, Santa Fe: Universidad Nacional del Litoral, 1990
\_\_\_\_ "La ficción paranoica". [Transcripción de Darío Wainer]. *Clarín, Cultura y Nación* (10 de octubre de 1991): 4-5.
Pipino, Alberto. "Ricardo Piglia: La temática de la revolución ha desaparecido". *Utopías del sur* 1 (1988): 3-5.
Saavedra, Guillermo. "Ricardo Piglia: el estado de la novela". *La curiosidad impertinente. Entrevistas con narradores argentinos*. Rosario: Beatriz Viterbo Editora, 1993. 101-14.
Viereck, Roberto. "De la tradición a las formas de la experiencia (Entrevista a Ricardo Piglia)". *Revista Chilena de Literatura* 40 (1992): 129-38.
Villegas, Jean-Claude. "¿Qué es un cuento?". [Entrevista incluida en "Pour une définition du conte: entretiens avec quatre écrivains argentins contemporains"]. *América* 2 (1986): 117-26.

*Idelber Avelar* es profesor de literatura en Tulane University, Nueva Orleans. Es autor de *Alegorías de la Derrota: La ficción posdictatorial y el trabajo del duelo* (Santiago de Chile: Cuarto Propio, 2000), publicado originalmente como *The Untimely Present*(Duke University Press, 1999) y también traducido al portugués(Editora Universidade Federal de Minas Gerais, 2003). Ha publicado varios ensayos sobre literatura latinoamericana, teoría literaria y, más recientemente, música popular brasileña. Colabora con la *Revista de Crítica Cultural* chilena y con el *Journal of Latin American Cultural Studies* británico. Su segundo libro, de próxima publicación, se titula *La letra de la violencia en la ficción y la filosofía*. Trabaja en un manuscrito sobre la genealogía del latinoamericanismo.

**Daniel Balderston**, doctorado en Princeton University, es, desde 1999, director del Departamento de Español y Portugués de la Universidad de Iowa. Entre sus libros publicados está *El precursor velado: R. L. Stevenson en la obra de Borges* (Buenos Aires: Sudamericana, 1985), *Out of Context: Historical Reference and the Representation of Reality in Borges* (Duke University Press, 1993), *El deseo, enorme cicatriz luminosa* (eXcultura, 1999) y *Borges, realidades y simulacros* (Buenos Aires: Biblos, 2000). También ha compilado la *Encyclopedia of Contemporary Latin American and Caribbean Cultures* (Routledge, 2000, con Mike González y Ana M. López) y *Voice Overs: Translation and Latin American Literature* (SUNY Press, 2002). Tradujo *Respiración artificial* para Duke University Press (1994).

*Ana María Barrenechea* es profesora emérita y actual directora del Instituto de Filología y Literaturas Hispánicas "Dr. Amado Alonso" de la Universidad de Buenos Aires. Es autora de *La expresión de la irrealidad en la obra de Jorge Luis Borges*, uno de los primeros libros dedicados al este escritor (1957) y el primero traducido al inglés (1965). El libro original aumentado con quince artículos posteriores se reeditó con el título de *La expresión de la irrealidad en Jorge Luis Borges y otros ensayos* en 2000 (Buenos Aires: Ediciones del Cifrado). Es además autora de libros y estudios sobre otros escritores, por ejemplo, sobre Julio Cortázar. Su *Cuaderno de Bitácora de "Rayuela"* (1983) constituyó un trabajo pionero dentro del marco de la nueva genética textual en el país y hoy fomenta su desarrollo con la creación de un centro de geneticistas en el instituto antes citado, sin olvidar la propia concentración en la poesía de Susana Thénon. También se ha dedicado a Domingo Faustino Sarmiento y ahora dirige con un grupo de colaboradores, la investigación y publicación de su epistolario inédito del que ya apareció Sarmiento-Frías (1997), con prólogo, notas y apéndices. Puede añadirse "lecturas" de otros escritores (recogidas parcialmente en *Textos hispanoamericanos de Sarmiento a Sarduy*, 1978) y su preocupación por problemas teóricos (el género epistolar, la literatura fantástica, los procesos genéticos). Ha recibido diferentes distinciones honoríficas, entre ellas: Doctorado Honoris Causa (Smith College, USA, 1967). Honory Member of the Linguistic Society of America (1973), Presidente de Honor de la Asociación Internacional de Hispanistas (desde 1980). Miembro correspondiente extranjero en la Argentina de la Real Academia Española (desde 1984), Premio Internacional "Amado Alonso" del Ministerio de Educación y Justicia de la Nación (Argentina) (1984). Miembro del Comité Científico Internacional de la Asociación Archivos de la Literatura Latinoamericana, del Caribe y Africana del siglo XX.

*Edgardo Horacio Berg* es docente e investigador de Literatura Argentina del Centro de Letras Hispanoamericanas de la Universidad Nacional de Mar del Plata, Argentina. Actualmente participa del grupo de "Investigaciones teóricas" que dirige la doctora Susana Cella, en el marco de la Facultad de Filosofía y Letras de la Universidad Nacional de Buenos Aires (UBA). Es "Magister in Artis" sobre el tema "Tres poéticas narrativas contemporáneas: Ricardo Piglia, Andrés Rivera y Juan José Saer". Publicó numerosos artículos y ensayos, y participó de obras colectivas. Entre sus principales publicaciones está *Ricardo Piglia: una narrador de historias clandestinas* (Mar del Plata: Estanislao Balder/ UNMdP, 2003) y de *Poéticas en suspenso. Migraciones narrativas en Ricardo Piglia, Andrés Rivera y Juan José Saer* (Buenos Aires: Biblos, 2002).

*Michelle Clayton* es doctora en Lenguas Romances por la Universidad de Princeton. Actualmente enseña Literaturas Comparadas en el

Departamento de Español y Portugués en la Universidad de California, Los Ángeles. Además de varios trabajos sobre narrativa, cine y poesía rioplatenses (sobre todo la obra de Juan Carlos Onetti y Ricardo Piglia), está preparando una monografía sobre *Trilce* de César Vallejo, y ha publicado varios artículos sobre otros escritores peruanos. Su próximo proyecto será un estudio sobre el estatuto actual de la poesía en diversas tradiciones lingüísticas y nacionales (comprendidas Alemania, Estados Unidos, Inglaterra e Irlanda).

*Rose Corral* estudió Licenciatura en Letras en la Universidad de Toulouse-Le Mirail y obtuvo su doctorado en Literatura Hispánica en El Colegio de México. Actualmente es profesora-investigadora en el Centro de Estudios Lingüísticos y Literarios de El Colegio de México. Ha publicado varios ensayos sobre escritores rioplatenses y, en particular, sobre la obra de Roberto Arlt. También ha trabajado la literatura del exilio español en México. Es autora del libro *El obsesivo circular de la ficción. Asedios a* Los siete locos *y* Los lanzallamas (1992); ha colaborado en las ediciones críticas de Archivos/Unesco de la *Obra completa* de Oliverio Girondo (1999) y de *Los siete locos* de Roberto Arlt (2000). Es coeditora de *Poesía y exilio. Los poetas del exilio español en México* (1995). Ha editado *Norte y sur: la narrativa rioplatense desde México* (2000) y preparado la edición facsimilar de la revista *Libra [1929]* (2003). Ha editado las crónicas de Roberto Arlt halladas en la prensa mexicana de los años treinta: *Al margen del cable. Crónicas publicadas en* El Nacional, *México, 1937-1941* (2003).

*Jorge Fornet* se doctoró en El Colegio de México con una tesis sobre la poética de Ricardo Piglia. Dirige el Centro de Investigaciones Literarias de Casa de las Américas en La Habana. Es autor de los libros *Reescrituras de la memoria; novela femenina y revolución en México* (1994), *La pesadilla de la verdad* (1998) y *Premio Casa de las Américas 1960-1999. Memoria* (en colaboración, 1999), así como editor de *Al borde de mi fuego. Poética y poesía hispanoamericana de los sesenta* (1998), *Valoración Múltiple de Ricardo Piglia* (2000) y *Antología del cuento cubano del siglo XX* (2002). Recientemente obtuvo una beca del Latin American Studies Center de la Universidad de Maryland, con un proyecto sobre la actual narrativa latinoamericana, y fue profesor visitante en dicha universidad.

*Germán García* es psicoanalista y escritor. Es presidente de la Fundación Descartes y miembro del Consejo de la Asociación Mundial de Psicoanálisis. Entre sus publicaciones más recientes se cuentan *Gombrowicz, el estilo y la heráldica* (Buenos Aires: Atuel, 1992), *D'Escolar* (ensayos) (Buenos

Aires: Atuel, 2000), *Fuego Amigo. Cuando escribí sobre Osvaldo Lamborghini* (Documentos, serie tri Grama ediciones, 2003), y *La virtud Indicativa. Psicoanálisis y literatura* (Colección Diva, 2003).

*Marcelo Gobbo* es escritor, realizador cinematográfico, músico y docente. Ha escrito ensayos, poemas, relatos y dos novelas. Creó una publicación sobre literatura, cine y música y ha sido coordinador y docente en la escuela de cine Aquilea. Ha compuesto música para comerciales y para teatro. También ha escrito guiones para cine y televisión y en la actualidad está adaptando al cine su segunda novela; el film será dirigido por Adrián Szmukler.

*Rita De Grandis* se graduó en la Universidad de Montreal. Es titular de literatura hispanoamericana en la Universidad de la Columbia Británica, Canadá. Es autora de *Polémica y estrategias narrativas en America Latina* (Rosario: Beatriz Viterbo Editora, 1993) y coautora de *Questioning Cultural Hybridity in the Americas* (Amsterdam & Atlanta: Rodopi, 2000). Ha sido editora invitada para un número especial de la *Revista Canadiense de Estudios Latinoamericanos* sobre Eva Perón y las reinvenciones de su mito; para la *Revista Canadiense de Estudios Hispánicos* sobre el Cine de Maria Luisa Bemberg (2002) y para *Anclajes. Revista de Análisis del Discurso* de la Universidad de La Pampa, Argentina, sobre las relaciones entre cine y literaturas hispánicas (1999). Cuenta además con numerosas publicaciones en revistas especializadas y en publicaciones colectivas.

*Laura Demaría* es egresada de la Universidad Nacional de Córdoba. Obtuvo su doctorado en Washington University, St. Louis. Publicó *Argentina-s: Ricardo Piglia dialoga con la generación del '37 en la discontinuidad* (Buenos Aires: Corregidor, 1999) y varios artículos sobre escritores del siglo XIX y XX. Actualmente es profesora asistente en el Departamento de Español y Portugués de la Universidad de Maryland, College Park.

*Cristina Iglesia* es profesora titular de Literatura Argentina I de la Facultad de Filosofía y Letras de la Universidad de Buenos Aires (UBA). Ha dictado cursos de grado, posgrado y doctorado como profesora visitante en universidades de Argentina, Estados Unidos y Francia. Participó como expositora invitada en numerosos congresos y dictó conferencias en la Argentina, España, República Dominicana y Estados Unidos. Es autora de los siguientes libros: *La violencia del azar. Ensayos sobre literatura argentina* (2003); *Islas de la memoria. Sobre la Autobiografía de Victoria Ocampo* (1996) y en colaboración con Julio Schvartzman, *Cautivas y misioneros, mitos blancos de la conquista*, (1987). Ha compilado y prologado *Letras y divisas. Ensayos sobre literatura y rosismo* (1998) y *El ajuar de la patria. Ensayos críticos sobre Juana Manuela Gorriti* (1993).

**Francine Masiello** es profesora de literaturas hispánicas y literatura comparada en la Universidad de California, Berkeley. Entre sus libros figuran *Lenguaje e ideología: las escuelas argentinas de vanguardia* (1986), *Entre civilización y barbarie: mujer, nación y modernidad en la cultura argentina* (1992; traducción al castellano, 1997 y ganador del Premio del Modern Language Association por mejor libro del año sobre un tema latinoamericano); *La mujer y el espacio público* (1994); *El arte de la transición* (Duke University Press y Norma, 2001), también premiado por la MLA. Una edición crítica de la obra de Juana Manuela Gorriti está por aparecer en Oxford University Press.

**Wander Melo Miranda** es profesor de Teoría Literaria y Literatura Comparada de la Universidade Federal de Minas Gerais (Brasil). Fue director de los proyectos de investigación "Modernidades tardías en Brasil", y de "Margens/Márgenes", con el apoyo de la Fundación Rockefeller. Es autor del libro *Corpos escritos: Graciliano Ramos e Silviano Santiago* (traducción al español: *Cuerpos Escritos: Memoria y Autobiografía*. Santiago de Chile: Universidad Arcis, 2002), y editor de los libros *A Trama do Arquivo* (1995), *Narrativas da Modernidade* (1999) y *Anos JK: Margens da Modernidade* (2002), entre otros. Actualmente es director del proyecto bilateral Brasil/Argentina "Márgenes y Residuos Culturales".

**Maria Antonieta Pereira** es profesora de Semiótica y Teoría Literaria en la Facultad de Letras de la Universidad Federal de Minas Gerais, Brasil; es doctora en Literatura Comparada. Realizó un posdoctorado con la investigación "Subdesenvolvimento, auto-imagem e exclusão no Brasil e na Argentina". Es autora de *No fio do texto - a obra de Rubem Fonseca; A rede textual de Ricardo Piglia; Ricardo Piglia y sus precursores*. Organizadora y coautora de *Palavras ao Sul - seis escritores latino-americanos contemporâneos, Literatura e estudos culturais* y *Trocas culturais na América Latina*. Es codirectora de la *Colección Vereda Brasil*, Buenos Aires, Corregidor; coordinadora del convenio UFMG/UBA, y secretaria por Brasil de los proyectos *Margens/ Márgenes* (Fundação Rockefeller) y *Margens e resíduos culturais* (Capes/ Secyt).

**Julio Premat** enseña literatura latinoamericana en la Université de Paris VIII (Francia). Obtuvo su doctorado en la Université de Paris III con una tesis sobre Antonio Di Benedetto y Haroldo Conti. En 2002 editó un libro sobre Juan José Saer: *La dicha de Saturno. Escritura y melancolía en la obra de Juan José Saer* (Rosario: Beatriz Viterbo). Publicó también numerosos artículos sobre autores rioplatenses del siglo XX en diferentes revistas académicas.

*Isabel Quintana* se licenció en Letras en la Universidad de Buenos Aires (1993) y obtuvo su doctorado en Literatura Hispanoamericana en la Universidad de California en Berkeley (1999). Su ensayo *Figuras de la experiencia en el fin de siglo: Cristina Peri Rossi, Ricardo Piglia, Juan José Saer y Silvano Santiago*, publicado recientemente por la editorial Beatriz Viterbo, recibió una Mención Honorífica del Fondo Nacional de las Artes en 1999. Ha publicado numerosos artículos en revistas nacionales e internacionales. Obtuvo numerosas becas y subsidios en Argentina y Estados Unidos. Actualmente se desempeña como investigadora del Consejo Nacional de Investigaciones Científicas y Técnicas (CONICET) y del Instituto de Literatura Hispanoamericana de la Universidad de Buenos Aires. Ha dictado cursos de posgrado en México y Argentina.

*Adriana Rodríguez Pérsico* es doctora en Letras por la Universidad de Buenos Aires; profesora de Teoría literaria en la Universidad de Buenos Aires e investigadora de CONICET. Ha sido profesora de la Universidade de São Paulo, Brasil, investigadora del CNPq y profesora visitante en las universidades de Maryland y Duke, Estados Unidos. Es autora de *Un huracán llamado progreso. Utopía y autobiografía en Sarmiento y Alberdi* y de numerosos artículos sobre literatura latinoamericana en revistas especializadas.

*Juan José Saer* fue profesor de la Universidad Nacional del Litoral, Argentina, donde enseñó Historia del Cine y Crítica y Estética Cinematográfica. En 1968 se radicó en París. Su vasta obra narrativa abarca cuatro libros de cuentos –*En la zona* (1960), *Palo y hueso* (1965), *Unidad de lugar* (1967), *La mayor* (1976)– y las novelas: *Responso* (1964), *La vuelta completa* (1966), *Cicatrices* (1969), *El limonero real* (1974), *Nadie nada nunca* (1980), *El entenado* (1983), *Glosa* (1985), *La ocasión* (1986, Premio Nadal), *Lo imborrable* (1992) y *La pesquisa* (1994). En 1983 publicó *Narraciones*, antología en dos volúmenes de sus relatos. En 1986 apareció *Juan José Saer por Juan José Saer*, selección de textos seguida de un estudio de María Teresa Gramuglio, y en 1988, *Para una literatura sin atributos*, conjunto de artículos y conferencias publicado en Francia. En 1991 publicó el ensayo *El río sin orillas*, con gran repercusión en la crítica, y en 1997, *El concepto de ficción*. Su producción poética está recogida en *El arte de narrar* (1977). Ha sido traducido al francés, al inglés, al alemán, al italiano y al portugués.

*Graciela Speranza* es doctora en letras, profesora e investigadora de literatura argentina en la Universidad de Buenos Aires. Ha publicado varios libros de conversaciones sobre arte y literatura –*Primera persona. Conversaciones con quince narradores argentinos* (1995), *Guillermo Kuitca. Obras 1982-1998* (1998) y *Razones intensas* (1999)-, un relato testimonial sobre la guerra de Malivinas en colaboración con Fernando Cittadini –*Partes de guerra* (1997)– el ensayo *Manuel Puig. Después del fin de la literatura* (2000) y, recientemente, una novela –*Oficios ingleses* (2003). Ha escrito guiones para filmes documentales y de ficción, entre ellos *El joven Kuitca* (dirigido por Alberto Fischerman), *Las dependencias* (dirigido por Lucrecia Martel) y *Un oso rojo* (dirigido por Adrián Caetano). Como periodista cultural colaboró en *Crisis, Babel, Página 12,* y *El País* de Uruguay y escribe actualmente en el suplemento cultural del diario *Clarín*. En 2002 recibió la beca Guggenheim para desarrollar un proyecto de ensayo sobre literatura argentina, artes visuales y cine.

*Joseph Urgo* es profesor y jefe de departamento de Inglés en la Universidad de Mississippi. Es autor de *Faulkner's Apocrypha: A Fable, Snopes, and the Spirit of Human Rebellion.*

*Sergio Waisman* se doctoró en letras latinoamericanas de la Universidad de California, Berkeley (2000). Es profesor asistente en George Washington University. Ha traducido al inglés libros de Ricardo Piglia (*Nombre falso* y *La ciudad ausente*) y de Juana Manuela Gorriti, entre otros, y ha recibido el premio de traductores de la National Endowment for the Arts. Ha publicado varios artículos sobre literatura argentina y sobre teoría de la traducción en revistas académicas. Está completando un libro sobre Borges y la traducción, y su primera novela, *Leaving*.

www.ingramcontent.com/pod-product-compliance
Lightning Source LLC
Chambersburg PA
CBHW071400300426
44114CB00016B/2127